KB127135

비핵화의 정치

전봉근 지음

명인문화사

비핵화의 정치

제1쇄 펴낸 날 2020년 7월 16일

지은이 전봉근
펴낸이 박선영
주 간 김계동
디자인 전수연
교 정 김유원, 김미현

펴낸곳 명인문화사
등 록 제2005-77호(2005.11.10)
주 소 서울시 송파구 백제고분로 36가길 15 미주빌딩 202호
이메일 myunginbooks@hanmail.net
전 화 02)416-3059
팩 스 02)417-3095

I S B N 979-11-6193-029-9
가 격 22,000원

이 도서의 국립중앙도서관 출판예정도서목록(CIP)은 서지정보유통지원시스템 홈페이지(http://seoji.nl.go.kr)와 국가자료종합목록 구축시스템(http://kolis-net.nl.go.kr)에서 이용하실 수 있습니다. (CIP제어번호 : CIP2020027388)

이 도서는 한국출판문화산업진흥원의 '**2020년 우수출판콘텐츠 제작 지원**' 사업 선정작입니다.

간략목차

세부목차

도해목차

표

도표

사진

서문

"북한을 어떻게 비핵화 시킬 것인가?" 이 문제는 지난 30년간 우리에게 최대의 외교안보통일 숙제였다. 2017년 북한이 사실상 핵무장에 성공하면서, 북한 비핵화는 더욱 긴급하고 엄중한 과제가 되었다. 그런데 불편한 질문을 던지지 않을 수 없다. 그동안 우리는 핵개발 중인 북한을 비핵화 하는데도 실패했는데, 이미 핵무장한 북한을 어떻게 비핵화 시킨단 말인가? 북한의 체제안보와 국제환경도 과거보다 크게 개선되었다는 점도 우리가 새로이 직면한 불편한 현실이다.

비핵화 전망이 어두워지자, 북한 핵과 동거하는 방법을 찾아야 한다거나, 비핵화외교가 아니라 군사력 증강으로 북한과 공포의 균형을 만드는데 집중해야 한다는 목소리도 덩달아 커졌다. 하지만 우리는 결코 북한 핵을 머리에 이고 살 수는 없다.

북한의 핵위협이 현실화되면, 우리는 미국 핵우산에 더욱 의존해야 하고, 핵우산을 믿지 못하면 스스로 핵무장 해야 한다. 재래식무기로는 결코 상대의 핵무기 사용을 억제할 수도, 싸워서 이길 수도 없기 때문이다. 그런데 한국에게 핵무장 옵션은 최악의 전략적 선택이다. 북한은 정권안보와 체제안보를 위해 국제사회로부터 퇴출과 경제제재를 감수하고, 전 인민이 고통 받는 핵무장 옵션을 선택했다. 하지만 한국은 힘들게 쌓아온 외교·경제적 성과를 하루아침에 앗아갈 핵무장을 택할 수 없다. 언젠가 모든 것을 포기하고 오로지 생존을 위해 핵무장의 길을 가야

될지도 모르지만, 아직 최선의 옵션은 협상을 통해 북한 비핵화를 진전시키는 것이다.

"아들아, 너는 계획이 다 있구나." 2020년 아카데미 영화상을 휩쓴 봉준호 감독의 영화 〈기생충〉에서 백수 아빠인 기택(송강호 분)이 위조한 유명대학 재학증명서로 고액 과외교사가 된 아들에게 한 말이다. 그렇다면 우리의 북한 비핵화 계획은 있는가? 필자는 지난 30년 가까이 정부(청와대·통일부·외교부), 한반도에너지개발기구(KEDO), 국립외교원 외교안보연구소 등에서 일하면서, 줄곧 이 질문을 들었고, 답을 찾으려고 노력했다.

답부터 말하면, 우리도 계획이 있었다. 수많은 계획이 있었다. 한국과 미국 정부, 그리고 북한·외교 전문가 모두 제각기 북한 비핵화 계획을 갖고 있었다. 문제는 실효성이 있는 계획이 없었다는 점이다. 막상 현재의 북핵문제가 30년 전부터 훨씬 나빠졌다는 점이 이를 반증한다.

혹자는 계획은 좋았는데, 북한이 거부했기 때문에, 미국의 비협조 때문에, 또는 예상치 못한 돌발사건 때문에 실패했다고 항변한다. 그런데 북핵외교의 직접 상대국인 북한이 협상을 거부하고, 최대 이해관계국인 미국과 공조하는데 실패했다면, 있으나 마나 한 계획이 아닌가. 에베레스트 산 등정에 실패한 등반가가 산이 험한데다 갑작스런 기상악화로 실패했다고 설명하면, 이를 어떻게 받아들일까. 에베레스트 산이 험하고 일기가 불순하다는 것은 누구나 아는 일인데, 아마추어라면 몰라도 프로페셔널 등반가의 변명거리는 아닐 것이다.

그렇다면 어떤 계획이 있어야 하나. 시합을 앞둔 헤비급 프로권투 챔피언 마이크 타이슨에게 한 기자가 어떤 게임 계획을 갖고 있는지 물었다. 그는 퉁명스럽게 되받았다. "얼굴에 한 방 맞을 때까지는 모두 계획이 있다." 프러시아의 독일 통일전쟁을 승리로 이끌었던 전쟁 영웅 헬무

트 폰 몰트케 참모총장도 "어떤 전투 계획도 적과의 첫 교전을 살아남지 못한다"는 유명한 군사 격언을 남겼다.

이들은 어떤 계획도 실전에서는 무용지물이니, 계획을 세울 필요가 없다고 말한 것이 아니다. 반대로 한 방을 맞아도, 첫 교전 이후에도 계속 유효해서 결국 승리를 이끌 수 있는 계획과 복안을 준비할 것을 강조했다.

상대가 있는 게임에서는 북한이건, 상대 선수이건, 에베레스트 산이건 상대와 환경을 충분히 파악하고, 이들을 상대하는 자신의 역량을 아는 것은 기획의 기본이다. 이에 대해 2,500년 전 손자(孫子)가 한 말은 오늘도 유효하다. 그는 전쟁에서 이기기 위해 '지피지기, 백전불태(知彼知己, 百戰不殆)'를 강조했다. 상대와 자신의 역량과 한계를 안다면, 백 번 싸워도 위태롭지 않다는 말이다. 반면에 '부지피부지기, 매전필태(不知彼不知己, 每戰必殆)', 상대도 자신도 모르면, 싸움마다 반드시 위태롭다고 경고했다.

그동안 보수 정부와 전문가들은 북한이 내부 체제위기와 경제위기 때문에 붕괴할 것으로 믿고, 제재압박과 시간벌기 계획을 선택했다. 진보 정부와 전문가들은 북한이 개혁개방을 하게 되면 핵을 포기할 것으로 믿고, 남북대화와 교류협력을 선택했다. 그런데 북한은 붕괴하지도, 개혁개방을 선택하지도, 남북대화와 교류협력에 나서지도, 핵을 포기하지도 않았다.

무엇이 문제인가. 우리가 지피지기에 실패한 탓이다. 우리는 북한의 핵개발 역량과 의지, 내구성과 저항력을 과소평가했었다. 희망적인 목표를 내세웠지만, 실행할 수단과 방법을 갖지 못했다. 우리는 북한을 유인할 당근도, 강압할 채찍도 제대로 갖추지 못했다. 경쟁하는 북한은 물론이고, 미국과 중국마저 우리 계획을 따르도록 하지 못했다. 수단과 방법이 모자란다면, 목표를 수정해야 한다. 하지만 그간 우리는 각자의 선입견과 정치적 신념을 앞세우면서, 목표와 수단과 방법을 조화시켜야 하는 전략적 사고에 실패했다.

사람들은 급한 마음에 단기적으로 성과를 거둘 수 있는 비핵화 계획을 기대한다. 더욱이 자신의 정치적 신념에 부합하는 비핵화 계획을 원한다. 이런 계획들은 또 실패할 가능성이 높다. 따라서 시간이 좀 걸리더라도 남북관계와 동북아정치의 세력경쟁적 현실에 부합하는 계획, 한국의 역량에 부합하는 계획, 당사국들이 자발적이든 비자발적이든 수용할 수 있는 계획, 북한과 협상과 갈등 속에서도 살아남을 수 있는 계획이 필요하다. 바로 이런 더욱 악화된 북핵 상황과 새로운 비핵화 계획의 필요성이 필자가 이 책을 집필하게 된 배경이다.

우선 이 책은 핵무기에 대한 기본적인 지식을 제공하고자 했다. 그동안 국내에서는 북핵문제를 주로 남북관계와 북미관계의 통일·외교문제로 보았다. 그런데 북핵문제는 기본적으로 핵무기에 대한 문제이며, 그 자체의 군사안보적·국내정치적·과학기술적 논리를 갖고 있다. 따라서 핵무기 폭발 원리와 종류, 핵개발 배경과 핵확산 역사, 핵경쟁과 핵군축, 핵확산금지조약(NPT), 핵검증 방법, 비핵화 개념 등에 대한 기초지식은 북핵문제의 전모를 파악하고, 대응책을 수립하는 데 도움을 줄 것이다.

다음 이 책은 국가와 정치지도자들이 왜 핵무장을 선택하는지, 그리고 어렵사리 선택했던 핵무장을 왜 포기하는지를 설명한 각종 이론을 소개하고 평가했다. 이 이론들은 핵무장과 핵포기에 대한 국가들의 정책결정 과정을 이해하는 데 도움이 될 것이다.

그리고 리비아·남아공·카자흐스탄·우크라이나·이란 등 주요 비핵화 사례에서 핵무장과 핵포기의 결정 배경과 실행 과정을 재구성하고 설명했다. 특히 국제정치와 국내정치의 상호작용과 내부적 갈등요인에 주목했다.

그동안 국내에서도 해외의 비핵화 성공사례에 대한 관심이 높았다. 하지만 종종 비핵화를 가능케 한 요인을 폭넓게 찾기 보다는 자신의 북핵문제에 대한 기존 입장을 정당화시키는 명분을 찾는데 그쳤다. 그 결과 북핵문제를 해결하는데 실제로 도움이 되기보다는 오히려 비핵화외교를 경직시켰다. 따라서 필자는 이 책에서 해외 비핵화 사례에 대한 심층 분석을 통해, 북한 비핵화에 실제 도움이 될 수 있는 시사점과 교훈을 찾고자 노력했다.

마지막으로 이 책은 지난 30년에 걸친 우리의 북핵 협상과정을 되돌아보고, 각종 비핵화 정책옵션을 평가한 후 필자의 비핵화 구상을 제시했다. 이 비핵화 구상은 핵포기에 대한 이론과 해외 사례에서 얻은 교훈, 그리고 오늘날 한반도와 동북아의 엄중한 현실을 반영하고자 했다.

필자는 이 책을 탈고하면서 묵은 빚에서 조금이나마 벗어난 느낌이다. 그동안 당면한 북핵 대응에 집중하느라, 핵무기 자체의 정치적·군사적 논리와 해외 비핵화 사례를 설명하거나 토론할 기회를 갖지 못했다. 학술행사에서 시민과 학생들로부터 많은 질문을 받았지만 충분한 대화 시간을 갖지 못한 점도 항상 아쉬웠다. 이 책으로 그동안 못다 한 대화와 답변을 대신하고자 한다.

마지막으로 이 책이 나오기까지 도와주신 여러분께 감사를 전하고자 한다. 같이 근무하면서 항상 지적 자극을 주시는 국립외교원 동료교수님, 동시대를 살면서 북핵문제와 같이 싸워온 선·후배님과 전문가 여러분께 감사를 드린다. 추천사를 써주시고 평생을 한반도문제의 해결에 바치신 정세현 민주평화통일자문회의 수석부의장님과 문정인 연세대 명예특임교수님께 깊은 감사의 말씀을 드린다. 책을 완성시키는데 큰 도움을 주신 전재만 전 주태국대사님과 김자희·최수지·김수겸 국립외교원 안보통일연구부 연구원, 이 책을 제안하고 기다려 주신 명인출판사 박선영 대표님께도 감사드린다. 끝으로 지난 수년 간 주말과 휴가를 양보한 아내와 두 딸에게도 고맙다는 말을 전한다. 이 책은 발간을 가장 기다렸고 기뻐하실 어머니와 아버지께 바친다.

2020년 6월
저자 전봉근

1. 한반도를 뒤덮은 북핵 위협과 전쟁 구름

북핵문제는 우리 국민뿐만 아니라 동북아 주민들의 생명과 재산을 직접 위협하는 매우 긴급하고 엄중한 외교안보 숙제이다. 북한의 핵무장이 완성되면, 우리는 북한의 핵무기 사용 위협과 외교적 핵강요(nuclear coercion)에 시달리게 된다. 한반도 핵시대에 전쟁의 참화는 과거 재래식 전쟁의 참화에 비할 바가 아니다. 오늘날 우리가 직면한 한반도 현실은 높은 전쟁 가능성과 핵무기의 사용 위협이다. 이 양자의 결합은 한반도를 전 세계에서 가장 위험한 지역으로 만들었다. 한반도는 분단 때문에 원래 군사적 충돌 가능성이 높은 데다, 충돌 발생 시 강대국과 핵무기가 개입하게 되면, 바로 세계대전과 핵전쟁이 발발하게 된다.

많은 안보전문가들이 2017년 한반도정세를 한국전쟁 이후 최대의 전쟁위기로 보았다. 또한 많은 국제안보전문가들이 당시 동북아의 안보

상황을 제1차 세계대전 전야에 비유하였다. 실제 브레넌(John Owen Brennan) 전 미 CIA 국장은 2017년 10월 한 인터뷰에서 북미 충돌 가능성을 20~25%로 평가하며, 전쟁을 경고했다. 만약 한 개인에게 유행 감염병에 걸리거나 사망할 확률, 또는 교통사고가 발생할 확률이 20~25%라면 어떻게 반응할까? 개인뿐만 아니라 사회 전체가 패닉에 빠지고 일상생활이 중단될 가능성이 높다.

2017년 여름 당시 전쟁위기가 고조되자 문재인 대통령이 직접 진화에 나섰다. 문재인 대통령은 2017년 8·15 경축사에서 "한반도에서 또다시 전쟁은 안 되며, 한반도에서 군사행동은 대한민국만이 결정할 수 있고, 누구도 대한민국의 동의 없이 군사행동을 결정할 수 없다"며 미국과 북한에 대해 전쟁 반대 입장을 명확히 밝혔다. 사실 그동안 한국정부와 정치지도자가 전쟁을 운운하는 것이 터부시되었다. 국민의 불안감을 조장할 우려가 있다고 보았기 때문이다. 문 대통령의 이 다급한 발언은 당시 실제 전쟁 가능성이 얼마나 높았는지를 추정하게 한다.

2010년대 들어 점차 고조되었던 북핵 위협과 전쟁위기를 되짚어 보자.

첫째, 북한은 탈냉전기 들어 안보·경제·식량·에너지 위기 등으로 인해 정권위기·체제위기·국가위기의 삼중 위기를 맞게 되었다. 북한은 이런 삼중 위기를 극복하기 위한 국가전략으로 핵무장을 선택하고, 이를 위해 매진했다. 마침내 북한은 2006년 10월 첫 핵실험에 성공하고, 2010년대 들어 핵무장을 법제화하고, 국가정체성까지 부여했다. 김정은은 2012년 개정헌법 서문에서 '핵보유국'을 명시한 데 이어, 2013년에 일명 '핵보유국법'을 제정하여 핵무장을 법제화하였다. 같은 해 최고국가노선으로 '경제건설과 핵무력 병진노선'을 채택하였고, 2016년 7차 당대회에서도 '병진노선'을 재확인하였다.

둘째, 2012년 김정은 정권이 출범하면서 핵·미사일 개발이 가속화되었고, 2017년 마침내 대륙간탄도미사일(ICBM: Intercontinental Ballistic Missile)과 수소폭탄 실험에 성공했다. 『2016 국방백서』도 북한의 핵능력에 대해 "플루토늄 50kg 보유(핵무기 6~12개 분량), 고농축우라늄 프로그램 상당 수준 진행, 핵탄두 소형화 능력 상당 수준 도달, 잠수함발사미사일 및 장거리미사일 능력 보유, 1만 명 규모의 핵·미사일 전담 전략군 설치" 등으로 기술하여, 북한 핵무장이 높은 수준에 있다고 평가했다. 대부분 전문가들은 북한이 2018년에 핵무기 20~60기를 보유한 것으로 추정하며, 향후 2025년까지 100기 수준까지 증가할 것으로 전망했다.

셋째, 2010년대 들어 남·북·미가 주고받은 도발적 언동, 특히 2017년 김정은 정권과 트럼프 행정부 간 오간 소위 '말의 전쟁'은 전쟁 위험성을 더욱 고조시켰다. 북한의 전쟁 위협과 핵선제공격 위협, 국내의 "김정은 참수작전" 발언, 미국정부의 "군사 옵션 검토", 미 조야의 대북 예방공격설, 트럼프 대통령의 "완전파괴" 및 "화염과 분노" 발언, 김정은 국무위원장의 "(트럼프 대통령에 대한) 늙다리 미치광이" 발언, "사상 최고의 초강경 대응조치 단행 고려" 등이 그런 사례이다.

이렇게 군사적 긴장이 극도로 높은 상황에서 각종 무력시위, 해상과 육상 군사분계선 상의 군사적 충돌, 미사일 시험발사에 대한 요격 등 사건이 발생하면 확전될 위험이 매우 높다. 구체적으로, 공해상 한미군사 연습활동에 대해 북한이 총격이나 미사일을 발사하는 경우, 북한이 괌 인근해역에 미사일을 '포위 발사'하고 미군이 이를 요격하는 경우, 미국이 북한의 임박한 미사일 발사 징후 시 미사일 발사기지를 선제공격하는 경우, 북한이 공언한 태평양 수소탄 실험과 ICBM 실거리 시험발사에 대해 미국이 요격 또는 선제공격하는 경우 등이 있다.

미국이든 북한이든 전쟁을 개시하면 치명적인 정치·경제적 비용을 치를 가능성이 높은 반면 전쟁목표를 달성할 가능성은 낮다. 따라서 실제 계획된 전면전이 발발할 가능성은 낮다고 본다. 하지만 고도의 위협적 언동과 군사적 긴장상태에서 우발전이 발생할 가능성과 이때 확전될 가능성은 매우 높다.

2. "김정은 위원장, 절대 핵을 포기하면 안 됩니다"

"북한은 결코 핵무기를 포기하지 않을 것입니다. 내가 북한의 국가안보 보좌관이라면 김정은 위원장에게 절대로 핵을 포기하기 말라고 조언할 것입니다. 왜냐하면 김정은이 핵을 포기한다면 그 결과는 지금 지하에 묻혀있는 리비아의 지도자 카다피(Muammar Gaddafi) 꼴이 될 것이기 때문입니다."

국제정치학 최고 석학 중 한 명이자, '공격적 현실주의'이론으로 유명한 미어샤이머(John Mearsheimer) 미 시카고대 교수가 2018년 3월 한국내 강연에서 이렇게 북핵문제를 평가했다. 미어샤이머 교수는 탈냉전기 초기에 전쟁과 억압의 역사가 영원히 끝나고 영원한 평화와 자유의 시대가 열릴 것이라는 낙관론을 경계한 국제정치 학자로 유명하다. 또한 차기 세계대전은 동아시아에서 미중 간 충돌이 될 것이라고 예언했다. 이런 국제정치에 대한 그의 탁월한 통찰력과 예지력을 볼 때, 그의 북핵에 대한 경고에 귀 기울이지 않을 수 없다.

사실 핵무장국가가 비핵화하는 것은 국제정치의 세력정치적 본질을 역행하는 어려운 과제이다. 국제정치에서 가장 본질적인 문제인 전쟁과 평화, 그리고 개별국가의 안위는 여전히 각 국가가 스스로를 지키는 '자구(self-help)'에 달려있다고 해도 과언이 아니다. 국제정치에는 국내정치와 달리 평화 파괴국과 불법 핵개발국을 처벌하는 세계정부도, 세계경찰도 없다. 유엔과 각종 국제규범이 있다고 하나, 국내사회에 비하면 그 제도화와 집행수준은 턱없이 모자란다. 이런 국제질서 하에서 최고의 자구 수단은 바로 핵무장 옵션이다.

이러한 현실주의자들의 비관적 전망과 처방에도 불구하고, 오늘날 국제사회는 전쟁과 불법 핵개발을 상당히 효과적으로 억제해왔다. 1960년대 초 케네디(John F. Kennedy) 미국 대통령은 당시의 핵확산 추세가 지속된다면 1970년대 중반까지 핵무장국이 25개국으로 늘어날 것이라고 경고했다. 당시 핵무기 보유국뿐만 아니라, 비핵국도 이에 공감하고 핵무기의 확산을 방지하는 데 국제사회의 뜻을 모았다. 그 결과, 1970년에 추가 핵무기 확산을 전면 금지하는 핵확산금지조약(NPT: Nuclear Nonproliferation Treaty)이 발효되었다. 이후 NPT를 중심으로 하는 '핵비확산 국제레짐'이 구축되었다.

다행스럽게도 케네디 대통령의 예언과 달리, 현재 '핵무장국(nuclear armed state)'은 9개국에 그쳤다. NPT가 발효되기 이전에 핵무기를 이미 보유하여 NPT상의 '핵보유국(NWS: nuclear-weapon state, 또는 핵무기국)'으로 알려진 안보리 5개국(미국, 러시아, 중국, 영국, 프랑스), 처음부터 NPT에 가입하지 않은 채 비회원국으로 남아있으면서 핵무장한 3개국(인도, 파키스탄, 이스라엘), 그리고 NPT 회원국이었다가 불법 핵활동이 탄로 나자 탈퇴하여 핵무장한 북한 등 9개국이다.

참고로, 이 책에서는 학계의 관행에 따라, 합법성 여부와 무관하게 핵무기를 보유한 나라를 보통명사로 '핵무장국(nuclear-armed state)'으로 부르고, NPT상의 합법적인 핵무기 보유국을 '핵보유국' 또는 '핵무기국(NWS)'이라 부른다. NPT는 1967년 이전에 핵무기를 보유한 5개국 이외에는 핵보유를 인정하지 않는다. 따라서 북한은 보통명사로서

'핵무장국'이지만, NPT의 기준에 따르면 '비핵국'에 해당된다.

그런데 이런 세계적 핵비확산 추세가 우리에게는 별로 위안이 되지 않는다. 하필 우리와 분단의 반쪽인 북한이 핵무장했기 때문이다. 남북한은 통일을 지향하는 한 민족이지만, 세력정치의 시각에서 볼 때 분단되어 서로 '먹고 먹히는' 적대관계에 있다. 한반도 분단사에서 일시적으로 남북관계가 개선된 적은 있었지만, 제로섬(zero-sum)적인 정치군사적 경쟁관계의 본질은 오늘도 여전히 변치 않고 있다.

2018년 4·27 판문점 남북정상회담으로 남북 간 평화정착에 대한 새로운 기대감이 높았다. 그렇지만 남북 간 군사적 대치구조가 해소되고, 북핵문제가 완전히 해결되기까지 얼마나 걸릴지 알 수 없다. 심지어 과거 1, 2차 남북정상회담과 마찬가지로 정상회담 후의 일시적인 평화가 다시 깨지고 더욱 깊은 정치적 불신과 군사적 대치와 핵위협의 수렁에 빠지지 않는다고 누구도 장담할 수 없다. 이렇게 북핵은 우리에게 죽고 사는 전쟁과 평화의 문제이다. 또한, 많은 국내외 전문가들이 다음 세계대전은 동아시아에서 발생할 것이며, 그 발화점은 한반도에서 북핵문제를 둘러싼 남북 충돌 또는 북미 충돌이 될 것이라고 예견하고 있다. 북핵문제는 우리뿐만 아니라, 동북아와 전 세계인들에게도 죽고 사는 문제가 되었다.

3. 왜 비핵화를 해야 하나

국내 일각에서는 왜 정부가 북핵해결에 집착하는지 의문을 제기하기도 한다. "북핵은 대미용이지, 남한용이 아니다", "설마 북한이 한반도에서, 같은 민족에게 핵무기를 사용할까"에서 심지어 "북핵은 통일 후 우리 것"이라는 말도 있다. 한반도 분단과 국제정치 현실, 그리고 엄격한 핵비확산 국제레짐을 감안하면, 현실과 동떨어진 낭만적인 생각이 아닐 수 없다.

핵무기와 남북관계의 정치군사적 현실은 냉혹하다. 남북관계는 분단의 순간부터, 한국전쟁을 거쳐 지금까지 서로 상대를 최대 안보위협으로 보는 무한 경쟁관계이다. 때때로 대화와 화해 분위기가 앞섰지만, 한 순간도 남북한이 서로를 향한 총부리를 내려놓은 적이 없었다. 남북관계는 항상 전쟁의 칼날 위를 걷고 있고, 핵무기는 김정은의 손가락 끝에서 남한을 겨냥하고 있다. 북한이 군사력의 절대 우위를 보장하는 핵무기를 갖고 있는 한 남한에 대해 핵위협과 군사도발의 충동을 느낄 것이다. 그리고 북한을 비핵화하려는 국제사회, 특히 미국과 충돌할 수밖에 없다.

과연 북한의 핵무장은 우리에게 어떤 영향을 미칠까? 결론부터 말하면, 한국은 북한 핵무기 앞에서 그 생존이 위협받는 절대적인 안보 위험에 빠지게 된다. 한국은 이미 외교안보뿐만 아니라 정치·경제·사회 전 분야에서 '분단 디스카운트'를 톡톡히 지불하고 있는데, 이제는 '북핵 디스카운트'까지 지불하게 되었다. 국내정치와 경제는 북한의 변덕에 따라 핵위협에 휘둘리며 위기와 혼란을 겪고, 군사외교적으로 우리는 동맹국과 주변국에게 더욱 의존하게 될 것이다.

구체적으로 보면, 첫째, 핵무장한 북한은 그 동안 남한에게 유리했던 군사적 균형을 순식간에 역전시켜 대남 군사적 우위를 점하게 된다. 북한이 핵무장의 억제효과를 믿고서 의도적으로 빈번히 군사충돌을 야기하고, 한반도의 군사적 긴장을 극도로 높일 가능성이 높다. 북한은 군사적 긴장 고조를 통해 내부적으로 김정은체제의 통제력을 강화하고, 대외적으로 남한의 정치·경제적 양보를 강압한다. 또한, 한반도 내 군사적 긴장 고조를 통하여 남한 내 대북정책을 둘러싼 남남갈등을 조장하며, 미국에게 북미 평화협정 체결과 주한미군 철수를 강요한다.

둘째, 북한의 핵도발에 직면하게 되면, 우리가 추구하는 남북관계 개선, 교류협력, 통일, 인도지원, 이산가족상봉, 군사적 긴장완화 등 모든 대북정책이 일순간에 중단된다. 우리는 북한과 화해협력을 통해 평화를 정착시키고 통일을 추구하는 국가목표를 갖고 있다. 이런 국정목표와 전략이 북한의 핵무장 앞에서는 무력화된다.

셋째, 북한의 핵위협은 남한의 국가리스크를 악화시켜 통상금융의 거래비용을 증가시키고, 국가경쟁력을 크게 위축시킨다. 탈냉전기 들어 북한의 다양한 군사적 도발이 있었지만 국제사회와 국가리스크 평가기관들은 이에 별로 동요하지 않았다. 북한에 비해 50배 이상 큰 경제력에 기반한 한국의 국력과 군사력, 그리고 강력한 한미동맹 때문이었다. 그런데 북한의 핵무장 완성은 '북핵 리스크'를 초래하고, 이는 한국경제에 큰 부담으로 작용할 전망이다.

마지막으로, 국내에서 핵위기에 대한 대응을 둘러싸고 대북정책을 둘러싼 고질적인 남남갈등이 더욱 악화될 전망이다. 이러한 남남갈등은 국력과 국론을 분산시키고, 효과적인 대응조치를 저해한다. 남북경협 재개, 사드 배치, 자체 핵무장 주장 등이 이미 정치쟁점화된 데 이어, 북핵위기가 더 악화되면 이를 둘러싼 국내적 갈등도 더욱 깊어질 전망이다.

요약하면, 북한의 핵능력 증강에 따라 대남 핵위협과 군사적 도발도 더욱 증가할 것이며, 안보위기가 증가하는 만큼 한국의 군사·외교·경제적 대응 비용도 증가할 것이다. 더불어 남남갈등도 심화되어 대응을 위한 국력의 결집이 어려워지고, 안보를 위한 대외적 의존은 더욱 증가할 것이다. 북한 핵무장이 고착되면 그 어떤 비용으로도 감당하기 어렵게 되고, 상시적인 전쟁위험 속에 살게 된다는 점도 크게 우려된다.

4. 역사와 이론에서 북핵 해법을 찾는다

이렇게 엄중한 북핵문제를 어떻게 해결하나? 북핵문제 해결을 위한 해법과 전략을 찾기 위해서 우리는 2개의 불확실성을 극복해야 한다. 첫째, 북한이라는 상대와 상호작용에서 생기는 불확실성이다. 북한은 체제성격상 매우 강한 독자성과 저항성을 갖는다. 그래서 북한과 통상적인 주고받기식 거래가 매우 어렵다. 또한 외부 압박에 대한 저항성이 남달리 높아 통상적인 제재압박으로 정책목표를 달성하기도 어렵다. 둘째, 사전에 어떤 비핵화조치가 효과적일지 확실하게 판단하기 매우 어렵다. 다른 과학이나 사회경제 분야와 달리, 북핵해결에 과연 어떤 정책이 효과적일지 실험할 수가 없기 때문이다. 또한 북한뿐만 아니라 주변국을 포함하는 각종 변수가 모두 불확실하기 때문이다.

2017년 들어 북한의 핵·미사일 도발이 고조되자, 이에 대한 온갖 정책대안이 쏟아졌다. 북한에 대한 예방공격, 전략적 인내, 경제봉쇄, 정권교체, 한미동맹 강화, 미중 빅딜, 한국 핵무장, 북핵과 동거 등이 있다. 그런데 어떤 정책이 효과적일지 그 결과와 파장을 미리 알 수 없기 때문에 어떤 새로운 대안도 확신을 갖고 선택하기 어렵다. 이때 보통 기존의 방식을 답습하는 '관성의 법칙'을 따르게 되며, 결국 문제의 수렁에서 헤어나지 못하게 된다.

이렇게 불확실하고 예측하기 어려운 미래의 문제에 대처하는 최선의 방책은 역사와 이론의 힘을 빌리는 것이다. 역사는 개별 사건에 대한 깊은 이해를 가능케 하여, 미래의 유사한 사건을 대처하는 데 유용한 교훈과 시사점을 제공한다. 한편, 이론은 수많은 역사적 경험에서 도출한 원칙으로서 미래의 사건을 예견하고 대처하는 데 필요한 지침을 제공한다.

그런데 우리가 역사의 힘을 빌릴 때 주의해야 할 점이 있다. 작가 마크 트웨인(Mark Twain)이 말했듯이 "역사는 결코 똑같이 반복되지 않는다." 따라서 과거 사건에 대해 유효했던 처방이나, 다른 나라와 장소에서 유효했던 그 처방이 결코 지금 이 장소에서 유효하다고 장담할 수 없다. 표면적으로 유사해 보이는 사건이라도 내면적인 발생 원인이 다르므로, 처방도 달라야 한다. 따라서 우리는 과거와 주변의 사례가 주는 교훈과 시사점을 찾아내는 지혜가 필요하다. 그러지 못하고, 외부 사례의 처방을 그대로 적용하려고 한다면 우리는 과거의 실패를 반복할 수밖에 없을 것이다.

이론에 의존할 때도 주의해야 한다. 이론은 수많은 과거 사례에서 고도의 추상화 과정을 거쳐 매우 단순한 공통분모를 찾아 낸 결과물이다. 따라서 이론은 원칙적으로 옳지만, 이를 통해 개별 사례를 설명하고 처방할 때는 조심해야 한다. 이론이 제공하는 지침과 교훈을 참고하고 응용하는 지혜가 필요하다.

위와 같은 문제점과 한계에도 불구하고, 미지의 북핵문제를 해결하는 데 여전히 최선의 방책은 이론과 역사를 활용하는 것이다. 구체적으로 북핵문제를 해결하기 위해 우리는 다음과 같은 3개의 지식을 이용해야 한다.

첫째, 핵무장과 핵포기에 대한 이론이다. 1945년 핵무기의 발견과 사용 이후 많은 정치학자들이 핵확산과 핵전쟁 방지를 목표로 하여, 왜 국가들이 핵무장하며, 왜 핵포기 하는지 다양한 이론을 개발했다. 이 연구결과와 이론들은 북한을 어떻게 비핵화시킬 것인지에 대한 기본적인 지침을 제공할 것이다.

둘째, 해외 비핵화 사례를 참고한다. 실제 핵개발 또는 핵무장했다가 포기한 국가들이 왜 그렇게 했는지 배경과 동기를 분석함으로써, 북핵을 위한 교훈과 시사점을 찾을 수 있다. 종종 전문가와 언론이 해외 비핵화 사례의 성공요인을 지나치게 단순화시키거나, 잘못 소개하는 경우가 있었다. 이런 오류를 피하기 위해 사례별 심층 분석과 비교 분석을 통해 진정한 성공요인을 찾아야 한다.

그런데 위에서 지적했듯이, 다른 장소와 시간에서 개발되고 적용되었던 훌륭한 비핵화 처방이라도 한반도에서도 성공할 것이라고 기대하기 어렵다. 북한의 정치체제, 정치지도자의 성향, 그리고 한반도와 동북아의 외교안보환경이 독특하기 때문이다.

과거 대부분 핵개발 또는 핵무장 국가들은 두 차례의 세계적인 비핵화 파도를 겪으면서 핵을 포기했다. 첫 파도는 1970년 NPT가 출범하면서 핵비확산 국제레짐이 강화되었을 때이다. 이때 한국 등 많은 국가들이 핵개발을 시도하다가 포기했다. 두 번째 비핵화 파도는 1990년대 탈냉전기에 있었다. 이때 구소련의 신생 핵무장국(카자흐스탄, 우크라이나, 벨라루스), 리비아, 남아공 등이 핵무장을 포기했다. 그런데 북한은 두 차례의 비핵화 파도에도 불구하고, 핵무장을 포기하지 않은 특별한 사례이다.

셋째, 한국의 북핵외교 역사에서 교훈을 찾는 작업이 필요하다. 한국은 1991년 한반도 비핵화 공동선언에서 시작하여 30년에 걸쳐 북핵외교가 실패한 경험을 갖고 있다. 비록 실패한 경험이지만, 우리는 향후 새로운 비핵화전략을 수립하는 데 필요한 반면교사의 교훈을 찾아야 한다. 그렇지 못한다면, 우리는 앞으로도 과거의 잘못을 반복할 가능성이 높기 때문이다.

5. 새롭게 열린 비핵화 '기회의 창'

급변하는 한반도 정세는 특히 2017년부터 위기와 기회가 극단적으로 교차하고 있다. 최악의 전쟁위기와 북핵위기가 조성되었으나 북한 김정은 국무위원장이 2018년 신년사에서 평창 동계올림픽 참가 의사를 밝히면서 새로운 '한반도 드라마'가 시작되었다. 김여정 특사단의 방남에 이어, 한국 특사단이 방북하고 방미했다. 이번 드라마의 클라이맥스는 4·27 판문점 남북정상회담과 6·12 싱가포르 북미정상회담이었다. 국민들은 갑작스러운 상황변화에 반신반의하면서도 역사적인 남북 및 북미정상회담이 가져올 북핵문제 해결과 평화정착에 대한 희망에 부풀었다. 하지만 다수 외교안보전문가들은 그럴 가능성에 대해 낙관적이지 않았다. 한반도의 냉전구도와 북한체제의 성격이 하루아침에 바뀔 수 없고, 따라서 비핵화도 요원할 것이라는 전망이 중론이었다.

사실 한반도에서 군사적 긴장 고조와 완화, 대화의 재개와 단절은 어제오늘의 일이 아니다. 하지만 지난 2017년 이후 정세는 특별했다. 2017년 하반기부터 불과 1년 만에 북한의 대륙간탄도미사일과 수소폭탄 실험 성공, 미국의 선제공격 위협과 전쟁위기, 남북정상회담과 북미정상회담 개최 등 양극단의 상황이 한순간에 벌어졌다. 평소 굴곡이 많았던 한반도에서도 이런 변화의 폭과 속도는 전례가 없다. 그렇다면 이번 한반도 롤러코스터의 종착역은 어디일까. 과연 북한 비핵화와 평화정착을 달성할 수 있을 것인가. 아니면 이미 수차례 반복된 북핵협상 소동으로 끝나고 말 것인가.

많은 불확실성 속에서도 한 가지 확실한 것은 북한 비핵화를 위한 새로운 기회가 열렸다는 점이다. 그 종점이 '말짱 도루묵'이 될지 알 수 없지만, 새로운 기회임에 틀림없다. 2017년에서 보는 한반도의 미래는 북한의 핵전쟁 위협과 미국의 예방공격설이 충돌하는 '확실한 재앙'이었다. 그 이후 한반도 전망은 '불확실한 미래'로 변했다. 이런 변화는 한반도 평화정착과 비핵화를 위한 의미 있는 기회가 아닐 수 없다.

2018년 6월 12일 싱가포르 북미정상회담에서 북한이 '완전한 한반도 비핵화' 입장을 확인했지만, 이는 아직 목표를 확인한 정치선언에 불과했다. 비핵화 시한과 구체적인 조치는 후속 협상으로 미루었다. 과거에 그랬듯이, 앞으로도 비핵화 협상과 실행과정에서 우리는 우여곡절 속에서 희망과 좌절을 맛볼 것이다.

안타깝지만 북한 핵무장이 완성된 상태에서 우리는 더 이상 시행착오의 여유가 없다. 일부 전문가와 관료의 판단에만 이 중요한 문제를 맡길 여유가 없다. 국민과 정치권도 같이 지혜를 모으고, 정부와 같이 호흡하며 국력을 결집해야 한다. 협상력은 국민의 단합과 비례한다. 북한과 주변국에게 우리의 단합된 국력과 협상력을 보이지 않는다면 한국 주도로 북핵문제를 해결하고, 평화체제를 만들 가능성은 그만큼 낮아진다.

이 책은 전문가뿐만 아니라 일반 국민과 학생들에게 북핵문제와 비핵화 과정을 이해하는 데 필요한 지식을 제공하고자 한다. 나아가 핵군축, 핵무장론 등 국내외 핵정책 현안에 대해 건전한 판단을 하는 데 필요한 배경 지식도 제공할 것으로 기대한다.

국내 많은 북한, 국방, 외교 전문가들이 북핵문제를 연구하면서도 막상 핵문제에 대한 체계적인 지식을 습득하는 데는 별 관심이 없었다. 북핵문제가 우리의 최대 대북정책 현안이지만, 국내에 핵정책을 연구하는 변변한 연구센터조차 없는 실정이다. 미국은 이와 상반되는 문제가 있다. 2018년 4월 볼턴(John Bolton)이 국가안보보좌관에 임명된 직후, "트럼프 행정부는 북한전문가도 없이 어떻게 북미정상회담을 준비하나"는 기자의 질문에 대해 "우리는 핵전문가가 많아서, 북한전문가가 없어도 아무 문제없다"고 답했다.

사실 한국과 미국, 모두 문제다. 핵무기에 대한 전문지식, 북한에 대한 전문지식, 그리고 동북아 지역정치에 대한 전문지식이 통합될 때, 북핵해결책을 찾을 가능성이 높다. 한국은 북한에 대한 지식이 많지만, 핵무기에 대한 지식은 부족하다. 미국은 이와 반대다. 이런 현상은 한미 간 대화와 공조에 지장을 초래할 것이다. 따라서 이 책은 독자에게 북핵문제를 조망하고 해결하는 데 필요한 핵에 대한 지식을 제공하고자 한다.

이런 문제의식에 따라 이 책은 3부로 구성되었다. 1부는 핵무기에 대한 기본 개념과 지식을 제공하고, 핵확산과 핵비확산의 역사를 살펴본다. 그리고 왜 국가들이 핵무장 또는 핵포기를 선택하고 결정하는지에 대한 연구결과와 이론을 소개하고 토론했다. 나아가 비핵화를 실행하는 핵폐기와 핵검증 방법을 소개했다.

2부는 해외의 비핵화 성공 사례 분석을 통해 왜, 어떻게 이들이 핵무장과 비핵화 결정을 내리고 실행했는지 분석했다. 그런 비핵화모델을 한반도에 적용하기 위한 조건과 가능성을 토론하고, 북핵해결을 위한 교훈을 도출하고자 했다.

3부는 북한의 핵개발 경과와 핵전략을 분석하고, 지난 30년에 걸친 북핵외교가 왜 실패했는지, 왜 북핵협상의 악순환 패턴이 발생하는지 그 원인을 추적하고 분석했다. KEDO 경수로사업의 전말을 돌아보고, 실패 원인을 분석하고, 미래의 경수로사업과 대형 경협사업을 위한 교훈을 찾고자 했다. 마지막으로 핵무장과 핵포기 이론, 해외 비핵화 사례, 북핵협상 사례 등을 종합하여 실현성과 지속성이 높은 북한 비핵화 전략을 제시하고자 했다. 북핵정책 옵션을 분석하고, 비핵화 로드맵을 제시했다.

1부

비핵화,
그것이 알고 싶다

1장

핵무기 시대의 개막

지난 수십 년째 한반도와 동북아에서 최대 외교안보 과제는 북핵문제이다. 그만큼 국제정치와 전쟁에서 핵무기가 갖는 정치군사적인 비중은 절대적이다. 세계무대에서 핵무기가 갖는 의미는 더욱 크다. 사실 1945년 핵무기의 발명을 기점으로 세계정치와 국제전쟁의 양상이 완전히 바뀌었다고 해도 과언이 아니다. 핵전쟁으로 인해 인류가 멸망할 위험성마저 생긴 반면, 그 엄청난 파괴력으로 인해 오히려 강대국 간 거대 전쟁의 가능성은 현저히 줄었다. 이런 문제의식을 배경으로, 이 장은 다음과 같이 핵무기의 발명과 핵무기 시대의 개막에 대한 기본적이고 본질적인 문제를 제기하고자 한다.

핵무기 시대를 연 미국의 '맨해튼 프로젝트'는 어떻게 진행되었나? 미국의 핵무기 독점기가 단기간에 끝나고, 어떻게 급속히 핵확산이 발생했나? 냉전기 미국과 소련 간 핵무기 경쟁은 어떤 결과를 낳았나? 오늘 핵무장국의 동향과 핵무기 재고는 얼마나 되는가? 핵무기의 과도한 폭발력으로 인해 전장에서 사용하기 어렵다면, 핵무장국들은 핵전략에서 핵무기의 용도와 사용조건을 어떻게 규정하고 운영하고 있는가? 미국과 소련은 안전보장을 위해 지금도 6,000기 이상의 핵탄두를 보유하고 있는데, 왜 여타 핵무장국들은 단지 200~300기만 보유하고 있는가? 핵강대국과 핵중견국의 핵전략은 어떻게 차별화되며, 그 이유는 무엇인가?

1. 인류 최초의 '트리니티 핵실험'

1945년 7월 16일. 전쟁과 평화의 인류 역사가 바뀐 날이다. 이 날 미국 뉴멕시코 주의 한 외딴 사막에서 코드명 '트리니티(Trinity)'로 알려진 인류 최초의 핵실험이 실시되었다. 당시 플루토늄을 사용한 최초 핵폭발은 재래식폭약 2만 톤(20kt)의 폭발력을 발휘했다. 미국 '맨해튼' 비밀 핵개발 프로그램의 총책임자이자 '핵무기의 아버지'로 불리는 오펜하이머(J. Robert Oppenheimer) 박사는 트리니티 핵실험에 대해 "나는 죽음의 사신이며, 세계의 파괴자가 되었다"고 술회했다.

1900년대 초 이론물리학의 발전과 원자의 발견으로 핵분열 가능성에 대한 이론적 근거가 마련되었다. 유럽과 미국의 많은 핵물리학자들이 핵에너지 연구에 참가했다. 마침내 1938년 우라늄 핵분열이 발견되었고, 학계에 발표되었다. 당시 우라늄 핵분열이 분출하는 에너지와 파괴력을 알게 되자 즉각 무기화 가능성에 대한 관심이 고조되었다.

제2차 세계대전 중 미국에서는 독일이 핵에너지를 이용한 무기 개발에 먼저 나설 것을 우려하는 목소리가 높았다. 결국 미국은 1939년 핵무기 개발을 위한 맨해튼 프로젝트를 시작했다. 이 결정의 배경에는 핵물리학자 실라드(Leó Szilárd)와 아인슈타인(Albert Einstein)이 당시 루스벨트(Franklin Roosevelt) 대통령에게 보낸 경고서한이 있었다. 헝가리 출신으로 유대인 탄압을 피해 미국으로 이민한 실라드는 1933년 '핵분열 연쇄반응' 개념을 처음으로 구상했고, 후일 맨해튼 프로젝트에도 참가했다. 실라드가 이 서한을 작성하면서, 자신의 서한에 무게를 더하고자 당시 명성이 높았던 아인슈타인에게 서명을 요청했었다. 실라드가 작성하고 아인슈타인이 서명한 이 편지는 "지난 4개월 동안에 엄청난 에너지와 방사능을 발생시키는 우라늄의 연쇄반응이 가능하다는 것을 알게 되었으며, 아주 가까운 미래에 이런 연쇄반응이 실현될 것"이라고 과학적 발견을 설명했다. 그리고 우라늄 연쇄반응을 이용한 무기화가 가능할 것이며, 독일이 우라늄을 이용한 핵분열연구를 하고 있다고 경고했다.

루스벨트 대통령은 이 경고에 주목하여, 정부에 핵에너지의 활용과 무기화를 연구할 조직을 구성하고, 연구를 진행할 것을 지시했다. 핵분열 연구조직의 상부 관리기관이 수차례 바뀌다가, 마침내 1942년 6월 미 육군공병대 산하에서 '맨해튼 프로젝트'로 정착하였다. 아인슈타인은 그의 평화주의 성향과 이력 때문에 신원조회에서 거부되어 맨해튼 프로젝트에 직접 참가하지 못했다고 한다. 후일 아인슈타인은 그의 서한이 핵무기의 개발 결정에 영향을 미쳤다는 점에서 동 서한에 서명한 것을 후회했다고 알려졌다.

미국은 핵실험에 성공하자, 곧 핵폭탄을 제조하고 사용할 것을 결정했다. 당초 맨해튼 프로젝트는 미국과 영국의 공동연구였고, 핵무기 사용의 일차 대상국은 독일이었다. 그런데 유럽전쟁이 지속되면서, 영국은 독일과 전쟁에 집중하느라 핵개발에 투입할 여력이 없었고, 미국 주도의 프로젝트가 되었다. 더욱이 독일이 1945년 5월 7일 무조건 항복했기 때문에 더 이상 핵무기가 필요 없게 되었다. 자연스럽게 일본이 첫 핵무기 투하 대상국이 되었다. 일본에 왜 반드시 핵무기를 사용하지 않으면 안 되었는가에 대해 논란이 있지만 여기서는 생략한다. 당시 대일본전쟁이 섬멸전 양상을 띠었고, 핵무기의 방사능과 환경파괴 영향에 대한 인식도 없었기 때문에 핵무기 사용 결정에 대해 그렇게 큰 논란은 없었다.

1945월 8월 6일과 9일, 히로시마와 나가사키에 각각 B29 미군폭격기로부터 핵폭탄이 투하되었다. 이 사건은 지금까지 인류 최초이자 최후의 핵무기 사용 기록으로 남아있다. 일본에 투하된 핵무기는 일반 재래식무기와 달리 즉각 전쟁의 향배를 결정하는 전략적 효과를 발휘했다. 핵무기가 다른 어떤 재래식무기와도 차별화 되는 전략무기로 등장한 순간이었다. 과거 모든 무기는 단순히 전투의 승패에 영향을 미치는 수준에 그쳤다. 그러나 핵무기는 가공할 폭발력으로 인해 단번에 전쟁

▌사진 1.1 나가사키 투하 플로토늄 핵폭탄 '팻맨'의 모형
　　출처: A mockup of the Fat Man nuclear device. U.S. Department of Defense

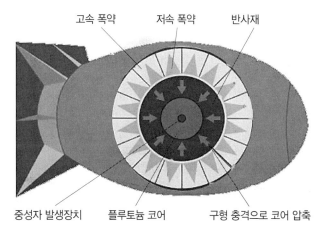

고속 폭약　　저속 폭약　　반사재

중성자 발생장치　　플루토늄 코어　　구형 충격으로 코어 압축

▌**사진 1.2** '내폭형' 플루토늄 핵폭탄의 내부 구조

의 승패를 결정짓고, 심지어 전쟁의 성격 자체를 변화시켰다. 특히 메가톤급 수소폭탄의 시대에 핵무기의 상호억제로 인한 '공포의 균형'은 전쟁 자체를 거의 불가능하게 만들었다. 전쟁의 목적이 이기기 위한 것인데, 수소폭탄 시대에는 양측이 공멸하거나, 인류 전체가 멸망하는 결과를 낳기 때문이었다.

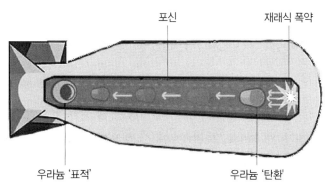

포신　　　　　　재래식 폭약

우라늄 '표적'　　　　　우라늄 '탄환'

▌**사진 1.3** '포신형' 고농축우라늄 핵폭탄의 내부 구조

사진 1.4 핵폭발 이후의 히로시마 모습

출처: U.S. Navy Public Affairs Resources Website, http://www.chinfo.navy.mil/
navpalib/images/historical/hiroshima.jpg

2. 핵확산의 시대: 수평적 핵확산과 수직적 핵확산

수평적 핵확산: '핵확산의 연쇄반응'

미국은 1945년 7월 역사상 첫 핵실험에 성공하여 최초의 핵무장국이
되었다. 당시 오직 미국만이 핵분열과 핵탄두에 필요한 과학기술적 지
식과 핵물질을 보유했다. 그런데 미국의 핵무기 독점은 오래가지 못했
다. 1949년 러시아가 핵실험에 성공하여 두 번째 핵무장국이 되었다.
한 국가가 핵무장하게 되면 이와 적대관계에 있는 국가도 핵무장을 선
택한다는 소위 '핵확산의 연쇄반응(chain reaction of nuclear prolife-

ration)' 현상이 발생했다.

영국이 1952년, 프랑스가 1960년에 각각 핵실험에 성공하여 핵강대국의 반열에 올랐다. 미국이 핵무장한 지 채 20년도 되지 않아, 1964년 중국이 핵실험에 성공하여 핵무장국은 총 5개국으로 늘었다. 핵무장국 수가 늘어나는 소위 '수평적 핵확산(horizontal nuclear proliferation)'은 1970년에 핵확산금지조약(NPT: Treaty on the Nonproliferation of Nuclear Weapons)이 출범하면서 일단락되었다. NPT의 발효로 추가적인 핵확산에 급제동이 걸렸기 때문이다.

냉전이 심화되면서 양극체제의 맹주격인 미국과 소련은 각각 핵보유량을 늘리는 핵경쟁에 돌입했다. 그 결과, 핵보유국들이 전 인류를 수십 차례 멸망시키고도 남을 정도로 핵무기 수를 늘리는 소위 '수직적 핵확산(vertical nuclear proliferation)' 시대가 열렸다. 원래 '핵확산(nuclear proliferation)'이란 '비핵국'이 핵국으로부터 핵기술을 이전받거나 또는 자력으로 핵개발 하는 것을 말한다. 냉전기 들어 미소와 같은 기존 핵국들이 서로 핵무기 폭발력과 수량을 늘리는 핵경쟁을 벌였는데, 이런 현상을 비유적으로 '수직적 핵확산'이라 표현했다.

미국의 첫 핵실험 성공에 대해 애써 냉정을 유지했던 소련은 내부적으로 핵개발을 재촉했다. 1930년대 말부터 소련의 과학계도 핵분열과 핵무기에 관심을 가졌지만 본격적인 국가프로젝트로서 발전하지는 못했다. 미국의 맨해튼 프로젝트에 대한 정보가 수집된 이후에야 스탈린 (Joseph Stalin)은 본격적으로 핵개발 프로젝트를 출범시켰다. 한 소련 물리학자는 1939년 이후 갑자기 핵분열에 대한 논문 발표가 학계에서 사라진 것을 보고 연합국 진영이 핵분열을 이용한 핵무기 개발을 추진하는 것으로 의심했다고 한다. 그는 1942년 스탈린에게 이를 경고하는 서한을 보냈지만 독일과 전쟁 중인 스탈린은 여기에 크게 주목하지 않았다.

1945년 8월 초 갑자기 들려온 히로시마와 나가사키의 핵폭탄 투하 소식에 소련은 뒤늦게 핵개발을 서두르기 시작했다. 소련의 초기 핵개발은 필수 핵물질인 우라늄의 공급부족으로 지연되었다. 하지만 제2차 세계대전 종전 이후 동유럽에서 충분한 우라늄을 공급받으면서 핵개발은 가속화되었다. 더욱이 소련은 핵개발 후발주자로서 이점이 있었다. 미국은 엄청난 재정과 기술과 물자를 투입하고 수많은 시행착오 끝에 겨우 핵개발에 성공했다. 하지만 소련은 스파이를 통해 확보한 미국 맨해튼 프로젝트의 핵개발 정보를 활용한 것으로 알려졌다. 소련은 또한 종전 후 패전국 독일의 핵물리과학자들도 동원할 수 있었다.

미국이 핵실험을 한 지 약 4년 후, 소련은 1949년 8월 29일 카자흐스탄의 세미팔라틴스크(Semipalatinsk) 핵실험장에서 '첫 번째 번개(First Lightning)'라 명명된 핵실험에 성공했다. 당시 핵폭발장치는 미국이 나가사키에 투하한 플루토늄 폭탄인 '팻맨'의 복사판이었다. 이 핵폭발장치는 소련이 1945년에 스파이를 통해 입수한 미국의 설계도를 이용하여 제작된 것으로 알려졌다.

소련의 핵개발 성공은 미소 간 핵무기 경쟁을 촉발했다. 양국은 핵무기의 폭발력과 수량을 늘리는 경쟁에 돌입했다. 핵폭발력 경쟁은 기존 핵분열(nuclear fission)이 아니라, 수백 배 이상의 폭발력을 분출하는 핵융합(nuclear fusion)에 기반한 수소폭탄(hydrogen bomb) 개발 경쟁을 초래했다. 수소폭탄은 열핵폭탄(thermonuclear weapon) 또는 핵융합폭탄(nuclear fusion bomb)으로도 불린다.

미국은 1952년 11월 1일 남태평양에서 '아이비 마이크(Ivy Mike)'로 명명된 수소폭탄 실험에 성공했다. 엄밀히 말해, 첫 수소폭탄은 핵무기라기보다는 무게가 82톤에 달하는 건물 규모의 폭발설비였다. 아이비 마이크의 폭발력은 10메가톤이며, 불덩이의 반지름은 3km, 그리고 구름버섯은 높이 33km, 지름 160km에 달했다. 폭발로 인한 분화구는 반지름이 2km, 깊이 50m에 달해, 인류가 상상하지도 못했던 파괴력을 보였다.

소련은 1953년 8월 12일 첫 수소폭탄 실험에 성공했다. 그리고 소련은 1961년 10월 30일 코드명 '이반(Ivan)' 또는 서방에서 '짜르 봄바 (Tsar Bomba)'로 불리는 초대형 수소폭탄의 실험에 성공하여, 핵무기 기술력을 과시했다. 이 수소폭탄의 폭발력은 50메가톤으로서 지금까지 개발된 최대 폭발력을 가진 핵무기였다. 이 핵무기는 무게 27톤, 길이 8 미터, 지름 2미터에 달하는 대형폭탄으로서 실전용이기보다는 과학기 술력을 과시하기 위한 용도로 알려졌다.

이후 미국은 1954년 3월 1일 남태평양에서 수소폭탄 실험을 했는데, 이 핵실험으로 예상치 못한 사고가 발생했다. 일본어선 다이고후쿠료오 마루(第五福龍丸)가 남태평양 비키니 환초 인근에서 조업을 하다가 수 소폭탄의 방사능재를 뒤집어썼다. 일본어선은 미국이 설정한 조업 금지 선 밖에서 조업을 했지만, 수소폭탄의 폭발력이 당초 예상을 훨씬 초월 한 데다 바람의 방향도 바뀌어 어부들이 방사능에 피폭 당했다. 당시 방 사능에 대한 지식이 없어 어부들은 선박에 쏟아진 방사능재를 맨손으로 치웠다고 한다. 어부 중 한 명은 방사능오염과 기타 복합감염으로 6개 월 후 사망했다.

당시 어선 피폭사건은 미일 간 큰 외교현안이었다. 하지만 일본은 미 국이 주는 금전 보상을 받고 이 사건에 대해 더 이상 문제를 제기하지 않는 데 동의했다. 종전 후 패전국 일본에 대한 전승국 미국의 우월적 지위가 이 사건을 확대하지 않는 배경이 되었다. 이후 이 일본어선 피폭 사건은 영화화되어 핵무기에 대한 경각심과 피폭자에 대한 관심을 고조 시켰다. 또한 핵군축과 핵실험 금지 필요성을 환기시키는 중대한 계기가 되었다. 이 사건은 일본영화 〈고질라〉에서 방사능에 피폭된 돌연변이 괴물이 탄생하는 모티브를 제공했고, 미국에서도 반복하여 리메이크되어 방사능오염에 대한 경각심을 불러일으켰다.

영국은 미국의 초기 맨해튼 프로젝트에 참여하고 기여했지만, 유럽 전선에 국력을 집중하면서 점차 소외되었다. 미국은 핵개발에 성공하자 1946년 핵에너지법을 제정하여 핵기술과 핵물질의 해외이전과 국제협력을 중단시켰다. 이에 분노한 처칠(Winston Churchill) 수상은 1946년 독자적인 핵개발 프로그램을 가동했다. 그 결과, 1952년 10월에 25킬로톤 규모의 핵분열폭탄 실험, 1957년 11월에는 1.8메가톤 규모의 수소폭탄 실험에 성공하여 핵강대국으로 부상했다.

영국이 핵실험에 성공하자 1958년 미국은 다시 영국과 핵개발 협력을 재개했다. 이후 영국은 핵실험을 미국에서 실시하고, 미국의 핵무기도 구입하였다. 영국의 초기 핵억제력은 잠수함발사 핵미사일과 공중투하용 중력 핵폭탄(gravity nuclear bomb)으로 구성되었다.

프랑스는 1960년 2월 13일 알제리에서 핵폭탄 실험에 성공하여 4번째 핵무장국이 되었다. 제2차 세계대전이 끝난 직후 프랑스의 임시정부 수반이었던 드골(Charles De Gaulle)은 1945년 10월 핵개발 프로그램을 가동시켰다. 그러나 미국의 반대와 간섭으로 우라늄 도입이 좌절되는 등 핵개발이 지체되었다. 미소 초강대국 중심의 냉전체제에서 프랑스의 국제적 지위가 더욱 하락하자, 1958년 제5공화국 대통령으로 다시 취임한 드골은 프랑스의 독자적 안보역량 확보와 강대국 지위 회복을 국가목표로 제시했다. 마침내 1960년 프랑스 식민지인 알제리에서 핵실험에 성공했다. 또한 1968년 남태평양에서 2.6메가톤 규모의 수소폭탄 실험에 성공했다. 이로써 프랑스는 미국에 의존하지 않은 독자적 핵능력과 핵강대국의 지위를 갖게 되었다.

냉전기 프랑스의 핵전력은 공중투하용 중력 핵폭탄, 잠수함발사 핵미사일, 육상발사 핵미사일 등 삼축체계(triad)로 구성되었다. 그런데 프랑스 국내에서 독자적 핵능력 확보가 과연 최선의 안보전략인지에 대해서는 논란이 있다. 핵전력에 대한 과도한 투자로 재래식전력이 약화되었고, 독자적인 핵전력을 유지하는 데 전략적·재정적 문제점도 드러났다. 프랑스도 이 문제점들을 인정하고, 탈냉전기 들어 북대서양조약기구(NATO: North Atlantic Treaty Organization)에 가입하고, 핵전략도 상호보완적으로 조정했다.

　중국은 1964년 10월 16일 신장 위구르지역의 롭누르 사막에서 25킬로톤 규모의 우라늄핵폭탄 실험에 성공하여 5번째 핵강대국이 되었다. 마오쩌둥(毛澤東)은 한국전 당시 미국으로부터 만주 핵공격 위협을 받았기 때문에 핵무기를 열망한 것을 알려졌다. 1954년 베이징에서 열린 중소정상회담에서 마오쩌둥 주석이 당시 후르시초프(Nikita Khrushchev) 서기장에게 핵개발을 지원해 줄 것을 요청했지만 거절당했다. 후르시초프는 핵개발에 과도한 비용이 들고, 소련이 핵우산으로 중국을 보호할 것이라는 명분을 내세웠다. 마침내 마오는 1955년 당 회의에서 핵개발을 결정하고, 이를 위한 정부조직도 만들었다.

　이후 중국의 요청에 따라 소련이 일부 기술지원을 제공했지만 1959년 6월 기술지원 계획을 전면 철회했다. 결국 중국은 자력 핵개발을 결정하고 추진했다. 중국은 해외유학 핵물리학자와 내부자원을 총동원하고, 소련의 기술지원 기억을 되살리며 핵개발을 대대적으로 추진했다. 1964년 10월 핵분열폭탄 실험을 실시했고, 채 3년도 안되어 1967년 6월 14일 대기권에서 3.3메가톤 규모의 수소폭탄 실험에 성공했다. 중국의 핵전력은 공중투하용 중력 핵폭탄, 잠수함발사 핵미사일(SLAM), 육상발사 핵미사일 등 3축으로 구성되었다.

수직적 핵확산과 핵감축

핵무기 시대가 열리고, 다수 핵강대국이 등장하면서 이들 사이에 핵무기를 더 많이 갖기 위한 핵무기 경쟁이 벌어졌다. 특히 냉전체제의 두 맹주인 미국과 소련은 무한 핵경쟁을 벌였다. 그 결과 미소가 각각 3만 기 이상의 핵무기를 축적하는 '수직적 핵확산'이 발생했다.

핵무기 시대 초기에 핵무장국들은 핵무기의 엄청난 파괴력과 살상력에 놀라면서도, 이를 여전히 전쟁터에서 사용할 수 있는 실전용 무기로 보았다. 더욱이 초기에는 아직 핵무기를 어떤 목적으로, 어떤 용도로, 어떤 조건에서 사용하는지에 대한 핵전략(nuclear strategy)이 수립되어 있지 않았다. 따라서 다른 재래식무기와 마찬가지로 핵무기가 많을수록, 그리고 더 클수록 좋다고 보았다. 그 결과, 한때 최대 7만기에 달하는 비인간적이고, 비이성적인 핵무기의 축적이 발생했다.

첫 번째 핵무장국이 된 미국은 핵능력의 우위를 유지하기 위해 핵무기 수량을 지속적으로 늘렸다. 1966년에 핵탄두 31,000기 이상을 보유하여 정점에 도달한 이후, 점차 핵무기 감축에 나섰다. 탈냉전기와 더불어 주적이었던 소련이 해체되고 핵전력이 급속히 감소하자, 미국도 급속한 핵감축에 나섰다.

소련은 1949년 후발주자로 핵무장에 성공한 이후 1986년에 핵탄두 4만 기 이상을 보유하여 정점에 도달했다. 그 이후 소련의 해체와 더불어 핵무기 재고가 급속히 감소했다.

영국은 1952년 핵개발에 성공한 이후 1981년에는 핵탄두 약 500기를 보유하여 핵무기 재고가 최고점에 도달했다. 그 이후 점차 핵무기 감축에 나섰고, 2000년대 들어서야 급속한 핵감축을 거쳐 2018년 약 200기를 보유하고 있다.

프랑스는 1960년 핵개발에 성공한 이후 점차 핵무기 재고를 늘려 1992년에 최대로 500여기를 보유했다. 프랑스도 2000년대 들어 급속히 핵감축을 추진했고, 현재 약 300기의 핵탄두를 보유하고 있다.

핵강대국 중 가장 후발 주자인 중국은 1964년 핵개발에 성공한 후 핵탄두 재고를 급속히 늘려 1985년 약 250기를 보유한 이후, 그 재고량 추세를 계속 유지하고 있다. 2010년대 들어 중국이 세계적인 강대국으로 부상하고, 동아시아와 서태평양에서 미국과 군사패권을 다투기 위해 재래식 전력을 급속히 늘렸다. 따라서 국제사회는 중국이 미국과 경쟁하기 위해 핵전력을 크게 증강할 가능성을 우려하며 주시 중이다. 중국 내에서도 중국의 부상에 상응하는 핵전력을 갖추어야 한다는 주장이 제기되고 있다.

5개 핵강대국 외 NPT체제 밖에서 핵개발에 성공한 이스라엘, 인도, 파키스탄은 각각 100여기 내외의 핵무기 재고를 유지하고 있는 것으로 알려져 있다.

한때 핵무기를 무한정 늘렸던 핵무장국들은 곧 핵무기가 갖는 거대 폭발력과 방사능의 특성으로 인해 과도한 축적이 군사·정치적으로 의미가 없으며, 또한 핵무기 사용에도 한계가 있다는 점을 깨닫게 되었다. 미국은 1960년대 후반 들어 핵무기 재고를 감축하기 시작했다. 소련은 1980년대 후반 들어서야 미국과 핵감축협정에 합의하고 급속히 핵무기 재고를 감축했다.

2010년대 들어 모든 핵무장국의 전체 핵무기 재고는 약 1만 5,000기에 달한다. 이 수치는 과거 1980년대 후반에 최고 핵무기 재고 약 7만 기에 비하면 약 5분의 1로 줄었다. 그런데 현재 전 세계에 산재한 핵무기의 총 폭발량이 약 1,000~1만 메가톤에 이른다고 한다. 이 수치는 히로시마와 나가사키에 사용된 핵무기 2기를 포함하여 제2차 세계대전 동

도표 1.1 세계 핵탄두 재고 추정치, 1945~2018년

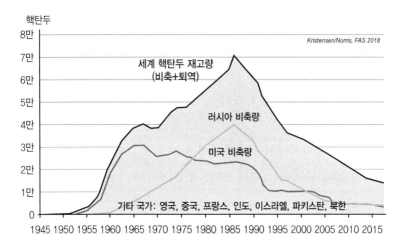

출처: https://fas.org/issues/nuclear-weapons/status-world-nuclear-forces/

안에 사용된 총 폭발량인 약 3메가톤의 수백 배가 넘는다. 이 수치를 보면, 우리가 지금 보유한 핵무기만으로도 전 인류를 몇 십 번 이상 살상할 수 있다는 주장이 결코 과장이 아님을 알 수 있다.

핵무장국별 핵무기 재고 동향을 보면, 우선 미국은 전략 및 전술핵탄두 4,000여기, 궁극적인 폐기를 위해 퇴역한 핵탄두 2,500기 등 총 6,500여기의 핵탄두 재고를 보유하고 있다. 미러 간 2010년 체결된 신전략무기감축협정, 일명 '뉴 스타트(New START)'협정에 따르면, 미국은 핵탄두를 최대 1,550기까지 배치할 수 있다. 뉴 스타트협정에 따라 2018년 2월에 미러가 상호 교환한 핵무기 배치 자료에 따르면, 미국은 총 1,350기 전략핵탄두를 총 652기의 육상 대륙간탄도미사일, 잠수함발사미사일, 전략폭격기 등에 탑재하여 배치하고 있다. 미국은 추가로 150기의 전술핵탄두를 주로 유럽에 배치하고 있다.

참고로, '전략핵무기'는 전쟁의 발발을 억제하거나, 실제 사용 시 전쟁의 향배에 영향을 미칠 정도의 거대 폭발력을 가진 핵무기이며, 일반적인 핵분열, 핵융합 핵무기를 말한다. '전술핵무기'는 실제 전쟁터에서 사용할 용도로 폭발력을 특별히 줄인 핵무기이며, 지뢰, 대포 포탄, 배낭폭탄 등으로 사용할 수 있는 소형 핵폭탄이다.

미국과 러시아는 핵탄두 수량을 서로 유사하게 유지하고 있다. 그런데 미국은 전략핵탄두를 더 많이 보유하고 있는 데 비해, 러시아는 상대적으로 전술핵탄두를 더 많이 보유하고 있다. 이는 양국 간 핵태세의 차이를 반영한다. 여기서 우리는 미국이 핵무기를 전쟁억제용으로 주로 사용하는 데 비해, 러시아는 핵탄두를 실제 전쟁용으로 사용하려 한다고 추론할 수 있다.

미국은 핵무기와 관련하여, 다양한 기록과 이력을 갖고 있다. 지금까지 전 세계 핵실험 총 2,065회 중 절반에 해당하는 총 1,032회 핵실험을 실시하여 가장 많이 핵실험을 실시한 국가이다. 또한, 실제 핵무기를 전쟁에 사용한 유일한 국가로 기록된다. 미국은 1996년에 포괄적 핵실험금지조약(CTBT: Comprehensive Nuclear-Test-Ban Treaty)에 서명했지만, 아직 비준하지 않았다. 미국은 가까운 미래에 핵실험을 실시할 계획이 없지만, 새로운 핵실험의 필요성이 생길 상황을 염두에 두고 CTBT 비준을 거부하고 있다. 하지만 미국은 임시가동 중인 포괄적 핵실험금지조약기구(CTBTO: Comprehensive Nuclear-Test-Ban Treaty Organization) 준비위원회의 활동을 적극 지지하고, 기여금도 납부하고 있다.

미국과 같이 핵무기 초강대국인 러시아는 총 6,850기의 핵탄두를 보유하고 있다. 이중 약 2,500기 핵탄두는 퇴역되어 해체를 기다리고 있다. 러시아도 보유 핵탄두 수량의 상한선을 정한 뉴 스타트(New START) 핵감축협정의 핵재고 보고 의무에 따라, 2018년 2월 당시 1,444기 핵탄두

도표 1.2   2018년 세계 핵탄두 재고 추정치

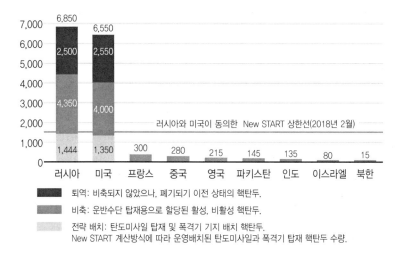

출처: Hans M. Kristensen and Robert S. Norris; U.S. Department of State; Stockholm International Peace Research Institute; Arms Control Association (2018.6)에서 재인용.

도표 1.3   미국 핵무기 보유량, 1962~2017년

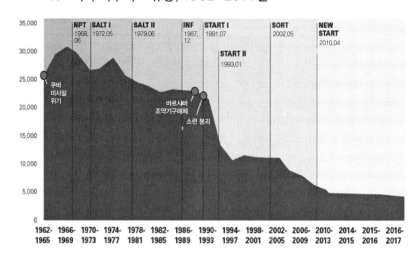

출처: U.S. Department of State, U.S. Defense, Arms Control Association. Updated: January 19, 2017; Arms Control Association (2018.7).

를 배치하고 있다고 밝혔다. 그리고 이 핵탄두는 총 527기의 대륙간탄도미사일, 잠수함발사미사일, 전략폭격기 등에 탑재되어 있다. 러시아는 1996년 CTBT에 서명하고, 2000년에 비준했다.

3. 핵무장과 핵전략

국가가 핵개발을 추진하면, 이는 반드시 핵무기의 정치군사적 용도가 있기 때문이다. 그런데 핵무기를 단순히 보유한다고 해서, 저절로 핵보유의 정치군사적 효과가 전적으로 발생하지는 않는다. 따라서 핵보유국들은 핵무기를 어떤 조건에서 어떻게 사용할 것인가에 대한 원칙을 정립하고, 이를 상대방에게도 전파하여 상대방의 특정 행동을 억제해야 한다. 핵무기를 어떤 조건에서, 어떻게 사용할 것인지가 바로 핵전략(nuclear strategy), 그 중에서도 핵교리(nuclear doctrine)의 핵심 내용이다.

보통 '핵전략'은 국가의 정치군사적 목적을 위해 핵무기를 전략화하고 이를 사용하는 것을 말한다. 핵전략은 핵무기의 수단적 성격을 의미하는 '핵태세(nuclear posture)'와 핵무기의 용도와 사용원칙을 의미하는 '핵교리(nuclear doctrine)'를 포함한다. 간략히 말해, 핵태세는 핵무기의 배합과 배치 등 하드웨어에 대한 것이며, 핵교리는 핵무기의 역할과 사용원칙 등 소프트웨어에 해당된다.

핵전략의 구성 요소

핵전략의 내용과 유형을 결정하는 주요 구성 요소는 다음과 같다.

첫째, 핵무기의 수량이 핵전략 수립에서 주요 변수로 작용하며, 또한 핵전략은 핵무기의 수량에도 큰 영향을 미친다. 소수의 핵무기를 보유하고 이에 대한 방호시스템이 불충분하다면, 적국에 대해 매우 공세적인 핵전략을 추구할 가능성이 높다. 상대국의 작은 규모 도발에 대해서도 곧바로 핵무기로 대응하는 '비대칭확전' 전략을 구사한다면, 100여 기 내외의 적은 핵무기로도 상대의 공격을 억제할 수 있을 것이다.

반면에 핵무기가 많고 잘 방호되어 있다면, 공세적이고 위험한 핵전략을 굳이 선택할 필요가 없다. 핵보복억제전략으로 상대의 공격을 효과적으로 억제할 수 있기 때문이다. 예를 들면, 미국과 러시아와 같이 '상호확증파괴(MAD: Mutual Assured Destruction)'에 기반한 핵억제전략을 갖추기 위해서는 상대국의 1차 핵타격을 흡수하고도 상대에게 감당할 수 없는 피해를 안기는 데 필요한 핵무기의 수량과 이에 대한 방호시스템을 구비해야 한다. 이는 미국과 러시아와 같은 핵무기 초강대국에는 가능하지만 100~300기를 보유한 대부분 핵중견국에는 가능한 핵전략이 아니다.

둘째, 핵무기의 사용 순서에 대한 문제이다. 상대방이 먼저 핵을 사용할 때에만 핵으로 대응하는 '핵 일차불사용(no first-use)' 원칙이 있다. 한편, 상대의 재래식 공격에 대해서도 핵무기를 먼저 사용하는 것은 '핵 일차사용(nuclear first-use)' 원칙이라 부른다.

'핵 일차불사용' 원칙은 1964년 중국이 처음 선언한 이래 중국의 핵심 핵교리로 자리 잡았다. 인도도 핵 일차불사용 원칙을 채택하고 있다. 한편, 영국과 프랑스는 구소련과 동구국의 압도적인 재래식 군사력 우위에 대응하기 위해 '핵 일차사용' 원칙을 유지하고 있다. 파키스탄도 적국인 인도의 우월한 재래식 군사력에 대응하기 위해 핵 일차불사용 원칙을 채택하지 않고 있다. 인도의 우세한 재래식 군사력에 대응하기 위해 핵을 언제든지 사용하겠다는 입장이다. 유럽에 배치된 미국의 전술핵무기도 핵 일차사용을 위한 용도이다. 미국은 NPT의 비핵국가에 대해서는 핵무기 불사용 원칙을 표방하면서도, 자신과 동맹국을 보호하기 위해서는 핵무기를 먼저 사용할 권리를 포기하지 않고 있다.

2006년 북한의 7차 당대회 결정서는 "책임 있는 핵보유국으로서 침략적인 적대세력이 핵으로 우리의 자주권을 침해하지 않는 한 이미 천명한 대로 먼저 핵무기를 사용하지 않을 것"이라고 선언하였는데, 이는 바로 핵 일차불사용 원칙을 채용한 것이다. 그런데 이 입장은 북한이 유독 한국과 미국에 대해 위협하는 '핵선제공격권'과 대조된다.

셋째, 핵선제공격의 행사 여부가 핵전략의 주요 요소가 된다. 선제공격(preemptive strike)이란 실제 전쟁이 발발하지 않았지만 적의 공격이 임박하거나 전쟁동원이 시작된 상태에서 상대의 전쟁능력을 약화시키기 위해 가하는 선제적이고 기습적인 군사적 타격을 말한다. 냉전기 동안 미소는 상호억제를 위해 상대의 1차 핵타격(first strike)을 흡수하고도 동원가능한 2차 핵타격능력(second strike capability)을 구축하기 위해 노력했었다. 이때 1차 타격이란 바로 '핵선제공격'을 말한다. 북한이 2016년 상반기 남한에 대해 '핵선제공격'을 위협하였는데, 이는 전쟁발발 없이 불시에 선제적으로 남한을 핵으로 타격하겠다는 주장이다.

넷째, 핵무기의 용도에 있어 군사용과 정치용 구분이 필요하다. 군사용은 다시 전술용과 전략용으로 나눌 수 있다. 전술용이란 핵무기의 의미를 다만 폭발력이 크다는 점에만 두고 다른 재래식무기와 같이 전쟁에서 핵무기를 사용하는 경우이다. 사실 보복 중심의 핵억제전략이 수립되기 전에 미국과 소련의 군부는 핵무기를 다른 재래식무기와 마찬가지로 항상 전쟁에 투입할 준비가 되어 있었다. 핵무기를 전술용으로만 활용할 경우, 핵무기를 선제공격·공격·방어·보복 등 전 단계의 전쟁국면에 투입할 것이다. 전략용은 핵무기의 과도한 파괴력에 주목하여, 그 용도를 전쟁억제에 한정한다. 냉전 초기 대부분 핵보유국은 핵무기를 언제라도 전쟁에 투입할 수 있는 전술용 무기로 보았다. 하지만 중국은 핵무기 보유 초기부터 '일차불사용' 원칙을 견지하면서, 일관되게 핵무기를 전쟁억제와 보복에 한정하는 핵교리를 천명하고 있다.

정치용이란, 핵무기를 전쟁용이 아니라 국내정치의 입장 강화 수단 또는 강대국 지위 상징 등으로 보아 핵무기를 개발하는 경우이다. 다양한 핵무장 동기에 따라, 핵태세와 핵교리도 달라진다. 안보용이라면, 주어진 안보위협에 상응하는 핵무기의 종류와 규모, 그리고 용도와 교리를 선택할 것이다. 만약 국내정치용이거나, 국제정치용이라면 대규모 핵전력과 높은 수준의 핵 경계태세를 유지할 필요 없이, 소규모와 낮은 경계태세로도 충분할 것이다.

마지막으로, 핵전략은 핵무기 지휘통제권의 소재와 관리방식에 영향을 받는다. 대부분 핵무장국에서는 핵무기의 사용결정에 대한 엄격한 민간통제가 정착되었다. 민간통제의 경우, 군사지휘관이 아니라 정치지도자가 핵무기 사용여부를 결정한다. 이때 단순히 군사적 수요가 아니라 전 국민과 다양한 이해관계자의 요구, 그리고 장기적인 국가 생존과 번영의 수요에 부합하는 결정을 내린다. 그런데 북한과 같이 강력한 권위주의적 1인 지배체제에서는 비록 민간통제가 있다고 하더라도, 오히려 내부 견제와 점검 장치도 없이 단시간 내 즉흥적으로 사용결정이 가능한 위험성이 있다.

한편, 지휘통제권이 군부와 현장지휘관에 있다면, 군부의 판단과 현장의 군사적 수요에 따라 신속한 핵무기 사용결정이 내려지게 된다. 더욱이 핵무기 사용결정권이 현장에 위임되어 있다면, 핵사용 결정의 단계가 축소되어 매우 신속한 결정의 이점이 있다. 하지만 매우 불확실한 위기 상황에서 섣부른 핵무기 사용 결정, 사고에 의한 핵무기 발사 등의 위험성이 크게 높아진다.

핵 강대국의 핵전략 유형과 특징: 상호확증파괴, 최소억제

미국과 소련은 냉전기에 무한 핵경쟁을 통해 각각 3만기 이상의 핵무기를 축적하였지만, 재래식무기와 차별화되는 핵무기의 역할과 사용교리에 대한 이해는 매우 낮았던 것으로 알려져 있다. 핵개발 초기에는 핵무기를 단순히 파괴력이 큰 무기의 하나로 보고, 어떻게 실제 전쟁 상황에서 효과적으로 사용할지를 연구했었다.

미국은 냉전 초기의 시행착오를 거쳐 점차 핵무기의 용도를 전쟁억제에 두었다. 이를 위해 상대방의 1차 핵타격에도 불구하고 생존 가능한 2차 핵타격능력을 확보하여 상대를 섬멸시키는 상호확증파괴(MAD)전략을 핵전략으로 정착시켰다. 이 전략은 점차 소련으로 전파되어, 미국과 소련은 상호 유사한 핵전략 개념을 공유하게 되었다.

그렇다면 전쟁억제를 위한 핵보복력을 어떻게 강화시킬 것인가? 첫째, 핵보복력을 늘리기 위해 우선적으로 핵무기의 수량을 늘리고, 개별 핵무기의 폭발력을 늘려야 한다. 이를 위해 미국과 소련은 각각 수만 기 규모로 핵무기 재고를 늘리고 수소폭탄 개발 경쟁에 나선 바 있다. 둘째, 적의 1차 핵타격에 대한 생존력을 늘리기 위해, 핵탄두 운반체를 다원화하고, 핵무기에 대한 방호체제를 강화한다. 핵미사일 이동발사시스템, 전략폭격기, 핵잠수함 등으로 핵무기를 분산시키고, 미사일방어체제, 격납고 강화 등을 통해 핵무기의 생존력을 높인다. 셋째, 핵무기의 발사준비 및 발사태세를 강화한다. 발사체와 핵탄두를 분리 보관하는 대신에 항상 조립상태에 두어 최단시간 내 발사할 수 있도록 하거나, 심지어 현장 지휘관에 핵무기 사용결정권을 위임하는 경우도 있다. 이때 핵무기의 사용 위험성이 높아지지만, 상대방에 대한 억제력이 강화되는 효과도 있다.

2차 핵타격과 핵보복에 기반한 MAD전략은 양 당사국이 상호 핵대치의 상황에서 공멸을 피하기 위해 핵선제공격을 자제하는 합리적인 선택을 할 것이라는 전제에 기반을 둔다. 그런데 MAD전략이 정착되면서, 핵무장력의 수량적 우위를 점하기 위해 무한정한 핵경쟁을 하는 것이 합리적이지 않다는 결론에 도달했다. 그 결과 과거 수만 기 핵무기가 지금은 7,000기 수준으로 감소하는 핵군축도 가능해졌다.

그런데 MAD 핵전략이 안정적으로 유지되기 위해서는 두 개의 조건이 충족되어야 한다. 첫째, '상호' 상대방의 핵공격에 취약해야 한다. 만약 한 나라가 상대의 핵공격에 대한 완벽한 방어체제를 구축하고 있다면, 그 나라는 상대의 핵보복에 대한 두려움 없이 상대를 공격할 수 있다. 이때 상대방은 이런 상황에서 벗어나기 위해 핵공격력 강화와 방어체제 구축에 나서게 되어, 양국은 무한 핵경쟁의 함정에 빠지게 된다. 양국은 많은 군비 투입에도 불구하고, 각각의 안보는 더욱 악화되는 악순환에 빠진다. 따라서 지금도 강대국의 미사일방어체제 구축문제는 전통적인 MAD 핵전략의 안정성과 연관되어 논란이 지속되고 있다.

둘째, 테러집단이나 불량국가와 같이 자살적 공격도 불사하는 나라에 대해서도 억제효과가 있는가의 문제가 있다. 특히 미국에서는 9·11테러 이후 안보전략 틀이 변화하면서, 전통적인 핵억제론에서 벗어나 핵선제공격론이 제기되었다. 조지 W. 부시 행정부가 2002년 9월 발간한 국가안보전략보고서(National Security Strategy)는 처음으로 미국의 외교정책 수단으로 '선제공격(preemption)'을 부각하고 있다. 이는 2001년 미국에서 발생한 9·11테러를 계기로 테러집단과 핵확산 불량국가에 대해, 이들이 미국을 공격하기 전에 모든 전쟁수단을 동원하여 사전에 이를 저지하겠다는 입장이다. 안정적인 핵감축 추세를 지속하기 위해서는 국제사회가 이런 문제에 대해 고민하고 해결책을 찾아야 한다.

중소 핵보유국의 핵전략 유형: 촉매, 비대칭확전, 최소억제/확증보복

그동안 중소 핵국의 핵전략은 연구대상으로서 핵전문가들의 관심을 별로 끌지 못했다. 탈냉전기 동안에 미소 간 핵대치와 핵경쟁이 치열한 가운데 핵전문가들의 관심은 핵강대국 간 핵전쟁 방지를 위한 핵억제전략과 핵무기를 감축하기 위한 핵군축에 집중되었기 때문이었다. 탈냉전기들어 핵전문가들의 관심은 비핵국가의 핵개발을 방지하기 위한 핵비확산, 그리고 비국가행위자의 핵무기 획득을 저지하기 위한 핵안보에 집중되었다.

개별 중소 핵국의 핵전략에 대해서는 중국, 파키스탄, 인도 등을 중심으로 산발적인 연구가 있었지만, 이들이 공언한 핵전략과 핵교리에 대한 사례연구에 지나지 않았다. 그런데 최근 내랭(Vipin Narang) 미 MIT 교수가 중소 핵무장국의 핵전략을 비교적 관점에서 분석하고 체계화했다. 따라서 여기서는 내랭 교수의 핵전략 태세에 대한 연구를 중심으로 중소 핵국의 핵전략을 정리하고 평가하고자 한다.

내랭 교수는 중소 지역 핵국의 핵전략태세를 촉매형, 확증보복형, 비대칭확전형의 3개로 분류하고 있다. 그는 이렇게 핵태세 유형을 차별화하는 변수로 후원 핵강대국의 존재, 재래식 무장력이 우세한 상대국가의 존재, 적극형과 위임형의 민·군 관계 여부, 자원의 제약 여부 등 4개의 잣대를 제시하였다.

이에 따르면, 첫째, 믿을 수 있는 후원 강대국이 있는 경우, 중소 핵무장국은 '촉매형(catalytic)' 핵전략을 선택하는 경향이 있다. 이웃 국가의 군사적 위협에 대해 지역 중소 핵무장국이 핵사용을 위협하지만, 실제 핵무기를 사용하기보다는 후원 핵강대국의 개입과 지원을 유도하려는 목적을 갖는다. 즉 핵무기의 주 용도가 적국을 향해 군사안보적 목표를 추구하는 것이 아니라, 후원국을 향해 외교안보적 목표를 추구하는 데 있다. 이 경우에는 대규모 핵무장 없이 낮은 수준의 핵개발 또는 핵태세로도 촉매의 효과를 발휘할 수 있다.

예를 들면, 남아공의 핵무장, 그리고 초기 이스라엘의 핵무장도 안보 위기 상황에서 자신이 직접 핵전력을 투사하기보다는 후원국인 미국의 개입을 촉진하기 위한 것이라고 한다. 냉전기 영국의 소규모 핵무기 역량이 소련에 대한 억제력으로는 턱없이 부족했지만, 미국의 개입을 촉진하는 용도로는 충분했다.

둘째, 믿을만한 후원 핵강대국이 없는 상황에서 재래식 무장력이 우세한 상대와 직면한 경우, 중소 핵무장국은 '비대칭 확전(asymmetric escalation)' 전략을 선택한다. 적대국의 공격을 억제하기 위한 어떤 소규모의 재래식 공격에 대해서도 즉각적으로 핵공격을 가한다는 입장이다. 이런 공격적인 입장을 통해 상대방의 어떤 군사적 도발도 미연에 방지한다는 전략이다. '비대칭 확전' 핵전략도 기본적으로 상대의 공격과 전쟁을 억제하고 현상유지를 선호한다는 점에서는 현상변경을 추구하는 '핵전쟁' 전략보다 덜 공세적이다. 그렇지만 핵의 사용에 있어, 핵선제공격과 1차 핵타격을 추진한다는 점에서는 여타 핵전략보다 매우 공세적인 면을 보인다.

예를 들면, 냉전기 유럽의 대치국면에서 프랑스와 영국은 재래식 군사력이 우세한 소련과 동구국가의 재래식 공격을 억제하기 위해 핵일차

사용을 위협하였다. 파키스탄도 재래식 전력이 우세한 인도에 대해 어떤 재래식 공격에 대해서도 핵으로 대응할 것이라고 위협하였다. 북한도 재래식 전력이 우세한 한미동맹에 대해 '핵선제공격권'을 갖는다고 주장하고 있는데, 이것도 '비대칭 확전' 핵전략에 해당된다.

셋째, '최소억제(minimum deterrence)' 핵전략은 전쟁억제와 확증보복을 위한 최소한의 핵전력을 유지하는 핵전략이다. 중국의 핵전략을 대변하는 최소억제전략은 전쟁수단으로서 핵무기의 효용성과 과도한 핵무장의 필요성을 의문시하고, 상대의 도시와 같은 가치 목표를 파괴하는 데 필요한 최소한의 핵전력을 유지한다. 특히 중국과 인도는 '핵 일차불사용' 원칙을 견지하고 있는데, 이를 위해서 적의 1차 핵타격을 견디어내는 2차 핵타격능력을 유지해야 한다.

이런 중국과 인도의 소극적인 핵전략은 자신의 광범위한 국가안보적 목표와 부합한다. 이들은 냉전기의 진영 간 영합적(zero-sum) 경쟁의 틀에서 벗어나 있어, 과도한 핵무장을 할 안보적 필요성이 적었다. 또한 이들은 제3세계를 대변하여, 핵 초강대국에 대해 핵군축을 요구하는 도덕적 우위를 가질 수 있었고, 소모적인 핵개발 비용을 경제발전에 투입할 수도 있었다.

그런데 향후 중국이 앞으로도 계속하여 최소억제전략을 유지할지에 대해서는 의문이다. 2010년대 들어 중국의 부상 이후 동아시아에서 미국과 중국의 안보경쟁이 심화되는 상황에서 미국은 군사력을 아시아 지역에 재집중하는 '재균형'정책을 추진하고 있다. 또한 미국은 국방과학기술의 발전에 힘입어 고도의 정확성과 파괴력을 가진 재래식 군사력을 구비하고, 또한 미사일 방어기술을 갖추고 있다. 그 결과, 중국으로서는 미국이 강화된 재래식 1차 공격을 통해 자신의 핵전력을 완전히 무력화하여 2차 핵타격이 불가능하게 되는 상황이 발생할 가능성을 우려하게 되었다. 이런 약점을 보강하기 위해 중국은 자신의 높은 경제력을 활용하여, 핵전력의 생존성을 강화하기 위한 핵전력 현대화를 추구하고, 또한 미국의 강화된 재래식 전력에 대응하도록 자신의 재래식 전력의 현대화도 추진할 가능성이 높다.

상기 중소 핵무장국의 핵전략 유형을 표 1.1에 요약 정리했다.

4. '핵보유국' 개념 논쟁: 북한이 '핵보유국'이 될 수 없는 이유

국내외 핵전문가들은 현재 핵무기를 보유한 '핵무장국' 명단에 북한을 포함하는 데 이견이 없다. 미국정부도 북핵문제를 논의하면서 "북한이

표 1.1 중소 핵무장국 핵전략의 유형과 특징

핵전략 유형	핵태세 · 교리 특징	환경	사례
비대칭 확전	• 핵선제공격 가능 • 핵선제공격, 핵 일차 사용으로 억제력 극대화	• 상대의 핵 · 비핵력 우세 • 전쟁억제 · 거부가 목적	• 프랑스, 영국, 파키스탄 • 북한 • 미국
최소억제/ 확증보복	• 핵 일차불사용 원칙 • 2차 핵타격력 유지 • 상대 도시 공격용 • 중간 핵전력 유지	• 중간 안보 위험도 • 군사용으로서 핵력의 한계	• 중국, 인도
촉매형	• 비군사적 용도 중심 • 후원국의 핵억제력에 안보 의존 • 상징적 핵전력 유지	• 적국의 우세한 핵 · 비핵 위협	• 남아공 • 영국 • 핵개발 초기 이스라엘, 파키스탄

핵무기를 보유하고 있다" 또는 "세계에 핵무장한 국가가 9개 있다"고 발언하는 일이 잦다. 이때 국내 일부 언론과 전문가들은 "미국이 북한을 '핵보유국'으로 인정했다"고 종종 목소리를 높인다. 이에 대해 한미정부는 한 목소리로 "결코 북한을 핵보유국으로 인정하지 않는다는 기존 입장에 변화가 없다"고 해명한다. 이런 비판과 해명이 반복되고 있다. 왜 이런 혼란이 발생하는가?

비핵화에 대한 본격적인 토론에 앞서, 혼란스러운 핵국의 지위와 관련된 개념을 정리하고자 한다. 이와 관련하여, 학계와 언론에서 보통 많이 쓰이는 용어로, 핵보유국, 핵무기국, 핵무장국, 핵국, 비핵국 등이 있다. 그 차이는 다음과 같다.

우선, 핵무기 보유의 합법성 여부를 떠나서, 현재 실체적으로 핵무기를 가진 국가를 어떻게 부를 것인가. 이 책에서는 단순히 핵무기를 가진 국가를 지칭할 때 일반명사로서 '핵무장국(nuclear armed state)'이라 부른다. 이 명칭은 학계에서 완전히 정착된 용어는 아니지만, 많이 통용되고 있다.

이때 "세상에는 9개 핵무장국이 있다"는 표현은 타당하다. 따라서 우리가 북한을 '핵무장국'이라고 부른다면, 이는 북한이 핵무장한 사실에 대한 객관적 기술에 지나지 않는다. 북한을 '핵무장국'이라고 부른다고 하여, 북한 핵무장의 불법성과 범죄성을 조금도 경감시키지 않는다. 또한 북한을 '핵무장국'이라고 부른다고 하여, 이에 대응하기 위한 한국의 군사적·외교적 노력이 조금도 약화될 이유가 없다.

오히려 북한을 '핵무장국'으로 인식함으로써 비핵화외교의 필요성을 더욱 부각하고, 군사적 대응책 마련에도 더욱 집중하는 효과가 있다. 이는 총과 칼을 든 강도와 인질범을 우리가 '무장강도' 또는 '무장인질범'으로 부르는 것과 같다. 이렇게 부른다고 결코 범죄자의 무장을 합법화하지도, 정당화하지도 않는다. 이는 단지 총기 무장의 객관적 사실을 기술한 것에 불과하다. 북한을 다른 핵무장국과 차별화하고, 그 불법성을 부각하기 위해 '불법 핵무장국'이라고 부를 수도 있다.

세계에는 현재 '핵무장국'이 9개국이 있는데, 그들의 법적 지위는 서로 확연히 다르다. 핵무장한 9개 국가를 NPT와의 관계 및 합법성 여부에 따라 3개 그룹으로 분류할 수 있다.

첫째, 핵확산금지조약(NPT)이 인정한 5개 '핵보유국(nuclear-weapon state)'이 있다. 영어 명칭을 직역하면 '핵무기국'인데, 국내에서는 보통 '핵보유국'으로 통용된다. '핵무기국'을 줄여서 '핵국'이라고 부르기도 한다. 핵보유국, 핵무기국, 핵국 등은 같은 뜻인데, 일반적으로 구분 없이 섞어 사용한다.

반면에 NPT상 5개 핵보유국 이외 모든 국가들은 NPT의 정의에 따르면, '비핵무기국(non-nuclear-weapon state)'으로 불린다. 이를 줄여, 보통 '비핵국'으로 부른다.

따라서 '핵보유국'은 NPT체제 내 5개 핵무장국에게 한정하여 부여된 고유명사이다. 마침 이들은 유엔 안보리 상임이사국 5개국인데, NPT의 '핵보유국' 인정 기준인 1967년 1월 1일 이전에 이미 핵무장하여 '핵보유국'의 합법적 지위를 인정받았다. 그렇다고 이들의 핵무기 보유가 영원히 인정된 것은 아니다. 핵보유국들은 NPT 6조에 따라 핵무기를 제거해야 하는 '핵군축(nuclear disarmament)'의 의무도 같이 지고 있기 때문이다.

둘째, 당초 NPT에 가입하지 않았고, NPT 틀 밖에서 핵무장한 인도, 파키스탄, 이스라엘 등 3개국이 있다. 이들은 편의상 '사실상 핵보유국'으로 불리지만, 이들에게 어떤 '핵보유국'의 합법적 지위도 부여되지 않는다. 오히려 이들은 NPT 비회원국으로서 국제사회로부터 각종 불이익과 제재를 받고 있다. 특히 국제수출통제체제는 NPT 비회원국들을 원자력물자와 전략물자의 국제통상에서 철저히 배제시키고 있다. 따라서 이들은 원자력과 전략물자에 해당되는 물자와 기술을 적법하게 살 수도, 팔 수도 없다. 예를 들면, 이들은 국제원자력시장에서 원자력발전소, 핵연료 등을 살 수도 팔 수도 없다.

셋째, 북한은 NPT 회원국이었다가 불법 핵활동이 탄로 나자 NPT를 탈퇴하고 핵무장한 나라이다. 따라서 북한은 합법적 '핵보유국' 5개국뿐만 아니라, NPT 틀 밖에서 핵무장한 3개국과도 법적 지위가 다르다. 북한은 그 핵무장의 불법성과 위험성 때문에 세계에서 가장 강도 높은 유엔 안보리의 제재를 받고 있다.

북한은 국제사회에 대해 자신을 '핵보유국'으로 인정해 달라고 요구하는데, 과연 북한을 새로운 '핵보유국'으로 인정하는 것이 가능할까? 결론부터 말하면, 그것은 현 NPT체제하에서 영원히 국제법적으로 불가능하다. 190개 회원국을 가진 NPT는 가장 많은 회원국을 가진 성공적인 국제조약으로 손꼽힌다. 국제법적으로 북한을 '핵보유국'으로 새로이 인정하기 위해서는 NPT를 개정해야 하는데, 어떤 나라도 이에 동의하지 않을 것이므로 영원히 불가능하다.

그렇다면 정치적으로 북한을 '핵보유국'으로 인정할 수 있을까? 그것도 불가능하다. 합법적인 5개 핵보유국은 국제정치적으로 강대국이자 유엔 안보리 상임이사국으로서 세계평화와 안정을 위한 책임을 지고 있다. 이들이 자신의 독점적 핵보유국 지위에 도전하고, 핵을 확산하여 세계평화를 파괴하는 국가를 '핵보유국'으로 인정한다는 것은 상상조차하기 어렵다.

심지어 당초 NPT에 가입하지 않은 채 '핵무장국'이 된 인도, 파키스탄, 이스라엘에 대해서도 국제사회는 '핵보유국'의 법적 지위를 전적으로 거부할 뿐 아니라, 정치적으로도 전혀 인정하지 않는다. 국제사회는 항상 이들에게 핵무기를 포기하고, NPT에 '비핵국'으로 가입하라고 압력을 가한다. 또한 전략물자의 국제교역에서도 배제시키는 불이익을 준다.

혹자는 미국이 미인도 원자력협정을 통해 인도를 '핵보유국'으로 인정한 전례가 있으며, 북한을 이렇게 인정할 수도 있다고 주장한다. 이 주장도 사실과 다르다.

첫째, 북한과 인도 사례는 전혀 다르다. 인도는 당초 NPT에 가입하지 않고 '비회원국'으로 남아있으면서 핵무장했기 때문에 국제법상 불법행위를 저지른 것은 아니다. 또한 인도는 북한과 달리 해외 핵이전과 핵위협의 혐의가 없다. 둘째, 인도는 국가 규모와 국제정치 위상에서 유엔 상임이사국에 버금가는 강대국으로 인정받기 때문에 국제사회가 인도의 핵무장을 사실상 용인하고 있다고 볼 수 있다. 셋째, 미인도 원자력협정은 인도에게 예외적으로 다른 NPT 회원국과 같은 수준으로 전략물자와 원자력 교역을 용인한 것에 지나지 않는다. 결코 인도에게 어떤 '핵보유국' 지위를 부여하거나, 정당화한 것이 아니다. 더욱이 미국은 어떤 국가에게 '핵보유국' 자격을 부여하거나, 허가할 지위에 있지도 않다.

요약하면, '핵보유국' 지위는 오로지 NPT만 부여할 수 있는데, 이는 이미 닫힌 시스템이다. 따라서 새로운 '핵보유국'이란 사실상 영원히 있을 수 없다. 심지어 NPT 밖에서 핵무장한 나라도 합법적인 '핵보유국'이 될 가능성이 없다. 정치적으로 새로운 '핵보유국'을 인정하는 것도 NPT와 잠재적 핵확산국에게 미칠 치명적인 영향을 감안한다면 불가능하다.

2장

국가의 핵무장과
핵포기 결정 배경

국가들은 왜 핵무장하고, 핵을 포기하는가? 핵무기를 개발하려면, 핵분열물질과 핵기술이 꼭 필요하다. 그런데 누구도 핵분열물질과 핵기술을 팔지 않을 뿐 아니라, 심지어 이를 차단하기 위해 다양한 핵비확산 국제레짐이 가동되고 있다. 따라서 핵무기를 개발하려면, 많은 국가역량을 투입해야 하고, 특히 1970년 NPT체제가 출범한 이후에는 외교적 고립과 경제제재를 각오해야 한다. 이런 정치적·기술적 난관에도 불구하고, 여전히 핵개발을 시도하는 국가들이 있다. 전문가들은 국가들이 핵무장을 선택하는 동기로 안전보장, 국내정치, 국제적 지위, 과학기술 역량, 정치지도자의 성향 등을 들고 있다.

따라서 이 장에서는 핵무장의 다양한 동기를 안보모델, 규범모델, 정치결정모델 등으로 분류하고, 각 모델에 대한 이론과 사례를 제시했다. 나아가 가장 설명력이 큰 모델을 찾고자 했다. 종래 국가의 핵무장과 핵포기에 대한 설명은 주로 구조적·배경적 요인에 집중했는데, 이 장은 정치지도자의 결정도 주요 요인으로 제기했다. 유사한 안보 환경에서 어떤 국가는 핵무장을 선택하지만, 어떤 국가는 핵무장 옵션을 거부했다. 심지어 한 국가 내에서도 어떤 정치지도자는 핵무장을 선택했지만, 다른 정치지도자는 핵포기를 선택했다. 권위주의체제에서 정치지도자의 핵심적인 역할을 감안할 때, 핵무장 또는 핵포기 결정에서 정치지도자의 역할은 더욱 중요하다.

이 장은 핵포기의 배경과 이유에 특히 주목한다. 사실 핵무장과 핵포기의 설명모델은 동전의 양면과 같다. 예를 들면, 안보동기 때문에 핵무장을 시도한 국가는 안보 요인이 해소되었을 때, 핵포기를 선택하는 경향이 있다. 여기서 제시된 핵무장과 핵포기의 각종 설명모델을 감안할 때, 북한의 핵무장 동기를 해소하고, 김정은의 비핵화 결단을 유도하고 촉진하는 '북한형' 비핵화모델을 도출할 수 있을 것이다.

1. 핵확산과 핵비확산 이론 동향

국가들이 왜 핵무장 또는 비핵화를 선택하는지는 외교관과 외교정책 전문가들의 오랜 관심사였다. 하지만 의외로 이에 대한 체계적이고, 이론적인 연구가 많지 않다. 특히 비핵화의 동기와 배경에 대한 체계적인 연구는 드물다.

국가의 핵확산 동기에 대해 가장 명료하고 설명력이 높은 분석틀을 제시한 학자로 세이건(Scott Sagan) 미 스탠포드대 교수가 있다. 그의 주장은 1996년에 발표한 "왜 국가들이 핵무기를 제조하나?: 핵개발의 3개모델(Why Do States Build Nuclear Weapons?: Three Models in Search of a Bomb)"에 잘 정리되었다. 세이건 교수는 국가들의 주요 핵무장 동기로 안전보장, 국내정치, 국제지위 등 3개를 제시했다. 세이건 교수는 이 중에서도 '안전보장'을 가장 핵심적인 핵무장 결정요인으로 꼽았다.

한편, 하이만스(Jacques Hymans) 미국 남가주대 교수는 『핵확산의 심리학: 정체성, 감정과 외교정책(The Psychology of Nuclear Proliferation: Identity, Emotions and Foreign Policy)』(2006)에서 정치지도자의 정체성과 핵무장에 대한 인식이 핵무장 결정의 핵심 설명변수라고 주장했다. 세이건 교수가 핵무장 동기를 설명하기 위해 분석 수준과 설명변수로서 국제체제와 국내정치를 채택한 데 비해, 하이만스 교수는 최종적으로 핵무장 결정을 내리는 주체인 개인적 분석수준에 주목했다.

하이만스 교수는 유사한 국제정치와 국내정치적 환경에 처한 국가라도 실제 핵무장 결과가 달라, 최종 핵무장 결정을 내리는 정치지도자의 성향에 주목해야 한다고 주장했다. 예를 들면, 유럽이라는 동일한 외교안보 환경 속에서도 프랑스는 핵무장, 이웃국인 독일은 핵포기를 선택했다. 한반도의 동일한 안보영역권에서 북한은 핵무장, 한국은 핵포기를 선택했다. 남아공에서도 보타(Pieter W. Botha) 대통령은 핵무장을, 그의 후임인 드클러크(Frederik W. de Klerk) 대통령은 비핵화를 선택했다. 하이만스 교수는 그 해답을 정치지도자의 성향에서 찾고자 했다.

상기 핵무장 동기의 설명 방식은 핵무장의 '수요' 측면을 집중적으로 조명했다. 그런데 핵무장 동기가 있지만, '공급' 측면에서 이를 구현하는 데 필요한 과학기술역량이 없어서 핵개발하지 못하는 경우도 있다. 따라서 과학기술역량의 보유 여부도 핵무장 여부를 설명하는 주요 변수가 된다. 그러나 이 글에서는 핵무장과 핵포기의 국제정치와 국내정치적 분석에 초점을 두고 있어, 기술역량 부분은 제외한다. 사실 근래 과학기술이 발전하고, 세계화로 인해 과학기술과 인적 교류가 증대함에 따라 과거와 달리 과학기술역량이 핵무장에 있어 중대한 장애요인으로 더 이상 작동하지 않는다.

핵무장과 핵포기 동기에 대한 토론에 앞서, 여기서 반복적으로 사용되는 핵확산, 핵무장, 비핵화, 핵포기, 핵폐기, 핵비확산 등의 의미를 설명하고 구분하고자 한다.

'핵확산(nuclear proliferation)'은 비핵국에게 핵무기, 무기용 핵분열물질, 핵무기기술 등을 확산(이전)하는 것을 지칭하는 국제정치·국제법 용어이다. 실제 '핵확산'은 핵무장국이 비핵국에게 이들을 이전하거나, 또는 비핵국이 자력으로 핵능력을 획득하는 2개 경우 모두를 포함한다. 여기서 '핵확산' 대신에 '핵개발' 또는 '핵무장' 표현도 사용한다.

참고로, 여기에서 '핵분열물질(fissile material)'은 방사능물질 중에서도 핵무기에 사용되는 고농축우라늄과 플루토늄을 말한다. 이들은 자연에 존재하지 않고, 각각 농축과 재처리 과정을 통해 인공적으로 만들어진다. 보통 핵개발 할 때 가장 어렵고 비용이 많이 드는 부분이 핵분열물질을 확보하는 것이라고 한다. 따라서 핵분열물질을 보유하거나, 이를 만들 수 있는 농축 및 재처리시설 보유국들을 '잠재적 핵국'으로 지칭한다.

다음 '핵비확산(nuclear nonproliferation)'은 '핵확산'과 반대되는 개념이다. '핵비확산'은 핵무기, 핵분열물질, 핵무기기술 등의 확산을 저지하거나 자제하는 일체의 조치 또는 그런 상태를 말한다. '핵비확산'은 비핵국이 무기용 핵활동, 핵분열물질, 핵무기 제조와 획득 등을 추구하지 않거나, 또는 핵국이 비핵국에게 이를 이전하지 않는 2개 경우를 모두 포함한다.

'핵확산'과 '핵비확산' 용어는 핵정책 연구에서 오래 통용되었고, 보편적으로 사용되는 개념이다. 한편, '핵비확산'과 유사한 개념으로 비핵화, 핵포기, 핵폐기 등이 있다. 이 용어들은 핵확산(또는 핵무장, 핵개발)에서 핵비확산으로 되돌아가는 조치 또는 상태를 말한다.

'비핵화(denuclearization)'는 국제법적·학술적 전문용어가 아니다. '비핵화' 용어는 일시적으로 냉전기 동중유럽의 핵무기 배치와 관련하여 사용된 후 완전히 사라졌다가, 1990년대 들어 '한반도 비핵화 공동선언(1991)'에서 사용되면서 널리 통용되기 시작했다. 사실 '한반도 비핵화 공동선언'에도 '비핵화' 개념이 정의되어 있지 않다. 다만 여기서 남과 북은 핵무기 시험·생산·보유·획득 등을 금지하고, 농축재처리시설도 보유하지 않기로 합의했었다. 따라서 일반적으로 '비핵화'는 핵무기, 핵분열물질(플루토늄, 고농축우라늄), 핵무기 관련 핵시설과 핵지식 등 일체 핵무기와 군사용 핵역량을 제거하는 것을 말한다. 비핵화가 농축과 재처리 시설을 포기해야 하는지에 대해서는 논란의 소지가 있다. 일반적으로, 군사용 농축재처리 시설은 포기해야 하지만, 평화적 농축재처리시설은 NPT 4조가 규정한 "원자력의 평화적 이용권리"에 포함되므로 포기하지 않아도 된다고 본다. 예를 들면, 이란과 남아공은 NPT 회원국으로서 군사용 핵무기 프로그램을 포기했지만, '평화적' 명분의 농축프로그램을 보유하고 있다. 따라서 '비핵화'는 정치적 용어로 보아야 하며, 그 정의도 장소와 시기에 따라 가변적이다.

'핵포기'는 학계에서 사용하는 학술용어나 전문용어가 아니다. 단지 핵을 포기하는 상태나 행동을 기술하는 용어에 불과하다. 하지만 학계에서 통용되는 별도의 전문용어가 없는 상황에서 그나마 '핵포기' 용어가 직관적이어서, 이 책에서는 이 개념을 사용한다.

'핵폐기(nuclear dismantlement)'는 비핵화 또는 핵포기의 정책적 결정 이후, 실제 핵무기와 관련 시설 등을 폐기하는 것을 말한다. 비핵화와 핵포기가 정치적·정책적 의미를 갖는 데 비해, 핵폐기는 실행적·기술적 의미를 갖는다.

2. 안보동기모델

핵무장 선택의 안보동기

국가가 왜 핵무장을 선택하는가? 국가들은 전쟁에서 이기기 위해, 군사력을 증강시키기 위해, 적국의 핵위협에 대응하기 위해, 적국의 더 강한 재래식 군사력에 대응하기 위해, 상대방의 전쟁 도발을 억제하기 위해, 잠재적인 안보위협에 대비하기 위해 등 다양한 안보적 이유로 핵무장을 추구한다.

국방력 강화와 안보위협 해소, 즉 안전보장이 핵무장의 최대 동기이자 필요조건이라는 평가에 대해서 이견이 없다. 특히 국가들은 위중한 안보위협에 대해 핵무장 이외에 별다른 안보 수단이 없을 때 핵무장을 추구하는 경향이 강하다. 적대관계에 있는 상대국이 핵무장한 경우가 이에 해당된다. 사실 안보위협이나 안보불안이 없는데도 핵무장한 사례는 찾기 어렵다. 핵무장의 주요 동기로 국내정치, 체제안전, 국제지위 향상 등도 거론되지만, 안보위협이 없는데 오로지 이런 동기만으로 핵무장을 추진한 사례는 없다. 특히 1970년 NPT체제가 가동하기 시작한 이후 비핵국이 핵무장을 위해 치러야할 외교적·경제적 비용이 급증했기 때문에 이런 비용을 정당화할 수 있는 이유가 있어야 한다. 절체절명의 안보위기가 이에 해당된다.

인류의 첫 핵개발도 제2차 세계대전 참전국들이 절박한 안보위협 상황에서 전쟁에서 이기기 위한 군사수단을 찾는 데서 나왔다. 인류의 역사는 문명발전의 역사이며, 전쟁의 역사이다. 역사 속에서 국가와 개인은 전쟁으로 인한 존망의 위기 앞에서 생존을 위해 더욱 강력한 무기 개발에 명운을 걸었다. 기마병, 활, 총포, 함선, 탱크, 전투기, 미사일, 핵무기 등 무기혁명에 힘입어 월등한 군사력을 확보한 나라들은 종종 제국을 건설했다. 무기의 살상능력은 문명과 과학기술의 발전에 비례하여 증가했다. 마침내 1945년 인류는 거의 무한한 폭발력과 살상력을 가진 핵무기를 손에 넣게 되었다. 미국은 단 2발의 초보적인 핵무기 사용으로 끝까지 항전할 것으로 보였던 일본을 무조건 항복으로 이끌고, 제2차 세계대전을 끝냈다.

1945년 미국이 핵개발에 성공한 이후 '핵확산의 연쇄반응(chain reaction of nuclear proliferation)'이 발생했다. '핵확산의 연쇄반응'은 적대국이 핵무장하고 핵위협 할 때 이에 대응하기 위해 자신도 핵무장을 선택하는 상황을 말한다. 핵확산의 역사를 보면, '핵확산의 연쇄반응'이 핵확산의 가장 기본적인 정형이 되었다. 또한 이 현상은 핵무장 동기로 '안보'모델의 유효성을 증명하고 있다.

'핵확산 연쇄반응' 사례

미국은 핵무기 독점 시대를 얼마 누리지 못했다. 제2차 세계대전 종전과 더불어 냉전이 시작되었고, 소련은 미국과 세계적 패권경쟁과 무한 안보경쟁에 돌입했다. 소련이 미국의 핵무장에 대응할 수 있는 유일한 방법은 자신도 핵무장하는 것이었다. 마침내 소련도 1949년 핵실험에 성공하여 핵무장국으로 등장하면서, 4년 만에 미국의 핵독점시대가 끝났다.

소련의 핵무장은 그와 적대관계에 있는 국가들의 핵개발 연쇄반응을 촉발했다. 영국과 프랑스는 소련의 핵위협에 대처하기 위해 핵개발을 가속화했고, 마침내 각각 1952년과 1960년에 핵실험에 성공했다. 영국은 미국의 핵개발 초기 단계에 참여하여 상당한 핵기술을 축적했기 때문에 핵개발 완성이 빨랐다. 그런데 프랑스는 독자적 안보노선을 추구하면서, 미국의 견제 속에서 자력으로 핵개발을 했기 때문에 영국보다 핵실험이 크게 지연되었다.

중국은 미국 및 소련과 동시에 적대관계 또는 경쟁관계에 있었기 때문에 핵개발을 서둘러 1964년에 핵실험을 성공했다. 특히 중국은 1950년대 한국전과 대만해협 위기 시 미국의 핵위협을 받았고, 또한 중소관계에서도 재래식 억제력의 한계를 절감했다. 중국은 핵무장만이 미국과 소련의 핵위협을 억제할 수 있다고 믿었다.

핵개발 당시 경제와 과학기술 후진국으로 분류되었던 중국의 핵개발 성공은 핵강대국인 미국과 소련, 그리고 국제사회에 큰 충격을 주었다. 더 이상 핵무기는 과학기술 선진국의 전유물이 아니었다. 중국의 핵실험 이후, 핵강대국과 국제사회는 추가 핵확산을 방지하기 위한 협력을 가속화했다. 중국 핵실험 성공은 1970년 NPT체제가 출범하는 주요 배경이 된다.

인도는 중국과 접경하여 국경분쟁에 시달리고, 파키스탄과 숙명적인 적대관계 속에서 군비경쟁과 핵개발 경쟁을 지속했다. 특히 인도는 1962년 중인전쟁을 겪었던 차에 1964년 중국의 핵실험 소식에 가만히 있을 수 없었다. 마침내 인도는 1974년 5월 18일 포크란 핵실험장에서 '미소 짓는 부처(Smiling Buddha)'라는 코드네임의 핵실험을 실시했다. 인도는 이를 군사용이 아니라 '평화적 핵폭발'이라고 주장했다. 당시 성공적인 핵실험에도 불구하고, 인도는 그 이후 24년간 '핵모호성'을 유지했다. 마침내 인도는 1998년 '군사용 핵실험'을 실시한 후, '핵모호성'을 버리고 '핵무장국' 지위를 주장하기 시작했다.

1998년 5월 11일 바지파이(Atal Vajpayee) 신임 인도총리는 취임한 지 채 2달도 안되어 포크란 핵실험장에 핵실험을 실시하고, 공개적으로 '핵보유'를 선언했다. 인도는 5월 11일 3회 연속 핵실험에서 핵분열탄 2기, 핵융합탄 1기, 5월 13일 2회 핵실험에서는 핵분열탄 2기를 각각 포함하여, 다양한 핵탄두 설계를 시험했다. 바지파이 총리와 그가 소속된 민족주의적 힌두정당은 평소 인도가 거대 인구와 유구한 문명과 역사에 부합하는 강대국 지위를 확보해야 한다고 주장했었다. 이들은 핵무기를 강대국의 상징으로 보았다.

사실 급격한 안보환경의 변동이 없는 상황에서 1998년 인도가 갑작스럽게 핵실험을 실시한 배경에 대해서는, 정치지도자의 성향, 정치적 지지 확대를 위한 국내정치적 동기, 국제지위 향상 등으로 설명하기도 한다. 실제 인도 핵실험은 정당 소속과 정치적 성향을 불문하고 광범위한 국민적 지지를 받았다.

인도 핵실험이 숙명적인 적대관계에 있는 파키스탄의 핵실험을 촉발하리라는 점은 충분히 예견되었다. 실제 당시 파키스탄은 인도의 핵실험을 예상하고 국제사회와 미국에 이를 저지할 것을 경고했다. 파키스탄은 인도가 핵실험을 실시할 경우, 즉각 대응 핵실험을 실시하는 비상계획도 유지하고 있었다.

샤리프(Nawaz Sharif) 파키스탄 총리는 인도 핵실험 직후에 인도를 강력히 비난하면서, "인도와 모든 분야에서 균형을 유지할" 것을 경고하여 대응 핵실험을 시사했다. 사실 파키스탄이 인도와 숙명적인 앙숙관계였고, 상호 핵개발 경쟁을 했으며, 심지어 대응 핵실험의 비상계획을 갖고 있었다는 사실을 감안한다면, 파키스탄의 핵실험 대응조치가 오히려 지연된 감이 있었다. 파키스탄은 인도 핵실험 이후 1주일이 지난 5월 18일 차가이 핵실험장에서 6회 연속 핵실험을 실시했다. 파키스탄의 대응 핵실험이 다소 지연된 배경에는 당시 미국 클린턴(Bill Clinton) 대통령의 강력한 설득과 압박이 있었다. 하지만 미국의 어떤 압박도 파키스탄의 절박한 안보동기를 꺾을 수는 없었다.

한편, 인도 핵실험과 이를 뒤따른 파키스탄의 핵실험은 국제사회 전체의 강한 비판을 초래했다. 특히 1996년부터 국제사회가 비공식적으로 채택한 '핵실험 모라토리움'이 인도 핵실험에 의해 깨졌기 때문이다. 또한 인도와 파키스탄의 핵실험은 미국의 핵비확산정책에 엄청난 충격과 피해를 주었다. 인도 핵실험을 저지하지 못함으로써 그 연쇄반응까지 포함하여 졸지에 2개의 추가 핵무장국이 탄생했다. 미국 정보공동체는 인도의 핵실험을 사전에 파악하지 못한 것을 "10년에 한 번 나올까 말까 하는 정보 실패"로 규정했다. 후일 미국 정보계는 2001년 9·11 뉴욕테러의 징후를 사전에 탐지하고도 이를 방지하는 데 또 실패했다.

이스라엘도 안보 필요에 의해 핵무장한 대표적 사례이다. 이스라엘은 핵실험을 실시하지 않았고, 또한 핵무기 존재를 "긍정도 부정도 않고 (NCND: Neither Confirm Nor Deny)" 있다. 하지만 이스라엘의 핵무장은 국제사회에서 상식으로 통한다. 이스라엘의 핵무장 배경은 1960년대로 거슬러 올라간다. 1967년 6월 이스라엘은 이집트, 시리아, 요르단 등 주변의 큰 아랍국가들과 '6일전쟁'을 치렀다. 중동에서 아랍국에 둘러싸인 이스라엘의 안보위기 의식은 다른 어떤 갈등지역과도 비교할 수 없을 정도로 높았다. 결국 이스라엘은 핵무장의 길을 선택했지만, 오늘까지 모호한 핵무장국으로 남아있다.

이스라엘의 핵무장은 중동에서 또 다른 '핵확산 연쇄반응' 위험성을 낳았다. 이스라엘 다음으로 이란의 핵무장이 예견되고, 이란이 핵무장하게 되면 그 숙적인 사우디아라비아의 핵무장도 예상되었다. 아마 이런 '핵확산 연쇄반응' 가능성이 이스라엘로 하여금 공개적인 핵무장국 선언을 자제시키는 요인 중 하나로 보인다. 이스라엘의 핵모호성이 명시적인 핵무장으로 전환되는 것을 저지하는 데에는 핵비확산 국제레짐의 경찰 역을 자임하는 미국의 개입도 짐작할 수 있다.

남아프리카공화국의 핵무장도 이스라엘의 핵무장과 유사한 경우이다. 아프리카 남단에 있는 남아공은 냉전기 동안에 적대적인 흑인정부와 공산정부에 둘러싸인 섬이었다. 특히 주변국에 대한 소련의 군사적 지원과 앙골라에 쿠바군의 투입으로 남아공의 안보불안은 극심했다. 남아공의 인종차별정책에 대한 유엔과 서방국의 군사금수조치도 이런 안보불안감을 증폭시켰다. 1979년 9월 미국의 정찰위성이 아프리카 남단 해안지역에서 이중 섬광을 탐지했고, 미국정부는 이를 핵실험의 섬광으로 판단했었다. 이후 남아공의 핵무장설이 횡행했지만, 실제 핵무장 여부는 확인되지 않았다.

1980년대 후반 들어 남아공의 안보환경이 크게 개선되었다. 주변국에 대한 소련의 군사지원이 중단되고, 쿠바군 5만 명이 앙골라에서 철수했다. 안보위협이 사라지자, 남아공은 국제사회로의 재진입을 목표로 극적으로 비핵화를 선택했다. 1991년 초 취임한 드클러크 남아공 대통령은 즉각 핵폐기를 지시했다. 핵무기와 관련 시설을 해체하고, 핵물질을 민수 원자력기구로 이관했다. 1991년 중반까지 핵폐기가 완료되었다.

남아공은 1991년 7월 NPT에 '비핵국'으로 가입했다. 사실 이때까지도 국제사회는 남아공 핵개발 프로그램의 전모와 핵무장 수준을 알지 못했다. 1993년 3월 드클러크 대통령이 의회연설에서 "1974년부터 1990년까지 핵개발 프로그램을 운영했으며, 핵무기 6기를 완성했다가 해체했다"고 발표하여 세상을 놀라게 했다. 남아공은 이렇게 비밀리에 자력으로 핵개발을 했다가, 비밀리에 자력으로 핵폐기 한 유일한 사례이다.

마지막으로, 21세기 유일한 신규 핵무장국인 북한은 2006년 10월 풍계리 핵실험장에서 첫 핵실험을 실시하여 핵무장국의 길로 들어섰다. 그런데 1차 핵실험 당시만 하더라도 북한이 아직 초보적인 핵개발 단계에 있어 핵무장 능력이 의심되었다. 하지만 2017년 9월, 6차 핵실험을 실시한 이후 명실상부하게 9번째 핵무장국으로 간주되었다. 북한은 6차 핵실험을 실시한 이후 추가 핵실험을 준비하다가, 돌연 2018년 4월 20일에 4·27 남북정상회담과 6·12 북미정상회담을 앞두고 '핵실험 모라토리움'을 공식적으로 선언했다. 이어 풍계리 핵실험장을 폭발 폐쇄했다. 앞에서 언급했듯이, 여기서 '핵무장국'은 핵보유의 불법성과 합법성과 상관없이 단순히 핵무기를 보유하고 있는 국가를 지칭하는 용어이다. 여기서 NPT상 핵무기 보유가 인정된 국가는 '핵보유국(또는 핵무기국)'으로 부른다.

사실 남한과 북한 모두 1970년대부터 잠재적 핵확산국으로 국제사회의 요주의 관찰 대상국이었다. 당시 한국의 박정희정부는 1971년 미국의 일방적인 주한미군 7사단 철수, 1973년 미군의 베트남 철수, 1974년 북한의 남침용 땅굴 발견, 카터(Jimmy Carter) 행정부의 주한미군 철수론 등 최악의 안보상황에서 주한미군 철수에 대비하여 핵개발을 추진했다는 의혹을 받았다. 실제 한국은 1970년대 초반부터 비밀 핵개발 프로그램을 가동한 것으로 알려져 있다. 당시 미국정부는 한국정부에게 핵개발 포기와 NPT 가입을 압박했다. 미국의 강권과 압박에 한국은 마침내 1975년 4월 NPT를 비준하고 '비핵국' 회원국이 되었다. 당시 미국정부는 한미원자력협력협정과 미사일사거리지침을 통해서 한국의 핵과 미사일 역량을 통제했었다.

결국 한국은 1976년에 프랑스 재처리시설 도입 계획마저 미국의 개입과 압박으로 좌절되자, '자의 반 타의 반' 핵무장에서 핵비확산 정책으로 급선회했다. 이후 한국은 핵역량을 원자력발전 분야에 집중한 결과, 원자력발전 후발국 중 가장 성공한 평화적 원자력 이용국가가 되었다.

왜 남북한은 국제사회로부터 항상 핵확산의 의심을 샀나? 그리고 왜 북한은 결국 핵무장의 길로 나섰나? 안보동기모델이 이에 대한 답을 준다. 무엇보다 남북한은 분단국가로서 상호 영합적인 안보경쟁관계에 있기 때문이다. 남북관계는 통상적인 국가 간 관계가 아니라, 서로 통일을 추구함으로써 흡수하거나 흡수당하는 서로 '먹거나 먹히는' 관계이다. 더욱이 한반도 국가는 강대국에 포위되어 안보가 매우 취약하다.

한국은 한미동맹에 따른 미국의 안보공약과 핵우산 때문에 안보불안을 상당부분 해소할 수 있었다. 더욱이 미국은 한국에게 한미동맹과 핵무장 중 한 개만 선택할 것을 강하게 요구했다. 따라서 한국은 핵옵션을 포기하고, 한미동맹을 선택했다.

하지만 북한은 달랐다. 특히 탈냉전기 들어 공산권의 안보 안전망이 해체되자, 안보 자구책을 마련할 수밖에 없었다. 더욱이 탈냉전기에 공산권 교역체제가 무너지자, 북한경제도 붕괴되었다. 1990년대 중반 소위 '고난의 행군'시기에 백만 명 이상의 아사자도 발생했다. 한국의 흡수통일설, 미국의 대북 정권교체설과 선제공격설이 횡행하며 북한의 안보불안감이 극심했다. 북한 지도자들은 고립무원의 상황에서 안보위기, 체제위기, 정권위기, 경제위기 등 복합적 국가위기를 겪게 되자 안보위기와 정권위기를 극복하는 복합전략으로서 핵무장을 선택했다.

국제사회의 무정부적 성격과 자구 수단으로서의 핵무장

위에서 극심한 안보위협에 직면한 국가들이 핵무장을 선택하는 사례를 들고 그 과정을 설명했다. 특히 적대국이 핵위협을 가한다면 이에 대응하기 위해 핵무장을 선택할 가능성이 높다는 '핵확산 연쇄반응' 현상도 설명했다. 그렇다면 왜 극심한 안보위협에 직면한 국가들은 핵무장을 선택할까? 핵무장 이외 다른 옵션은 없을까?

현실주의 국제정치 학자들은 국가들이 핵무장하는 근본적인 이유를 국제사회의 '무정부상태' 탓으로 돌린다. 사실 국제사회에는 국내사회와 달리 개별국가의 안전을 보호해줄 세계정부도 세계경찰도 없다. 이런 국제사회를 우리는 흔히 '동물의 세계'에 비유한다. 국제사회는 본질적으로 강자가 약자를 유린하는 약육강식의 세계이다.

국제사회에는 비록 유엔이 있지만 국내사회의 정부와 같은 기능을 수행하기에는 그 권능과 집행력이 턱없이 모자란다. 북핵문제에 대한 유엔 안보리 결의에서 보듯이 아무리 강력한 안보리 결의도 북한 핵개발을 저지하는 데는 무력했다. 강대국들은 자신의 직접 이익이 걸린 일이라면 유엔 안보리 상임이사회에서 거부권을 행사하여 유엔의 개입을 아예 차단해 버린다. 국가의 존망이 걸린 전쟁과 평화문제에 대한 유엔의 개입 수준과 실효성도 매우 낮다. 유엔헌장에서 전쟁이 불법화되어 있지만, 유엔은 이를 강제할 의지도 역량도 없다.

이런 약육강식의 국제사회에는 자신의 안전을 지키는 최선의 방안은 스스로 자신을 지키는 '자구(self-help)'이다. 자구는 스스로 지킬 수 있는 군사력으로만 가능하며, 그 군사력의 최고봉은 바로 핵무장이다. 따라서 안보위협이 있는 국가라면 반드시 한번쯤은 핵무장을 고려했을 것이다.

"강자는 그들이 할 수 있는 것을 할 뿐이며, 약자는 당연히 당해야 하는 고통을 겪을 뿐이다." 이는 2500년 전 역사가 투키디데스가 스파르타와 아테네 간 전쟁을 그린 『펠로폰네소스전쟁사』에 나오는 구절이다.

국제정치의 본질을 꿰뚫어 본 투키디데스의 관찰은 오늘도 유효하다. 국제정치 현실에서 강대국이 할 수 있는 것은 바로 스스로 핵무장 하는 것이다. 실제 강대국들은 그렇게 했다. 국제정치학의 세력균형론에 따르면, 이렇게 자강을 하는 방식을 '내적균형(internal balancing)'이라고 한다.

한편, 약소국에게는 핵무장 옵션이 허용되지 않는다. 강대국들이 자신의 핵무력 우위를 유지하기 위해 정치적·국제법적으로 약소국의 핵무장을 허용하지 않기 때문이다. 실제 1960년대 중반까지 핵무장에 성공한 강대국들은 국제 담합을 통해 추가 핵무장국의 등장 가능성을 차단하려고 했다. 핵강대국들은 모호한 핵군축 약속과 평화적 원자력 지원을 미끼로 비핵국의 동의를 얻는 데 성공했다. 그 결과 핵보유국과 비핵국의 불평등 상태를 고착시키는 NPT가 탄생했다. 적어도 현실주의적 해석은 그렇다.

다시 국제정치의 세력정치적 본질에 따르면, 약소국은 "당할 수밖에 없는 것을 당한다." 이때 비핵 약소국이 더 강한 적국에 대처하는 최선의 옵션은 핵강대국과 군사동맹을 체결하고, 핵우산을 빌리는 것이다. 이렇게 외부세력을 빌려 적국과 세력균형을 유지하는 것은 '외적균형(external balancing)'에 해당된다.

비핵국이 적국인 핵강대국과 전쟁에 말려들 경우, 과연 동맹 핵강대국의 핵우산 제공 공약을 믿을 수 있을까? 동맹 핵강대국이 적국 핵강대국으로부터 핵공격을 당할 무릅쓰면서까지 나를 보호해 줄 수 있을까? "파리를 보호하기 위해 미국이 뉴욕을 포기할 수 있을까?" 프랑스가 독자적인 핵무장을 결정하기 전에 던진 질문이다.

북한이 엄청난 외교적·경제적 비용을 각오하고 독자적인 핵무장을 선택한 배경에는 자력으로 자신을 보호하는 방법 외에는 어떤 안전보장책도 없다고 판단했기 때문이다. 북한에게 약소국의 보편적인 안전보장책인 우호적 핵강대국에 안보를 의존하는 '외적균형' 방책도 북중관계의 악화로 인해 불가능했다. 설사 중국이 안전보장을 제공한다고 약속하더라도, 평소 외세를 지극히 불신하는 북한이 프랑스보다 더욱더 핵강대국의 안보 공약을 불신했을 것이다.

이런 상황에서 유일한 안보보장책은 자력 핵무장이다. 푸틴(Vladimir Putin) 대통령은 2017년 9월 중국 샤먼에서 열린 브릭스(BRICS) 정상회의 기자회견에서 북한 핵무장에 대해서, "북한은 풀뿌리를 먹는 한이 있어도 체제가 안전하다고 느끼지 못한다면 핵프로그램을 포기하지 않을 것이다"라고 단언했다. 그는 또한 리비아와 이라크에 대한 미국의 군사개입은 북한에게 핵무장에 더욱 집착해야 하는 명분을 주었다고 덧붙였다. 푸틴의 이런 설명은 안보동기모델에 따른 북한의 핵무장 현실을 재확인했다.

핵포기의 안보 조건

핵무장을 설명하는 안보모델의 연장선상에 본다면, 안보위협이 해소되면 핵무장 동기도 사라진다. 과연 안보 차원의 핵무장 동기가 사라지면, 국가들은 핵무장을 포기할까. 결론부터 말하면, 안보위기의 해소는 핵포기의 필요조건이며, 기반요건이지만 필요충분조건은 아니다.

첫째, 만약 당초 안보가 핵무장의 최대 동기였다면, 안보위협이 사라졌을 때, 핵무장을 포기할 가능성이 높다. 하지만 핵무장이 매우 어려운 결정이듯이 핵포기도 결코 손쉬운 결정이 아닐 것이다. 아마 핵무장을 유지하려는 정치적·관료적·과학기술적·군사적 기반이 정착되었기 때문에 핵무장을 유지하고자 하는 강한 관성이 있고, 핵포기에 반발할 가능성도 높다.

그런데 만약 핵무장으로 인한 불이익이 핵무장의 이익보다 현저히 크다면 핵포기의 필요조건이 만들어지고, 이를 위한 추동력도 생길 것이다. 현재 핵비확산 국제레짐이 작동하고 있어, 새로운 핵확산국들은 여간해서 감당하기 어려운 경제적·외교적 불이익을 받고 있다. 특히 NPT 내에서 핵개발을 시도하는 이란과 NPT를 탈퇴하고 핵개발을 한 북한에 대해서 국제사회는 응징적인 제재와 압박을 가하고 있다. 안보를 위해 핵무장을 선택했는데, 오히려 제재와 외교고립으로 인해 안보와 국익이 크게 훼손되는 상황이 발생하는 셈이다.

이란은 2015년 이란핵합의(JCPOA: Joint Comprehensive Plan of Action)에서 핵활동 축소를 약속하고, 북한은 남북 및 북미정상회담을 통해 비핵화를 약속했다. 이란과 북한이 이런 조치를 취한 이유는 안보위협이 해소되었기 때문이 아니라, 강력한 핵비확산 국제레짐으로 인한 불이익 때문이다. 따라서 안보위협의 해소도 핵포기의 중요한 변수이지만, 핵무장에 대한 불이익 구조도 핵포기 결정의 중대 변수로 보아야 한다.

핵포기 결정에서 핵비확산 국제레짐의 중요성에도 불구하고, 여전히 안보동기를 평가절하해서는 안 된다. 만약 핵무장국이 절체절명의 안보위기를 느낀다면 어떤 국제사회의 압력과 제재로도 핵포기를 강요하기 어려울 것이다. 이 분석과 전망은 북한과 이란에게도 적용된다고 본다.

둘째, NPT상 핵보유국들은 설사 안보위협이 완전히 사라졌다고 하더라도 좀체 핵포기를 선택하지 않을 것으로 본다. 이들은 NPT상 핵보유국으로 핵비확산 국제통제에서 자유롭기 때문에 핵보유 비용이 신규 핵확산국에 비해 현저히 싸다. 또한 이미 확보한 핵강대국 지위를 포기할 이익도 동기도 없다. 또한 세력경쟁의 국제질서가 오랜 기간 유지될 전망이므로 핵무장은 미래 안보를 위한 담보용으로 여전히 유효하다.

셋째, 당초 핵무장의 가장 큰 동기가 강대국 지위 과시, 국제적 인정, 체제안정과 정권유지의 국내정치적 이유, 과학기술력 과시, 미래 안보위기 대응 등이라면 설사 안보위협이 해소되었다고 하더라도 쉽게 핵을 포기하지 않을 것이다.

실제 국제사회에는 농축재처리 기술과 역량을 기확보한 국가들이 농축재처리의 실질적 용도가 없고 유지비용도 많이 들지만 이를 계속 유지하는 사례가 있다. 일본, 남아공, 아르헨티나, 브라질 등이 대표적인 사례이다. 무기용 핵분열물질인 고농축우라늄과 플루토늄을 오직 농축과 재처리를 통해서만 만들 수 있기 때문에 국제사회는 농축재처리를 실체적인 핵무기를 대신하는 핵잠재력으로 보는 경향이 있다. 따라서 이 국가들은 긴급한 안보위기가 없고, 가동 중인 핵개발 계획도 없지만 온갖 명분으로 농축재처리시설을 유지하고 있다.

위의 토론에서 도출할 수 있는 결론과 시사점은 다음과 같다.

첫째, NPT상 핵보유국들은 핵을 결코 포기하지 않을 가능성이 높다. 설사 현재의 안보위기가 해소되었다고 하더라도, 현 국제질서의 무정부적·세력정치적 성격 때문에 발생할 미래의 안보위기에 대응할 필요가 있기 때문이다. 또한 NPT가 인정한 핵보유국들은 제재를 받는 신규 핵확산국과 달리 핵무장 유지를 위한 유지비용이 현저히 낮아, 핵포기의 동기도 더욱 낮다.

둘째, 신규 핵확산국들은 안보동기가 해소되면 핵포기를 선택할 가능성이 있다. 이들이 현 핵비확산 국제레짐에서 치러야할 경제적·외교적 비용이 과도하기 때문이다. 하지만 안보상황이 열악하다면, 어떤 경제적·외교적 비용도 감수할 가능성이 높아 핵포기의 가능성이 낮다.

또한 안보동기가 해소되더라도 안보모델이 예측하듯이 즉각 핵포기의 효과가 나타날 가능성은 낮다. 안보위기의 해소와 핵포기의 정치적 결정과 실행 사이에는 각종 매개 변수가 있기 때문에 시간 차가 있을 것이다.

1980년대 말 남아공의 핵무기 포기, 1990년대 초 아르헨티나와 브라질의 핵개발 포기 등은 흔히 안보환경이 개선되어 비핵화한 사례로 통한다. 그런데 이들의 핵포기 사례도 단순히 안보환경의 개선으로만 설명하기 어렵다. 중대한 매개변수로 내부정치의 변동을 들 수 있다. 남아공에서는 국수주의적인 백인소수정권이 국제주의적이며 인종차별을 반대하는 정권으로 교체되었다. 아르헨티나와 브라질에서는 군사독재 정부가 민주주의 민간정부로 바뀌었다. 이들 경우에는 정체 변화와 정치지도자의 교체가 핵포기 결정의 중요한 매개 변수가 된다. 안보환경의 변화에도 불구하고 만약 이런 정치적 변화가 따르지 않았다면 핵포기 결정의 향배를 예측하기 어려울 것이다.

셋째, 핵확산의 설명력이 가장 높은 안보모델에 따르면, 북한의 핵무장 포기를 위한 필수조건은 북한의 안보위기를 해소하는 것이다. 안보모델에 따르면, 대북 제재와 압박, 그리고 남북대화와 설득 및 경제협력을 통한 북한의 태도 변화를 추구하는 우리의 모든 비핵화 노력도 결국 북한이 인식하는 안보위협을 해소되지 않는 한, 별 효과가 없다는 점을 시사한다.

또한 안보모델의 분석에 따르면, 한국은 북한의 재래식 군사위협과 핵위협에 직면하여 자신의 안전보장을 위해 미국 핵우산을 제공받고 있는데, 이 핵우산은 다시 북한에게 핵위협으로 간주되고 있어, 안보경쟁의 악순환이 예상된다. 안보모델에 따르면, 이런 상황에서 북한의 핵포기를 기대하기 어렵다. 최근 한미정부가 같이 천명한 대북 적대시정책, 무력공격, 인위적 통일, 정권교체와 체제붕괴 등을 추구하지 않는 소위 '4 NO' 정책은 북한의 안보위협 인식을 완화시키는 효과가 있을 것이다. 남북정상회담과 북미정상회담 개최도 북한이 느끼는 안보위협을 완화시키는 효과가 있다.

북한의 주요 핵무장 동기는 남북 적대관계와 북미 적대관계에서 시작된다. 이때 남북 및 북미정상회담을 통해 관계개선과 군사적 긴장완화의 효과를 거두게 되면, 북한이 느끼는 안보위협을 해소하고, 핵무장 동기를 완화하는 데 큰 도움이 될 것이다.

한편, 북한이 한미의 군사적 긴장완화 조치를 일시적인 기만책으로 보아 신뢰하지 않거나, 또는 국내정치와 국가정체성 등의 규범적 이유로 핵무장을 지속할 것이라는 분석도 있다. 이때 한국의 안보위협 감축 조치가 결국 북한에 대한 실효성 없이 한국의 안보만 훼손할 것이라는 지적이 뒤따른다. 따라서 한국과 북한의 안보수요를 함께 감안하여, 남북 및 북미 간 상호위협감축을 위한 동시적 조치가 필요하다. 상호 불신이 높은 상황에서는 끝없는 안보경쟁에서 탈피하고 북한 비핵화를 촉진하기 위해 이런 동시적 상호위협감축 조치가 불가피하다.

3. 안보동기모델에 대한 반론

핵무장의 안보효과에 대한 논쟁

국가들이 안보 때문에 핵무장한다는 것이 핵무장 동기에 대한 가장 보편적인 설명이다. 그런데 과연 핵무장하면 안보가 강화되는가. 핵무장이 안보를 위한 최선의 선택인가에 대해서는 전문가들의 견해가 엇갈린다.

현실주의자들은 안보 우선주의의 관점에서 적대국이 핵위협을 가할 경우에는 핵무장 이외의 방법은 없다고 한다. 또한, 국가들은 약육강식의 무정부상태에서 자신의 안보를 강화하기 위해서는 군사력을 극대화시켜야 하며, 이를 위한 최선의 방안은 핵무장이라고 주장한다. 국제정치 이론가 중에서도 국제체제적 성격을 중시하는 구조적 현실주의자들은 핵무장국들이 많을수록 서로 전쟁을 회피하고 국제평화도 제고된다고 주장한다. 소위 '핵평화론(nuclear peace)'의 입장이다. 이 주장은 모든 국가들이 자신의 최고 국익을 위해 합리적이고 책임 있는 결정을 내린다는 가정에 기초한다. 좋은 국가, 나쁜 국가, 불량국가를 구분하지 않는다. 월츠(Kenneth Waltz) 교수가 이런 '핵평화론'을 주장하는 대표적인 인물이다. 이런 주장이 다수 의견은 아니지만, 매우 논리적이고 설득력이 있어 주목받는다.

한편, 역설적으로 안보 강화를 위한 핵무장 선택이 오히려 중장기적으로 안보를 악화시키는 결과를 초래한다는 주장도 있다. 핵비확산론자인 세이건 교수는 안보가 핵무장의 주요 근거가 되고 있지만, 핵무장에 기반한 핵억제는 비합리적이며 위험하다고 주장한다.

왜냐하면, 첫째, 전쟁위기 상황에서 핵무장국들이 핵무기 사용에 대해 비합리적 결정을 내릴 가능성이 높기 때문이다. 위기상황에서 핵사용의 긴급 결정을 내릴 경우, 정보부족, 성급한 판단, 집단사고의 결점 등으로 인해 잘못된 결정을 내릴 가능성이 있다. 둘째, 설사 국가가 합리적이라고 하더라도, 핵무기가 많이 확산된다면 그만큼 사고의 가능성이 높다. 셋째, 안보편집증이 높고, 비민주적인 불량국가가 핵무장을 하게 되면 국내정치적 요인까지 작용하여 핵무기 사용 또는 사용위협 가능성이 더욱 높아진다.

NPT가 출범한 이후 핵무장의 안보효과에 대한 인식이 크게 변했다. 핵무장은 국제사회 전체뿐만 아니라 핵확산국의 안보도 약화시킨다는 것이 현재 국제사회의 보편적인 인식이다. 특히 핵비확산론자와 핵군축론자들이 이에 대해 강한 입장을 갖고 있다. 이들은 핵무기의 비합리성과 위험성에 주목하여, 핵확산이 평화를 보장하지 못할 뿐 아니라, 오히려 평화를 해친다고 주장한다. 현재 전면적인 핵무기 폐기운동이 국제사회의 큰 지지를 받고, 2017년 유엔총회가 핵무기금지조약(Treaty on the Prohibition of Nuclear Weapons)을 채택한 것도 이런 인식이 확산된 결과이다.

소련의 핵무장 사례가 핵무기의 안보효과를 부정하기 위해 종종 인용된다. 소련은 한때 3만 개 이상 핵탄두를 보유했지만 결국 망하고 말았다. 이를 보면 핵무장도 핵국의 안전을 보장할 수 없다는 결론을 내릴 수 있다.

그런데 이에 대한 반론도 만만치 않다. 이들은 핵무기 무용론이 핵무기의 용도와 성질에 대한 잘못된 판단에서 나온 결론이라고 반박한다. 핵무기는 재래식무기와 달리 본질적으로 공격과 방어를 위한 것이 아니며 체제유지용은 더욱 아니다. 핵무기의 본질적 용도는 억제이다. 억제는 상대방에게 견딜 수 없는 보복을 위협하여 상대의 공격을 사전에 차단하는 효과를 노린 것이지, 직접적인 방어책은 아니다. 실제 소련과 적대관계를 유지하였던 미국이 그 동안 소련에 대하여 경제봉쇄, 군비경쟁 등과 같은 간접적인 영향력만 행사하였을 뿐 어떠한 직접적인 군사활동을 자제한 것은 역설적으로 소련의 붕괴 시까지 핵억제력이 충분히 발휘된 결과라고 한다. 따라서 이들은 소련의 붕괴에도 불구하고, 핵무기의 안보효과는 부정되지 않는다고 주장한다.

'핵자제'의 선택

핵무장의 동기와 배경에 대한 가장 강력한 설명 틀이 안보모델이라는 점에는 별 이견이 없다. 하지만 안보모델로 모든 핵무장을 설명하는 데에는 중대한 결점이 있다.

첫째, 안보모델론자들이 주장하듯이 열악한 안보상태에 있는 국가들이 모두 핵무장을 선택하는 것은 아니다. 국제정치가 무정부상태에서 약육강식의 원칙에 따라 작동하므로 사실 모든 국가들은 안보가 열악하다. 이때 안보모델에 따르면, 대부분 국가들이 핵무장하거나, 핵무장을 추구해야 한다.

1963년 케네디 대통령이 1970년대 중반까지 핵무장국이 25개국으로 증가할 것이라고 경고했는데, 이는 안보모델에 따른 결론이었다. 국제정치의 약육강식적 성격은 지속되고 있지만, 현재 핵무장 국가는 9개국에 불과하다. 1964년에 이미 5개국이 있었고, 그 이후에는 불과 4개국이 늘었을 뿐이다. 지난 수십 년간 원자력 과학기술의 발전과 확산으로 핵개발의 과학기술적·경제적 문턱이 크게 낮아졌다는 점을 감안할 때, 현재 핵무장국 수는 과거의 추산에 비해 현저히 낮은 편이다.

오늘날 대부분 국가는 당초 예상과 달리 핵무장 대신에 핵무장을 자제하는 '핵자제(nuclear restraint)'를 선택했다. 그런데 안보모델은 이런 '핵자제'를 예측하지도 못했고, 설명하지도 못한다. '핵자제'에 대한 설득력 있는 설명은 규범모델에 따른 핵비확산 국제레짐의 발전에서 찾을 수 있다. 현대 국제사회는 핵비확산 가치를 보편적인 국제규범으로 수용하고 있다. 그리고 유엔 안보리, 원자력공급자그룹(NSG: Nuclear Suppliers Group), 국제원자력기구(IAEA: International Atomic Energy Agency) 등 다양한 국제기구가 핵비확산 규범 위반자에게는 각종 경제적·외교적 불이익을 부과하고 있다. 따라서 대부분 비핵국들은 핵무장 대신에 핵비확산 가치를 준수하는 '핵자제'를 선택하고 있다.

모든 사례에 적용되지 않는다고 해서 안보모델이 틀렸거나 설명력이 없다고 해서는 안 된다. 여전히 안보모델은 핵무장에 대한 가장 강력한 설명모델이다. 다만 주로 필요조건과 기반요건에 대한 설명을 제공한다. 따라서 열악한 안보 환경에도 불구하고, 왜 다수 국가들이 핵자제 또는 핵포기를 선택하는지를 이해하기 위해서는 규범적, 국내정치적, 정치결정적 설명으로 보완되어야 한다.

둘째, 안보모델은 유사한 안보환경에 처한 국가들이 왜 핵무장과 비핵화의 서로 다른 길을 가는지 설명하지 못한다. 안보모델은 열악한 안보환경에 처한 국가들이 모두 핵무장을 선택할 것으로 예견하지만, 심지어 동일 안보 환경권에 속하거나, 이웃 국가 간에도 그 선택이 극명하게 다른 사례가 많다.

냉전기에 유럽국들은 모두 소련의 침략을 두려워했다. 그런데 핵무장 선택 여부와 방식은 국가별로 차이가 컸다. 영국은 일찍이 핵무장에 나섰다. 영국은 핵무장을 선택하면서도, 최소량의 핵무기만 유지한 채 소련에 대한 대규모 억제력은 미국을 포함하는 나토에 의존했다. 그런데 프랑스는 미국의 핵억제력에 의존하는 것을 거부하고, 독자적인 핵억제력 구축을 추구했다. 프랑스와 인접국인 독일의 선택은 크게 달랐다. 특히 냉전기 프랑스와 독일은 매우 유사한 안보환경에 처했지만, 독일은 핵자제를 선택했다. 독일은 심지어 프랑스보다 소련에 지리적으로 더욱 가깝고 동서독으로 분단되어, 안보불안이 더욱 높았지만 핵포기를 선택했다.

아르헨티나와 브라질은 남미에서 상호 패권경쟁국으로서 1980년대 말까지 핵개발 경쟁을 벌였다. 그런데 1990년대 들어 갑자기 핵개발 경쟁 중단을 결정했다. 안보모델은 왜 양국이 갑자기 안보경쟁과 핵경쟁을 포기했는지 충분히 설명하지 못한다. 냉전 종식이 양국관계와 핵포기에 영향을 미쳤다는 주장이 있다. 하지만 양국은 냉전의 진영적 경쟁관계에 있지 않았었고, 실제 냉전의 영향은 매우 제한적이었다.

오히려 양국의 변화는 이들의 정치체제가 군사독재정권에서 민주주의적인 민간정권으로 교체되고, 강경군사정책과 핵개발정책을 포기했다는 데서 찾을 수 있다. 탈냉전기라는 포괄적 안보환경 변화가 이런 국내정치적 변동을 가능케 했다고 볼 수도 있다. 하지만 세력경쟁을 국가속성으로 간주하는 안보모델은 왜 양국이 안보경쟁에서 탈피했는지 설명하지 못한다. 아르헨티나와 브라질의 핵개발 경쟁 중단 사례는 국내정치와 정치결정모델이 더욱 잘 설명할 수 있다. 즉, 군사독재정부보다는 민간민주정부가, 군사독재 지도자보다는 민주주의 지도자가 국제규범을 준수하고 국제사회에 참여하려는 의지가 더욱 강하다. 또한 핵개발과 군사력 증강에 위한 투자보다는 경제발전에 대한 투자를 더욱 선호할 것이다.

남북한도 동일한 지정학적 공간에서 상호 열악한 안보를 공유하지만, 북한은 핵무장을, 남한은 핵포기를 선택했다. 사실 안보모델은 한국의 핵무장 가능성을 전망한다. 북한이 핵무장한 이후에는 '핵확산 연쇄반응' 현상 때문에 한국의 핵무장 가능성은 더욱 커졌다. 그런데 이 안보모델의 예측은 계속 빗나갔다. 한국은 독자 핵무장 대신에 한미동맹과 핵우산을 선택했다. 이는 안보모델이 틀려서가 아니다.

한국의 경우, 우선, 사활적인 안보 수요를 한미동맹과 핵우산이 대부분 충족시키고 있다. 또한, 핵비확산 국제레짐의 후원자를 자처하는 미국은 자신의 세계적 안보이익을 지키고, 세계평화를 보호한다는 명분으로 한국의 핵비확산을 강하게 압박하고 있다. 마지막으로, 한국은 통상국가이자 중견국으로서 국제사회의 보편적 규범이 된 핵비확산 국제레짐을 준수하는 것이 자신의 경제통상적·외교적 이익에 부합한다는 판단에서 핵포기 결정을 유지하고 있다.

하지만 북한의 핵능력이 증가하고 남북 대치국면이 지속되는 가운데 미국의 한국 안보공약이 약해지거나 주한미군이 철수하게 되면, 안보모델이 예측하듯이 한국의 핵무장 가능성이 크게 증가할 것이다. 만약 국가 존망의 안보불안을 느끼는 극단적인 상황이 오면, 안보모델이 예언하듯이 한국도 국제사회의 규범 준수, 경제적 피해, 미국의 핵비확산 요구 등을 무시하고, 핵무장을 선택할 가능성이 있다.

셋째, 안보모델은 핵무장의 구조적 요인을 잘 설명하나, 실제 안보위험이 있는 국가가 어떤 상황에서 핵무장 또는 핵자제를 결정하는지 설명하지 못한다. 안보모델을 따르면, 현대 국제사회에서 핵확산 용의 국가가 매우 많다. 그런데 안보위협이 있는 국가 중에서 다수 국가는 핵자제를 선택하고, 극히 소수 국가가 핵무장을 선택할 것이다. 이런 상황에서 왜 같은 안보조건에도 불구하고, 국가들이 서로 다른 선택을 하는지를 분석하는 것은 학문적·정책적으로 중대한 의미가 있다. 그 원인을 파악함으로써 핵무장을 방지하고, 핵자제를 더욱 확대시키는 해법을 찾을 수 있을 것이기 때문이다.

국가의 규모도 핵무장 선택에 영향을 미칠 수 있다. 중소 규모 국가의 경우, 핵전략의 핵심인 2차 핵타격능력을 갖기 어려운 한계가 있어, 핵무장 효과가 의문시된다. 핵억제력을 갖기 위해서는 상대방의 1차 핵타격을 흡수한 후 2차 핵타격을 가할 능력을 가져야 한다. 그런데 중소규모 핵무장국은 핵강대국의 1차 핵타격에 이미 초토화되어 생존이 불가능하게 될 것이다. 따라서 핵무장의 효과가 미미하다. 심지어 중소 핵무장국은 그런 취약성으로 인해 오히려 핵강대국의 선제공격을 유인할 가능성이 있다. 작은 영토와 소수의 핵심 공격 목표 등으로 인해 핵강대국은 중소 핵국을 선제공격할 유혹을 느낄 것이다. 북한도 중소규모 국가이고 핵역량도 제한되어 있어 이런 위험에 빠질 가능성이 있다.

4. 규범동기모델

핵무장의 국제적 지위와 국가 상징성 동기

핵무장과 핵포기를 설명하는 규범모델은 다음 2개의 상호 관련되는 현상을 설명한다. 첫째, 국가는 국가안보와 세력증강의 현실주의적 이유가 아니라, 국제지위 향상, 국가정체성 등의 규범적 또는 이상주의적 동기를 위해 핵무장을 추구한다. 둘째, 핵개발 또는 핵무장 국가가 비핵화를 선택하는 이유는 핵비확산 규범을 위반한 불량국가로 낙인찍히고 국제사회에서 배척되며, 오히려 국제적 지위가 하락하기 때문이다. 이렇게 규범모델은 국내정치적으로는 핵무장 동기를, 국제정치적으로 핵확산을 억제하는 비핵화 동기를 설명하고 있다.

규범모델은 핵무장과 핵포기 동기를 같은 이유로 설명하여, 이 두 가지가 동전의 양면같이 서로 연계되어 있다는 점에 주목한다. 국제규범은 핵무장을 국제범죄화함으로써 핵무장의 국내정치적 동기를 크게 약화시키는 효과가 크다. 사실 국제지위 향상이 주요 핵무장 동기라면, 이 국가는 핵무장을 추진하면서 곧바로 국제규범의 벽에 부닥치게 된다. 만약 핵무장의 주요 동기가 안보위협 때문이라면 웬만한 국제규범을 무시할 수 있겠지만, 국제지위 때문이라면 국제규범을 결코 무시하기 쉽지 않을 것이다.

1945년 미국이 핵개발에 성공한 이후 핵무장의 연쇄반응이 시작되었다. 핵개발 초기에는 막강한 경제력과 최첨단 과학기술력을 가진 강대국들만이 우연히 발견된 핵분열의 거대한 에너지를 이용하는 핵무기 개발에 성공할 수 있었다. 투키디데스가 주장했듯이 이들은 강대국으로서 "그들이 할 수 있는 것을 한다."

결국 미국, 소련, 영국, 프랑스, 중국 등 강대국 순으로 핵개발에 성공했고, 핵무기는 강대국의 최고 상징물이 되었다. 그런데 1970년 NPT체제가 출범하면서, 비핵국이 핵보유국 그룹으로 들어가는 문이 완전히 닫혀버렸다. 마침 안보리 상임이사국이 핵보유국이 되고 그들의 핵독점 지위가 보장되면서 핵무장의 강대국 상징성은 더욱 부각되었다.

그런데 초기 핵무장국이 엄청난 전략적·정치적 혜택을 누리게 되자 모든 국가들은 핵무장을 염원하게 되었다. 소련이 핵개발을 가속화한 것은 1945년 미국의 핵독점에 대한 안보불안감도 분명했지만, 또한 초강대국으로서 핵무장을 해야 한다는 강한 명분의 욕망도 있었다.

영국, 프랑스, 중국, 인도와 같은 과거 세계제국 또는 거대국가들이 핵무장을 추구할 때도 과거 제국의 영광을 찾거나, 이류 국가로 무시당하고 싶지 않은 강한 열망이 있었다. 20세기 후반 들어 미소 초강대국 중심의 양극 세계질서 하에서 과거 세계제국들은 점차 2류국가로 추락하고 국제정치의 논의에서 배제되는 것에 대해 불안감을 느끼며 과거 제국 영광의 회복과 국제적 지위 향상을 열망했다. 또한 세계평화와 안전에 대한 책임을 지는 유엔 안보리 상임이사국으로서 이에 상응하는 강한 군사력도 갖고 싶었다. 따라서 이들은 일찍이 핵개발에 뛰어들었고, NPT체제가 출범하면서 공인된 핵보유국이 되었다. 인도는 비록 유엔 안보리 상임이사국이 아니지만, 대륙 규모의 대국이자 역사적 문명 국가로서 위신을 되찾기 위해 일찍이 핵개발에 나섰다.

핵무장국들은 일단 핵개발에 성공하면, 핵보유가 국가의 위상을 대변하는 상징성을 부여하는 경향이 있다. 이들은 핵무장을 강대국의 상징으로 간주하고, 국민적 자긍심의 대상으로 삼았다.

일부 서방의 핵무장 선도국은 핵무장했지만, 이에 과도한 국가적 상징성을 부여하는 데 신중했다. 핵무장에 대한 과시적 행동이 '핵확산의 연쇄반응'을 촉발하고, 핵비확산에 미칠 부정적 영향을 우려했기 때문이다. 그리고 서방 핵보유국 내부에서는 핵무장을 지지하는 여론 못지않게 핵군축을 강력히 요구하는 여론도 있어 핵무장의 정치화를 피하려고 한다.

하지만 핵무장 후발국이거나, 국제지위 향상에 대한 욕구가 강한 국가일수록, 핵무장에 대한 국내적 지지가 높고, 핵무장을 국가적 정체성으로 간주하는 경향도 강하다. 프랑스, 중국, 인도, 파키스탄, 북한 등이 특히 그런 성향을 보인다.

비핵화의 규범동기

일부 국가들은 국제적 지위향상이라는 이상주의적·규범적 이유로 핵무장을 추구하지만, 오히려 다수 국가들은 똑같은 국제적 지위향상을 이유로 핵무장을 포기한다. 후자 국가들은 핵비확산 국제규범의 준수, 세계평화에 기여, 국제사회에 정상적인 회원국으로서 인정 등과 같은 이상주의적·규범적 동기에 따라 비핵화를 선택한다. 이런 핵비확산의 명분이 작동하는 배경에는 무엇보다 NPT의 역할이 컸다. 핵무기가 개발되고 오래지 않아 국제사회는 핵무기의 폭발력이 종래 어떤 무기와도 차원이 다르고, 실제 전쟁에서 사용하면 인류의 멸망을 초래할 수 있다는 것을 깨달았다. 따라서 핵보유국과 비핵국 사이에 추가 핵확산을 방지하자는 합의가 만들어졌다.

규범모델에 따르면, 현 NPT체제가 작동하기 시작하면서, 많은 국가가 비핵화의 명분을 쉽게 받아들이게 되었다고 주장한다. 그런데 이렇게 NPT가 작동하고, 또한 비핵국이 비핵화정책을 유지하는 배경에도 실은 국익의 계산이 포함되어 있다.

NPT상의 비핵국이 핵무장을 선택할 경우, 국제사회의 국제법적·외교적 압박과 경제제재로 인해 오히려 자국의 안보가 취약해지는 '부정적 안보효과'가 발생한다. 핵개발을 시도하다가 중단했거나, 당초 핵개발을 포기한 대부분 국가가 이에 해당된다. 특히 리비아, 이란, 북한 등은 국가사회로부터 고립되었고 제재도 받았다. 한국도 1970년대 중반 핵개발을 시도했다가, 미국의 제재와 압박으로 중단했다.

핵비확산 국제규범은 안보경쟁이 핵개발 경쟁으로 진전하는 것을 차단하는 효과가 크다. 극심한 안보경쟁이 있다면, 안보모델은 결국 핵개발 경쟁으로 나아갈 것을 예상한다. 그런데 핵비확산 국제규범의 존재로 인해 통상적인 안보 경쟁이 핵개발 경쟁으로 나아가는 문턱이 매우 높아졌다. 이에 대한 국제적 검증기관의 존재도 상호 핵투명성을 높여, 상대의 비밀 핵개발에 대비할 필요성을 없게 만들었다. 핵비확산 국제규범이 상호신뢰구축조치의 역할을 톡톡히 수행하고 있다고 하겠다.

1970년대 이후부터 안보환경, 과학기술역량, 경제력 등 객관적 여건을 볼 때, 핵무장을 시도할 가능성이 높은 국가들이 대부분 핵개발을 자제하고 있다. 그런 '핵자제'를 유인하고 압박하는 주요 수단이 바로 핵비확산 국제규범이다. 이 규범 때문에 핵개발 시도국가들을 국제규범 위반국이자 세계평화의 파괴국으로 낙인찍힌다. 또한 제재와 수출통제를 통해 실제 물질적 손실을 부과한다.

탈냉전기 들어 핵비확산 국제규범은 국제사회에서 공감대가 더욱 증대하고 강화되었다. 탈냉전의 평화 분위기 속에서 핵무기의 명분성이 더욱 약화되는 소위 핵무기의 '탈정당화(delegitimization)' 현상이 부각되었다. 탈냉전은 국제적, 국내적 차원에서 평화 욕구를 상승시키는 결과를 가져왔다. 과거 국제사회가 국가들의 무대였다면, 탈냉전기 국제무대에서는 개인과 비국가단체가 급속히 주요 행위주체로서 등장했다. 특히 군축비확산 분야에서 그런 활동이 두드러졌다. 핵비확산, 핵군축, 핵안보 분야에서 개인과 비국가단체의 국제 네트워크가 강화되고, 이들은 국내정치와 국제정치에 직접 영향을 미치고 있다.

이렇게 국제사회와 시민들은 더욱 빠르고 대폭적인 핵군축을 주장하고, 평화배당을 개인복지에 투입할 것을 요구하였다. 핵무기는 냉전의 상징으로 간주되어 다른 대량살상무기와 더불어 제거되어야 한다는 분위기가 조성되었다. 많은 사람들이 핵무기를 더 이상 국력과 지위의 상징이 아니라 폭력과 불법의 상징으로 간주하게 되었다.

이러한 평화 분위기에 힘입어 1995년 NPT 연장회의는 깊은 내부 갈등에도 불구하고 결국 NPT를 영구연장 하는 데에 성공했다. 1996년 국제사회는 전면핵실험 금지를 채택했다. 당시 핵무장 후발국인 중국과 프랑스가 추가 핵실험이 필요하다며 핵실험을 강행했는데, 이들은 유례없이 강한 국제사회의 규탄을 받고 중간에 핵실험 계획을 중단해야만 했다. 핵에 대한 사람들의 인식변화가 국가의 핵개발을 억제하는 효과를 발휘하고 있다.

핵비확산과 핵군축 운동에 인권론자와 환경론자도 가세하면서, 핵무기에 대한 부정적 이미지는 더욱 확대되었다. 환경론자들은 핵실험의 후유증에 대한 관심을 불러 일으켰다. 프랑스가 1996년 남태평양 무루로아 환초에서 핵실험을 재개하자 환경론자와 반핵운동조직은 전 세계적인 핵실험 반대운동을 전개했다. 소련 붕괴 후 구소련 핵연구단지와 핵실험장의 방사능 오염 실상이 알려지고 이를 제거하기 위해서는 핵개발 비용을 능가하는 자금이 투입되어야 한다는 사실이 알려지면서, 핵실험과 핵무장의 명분은 더욱 약화되었다

'포괄안보(Comprehensive Security)' 개념의 등장도 핵무장의 인식변화에 기여했다. 탈냉전시대에 들어 군사안보의 중요성이 약화되고,

경제안보, 인간안보, 환경안보 등도 같이 중시되는 '포괄안보' 개념이 대두되었다. 핵비확산 규범을 위반하고 핵개발을 강행할 경우 경제제재로 인한 경제적 손실은 포괄안보에 심대한 부정적 효과를 초래한다. 핵개발국은 세계화 시대에 경제제재로 인해 치러야 할 기회비용을 감당하기가 쉽지 않다. 북한, 이라크, 남아공의 사례에서 볼 수 있듯이, 국가안보와 체제보장을 위한 핵개발이 국제제재와 외교압박으로 인해 오히려 이를 해치는 일이 비일비재하다.

더욱이 현재 핵비확산 규범이 보편화되면서 NPT 비회원국은 국제사회에서 비정상적인 국가로 간주되는 경향이 있고, 이로 인해 국제사회에서 참여와 활동이 크게 제약받게 된다. 남아공, 우크라이나, 카자흐스탄 등이 핵무기를 포기하기로 결정한 배경에는 NPT 가입을 통해 국제사회에서 정상적인 회원국으로 인정받고 참여하려는 강한 욕구가 작동했다.

5. 정치결정모델

위에서 토론했던 현실주의적 '안보모델'은 정치지도자들이 항상 안보 강화를 위해서 핵무기를 원하고, 그런 안보적 필요성이 있으면 핵무장을 선택한다고 가정했다. 국가 행위에만 집중하는 안보모델은 정치지도자를 핵무장을 원하는 상수로 보아, 정치지도자에게 어떤 의미 있는 역할도 부여하지 않았다. 이런 분석법은 주어진 안보 상황에서 국가들은 내부 정치역학 또는 정치인의 성향과 무관하게 동일한 반응을 보일 것이라는 현실주의적 가정에 기초했다.

그런데 정치결정모델은 안보 환경과 핵무장 사이에 정치지도자의 핵무장 결정 여부라는 중대한 매개변수가 있다고 주장한다. 정치결정모델은 유사한 안보환경에 처한 국가라도 한 국가는 핵무장을, 다른 국가는 핵자제를 선택하는 사례가 다반사라고 주장한다. 이런 사례를 안보모델로 설명하기 어렵다.

어느 국가에서나 핵개발은 최고 국가기밀사항이며 엄격한 정부통제하에서 추진된다. 국가 최고지도자의 의사와 결정이 핵개발에서 매우 중요한 역할을 차지한다. 따라서 정치결정모델은 핵확산 여부를 예측하려면 무엇보다 핵무장 결정의 권한을 가진 정치지도자의 성향에 주목할 것을 주장한다. 정치지도자의 성향과 핵무장 결정 간 연관성을 연구하는 대표적인 학자로 하이만스 미 남가주대 교수가 있다.

그는 정치지도자의 결정에 집중한 심리학적, 개인적 접근법으로 핵무장과 핵포기를 설명하면서, 특히 종래의 현실주의에 기반한 안보모델 접근법을 비판했다. 스스로 이상주의 이론가라 자처하면서, 안보 수요에 집중한 현실주의적 접근법은 핵비확산을 예측하고 처방하는 데 실패했다고 주장했다.

하이만스 교수는 안보모델의 가정과 정반대로 대부분 정치지도자들이 핵무장을 꺼린다고 판단했다. 보통 정치지도자들은 핵무장의 '혁명적 결정'을 앞두고, 과연 핵개발이 성공할지, 핵무장하면 안보가 강화되고 국제지위가 개선될지를 고민하며 그 결단을 꺼린다고 한다. 그렇다면 어떤 성향의 정치지도자가 핵무장을 선택하는가.

하이만스 교수는 핵무장 결정이 미치는 국내외의 엄청난 정치외교안보적 파장을 감안하여, 정치지도자들은 핵무장 결정을 내릴 때 통상적인 비용·효과 분석의 합리적인 계산법과 다른 결정과정을 거친다고 한다. 그는 이를 '감정적 결정과정'이라고 부른다. 그는 정치지도자의 '국가정체성개념(national identity concept)'을 제시하고, 이것이 핵무장 추진여부의 핵심 결정요인이라고 주장한다.

하이만스 교수는 정치지도자의 핵무장 결정에 영향을 미치는 주요 '국가정체성 개념'으로 '연대(solidarity)'와 '신분(status)'이라는 두 개의 가치 기준에 주목했다. 그는 '연대' 가치에서, 상대국과 공존을 수용하는 지도자 유형으로 '스포츠맨형(sportsmanlike)', 상대국과 공존을 부정하는 지도자 유형으로 '대립형(oppositional)' 등 2개 유형을 제시했다.

다음 '신분' 가치에서, 상대국의 우위를 결단코 부정하는 지도자 유형으로 '민족주의자', 자신의 열등한 지위에 순응하는 지도자 유형으로 '하급자(subaltern)' 등 2개 유형을 제시했다.

여기서 '대립형'과 '민족주의자' 유형의 2개의 극단적인 성향이 결합된 국가정체성을 '대립적 민족주의자(oppositional nationalist)'라고 명명했다. '대립적 민족주의자' 성향을 가진 정치지도자는 항상 자신의 국익과 가치가 상대국의 그것과 상호 대립적이라고 본다. 이 지도자는 또한 민족주의적 관점에서 자국이 결코 상대국과 열등한 관계에 있어서는 안 되며, 반드시 동등하거나 우월한 관계를 유지해야 한다고 믿는다. 즉 상대국에 대해 제로섬(zero-sum)적 안보관을 갖고, 또한 자국에 대해 강한 자부심을 보이는 지도자들이다.

하이만스 교수는 사례연구를 통해, 이런 '대립적 민족주의자' 유형의 정치지도자가 핵무장을 선택하는 경향이 높다고 분석했다. '대립적 민족주의자'들이 상대국과 관계에서 느끼는 '공포와 자부심(fear and pride)'은 심리적으로 강한 폭발력을 갖는다. 따라서 객관적인 안보상황에 부합하는 핵무장의 결정을 내리는 것이 아니라, 주관적으로 안보환경을 과장되게 해석하고, 핵무장을 해결책으로 제시한다.

인도의 1998년 핵실험 결정, 파키스탄의 대응 핵실험 결정, 호주의 핵개발 모색 및 포기 결정의 반복, 북한의 핵무장 결정 등을 모두 '대립적 민족주의자' 유형의 지도자 때문에 가능했다고 분석했다. 한편, 아르헨티나와 브라질의 핵개발 경쟁과정에서는 그런 극단적인 유형의 정치지도자가 없었던 것이 핵포기를 결정하는 배경이 된다. 이 정치결정모델은 남아공의 보타 대통령은 '대립적 민족주의' 성향을 가졌기 때문에 핵무장을 선택했고, 드클러크 대통령은 이와 정반대로 공존적, 국제주의적 성향을 가졌기 때문에 핵포기를 선택했다고 설명한다.

이 모델에 따르면, 한국의 핵포기 결정과 북한의 핵무장 결정도 그런 '대립적 민족주의' 정치지도자의 존재 유무, 그리고 핵무장이 초래할 국제 핵비확산 레짐으로 인한 부정적 안보효과에 대한 판단 등이 작용한 것으로 보인다. 즉 한국은 '대립적 민족주의자' 유형의 지도자가 없었기 때문에 핵무장을 선택하지 않았고, 북한은 정반대로 이 유형의 지도자 때문에 핵무장을 선택했다.

정치결정모델은 지도자의 국가정체성 개념에 따른 인식적 결정이 핵무장의 핵심적 요인이라고 주장한다. 이를 북한에 적용한다면, 안보 요인의 해소, 일반적인 외교적 압박책과 유인책 등을 통해 핵무장의 비용과 혜택의 셈법을 합리적으로 변화시켜 핵무장 결정을 변경시키려는 노력은 제대로 작동하지 않을 가능성이 높다. 지도자의 정체성 개념은 환경이나 유인책에 따라 쉽게 변하지 않기 때문이다.

정치결정모델에 따른다면, 핵무장 또는 핵포기 결정은 정권교체로 인해 새로운 지도자가 탄생함으로써 가능했다. 프랑스 드골 대통령의 핵무장 추진, 1998년 인도 신임 총리의 핵실험 결정, 1980년대 아르헨티나와 브라질 독재군사정부의 핵개발 결정 등이 핵무장 결정의 사례이다. 한편, 남아공 드클러크 대통령의 핵포기 결정, 1990년대 초 아르헨티나와 브라질 민간정부의 핵포기 결정 등이 다른 성향의 정치지도자에 의한 핵포기 결정 사례이다.

그런데 남한과 북한은 한 명의 정치지도자가 핵무장과 핵포기의 결정을 동시에 하는 특이한 사례를 제시한다. 박정희 전 대통령은 1970년대에 핵무장과 핵포기 결정을 순차적으로 내렸다. 아직 미완성의 진행형이지만 북한 김정은 위원장의 경우도 동일인이 핵무장과 핵포기를 순차적으로 추진하는 사례이다. 이는 매우 강력한 국제압박과 유인책을 동반하는 급격한 국제환경의 변화에 따라 동일인이 단기간 내 핵무장 결정에서 핵포기 결정으로 전환한 사례인데, 다른 나라에서 유례를 찾기 어렵다.

북한의 김일성과 김정일은 배타적 민족주의형 지도자 유형에 전적으로 부합하지만, 김정은은 국제주의적 성향도 보여주는 이중적인 성향을 보인다. 2018년 들어 김정은 국무위원장이 북중, 남북, 북미정상회담을 연이어 개최했는데 이는 과거 김일성과 김정일 시기의 소극적인 외교활동과 크게 대조된다. 그리고 김정은 시대 들어 국제사회와 경제협력을 적극 모색한 점도 과거식의 주체사상에 따른 자립경제 강화노력과 차별화된다. 설사 김정은이 이런 국제주의적·공존적 성향이 있다고 하더라도 드클러크 대통령과 같이 핵포기를 결정하고 또한 즉각 실행할 것으로 상상하기란 쉽지 않다. 한반도 분단과 동북아 강대국 세력경쟁으로 인한 안보위협 요인이 여전히 한반도를 짓누르고 있기 때문이다.

3장

핵 아마겟돈의 공포와
NPT 출범

핵무기와 핵전쟁이 인류의 생존에 대한 최대 위협요인이라는 데 대해서는 이견이 없을 것이다. 냉전기 동안 미국과 소련이 무한 핵무기 경쟁을 벌이면서 최대 7만 개의 핵무기를 축적했다. 전 지구를 수십 번 파괴하고도 남을 파괴력이다. 또한 많은 안보불안 국가들은 핵개발에 뛰어들었고, 핵국들은 2,000여회 핵실험을 실시했다. 그런 상태가 지속되면 어떻게 될까? 전 지구가 핵실험장이 되어 방사능으로 오염될 것이다. 결국 수십 개 국이 핵무기를 갖게 되고, 어떤 분쟁도 핵전쟁으로 확전될 가능성이 급증하고 전 지구가 초토화될 것이다. 이런 공포를 배경으로 인간은 양심과 이성에 따라 핵개발 추세를 저지하기 위한 방안을 찾기 시작했다.

이 장은 왜 초기 핵개발국들이 갑자기 핵무기 확산을 저지하려고 나서게 되었는지, 국제사회는 핵군축, 핵비확산, 핵실험금지를 위해 어떤 노력을 기울였으며, 실제 어떤 성과를 거두었는지를 설명하고자 한다.

핵무기의 정치화에 따라, 핵국 대 비핵국, 강대국 대 약소국, 안보적 접근 대 평화적 접근, 현실주의 대 이상주의, 공동안보 대 개별안보 등이 대치하고 협력하는 갈등과 타협 구조에 주목하고자 한다.

1. '핵무기 없는 세상'의 꿈

현대 세계에 9개 핵무장국이 있다는 사실은 인류에게 큰 경종을 울린다. 인류는 핵무기의 판도라 상자를 연 순간부터 자신의 잘못을 후회하면서, '핵무기 없는 세상'을 꿈꾸기 시작했다. 냉전이 끝나고 인간성을 회복하면서, 핵무기를 제거하기 위한 국제연대와 시민운동도 점차 확대되었다. 오바마(Barack Obama) 미국 대통령은 2009년 4월 5일 유명한 프라하 연설에서 '핵무기 없는 세상'을 미국과 국제사회의 비전으로 내세우기도 했다. 그 해 오바마 대통령이 아직 세계평화를 위해 내세울만한 업적이 없었지만 노벨평화상을 받았다는 사실은 그만큼 '핵무기 없는 세상'에 대한 인류의 열망과 기대가 높다는 것을 보여준다.

마침내 2017년 7월 7일 유엔총회는 핵무기 보유를 전면적으로 금지하는 '핵무기금지조약(Treaty on the Prohibition of Nuclear Weapons)'을 채택하였다. 1970년부터 작동하기 시작한 핵확산금지조약(NPT)이 추가 핵무장국의 등장을 저지하려는 제한적 목표를 가진 데 비해, 핵무기금지조약은 기존 핵보유국의 핵무기를 포함하여 일체의 핵무기를 금지하는 원대한 목표를 지향한다. 핵무기금지조약은 기존 핵보유국들의 핵무기 보유 특권까지 빼앗는 획기적인 조약이기 때문에 이들의 강한 반대가 예상되어 실제 단시간 내 발효될 가능성은 매우 낮다.

그렇지만 유엔총회가 이 조약을 채택한 것은 핵무기의 전면 폐기가 시민운동을 넘어서, 국제사회의 보편적인 지지를 받게 되었다는 점에서 의미가 크다. 전 지구적 핵폐기 운동을 통해 핵무기금지조약까지 이끌어 낸 '핵무기폐기국제운동(ICAN: International Campaign to Abolish Nuclear Weapons)'은 세계평화를 위한 기여로 2017년 노벨평화상을 받았다.

한편, 1950년대와 1960년대에 수십 개 국가들이 핵무장을 열망하고 실제 핵프로그램을 모색하거나 가동했다는 점을 감안할 때 현재 핵무장국이 9개에 불과하다는 것은 엄청난 일이다. 케네디 대통령은 1963년 3월 한 연설에서 당시 핵확산 추세가 유지되면 1970년대까지 핵무장국이 25개국으로 증가할 것이라고 경고했다. 당시 맥나마라(Robert McNamara) 미 국방장관은 비밀보고서에서 1973년까지 중국, 스웨덴, 인도, 호주, 일본, 남아공, 독일, 이스라엘 등 8개국이 추가로 핵무장할 것이라고 예측했다. 당시 냉전으로 인한 안보위기가 증폭되었지만, 핵확산을 방지하는 국제적 장치가 없었고, 과학기술의 발전으로 핵개발의 비용도 급격하게 감소했기 때문에 이런 추정이 가능했다.

이런 핵확산에 대한 비관적인 전망에 따라 미국정부는 적극적인 핵확산 방지정책을 추진했다. 미국은 다른 핵보유국 및 국제사회와 공조하여 핵확산금지조약(NPT) 체결을 주도하고, 양자관계를 통해 핵비확산 정책을 강력히 추진하였다. 한국도 1970년대 상반기에 북한의 군사적 공세와 미군철수에 대응하기 위해 핵무장을 추진했었다. 이때 미국은 강한 외교적 압박과 안보공약을 통해 한국의 핵무장 시도를 포기시키는 데 성공했다. NPT 출범과 더불어, 한국뿐만 아니라, 많은 핵잠재국, 핵 열망국들이 핵개발을 포기했다.

그렇다고 핵확산문제가 완전히 해결된 것은 아니었다. 오늘 이 순간에도 국제사회에서는 핵무기를 갖고자 하는 국가와 이를 저지하고자 하는 국가 간 줄다리기가 진행 중이다. 아래에서는 핵확산을 저지하기 위한 국제사회의 노력과 성과를 평가하고, 이를 둘러싼 핵국과 비핵국 간 쟁점을 토론한다.

2. NPT 출범과 핵비확산 성과

NPT 체결 배경

초기 핵무장국들은 왜 갑자기 핵무기 확산을 방지하는 데 나서게 되었을까? 1940년대 핵개발 초기에는 핵폭발 원리에 대한 과학기술적 증명부터 시작하여, 모든 관련 시설을 처음 제작해야 하는 엄청난 초기 투입 비용으로 인해 핵확산이 그렇게 빨리 일어날 것으로 미처 생각지 못했다. 그런데 이런 예상은 곧 빗나가기 시작했다.

일단 핵무기가 개발되자, 핵지식과 핵기술은 과학기술계의 교류를 통해 급속히 번졌다. 핵지식의 판도라 상자가 열리자 이미 알게 된 핵지식을 되돌릴 수 없었다. 후발 핵개발국은 훨씬 적은 투자와 시행착오로 쉽게 핵무기 개발과정을 재연할 수 있었다. 같은 진영 국가 간 핵기술의 비밀 이전도 있었다. 스파이를 이용한 핵개발 정보 수집도 후발 주자가 핵개발 기간과 자금을 줄이는 데 크게 기여했다.

특히 프랑스와 중국이 각각 자력으로 1960년 2월과 1964년 10월에 핵실험에 성공하자, 기존 핵무장국과 국제사회는 충격에 빠졌다. 미국의 기술협력을 받은 영국과 달리 프랑스는 독자적으로 핵개발에 성공했기 때문이다. 또한 중국은 당시 과학기술과 산업의 후진국으로 알려졌는데 핵개발에 성공했기 때문이다. 프랑스와 중국의 핵실험 성공 사례를 본다면 중진국 수준의 경제력과 과학기술을 가진 국가라면 누구라도 핵무장할 수 있다고 추정 가능했다. 프랑스와 중국의 핵실험을 계기로 핵무기의 추가 확산을 저지해야 한다는 국제적 공감대가 생겼다.

또한 1945년 핵무기의 등장과 동시에 그 엄청난 파괴력에 놀라 핵무기의 확산 방지 필요성이 대두되었다. 1946년 미국정부는 '바루크 플랜(Baruch Plan)'을 통해 핵무기를 전면적으로 불법화시키고, 원자력의 국제적 관리와 이용을 제안했다. 하지만 소련의 반대로 진전이 없었다.

1950년대 들어, 아이젠하워(Dwight Eisenhower) 대통령이 '평화를 위한 핵(Atoms for Peace)' 구상을 주창했다. 이에 따라 국제원자력기구(IAEA)의 창설과 IAEA 안전조치의 발전, 원자력의 평화적 이용 확대 등 진전이 있었다. 원자력의 평화적 이용 확대와 더불어, 핵무기 확산 우려도 더욱 커졌다. 케네디 대통령이 1970년대까지 25개 핵무장국이 등장할 것이라고 경고한 것도 이런 경각심을 반영한 것이었다.

1960년대 들어 핵확산을 금지하기 위한 국제사회의 노력이 본격화되고 성과를 거두기 시작했다. 1961년 아일랜드가 추가 핵무기 확산을 전면 금지하는 국제협정을 체결할 것을 촉구하는 결의안을 유엔총회에 제출했고, 이 결의안이 유엔총회에서 채택되었다. 이를 계기로, 1965년부터 제네바 군축회의가 핵확산금지협정 초안을 심의하기 시작했다. 1968년 3월 미국과 소련이 제네바 군축회의에 NPT 공동 초안을 제출하면서, 협상이 마무리 단계에 들어섰다. 마침내 1968년 6월 유엔총회는 NPT 초안을 채택했고, 7월 1일부터 서명을 받기 시작했다. 5개 핵보유국을 포함한 43국이 비준하면서, 1970년 3월 5일 NPT가 발효했다. 이렇게 만들어진 NPT는 지금의 보편적인 국제규범으로 자리 잡은 핵비확산 국제레짐의 시발점이자 근간이 되었다.

NPT는 1967년 1월 1일 이전에 핵무장한 국가만 '핵보유국(nuclear-weapon-state, 핵무기국 또는 핵국)'으로 인정하기로 합의했다. 그 외 모든 NPT 회원국들은 '비핵국(non-nuclear-weapon state, 비핵무기국, 비핵보유국)'으로 남기로 합의했다. NPT는 당초 25년간 효력을 가졌으나, 1995년에 영구연장 되었다. NPT는 현재 188개 국가가 회원국으로 참여한 최대 규모 비확산협정이며, 북한, 이스라엘, 인도, 파키스탄, 남수단 등 5개국만이 비회원국으로 남아있다.

'3개 기둥'의 대타협(그랜드바겐)

NPT에는 핵보유국과 비핵국이 같이 참가하고 있다. 여기서 핵보유국은 핵을 보유할 특권을 인정받았고, 비핵국은 핵포기를 약속했다. 어떻게 이런 불평등한 조약이 가능했을까? 그 해답은 핵국과 비핵국 간 '대타협(grand bargain)'에 있다. 핵국과 비핵국은 NPT의 3개 핵심 내용인 핵비확산, 원자력의 평화적 이용, 핵군축 등 소위 '3개 기둥(three pillars)'에서 서로 권리와 의무를 교환하는 '대타협(그랜드바겐)'에 합의했다.

NPT '대타협(그랜드바겐)'의 핵심은 핵국이 핵무기 보유의 특권을 유지하는 대신에 핵무기를 감축하고 궁극적으로 제거하는 '핵군축(nuclear disarmament)'의 약속을 이행하며, 비핵국의 '평화적 원자력 이용 권리'를 인정하고 지원하는 책무를 지는 것이다. 또한 비핵국은 핵무기를 포기하는 '핵비확산' 의무를 지는 대신에 핵국에게 핵군축을 요구하며, 자신의 평화적 원자력 이용 권리를 보장받는다. NPT의 조문에 나타난 '3개 기둥'은 다음과 같다.

첫째, NPT의 핵심 목표인 '핵비확산'은 NPT 1, 2, 3조에 기술되었다. 1조(핵보유국 의무)는 핵국이 핵무기와 핵폭발장치를 비핵국에게 이전하는 것을 금지하고, 비핵국이 핵무기와 핵폭발장치를 제조·획득하는 것을 지원하거나 장려하는 것을 금지한다.

2조(비핵국 의무)는 비핵국이 핵무기와 핵폭발장치를 획득하거나, 관리권을 행사하는 것을 금지하며, 핵무기와 핵폭발장치 제조를 위한 지원을 구하거나 받는 것을 금지한다.

3조(안전조치)는 비핵국이 자신의 관할 하에 있는 모든 원자력 활동과 핵물질이 평화적이라는 것을 검증하기 위해 IAEA의 안전조치(safeguards)를 받도록 한다. 다만 안전조치는 원자력 국제협력을 방해하지 말아야 하며, 안전조치가 적용되지 않는 핵물질과 관련 장비를 비핵국에게 제공하지 못한다. 참고로, '안전조치'란 원자력의 평화적 이용을 위한 핵물질과 핵장비 등이 군사용으로 전용되지 못하도록 검증하는 일련의 조치를 말하며, 구체적인 조치로 사찰이 있다.

둘째, 대타협의 한 기둥에 해당되는 '원자력의 평화적 이용(peaceful use of nuclear energy)'은 4조에 규정되어 있다. 비핵국들은 특히 4조의 중요성을 강조한다. 비핵국들은 이 조항에 따라 '원자력의 평화적 이용'에 대한 불가양의 권리(inalienable right)를 갖고, 또한 핵국이 가진 원자력 기술을 지원 받을 권리를 갖는다고 생각한다.

하지만 현실에서는 '원자력의 평화적 이용'에 대한 권리와 혜택이 크게 제약받고 있어, 비핵국들의 불만이 크다. 실제 원자력기술을 보유한 핵국들은 비핵국의 핵비확산 의무를 너무 강조한 나머지, 민수용 원자력 기술이 무기용으로 전환될 것으로 우려하여, 원자력의 국제협력에 매우 소극적이다.

특히 '농축과 재처리'에 대한 양측의 인식 차가 크다. 비핵국들은 농축재처리가 원칙적으로 '원자력의 평화적 이용' 범주에 속한다고 본다. 하지만 핵국들은 농축재처리를 무기용 핵물질을 획득하는 수단으로 보아, 이에 대한 어떤 국제협력도 거부한다. 실은 한국도 원자력발전을 위해 농축과 재처리가 필요하지만, 미국의 강한 반대로 이에 대한 접근이 차단되고 있다. 최근 개정된 신 한미 원자력협정에서 처음으로 농축재처리의 가능성이 열렸다고 하지만, 이를 실제 확보하기 위해서는 갈 길이 매우 멀다.

셋째, 대타협의 마지막 기둥인 '핵군축(nuclear disarmament)'은 6조에 규정되어 있다. 6조에서 "조약당사국은 조속한 일자 내에 핵무기 경쟁 중지와 핵군축을 위한 효과적 조치, 그리고 엄격하고 효과적인 국제통제 하에서 전면적 군축에 관한 조약 등에 대해 성실히 교섭을 추구하기로 약속"했다.

비핵국들은 군축이 핵국의 핵심 의무사항이라고 본다. 비핵국들은 NPT가 자신에게 차별적이지만 이를 수용한 핵심 이유가 핵국들의 핵군축 의무 때문이라고 주장한다. 하지만 핵국들은 핵군축에 대해 매우 소극적이다. 탈냉전기 들어 핵국들이 핵무기를 많이 감축했지만 완전한 핵군축을 추진할 가능성은 매우 낮다. 이런 소극적 태도가 바로 유엔총회가 2017년 7월 일체 핵무기를 금지하는 '핵무기금지조약(Treaty on the Prohibition of Nuclear Weapons)'을 채택하는 배경이 되었다.

NPT의 3개 기둥은 상호 연계되어 있어, 각 기둥의 진전은 다른 기둥의 진전을 진작하는 시너지 효과가 있다. 그런데 이런 상호 관련성에 대해 핵국과 비핵국은 인식을 공유하면서도, 비핵국들은 자신들의 핵비확산 의무가 과도하게 강요되는 반면 핵국들이 핵군축과 평화적 원자력 협력 의무를 불이행한다고 비판한다.

이런 비판에 대해, 핵국들은 핵비확산이 충분히 실행되고 정착되어야, 이를 기반으로 하여 핵군축도 진전되고, 원자력의 국제협력도 확대될 수 있다고 강조한다. 핵국들은 비핵국이 NPT 4조에서 갖는 원자력의 평화적 이용 권리도 핵비확산 책무를 성실히 이행하는 조건에서만 가능하다고 해석한다.

한편, 비핵국은 원자력의 평화적 이용에 대한 '불가양의 권리'가 핵비확산 이유 때문에 과도하게 제약받고, 국제협력이 충분치 않다고 불평한다. 더욱이 자신들은 핵비확산 책무를 성실히 이행하고 있는 데 비해, 핵보유국들이 약속한 '핵군축'은 이행되지 않고 있어, 핵군축 약속을 이행할 것을 강하게 압박한다. 이런 핵국과 비핵국 간 갈등은 NPT 평가회의에서 계속하여 반복되고 있다.

NPT는 추가 핵비확산을 저지하는 데 크게 성공했다. 하지만 핵국과 비핵국을 각각 인정하고 차별함으로써 항상 국제적 논쟁의 가운데 서 있다. 화학무기금지협정(CWC: Chemical Weapons Convention)과 생물무기금지협정(BWC: Biological Weapons Convention)이 모든 회원국에게 예외 없이 화학무기와 생물무기를 전면 금지시키고 있다는 점에서 NPT의 차별적 특성은 더욱 부각된다.

NPT 3조에 따른 IAEA 안전조치

NPT에 따른 개별 국가의 핵비확산 성과는 결국 국제원자력기구(IAEA)의 안전조치(safeguards)에 따라 평가받게 된다. 미 아이젠하워 대통령은 1953년 유엔총회 연설에서 '평화를 위한 핵'을 주창하면서, 원자력의 평화적 이용을 진흥하고 군사적 전용을 방지하기 위한 국제기구를 설립할 것을 제안했다. 이 제안에 따라 1957년 IAEA가 설립되었다. 이후 1970년 NPT가 출범하면서, 국제원자력기구에게 '원자력의 평화적 이용'을 검증하기 위해 사찰 권능을 부여했다.

NPT 회원국 중 '비핵국'은 3조의 의무사항에 따라 예외 없이 IAEA

와 안전조치협정을 체결해야 한다. 동 협정 체결 후에 회원국은 '원자력의 평화적 이용' 여부를 검증하는 데 필요한 사찰을 받게 된다. 특히 비핵국이 받아야 하는 전면안전조치(full-scope safeguards)는 피사찰국 내 일체의 핵물질을 사찰의 대상으로 삼기 때문에 이때 핵물질을 군사용으로 전용하는지 확인할 수 있다.

그런데 IAEA의 사찰제도에 문제가 있었다. 특히 국제사회가 주권국가 중심 체제로 운영되고 있다는 점에서 IAEA의 사찰권능도 다음과 같은 한계가 있다.

첫째, IAEA의 사찰은 피사찰국이 정보 제공과 장소 접근 허용에 대한 협조를 할 경우에만 가능하다. IAEA는 피사찰국의 초기 보고서에 기초하여 사찰을 진행하므로 피사찰국이 비밀리에 자생적인 핵개발을 진행 중이라면, 비밀 계획의 존재 자체를 알기 어렵다. 또한 설사 혐의를 포착하였다 하더라도 명확한 증거가 없다면 문제를 제기하기 어렵다.

둘째, IAEA의 사찰대상은 핵물질이므로 핵물질을 직접 처리하지 않는 관련 시설이나 군사시설에 대한 접근은 자발적 협조가 없는 한 불가능하다.

셋째, NPT 비회원국에 대한 사찰은 물론, NPT 회원국 중 안전조치협정을 체결하지 않은 국가에 대한 사찰도 불가능하다.

1990년대 북한과 이라크의 경우에서 볼 수 있듯이 IAEA의 역할은 관련국들이 정치적으로 결정한 활동의 범위 내로 한정되었다. 1990년대 이후 사찰기술이 발달하여, 핵시설에 대한 접근만 된다면 심지어 모든 과거 핵활동도 검증할 수 있다. 1990년대 초 북한에서 핵신고와 검증 간 '불일치'의 발견도 이러한 사찰기술의 정교성과 침투성 때문에 가능했다. 그러나 불일치를 해소하는 데 필요한 추가적인 사찰조치는 정치적 장벽에 따라 좌절되었다. 따라서 핵비확산 지지 국가들은 미신고

시설에 대한 강제사찰의 도입, 정보수집 기능의 확대, 환경감시 등 확대 안전조치제도의 도입 등의 안전조치강화 방안을 강력히 요구했었다.

마침내 1997년 국제사회는 IAEA 사찰제도를 획기적으로 강화시키는 '추가의정서(Additional Protocol)'를 채택했다. 추가의정서에 따라, 언제 어디서나(anytime, anywhere) 사찰이 가능해졌다.

1995년 NPT의 영구연장과 NPT 전성시대

NPT는 당초 1970년부터 1995년까지 25년의 유효기간을 갖고 있었는데, 1995년 NPT 연장회의에서 영구 연장되었다. NPT는 10조 2항에서 동 조약이 발효되고 25년이 지난 후에 그 효력을 무기한으로 지속할 것인지 또는 일정 기간 동안 연장할 것인지를 결정하기 위한 회의를 소집하도록 규정했다. 이에 따라 1995년 4월 17일 뉴욕에서 5년마다 소집되는 NPT 검토회의가 NPT 연장회의를 겸해서 열렸다.

1995년 NPT 연장회의에 참가한 175개 NPT 회원국들은 이 회의에서 NPT를 무기연장하기로 투표 없이 컨센서스로 합의했다. 이 NPT 무기연장 결정은 핵비확산 역사에서 중대한 이정표로 기록된다. 하지만 영구연장에 이르는 과정을 결코 순탄치 않았다. 영구연장을 앞두고 핵국과 비핵국 간 해묵은 갈등이 불거졌기 때문이다.

탈냉전기 들어 세계 유일 초강대국이 된 미국은 NPT의 영구연장을 강력히 원했으며, 이를 위해 외교력을 집중했다. 사실 미국이 북한에게 상당히 정치경제적 양보를 하면서까지 1994년 10월에 서둘러 제네바 북미기본합의(Agreed Framework)에 합의한 것도 북핵문제가 NPT 영구연장에 미치는 부정적 영향을 차단하기 위해서라는 분석이 있다. 탈냉전의 평화 분위기 속에서 중국과 프랑스가 뒤늦게 1992년 NPT에 가입한 것도 NPT 영구연장의 분위기 조성에 기여했다.

표면상 협력에도 불구하고, 핵보유국과 비핵국 간 긴장관계는 NPT 연장회의에도 투영되었다. NPT 연장회의는 핵보유국과 서방진영을 일방으로 하고 비핵국과 비동맹진영을 타방으로 하는 2개 진영의 대결장이 되었다. 비핵국과 비동맹국들은 NPT가 핵보유국에게 일방적으로 유리한 불평등 조약이므로, 이 불평등 조항을 시정하지 않는 한 NPT의 영구연장에 반대했다. 특히 핵보유국의 핵감축 의무 불이행, 비핵국에 대한 안전보장문제, 일부 NPT 비핵국 회원국이 NPT 비회원국보다 오히려 불리한 대우를 받는 상황, 원자력 선진국의 원자력 국제협력에 소극적 태도 등에 강한 불만을 표출하였다.

한편 미·영·불·러 등 핵보유국은 NPT를 주로 핵확산 저지 수단으로 계속 활용하기 위해 NPT의 무기연장을 강력히 주장했다. 원자력의 국제협력과 기술이전에 대해서는 핵비확산이 충실히 이행되는 조건에서 가능하다는 소극적인 입장을 견지했다. 또한 핵보유국의 핵군축 의무 이행에 대해서도, 핵비확산이 보장되어야 핵군축이 가능하다는 소극적인 입장을 보였다.

한국정부는 핵비확산을 중시하여 NPT 영구연장을 지지했다. 동시에 원자력 후발국으로서 원자력의 평화적 이용과 국제협력 확대, 평화적 목적의 핵기술 이전, 정보제공 협조 강화, 핵연료의 장기 안정적 공급보장 등을 요구하고, 비핵국에 대한 차별적 대우의 철폐를 주장하는 이중적인 입장을 보였다.

한 달에 걸친 치열한 협상 끝에 핵보유국과 서방진영 국가들은 비동맹진영의 요구를 일부 수용하여 NPT 영구연장에 대한 컨센서스를 도출하는 데 성공했다. 비동맹진영의 요구를 반영하여, 영구연장회의는 핵비확산 및 핵군축의 원칙과 목표에 관한 결정, NPT 평가제도 강화에 관한 결정, 중동지역 비핵지대 촉구 결의안 등을 채택했다.

1995년 NPT 연장회의에서 핵국과 비핵국 간 새로이 조성된 타협 정신은 2000년 제6차 NPT 평가회의에도 계승되었다. 그 결과, '미래의 핵군축과 핵비확산을 향한 13개 실질조치'를 포함한 최종문서가 채택되었다. 2000년 평가회의에서는 스웨덴, 아일랜드, 뉴질랜드, 남아프리카공화국, 이집트, 멕시코, 브라질 등으로 구성된 '신 의제연합(NAC: New Agenda Coalition)'의 활동이 부각되었다. 서방진영과 비동맹권 국가를 포함하는 NAC 그룹은 핵국들이 핵무기의 전면 철폐를 위해 '분명한 조치(unequivocal undertaking)'를 취할 것을 강력히 주장하여, 21세기 들어 핵군축이 중대한 세계적 의제로 등장하는 데 선도적 역할을 했다.

2000년 NPT 평가회의에서 채택된 '미래의 핵군축과 핵비확산을 향한 13개 실질조치'는 현대 국제사회가 안고 있는 주요 핵군축과 핵비확산 과제를 포괄하고 있다. 이에 포함된 미래 핵군축과 핵비확산 과제는 다음과 같다. 사실 이는 미래가 아니라 바로 현대 국제사회가 안고 있는 숙제이며, 비핵국의 숙원 요구사항이기도 하다.

① CTBT 조기발효
② CTBT 발효 시까지 핵실험 모라토리움 유지
③ 제네바 군축회의(CD)에서 핵분열물질생산금지협정(FMCT) 협상 조속 개시
④ CD에서 핵군축을 다루기 위한 보조기구 설립
⑤ 핵군축 및 여타 감축조치 시 불가역성 원칙 적용
⑥ 핵무기 완전 철폐를 위한 핵국들의 명확한 공약
⑦ 전략무기감축조약 II(START II)의 조기 발효와 완전 준수, 반탄도미사일(ABM: Anti-Ballistic Missiles)조약 이행과 유지, START III 협

상 조기 개시

⑧ 미국, 러시아, IAEA 간 3자구상 체결과 이행

⑨ 핵국의 구체적 조치: 핵무기 감축을 위한 일방적 조치, 핵능력에 관한 투명성 증진 및 핵군축 증진을 위한 자발적 신뢰구축조치 이행, 전술 핵무기 감축, 핵무기 시스템의 운영태세 축소, 안보전략에 있어 핵무기의 역할 감소, 모든 핵국들을 포함한 핵무기 철폐를 위한 프로세스 진행

⑩ 군사용으로 불필요한 핵분열물질을 IAEA 등 국제검증체제가 관리

⑪ 핵군축 목표는 효율적 국제감시하에서 일반적이고 완전한 군축 실현

⑫ NPT 6조와 1995년 합의된 '핵비확산과 핵군축을 위한 원칙과 목적' 4항(c) 이행상황 정기보고

⑬ 핵군축에 대한 검증기술 개발

다시 흔들리는 '대타협'과 비핵국의 불만 증가

1995년 NPT 평가회의는 NPT 영구연장에 합의하고, 2000년 NPT 평가회의에서 '미래 핵군축과 핵비확산을 위한 13개 실질 조치'를 합의하는 개가를 올렸다. 그리고 'NPT 전성시대'가 도래했다. 탈냉전기 직후 10년 동안은 냉전 종식으로 세계평화에 대한 기대감이 충만하던 시기였다. 또한 국제사회에 대한 시각이 현실주의적 세력경쟁 패러다임에서 이상주의적 국제협력 패러다임으로 전환하던 시기였다. 그런데 탈냉전기 평화에 대한 인류의 희망이 깨지는 데 채 10년도 걸리지 않았다.

2001년 9월 뉴욕 쌍둥이 무역센터빌딩이 비행기 충돌 테러로 붕괴하면서 인류는 짧은 평화의 꿈에서 깨어났다. 동시에 NPT 영구연장을 가능케 했던 핵보유국과 비핵국가 간 '대타협' 정신도 곧 깨지기 시작했다. 2005년 제7차 NPT 평가회의에서 핵비확산에 집착하는 핵보유국과 핵

군축에 집착하는 비핵국 간 입장 차가 다시 크게 불거졌다. 그 결과, 최종 결과문서를 채택하는 데 실패했다. 2010년 평가회의에서는 다시 최종 결과문서를 채택하는 데 성공했으나, 2015년 평가회의도 결과문서를 채택하지 못했다.

2015년 평가회의의 결과문서 채택 실패는 매우 극적으로 진행되었다. 한 달간 치열한 평가회의 끝에 의장은 최종문서 초안을 제시하면서, 이에 중동비핵지대(Middle East Nuclear Weapon Free Zone)를 위한 회의를 2016년 3월 1일까지 개최한다고 명시했다. 그러자 미국이 갑자기 이스라엘의 입장을 대변하여, 중동비핵지대 회의 개최를 위한 일방적인 시한 지정을 수용하지 못한다며 최종문서 채택을 거부하고 나섰다. 당초 중동비핵지대 회의 개최는 1995년 NPT 영구연장회의에서 미국이 비핵국과 비동맹권 국가의 요구를 수용한 것이었다.

이스라엘과 중동문제는 해묵은 NPT 평가회의의 난제였는데, 1995년 NPT 연장회의와 2010년 평가회의의 결과문서에서 다행스럽게 일시적으로 합의가 있었다. 2010년 평가회의 결과문서에 따르면, '1995년 중동결의 이행' 이행 항목에서 "1995년 중동결의는 1995년 NPT 무기 연장의 컨센서스 합의에서 핵심적인 요소이므로, 동 결의의 조속 이행을 위해 필요한 조치"를 취할 것을 합의했다. 그리고 이스라엘을 NPT에 가입시켜, NPT의 보편성을 강화시킬 것을 강조했다.

또한 '1995년 중동결의 이행'을 위한 실질조치로서 유엔 사무총장과 중동결의 공동제안국인 미·영·러가 2012년에 모든 중동국가들이 참여하는 '중동 비핵 및 비대량살상무기 지대' 설치를 위한 회의를 소집할 것을 요구했다. 또한 중동결의 이행과 2012년 회의 개최 지원을 위한 '촉진자(facilitator)'를 임명할 것도 합의했다. 이에 대해 이스라엘은 중동비핵지대 회의가 자신을 겨냥한 것으로 간주하여 반발했다. 미국도 이스라엘의 동의 없는 중동비핵지대 회의 개최를 반대하고 나섰다. 이 현안은 계속하여 차기 평가회의에서도 계속하여 난제로 남아있을 전망이다.

마지막으로, 역시 NPT에 대한 최대 도전 요소는 새로이 핵무기를 개발하는 핵확산국의 등장이다. 탈냉전기 들어 NPT 회원국이 증가하여 NPT의 보편성(universality)이 증가했기 때문에 이런 비회원국의 핵무장은 더욱 심각한 도전으로 부각되고 있다.

NPT 비회원국인 인도는 1974년 '평화적 핵폭발'이란 명목으로 핵실험을 실시하여 핵역량을 보유하다가, 마침내 1998년 군사용 핵실험을 실시하여 핵무장국이 되었다. 인도의 숙적인 파키스탄도 즉각 뒤따라 핵실험을 실시하고 핵무장했다. 이스라엘은 핵무기 보유여부에 대해 긍정도 부정도 않지만, 핵무장국으로 통한다.

북한은 2006년부터 2017년까지 6차례 핵실험을 실시하여 핵무장국이 되었다. 북한은 NPT의 틀 내에 있다가 탈퇴하고 핵무장한 최초의 사례이다. 북한은 핵기술을 이전하고, 주변국에 핵위협을 가한 이력도 갖고 있어, 근래 최악의 핵확산 사례로 꼽힌다. 이란은 NPT 틀 내에서 핵개발을 추구하는 것으로 알려진 특이한 사례이다. 이란은 2015년 4월 유엔 안보리 상임이사국 5개국 및 독일과 이란핵합의(JCPOA)를 체결하고, 핵물질 보유와 생산의 감소, 일부 핵시설 가동 중단 등에 합의했다.

NPT가 출범한 이후에 핵무장국이 추가로 4개국이 증가했다는 점 이외에 비핵국의 불만이 비등하고 있다는 점도 NPT체제에 중대한 도전요소가 된다. 특히 NPT 평가회의 등을 통해 비동맹그룹 국가들이 핵보유국의 특권을 강하게 비판하고 있다. 이들의 주요 의제별 입장을 다음과 같이 소개한다.

첫째, '핵군축'에 대해 '핵무기의 완전한 제거'만이 핵무기의 사용 또는 사용위협을 거부하는 유일한 방법이라고 강조한다. 핵군축을 향한

2000년 NPT 평가회의에서 채택된 '미래의 핵군축과 핵비확산을 위한 13개 실질조치'를 충실히 이행할 것을 강력히 요구한다. 추가로 NPT 6조(핵군축)의 이행을 위한 구체적인 핵군축 일정표(time frame)와 핵군축의 검증장치를 개발할 것을 요구하고, 또한 동 문제를 논의하기 위해 유엔 제1위원회에 하위 기구를 둘 것을 주장한다.

둘째, 핵보유국이 비핵국에게 '소극적 안전보장(NSA: Negative Security Assurance)'을 제공해야 한다고 주장한다. 참고로, '소극적 안전보장'은 핵보유국이 비핵국에 대해 핵무기의 사용 또는 사용위협을 하지 않는다는 안전보장책이다. 유사 용어로 '적극적 안전보장(Positive Security Assurance)'이 있는데, 이는 NPT상 비핵국이 타국으로부터 핵무기 사용과 또는 사용위협을 받을 때 핵보유국이 비핵국을 보호하기 위해 개입한다는 안전보장책이다. NPT 체결 당시부터 비핵국들은 핵보유국이 비핵국에게 법력 효력이 있는 NSA를 문서로 제공할 것을 요구했었다. 최근 다시 비동맹국들은 핵보유국이 비핵국에게 핵무기의 사용 또는 사용위협을 하지 않겠다는 안전보장을 위해 "보편적이고 무조건적이며 법적 구속력이 있는 문건(universal, unconditional and legally binding instrument)"을 제공할 것을 강력히 주장했다. 법적 구속력이 있는 안전보장을 제공하는 방안을 만들기 위해 이를 위한 하위기구를 둘 것도 요구했다.

셋째, NPT의 '3개 기둥(핵비확산, 원자력의 평화적 이용, 핵군축)'을 균형 있게 이행하는 것이 NPT의 목적을 효과적으로 달성하는 데 필수적이다. 또한 NPT상 갖는 권한과 의무의 균형이 중요하다고 주장하고, 특히 "NPT의 무기연장이 핵국의 무기한 핵무기 보유를 허용한 것이 아니다"는 점을 부각한다.

넷째, '비핵지대'에 대해, 핵군축과 핵비확산 목표를 달성하는 데 있어 비핵지대의 중요성을 인정하고, 이를 위한 모든 국가의 노력을 촉구한다. 현재 가동 중인 6개 비핵지대를 핵군축의 중요한 진전으로 평가한다.

다섯째, '중동문제'에 대해, NPT 비회원국이 핵무기를 개발하여 중동의 평화와 안정을 훼손하는 데 대해 비판하고, 동 지역에 비핵지대를 조속히 설치할 것을 주장한다. NPT 안보리 결의 487호(1981)와 관련 총회 결의가 이미 '중동비핵지대' 설치를 요구하고 있다고 강조한다. 참고로, 여기서 NPT 비회원국은 이스라엘을 지칭한다.

여섯째, '원자력의 평화적 이용'에 대해, 비동맹그룹 국가는 NPT 4조의 '원자력의 평화적 이용을 위한 불가양의 권리'를 실천하는 데 있어 어떤 제약과 개입도 거부한다. 원자력의 평화적 이용에 있어 개발, 사용, 생산을 위한 불가양의 권리를 강조하고, 평화적 이용을 위한 "원자력기술의 자유롭고, 방해받지 않고, 차별받지 않는 이전(free, unimpeded and non-discriminatory transfer of nuclear technology)"을 요구한다. 2000년 평가회의 최종문서에서 부각되었듯이 "원자력의 평화적 이용을 위한 개별 국가의 선택과 결정은 그 국가의 정책, 국제협력협정, 원자력의 평화적 이용체제, 그리고 핵연료주기 정책 등을 위험에 빠뜨리지 않고 존중"되어야 한다고 주장한다.

일곱째, 마지막으로 NPT '10조 탈퇴조항'에 대해, 비동맹국들은 NPT가 이에 대해 명확히 합의하고 있다고 주장하고 원 취지를 변형시키려는 시도에 반대한다. 2005년 평가회의 시 일방적 탈퇴를 규제하자는 방안이 제기되었을 때 비동맹국가들은 이에 유보적인 입장을 보이며, "회원국의 협약 탈퇴 권리는 국제조약법에 따라 규제되어야 한다"는 입장을 견지하고 있다.

3. 핵실험금지조약 체결 경과와 성과

초기의 제한적 핵실험금지조약 체결

흔히 핵실험 성공은 핵무기 완성으로 통한다. 핵폭발의 과학기술적 복잡성으로 인해 실험하기 전에는 누구도 그 작동여부와 폭발력 규모를 확인할 수 없다. 따라서 핵실험이 성공하면 그 시점부터 통상적으로 그 나라는 핵무장국으로 불렸다. 이때 핵무장을 저지하는 가장 효과적인 방안 중 하나가 핵실험을 저지하는 것이다.

또한 인류는 점차 핵실험이 환경과 건강에 미치는 재앙적 영향을 알게 되었다. 사람들은 대기권, 지상, 지하, 해저의 핵실험이 분출하는 방사능과 환경오염에 눈뜨게 되자, 핵실험에 대해 강한 반감을 드러냈다. 1945년부터 약 2,000회의 핵실험을 한 끝에 마침내 1996년부터 전 세계적인 핵실험 모라토리움이 실시되었다. 일부 국가의 반대로 포괄적 핵실험금지조약(CTBT)이 아직 발효하지 않았지만, 핵실험 중단에 대한 세계적 합의는 더욱 강화되고 있다. 세계적인 핵실험 중단 추세는 추가적인 핵확산을 저지하는 데도 크게 기여했다. 그렇다면 핵실험금지는 어떻게 제도화의 길을 걸었는가?

1954년 10월 네루(Jawaharlal Nehru) 인도 총리가 유엔 총회에서 처음 핵실험 금지를 국제무대에서 제안했다. 이후 냉전 기간 중 핵실험 금지에 대해 3개의 조약이 체결되었다. 1963년 8월 미국, 영국, 소련 3국은 '부분핵실험금지조약(Partial Test-Ban Treaty)'을 체결하고, 대기권, 외기권, 수중의 핵실험을 금지했다. 하지만 지하 핵실험이 제외되어, 포괄적 핵실험금지조약에 못 미쳤다.

미국과 소련은 1974년 7월 '지하핵무기실험제한조약(Treaty on the

Limitation of Underground Nuclear Weapon Tests)'을 체결하고, 지하 핵실험 규모를 150킬로톤 이하로 제한했다. 이 조약은 일명 '상한선핵실험금지조약(Threshold Test Ban Treaty)'로 불리는데, 핵실험 폭발규모를 제한하는 첫 번째 군축조약으로 의미를 갖는다. 미소는 1976년에 핵무기 실험 장소 이외에서 행해지는 핵폭발 규모도 150킬로톤 이내로 제한하는 '평화적 핵폭발조약(Peaceful Nuclear Explosions Treaty)'을 체결하였다.

이 조약들은 핵융합 원리를 이용하는 수소폭탄의 개발로 인해 폭발력이 수십 메가톤급까지 증가하자 이를 규제하기 위한 군축협정이었다. 1960년대 들어 미소 간 핵무기경쟁이 벌어지면서, 수소폭탄 핵무기 실험 경쟁이 시작되었다. 1954년 미국은 보유한 핵무기 중 최대 폭발 규모인 15메가톤급 핵실험을 실시했다. 소련은 1961년 10월 인류가 실시한 핵실험 중 최대 규모인 50메가톤급 핵탄두, 일명 '짜르 봄바'의 핵실험을 실시했다. 1974년의 '상한선핵실험금지조약'은 이런 비이성적인 핵실험을 효과적으로 규제하게 되었다.

포괄적 핵실험금지에 대한 합의 증가와 핵개발 억제효과에 대한 논란

1994년 1월 제네바 군축회의는 포괄적 핵실험금지조약(CTBT)의 교섭을 정식 의제로 채택하여 핵군축과 핵비확산의 새로운 전기를 마련했다. 그리고 1995년 5월 NPT 평가회의에서는 1996년까지 포괄적 핵실험금지조약' 협상을 완료하기로 합의하였다. 핵실험금지조약 협상이 본격화된 배경에는 미국의 입장 변화와 북핵문제가 있었다. 그동안 비핵국들은 핵실험금지 요구를 강력히 요구했는데 미국은 이를 반대했다.

그런데 1990년대 들어 북한, 이란, 이라크의 핵문제가 불거지고 광범위한 핵확산이 예상되자, 미국은 입장을 바꾸어 핵실험금지를 요구하게 되었다.

비핵국이 핵개발의 성공을 확인하기 위해 핵실험이 필요하지만, 또한 많은 핵탄두를 가진 핵보유국도 핵능력을 유지하고 현대화하기 위해 핵실험이 긴요하기 때문에 이런 미국의 입장 변화는 이례적이었다. 미국은 핵실험의 실질적 필요성과 핵비확산을 위한 핵실험 자제 사이에서 많은 고민을 했다. 실제 부시 행정부는 1993년 7월부터 1996년 9월까지 9차례의 핵실험을 계획한 것으로 알려졌다. 핵무기 안전성 실험 3차례, 신뢰성 실험 3차례, 나머지 3차례는 영국의 핵실험 대행 등으로 구성되었다.

미 국방성의 핵실험 재개 주장에 대해 미 의회뿐만 아니라, 국무성, 군축성, 에너지성 등은 크게 반발했다. 이들은 첫째, 미국의 핵실험이 핵무기 관리차원에서 불필요하고, 둘째, 러시아, 중국, 프랑스 등의 핵실험을 촉발할 것이며, 셋째, 1995년 NPT 연장회의에 부정적인 결과를 초래할 것이라고 주장했다.

북핵문제의 심각성과 NPT 연장회의에 직면한 미 행정부는 핵실험 재개에 대한 결정을 유보할 수밖에 없었다. 클린턴 대통령은 마침내 1993년 7월 7일 핵실험 중지를 공식적으로 발표했다. 그리고 1995년 4월 NPT 평가회의에서 핵국과 비핵국은 1996년까지 핵실험금지조약 협상을 완료한다는 방침을 채택하였다.

미국의 핵실험 유보 결정에도 불구하고, 핵실험금지조약의 협상이 임박하자 심각한 부작용이 발생했다. 프랑스, 중국 등 후발 핵보유국들이 반발하면서 선제적인 핵실험에 나선 것이다. 이들은 미소 등 핵무장 선발국들이 자신의 '핵패권주의'를 유지하기 위해 핵실험을 금지하려

한다고 의심했다. 그리고 조만간 핵실험이 금지될 상황을 예견하고, 급히 핵실험에 나섰다.

핵무기를 가장 효과적인 투사 수단인 미사일에 장착하기 위해서는 핵탄두를 소형화, 경량화해야 한다. 다탄두라면 더욱 소형화가 필요하다. 또한 핵탄두를 장기 저장할 경우 그 안전성과 신뢰성을 보장해야 한다. 미국과 러시아는 그동안 수많은 핵실험을 통해 핵탄두의 소형화와 안정성과 신뢰성을 확보하였고, 또한 충분히 자료를 확보했기 때문에 실제 핵실험 없이도 시뮬레이션으로 검증할 수 있는 능력이 있었다.

그러나 핵개발 후발국인 프랑스와 중국은 아직 핵실험이 필요했다. 프랑스는 3년간의 핵실험 유예 끝에 1995년 6월 핵무기의 안전성과 신뢰성 증대를 위한 핵실험 재개를 선언하고 핵실험금지조약 체결 이전까지 8차례의 핵실험을 실시할 것이라고 발표했다. 프랑스는 강력한 국내외적 반대에도 불구하고 3회 핵실험을 강행하고, 1996년 1월 핵실험을 마지막으로 추가 핵실험을 중단했다.

중국은 연간 1~2차례씩 끊임없이 핵실험을 실시했었는데, 1996년 7월 마지막 핵실험을 실시했다. 사실 프랑스와 중국이 포괄적 핵실험금지조약에 전적으로 반발한 것은 아니었다. 이들도 1996년 핵실험금지조약 체결을 기정사실화하고 이 조약의 체결 이전에 핵폭발 관련 자료를 충분히 확보하겠다는 것이며, 핵실험금지조약이 체결될 경우 핵실험을 금지할 것을 공언했었다.

포괄적 핵실험금지조약은 핵군축과 핵비확산을 지지하는 국제사회의 광범위한 지지를 받았다. 핵실험 금지는 기존 핵보유국의 핵무기 성능 향상을 제약하는 핵군축 효과가 있고, 또한 신규 핵무장국의 등장을 저지하는 핵비확산 효과도 크다.

그런데 핵실험 중지가 핵잠재국의 핵개발을 중단시킬 수 있을 것인가에 대해서는 의문이 있다. 이미 비확산 국제레짐을 무시한 채 자국의 존망을 걸고 핵개발에 나선 국가에게 대한 핵개발 억제효과는 제한적일 것이다. 이들은 기존 각종 핵비확산 규범을 무시한 채 핵개발을 했듯이, 핵실험금지조약에 개의치 않고 핵실험을 추진할 가능성이 높다. 2006년 1차 핵실험을 시작으로 하여 2017년까지 총 6회 실험을 실시한 북한이 이에 해당된다.

다음 핵실험을 하지 않지만 반드시 핵개발까지 중단했다고 볼 수 없는 상황도 있다. 굳이 핵실험을 실시하여 국제사회의 비판과 제재를 초래하기보다는 핵역량을 확보한 채 핵모호성을 견지하는 경우이다. 이스라엘이 이에 해당된다. 경제의 대외의존도가 높은 이란도 이런 전략을 선택할 가능성이 높다.

과거 핵개발국들은 핵실험을 가장 중요한 핵개발 목표이자 이정표로 삼았지만, 미래의 핵개발국들은 핵실험을 회피할 가능성이 높다. 그렇게 판단하는 이유는 다음과 같다.

첫째, 핵실험에 대한 전 세계적인 모니터링 시스템이 운영되고 있으므로 포착되지 않고 핵실험을 하는 것은 불가능해졌다. 둘째, 현재 가동되는 강력한 비확산 국제체제 하에서 대부분 핵개발국은 핵실험을 할 정도의 핵물질과 핵무기를 생산하지 못하였을 가능성이 높다. 소량 핵물질을 핵실험으로 소비하기보다는 실험을 포기하고 핵물질 보유를 선호할 수도 있다. 셋째, 핵실험으로 핵개발 사실을 공개하고 국제사회의 제재를 받느니 핵모호성의 유지가 더 유리할 수도 있다. 핵모호성 유지는 충분하지는 않지만 핵무장국에 버금가는 핵보유의 효과를 확보하는 동시에 비확산규범 위반자에 대한 처벌을 피하는 이점이 있기 때문이다.

CTBT의 채택과 CTBTO의 주요 활동

제네바 군축회의가 1994년 1월 포괄적 핵실험금지조약(CTBT) 협상을 시작했지만, 2년 반 동안의 협상에도 불구하고 컨센서스에 도달하지 못했다. 따라서 CTBT 초안이 유엔총회에 회부되었고, 유엔총회는 1996년 9월 10일 이를 다수결로 채택했다. CTBT는 대기권, 해양, 지하 등 장소를 불문하고, 일체의 평화적, 군사용 핵실험을 금지한다. 1945년 7월 최초의 미국 트리니티 핵실험이 있은 후 1996년 9월 유엔 총회에서 CTBT가 채택될 때까지 전 세계적으로 총 2,000여회의 핵실험이 실시되었다.

CTBT는 전문과 본문 17개조, 조약 부속서 및 3개의 의정서와 의정서 부속서 등으로 구성되었다. CTBT는 당사국회의, 집행이사회, 기술사무국 등을 운영한다. CTBT 검증체제는 국제감시체제, 협의와 확인, 현장사찰 및 신뢰구축조치 등으로 구성된다.

CTBT 당사국이 조약을 불이행할 경우 당사국 회의는 동 국가의 조약상 권리 및 특권 행사를 제한 또는 정지시킬 수 있다. 또한 그 불이행으로 인해 조약의 목표와 목적에 손상이 발생할 경우에는 국제법에 따라 집단조치를 취할 수 있다. 당사국 회의 또는 집행이사회가 필요하다고 인정할 경우, 조약 불이행 관련 사항을 유엔에 회부할 수 있다. CTBT의 발효 10년 후 그 목표와 목적의 이행 상황을 점검하기 위해 평가회의를 개최하며, 동 회의 시 당사국의 요청을 기초로 평화적 목적의 지하 핵폭발 실시를 허용하는 문제를 검토할 수 있다.

CTBT는 국제감시체제(IMS: International Monitoring System)를 운영하는데, 전 세계에 산재한 321개 관측시설로부터 탐지된 징후를 비엔나 소재 국제자료센터(IDC: International Data Center)에서 분석

판단하고, 필요시 현장사찰을 통해 핵실험 여부를 확인한다. 국제감시체제는 지진파, 수중음파, 초저음파, 방사능핵종 등 4개 분야 기술을 동원하여 핵실험 실시 여부를 탐지한다.

국내에서는 한국지질자원연구원 산하기관인 '원주 한국지진관측소(KSRS: Korean Seismic Research Station)'가 한반도와 동북아의 핵실험 관측 업무를 맡고 있다. 원주 KSRS는 1970년대에 소련과 중공 등의 지진과 핵실험 등을 감시하기 위해 미 공군이 설립한 지진관측소다. 실제 1985년 중국 핵실험, 1998년 인도, 파키스탄 핵실험, 2000년대 들어 북한 핵실험을 탐지했다. 원주 KSRS는 원래 한미가 공동 운영하다가, 2015년부터 한국이 단독 운영하고 있다. 원주 KSRS는 1,200㎢ 범위에 26개의 지진관측소가 설치돼 있는 국내 유일의 포괄적 핵실험금지조약기구(CTBTO: Comprehensive Nuclear-Test-Ban Treaty Organization) 관측소다. 원주 KSRS는 각종 지진과 핵실험 관련 자료를 탐지해 지질자원연구원에 있는 지진연구센터와 미국 플로리다의 미 공군 기술지원센터, CTBTO 산하 국제자료센터 등에 전송한다.

CTBT가 미발효 상태이지만 핵실험 탐지의 중요성을 감안하여, 국제사회는 CTBTO 설립준비위원회(Preparatory Commission for CTBTO)를 사실상 CTBTO로 운영 중이다. CTBT가 발효하기 위해서는 동 조약 부속문서에 등재된 44개국이 비준해야 하는데, 아직 8개국이 서명 또는 비준하지 않았다. 미국, 중국, 이스라엘, 이란, 이집트 등 5개국은 서명했으나 비준하지 않았고, 인도, 파키스탄, 북한은 아직 서명도 하지 않았다.

그런데 2018년 들어 북한이 CTBT에 참가할 가능성이 조심스럽게 제기되었다. 2018년 4·27 남북정상회담과 6·12 북미정상회담을 앞두고, 김정은 국무위원장이 돌연 4월 20일 노동당 중앙위원회 전원회의를 소집했다. 여기서 김정은은 '경제 건설과 핵무력 건설 병진노선의 위대한 승리를 선포함에 대하여'라는 결정서를 채택하고, 일련의 자발적인 비핵화조치를 발표했다. 이날 발표된 비핵화조치 중 핵실험 중단, 핵실험장 폐기, ICBM 시험발사 중단 등은 크게 주목을 받았다.

이날 발표한 비핵화조치 중 크게 주목받지 않았지만, CTBT와 관련된 항목도 있다. 동 결정서 중에서 "핵실험 중지는 세계적인 핵군축을 위한 중요한 과정이며 우리 공화국은 핵실험의 전면 중지를 위한 국제적인 지향과 노력에 합세할 것"이라고 발표한 부분이다. 이 발표문의 내용과 이미 핵실험장을 폐쇄한 정황을 종합적으로 분석하면, 북한이 조만간 CTBT에 서명하고 비준할 가능성이 높다. 이렇게 되면 최악의 핵 불량국가로 꼽히는 북한이 미국보다 앞서서 CTBT에 가입하여, 최소한 이 부분에서는 미국보다 명분상 우위를 갖는 상황이 발생한다. 그렇다고 북한의 CTBT 가입을 거부할 명분도 이유도 없다. 북한의 CTBT 가입은 이로부터 시작하여 핵비확산 국제레짐에 단계적으로 진입하는 첫 단추가 될 수도 있다.

사실 그동안 국제사회는 북한에 NPT에 재가입하고 사찰을 받을 것을 강하게 요구했다. 하지만 북한이 이미 핵무장했기 때문에 완전한 비핵화가 되기 전에 NPT에 '비핵국'으로 재가입하는 것은 상상하기 어렵다. 일부 인사들은 핵무기를 보유한 채 NPT에 우선 들어가서 비핵화와 사찰을 가속화하는 방안을 제기하기도 한다. 그런데 NPT가 규정한 국가 범주에 따르면, 북한은 '비핵국'에 속하므로 핵무기를 보유한 채 NPT에 가입하는 것은 불가능한 일이다.

종합하면, 핵실험금지체제는 핵보유국이 핵무기 성능을 향상하는 '수직적 핵확산', 그리고 신규 핵무장국이 등장하는 '수평적 핵확산'을 저지하는 효과적인 제도적·정치적 장치이다. 핵무기의 특성상 대부분 국가들은 아직 핵실험이 핵개발의 필수부분이라고 생각하고 있다. 그런데 핵실험을 할 수 없다면, 핵무기 완성도 그만큼 어려워지거나 지연된다. 하지만 핵실험금지조약도 다른 핵비확산 국제레짐과 마찬가지로 일반적 수준에서 핵확산을 억지할 수 있으나, 어떤 경제적·외교적 희생도 감수하려는 핵확산국에게는 효과가 떨어진다.

따라서 다자적 접근방법은 비확산의 필요조건이기는 하나 충분조건은 아니다. 때로는 다자 핵비확산체제에 의한 핵비확산 노력이 실패할 경우, 핵비확산에 특수한 이해관계를 가진 국가의 개입이 필요하다. 이때 미국의 역할이 중요하다. 특히 미국은 전 세계적인 핵비확산에 실질적인 이해관계를 갖고, 또한 이를 위해 타국을 압박할 수 있는 능력을 가진 유일한 국가이므로 미국의 핵비확산 정책은 핵잠재국의 핵개발 결정 과정에 대단히 중요한 변수가 된다. 사실 러시아와 중국도 일정 부분 이런 양자적 역량이 있지만, 그 영향력을 행사하지 않고 있다.

4장

핵폐기와 핵검증의
방법과 절차

이 장은 핵폐기와 핵검증의 다양한 유형을 각각 제시하고, 각 유형별로 차별화된 방법과 절차를 제시하였다. 이렇게 다양한 유형을 제시하고 그 차이점을 설명한 이유 중 하나는 북한에 적용할 핵폐기와 핵검증의 방법과 절차가 결코 단일하지 않다는 것을 보여주기 위한 것이다. 우리는 북한의 핵폐기와 핵검증을 토론할 때, 우리 입장에서 가장 이상적이고 완벽하고 깔끔하게 핵문제를 끝내는 방안을 곧잘 생각하는데, 현실에서 그럴 가능성은 매우 낮다. 다른 핵군축과 비핵화 사례에서 보듯이, 북한의 핵폐기와 핵검증 과정도 정치협상과 타협의 결과로 만들어질 가능성이 높기 때문이다.

실제 비핵화 사례를 보면, 핵무장 동기와 의지, 핵역량 수준, 국내정치 과정, 국제환경의 변화, 핵포기 배경 등에 따라 비핵화 방법과 절차가 서로 크게 다르다. 그렇다면 핵폐기의 유형과 유형별 차이점은 무엇인가. 여기서는 핵폐기 방식에서 시간 개념과 협력 여부에 따라 전면적 핵폐기, 핵군축적 핵폐기, 협력적 핵폐기, 살라미 핵폐기 등 유형을 제시하고, 그 차이점을 설명했다. 그리고 국가가 특정 핵폐기 유형을 선택하는 배경을 분석했다. 나아가 북핵의 경우, 가장 바람직한 유형과 현실성이 높은 유형을 제시하고 토론했다.

이 장은 핵검증의 경우에도 다양한 유형이 있다는 점을 제기했다. 우리는 종종 북핵에 대한 핵검증을 토론할 경우, NPT 회원국에게 적용되는 엄격한 핵비확산적 핵검증 방안에 집착하는 경향을 보였다. 반면에 북한은 '핵군축적' 핵검증모델을 선호하여, 양측 간에 입장차가 크다. 북한이 미국과 한국을 불신하는 한 NPT와 IAEA가 요구하는 '핵비확산적' 핵검증 방식을 수용할 가능성은 매우 낮다.

1. 핵폐기의 유형과 방법

핵폐기 유형의 주요 변수: 시간과 독자성

그동안 비핵화의 길을 걸었던 다른 국가들의 역사적 사례를 보면, 핵폐기 방식은 단일하지 않고 각기 다양한 모습을 띠었다. 사실 핵무장 동기와 강도, 국내정치적 변동, 국제환경의 변화, 핵포기의 배경 등에 따라 비핵화 방법이 서로 크게 다르다. 북한의 경우, 과거 북한이 동의했던 비핵화 방식과 지금 요구하는 비핵화 방식도 서로 다르다. 핵무장의 진전, 내부정치적 변동, 국제환경의 변동 등 다양한 변수들이 그런 비핵화 방식의 변화에 영향을 미쳤을 것으로 보인다. 물론 미국이 요구하는 비핵화 방식과 북한의 방식도 서로 크게 다르다. 심지어 볼턴 국가안보보좌관이 요구했던 비핵화 방식과 트럼프 대통령이 구상했던 비핵화 방식도 서로 다르다.

다양한 핵폐기 방식의 본질적인 차이점은 무엇인가? 여기서는 핵폐기 방식에서 상호 차별성을 부여하는 2개의 핵심 변수를 중심으로 핵폐기 방식의 유형화를 시도한다. 이 유형화를 통해, 각 핵폐기 유형의 차이점을 파악하고, 이에 따라 효과적인 대응책도 수립할 수 있을 것으로 기대한다.

첫째, 핵폐기에 걸리는 '시간'에 따라 '즉각적 일괄폐기'와 '단계적 폐기'로 분류할 수 있다. 예를 들면, 리비아, 남아공, 카자흐스탄 등의 비핵화 사례는 '즉각적 일괄 폐기'에 해당된다. 리비아의 카다피 대령은 미·영과 비핵화에 합의하자, 최단시간 내 일괄적인 핵폐기를 실행에 옮겼다. 남아공 드클러크 대통령도 취임하자, 핵포기의 정치적 결정을 내리고, 핵폐기를 비밀리에 최단시간 내 일괄 실행에 옮겼다.

한편, 미소, 미러 간 핵감축 협정은 단계적인 핵폐기에 해당된다. 1994년 제네바 북미기본합의는 북한의 선 핵동결, 후 핵폐기의 단계적 접근을 선택했고, 2005년 6자공동성명도 북핵시설 폐쇄, 불능화, 완전 핵폐기 등 단계적 핵폐기를 추진하다가 중단된 사례에 속한다.

둘째, 비핵화 실행의 '독자성' 여부에 따라, 외부지원 없이 자력으로 핵무기와 핵프로그램을 폐기하는 '독자적 핵폐기'와 외부세력의 개입에 의한 '협력적 핵폐기'로 분류할 수 있다. 이때 '독자적 핵폐기'는 추후 검증에 큰 어려움을 초래한다. 반면에 외부의 도움을 받는 '협력적 핵폐기'의 경우, 외부 세력이 비핵화 과정에 동참함으로써 자연스럽게 검증도 병행하는 효과가 있다.

예를 들면, '독자적 핵폐기'의 대표적 사례로 남아공 사례가 있다. 남아공의 경우, 국제사회가 남아공이 핵무기를 개발한다는 의혹을 강하게 갖고 있었지만 실제 핵개발의 전모를 알지 못했다. 그런데 1993년 3

월 남아공 드클러크 대통령이 핵무기 6기를 완성했다가 완전 해체했다고 발표하자, 처음으로 그런 사실을 알게 되었다. 이란이 2015년 이란 핵합의(JCPOA)에서 일부 핵활동을 축소하거나 동결한 것도 '독자적 핵폐기'에 해당된다. 2018년 북한이 풍계리 핵실험장을 폭파 폐쇄한 것도 '독자적 핵폐기' 조치에 해당된다. 다만 이란과 북한의 사례는 일시적인 일괄 핵폐기가 아니라, 단계적인 부분 핵폐기에 해당된다.

한편, '협력적 핵폐기'의 대표적 사례로 우크라이나, 카자흐스탄 등 구소련국가의 핵폐기가 있다. 이들은 핵폐기를 할 때, 미국의 '협력적 위협감축(CTR)'에 따른 재정적·기술적 지원을 받아들였다. '협력적 핵폐기'는 비핵화 이후 혹시 남아있을지 모르는 '핵모호성'을 제거하는 데 효과가 있으며, 외부 감시의 지속성이 보장되어 검증이 보장되는 효과도 있다.

북한도 '협력적 핵폐기'를 추진했던 적이 있다. 6자회담 합의에 따라 2008년 일부 핵시설 폐쇄와 불능화를 추진할 때, 미국의 기술지원을 수용했다. 이런 '협력적 핵폐기'의 경우에는 지원국이 현장을 방문하거나, 같이 핵폐기 작업을 수행함으로써 동 핵폐기 활동 자체가 사실상 검증의 효과를 갖는다.

'시간' 변수와 '독자성' 변수를 조합하면, 표 4.1과 같은 4개의 핵폐기 유형이 만들어진다. 이 유형이 모든 핵폐기 사례를 다 포함하지는 않지만, 현실적으로 다양하고 복잡한 핵폐기 사례를 보다 체계적으로 이해할 수 있는 개념적 분석틀을 제공하는 효과가 있다.

핵폐기 유형별 특징과 함의

국가별로 왜 특정 핵폐기 유형을 다른 유형보다 선호하고 추구하는가?

표 4.1 시간 및 독자성 변수에 따른 핵폐기 유형과 사례

		시간	
		일괄 폐기	단계적 폐기
독자성 여부	독자적 핵폐기	**'전면적 핵폐기' 모델** • 남아공: 독자 일괄 핵폐기 후 NPT 비핵국 가입 (1991) • 브라질/아르헨티나: 자발적 핵시설 폐쇄	**'핵군축적 핵폐기' 모델** • 핵국의 핵군축: 단계적 핵감축, 핵실험장 폐기 • 북한: 핵실험장 폭발폐쇄 (2018) • 이란: 일부 핵활동 축소와 폐쇄 (2015)
	협력적 핵폐기	**'협력적 핵폐기' 모델** • 우크라이나, 카자흐스탄: CTR(미국 재정·기술 지원) • 리비아: 미·영·IAEA 핵프로그램 해체 주도(2004)	**'살라미 핵폐기' 모델** • 북한: 제네바 북미기본합의에 따른 핵활동 동결 시 미국 기술지원(1994), 6자합의에 따른 핵시설 폐쇄·불능화에 대해 미국이 기술지원·감시 제공

그리고 국가별로 특정 유형을 선택하게 되는 구조적 요인은 무엇인가?

위에서 4개의 개념적 핵폐기 유형을 제시했다. 이 4개 유형을 각 유형의 대표적인 특징을 들어, 전면적, 핵군축적, 협력적, 살라미 핵폐기 모델 등으로 각각 부른다. 이 모델의 명칭은 다소 일관성과 체계성이 없지만, 직관적으로 각 유형의 특징을 잘 표현하고 있어 편의상 그렇게 부르기로 한다. 각 유형의 배경과 특징과 시사점은 다음과 같다.

첫째, '전면적 핵폐기' 유형은 말 그대로 어떤 조건이나 보상 없이 일방적으로 핵을 포기하고 폐기하는 경우이다. 이런 모델이 작동하기 위해서는 핵무장 동기의 가장 중대한 변수로 알려진 안보환경과 국내정치에서 큰 변동이 전제되어야 한다. 우선 적대적인 안보환경이 비적대적으로 바뀌고, 안보위협이 제거되어야 한다. 다음 국내정치적 변동이 있고, 이를 위해 체제변화 또는 정권변화가 있어야 한다. 또한 핵폐기를 위한 정치지도자의 결단이 동반되어야 한다.

남아공, 아르헨티나, 브라질 등이 이런 사례에 해당된다. 이들 국가의 경우, 냉전의 종식이라는 큰 구조적 환경요인의 변동, 주변국과 적대관계의 해소, 군사독재정권에서 민주적 민간정권으로 변동이 있었다. 이를 배경으로 새로운 정치세력, 또는 정치지도자가 안팎 환경의 변화에 힘입어 핵무장 결정에서 핵포기 결정으로 중대한 선회를 하는 것이 가능했다. 일단 정치적 결정이 내려지면 집행을 미룰 이유가 없다. 새로운 정치지도자들은 핵무장이 오히려 체제안보와 정권안보를 해친다고 판단하고, 핵포기를 통해 국제사회로 재진입하는 것을 최고 국익으로 간주했기 때문이다.

이들 국가들은 자력으로 핵개발 또는 핵무장을 추진했는데, 자력으로 핵포기도 실행했다. 새로운 정치지도자들은 핵무장 때문에 국제사회로부터 지탄을 받고 배척당한다는 것을 알고 있기 때문에 최단 시간 내 조용히 핵폐기를 실행하는 방식을 선호했다.

또한 핵개발 자체가 비밀리에 진행되어 국제사회의 집중적인 감시와 제재를 받는 상황도 아니었기에 핵포기에 대한 국제사회의 감시도 느슨했다. 따라서 이들에게 최선의 경로는 핵무기와 핵프로그램을 조속히 제거하고, NPT에 '비핵국'으로 가입하여 IAEA 안전조치 틀 속에서 핵투명성을 확인받는 것이었다. 이들은 핵포기의 정치적 결정에 따라 신속하게 핵폐기를 완료했고, NPT체제 하에서 정상적인 '비핵국'이 되었다.

둘째, '핵군축적 비핵화' 유형은 독자적이되, 단계적으로 비핵화를 추진하는 방식이다. 원래 '핵군축'은 '핵보유국'이 핵무기 재고를 감축하는 '수직적 핵비확산'을 말한다. '핵보유국'은 과다한 핵무기 재고를 축소하지만, 전면 폐기하려는 의사가 전혀 없으므로, 핵을 포기하는 엄격한 의미의 '비핵화' 개념과 다르다. 하지만 여기서는 '핵군축'에서 핵감축의 단계적 성격에 주목하여, 분석적 목적으로 '핵군축적'이란 수식어를 사용했다.

실제 핵보유국의 핵감축은 모두 자력으로 진행되며, 더욱이 단계적으로 진행된다는 특징이 있다. 미국과 소련은 냉전기에 각각 3만기 이상 핵무기를 보유했지만, 수차례 핵감축협상을 통해 지금은 7천기 수준까지 감축했다. 앞으로 이들의 핵무기 수는 더욱 줄 것으로 예상되지만, 완전한 비핵화를 할 가능성은 없다. 그리고 이들의 핵감축 조치는 자력으로 실행된다. 안보와 보안을 이유로 핵감축에 대한 외부 검증도 극히 제한적으로 수용하는 데 그친다.

북한은 2018년 6·12 북미정상회담을 앞두고 5월 말에 풍계리 핵실험장을 폭발 폐쇄했다. 북한은 4월 20일 노동당 전원회의를 개최하여 "핵실험중지를 투명성 있게 담보하기 위하여 공화국 북부핵실험장 폐기" 등을 포함하는 다수의 비핵화조치를 일방적으로 선언하고, 이를 실행에 옮겼다. 핵실험장 폭발 시 다수 한미 언론을 폭발 현장으로 초청하여 참관토록 했다. 이란도 2005년 이란핵합의인 JCPOA에 따라 무기용 핵분열물질을 생산하는 민감 핵활동을 일부 축소하거나 중단하고, 또한 일부 핵물질을 해외로 이전했다. 이란은 NPT 회원국이므로 일체의 비핵화조치는 IAEA의 안전조치 하에서 투명하게 이루어졌다. 하지만 비핵화조치 자체는 이란이 자력으로 독자적으로 실행했다.

'핵군축적 핵폐기' 유형의 국가들이 '독자적 핵폐기' 방식을 실행할 수 있는 배경에는 이들의 과학기술 역량이 있다. 이들이 외부의 개입을 거부하고 독자적인 핵폐기 조치를 선호하는 더욱 중요한 원인은 자신의 핵능력과 핵지식에 대한 비밀을 최대한 유지하려는 동기가 있기 때문이다. 또한 체제 성격상 이들은 가능하면 자신의 핵능력의 노출을 최소화하려는 경향이 있다.

특히 북한의 경우, 비핵화를 선택하더라도 끝까지 핵모호성을 유지하려고 할 가능성이 높다. 이를 위해 이들은 비핵화조치를 독자적으로 실행함으로써 최대한 핵이력과 핵능력을 감추어야 한다. 핵모호성을 유지하기 위해 핵검증 요구에 대해서도 필요한 최소한 협조에 그칠 가능성이 높다. 이 국가들은 아직 외부의 안보위협이 있다고 생각하므로 마지못해 비핵화하면서도, 이를 최대한 지연하려고 할 것이다. 이때 이들에게 즉각적인 일괄 핵폐기는 수용하기 어려운 옵션이다.

셋째, '협력적 핵폐기' 유형은 일괄적 핵폐기를 외부세력의 도움을 받아 실행하는 경우이다. 이 유형의 국가들은 핵무장 동기가 다른 핵무장 추진국가에 비해 약한 것이 특징이다.

이들의 핵무장 동기가 약한 배경에는 무엇보다 이들이 느끼는 안보위협이 극심하지 않기 때문이다. 만약 안보위협이 크다면, 어떤 경제적·외교적 비용을 치르더라도 핵무장 또는 핵모호성을 고집하겠지만 안보위협이 적다면 그런 비용을 부담할 이유가 없다. 내부의 체제위협 수준도 낮거나, 내부적으로 핵무장을 위한 과학기술역량이 충분치 않은 경우도 이에 해당된다.

실제 이 유형에 속하는 카자흐스탄, 우크라이나, 리비아는 핵포기 결정을 내릴 시점에 안보위협과 체제위협이 매우 낮았다. 오히려 핵무장을 포기하고 외교관계를 정상화하는 것이 안보와 국내정치에 도움이 되는 상황이었다. 그리고 핵무장에 필요한 과학기술역량의 부족도 핵포기를 결정한 요인이 되었다. 리비아는 핵무장을 위한 모든 물자와 기술의 도입을 해외에 의존했는데, 국제수출통제체제의 강화와 불법 핵 암시장의 적발로 해외도입이 불가능할 정도로 어려워졌다. 카자흐스탄과 우크라이나는 구소련의 핵무기를 물려받았으나, 심지어 이를 유지할 과학기술역량과 재정력도 갖지 못했다.

이들의 합리적 선택은 핵폐기를 협상카드로 하여 국제사회로부터 경제지원과 안전보장을 최대한 챙기는 것이었다. 핵포기의 정치적 결정이 내려졌다면 그 실행을 지체할 이유가 없다. 더욱이 자신의 핵역량과 핵지식을 감출 필요도, 핵모호성을 유지할 이유도 없었기 때문에 이들은 핵폐기를 위해 외부의 지원을 받는 데 주저하지 않았다. 오히려 외부의 지원과 감시 하에 핵포기를 실천함으로써 자신의 핵폐기 비용을 절감할 수 있었다. 또한 이때 핵모호성을 완전히, 신속하게 제거함으로써 '비핵국'으로서 보다 국제사회에 단기간 내 진입하는 효과도 거둘 수 있었다.

넷째, 마지막으로 '살라미 비핵화' 유형이 있다. 이는 주로 안보와 국내정치적 이유로 인해 핵무장 동기가 높은 국가가 자신의 의사에 반해서 억지로 비핵화 하는 경우에 해당된다. 따라서 비핵화를 최대한 지연시키고, 매 비핵화 단계마다 상대에게 받는 보상을 극대화하려고 한다.

'살라미 유형'의 실제 사례는 적다. 우선 비핵화 사례가 많지 않고, 비핵화를 결정하고도 그 실행을 지연시키는 사례는 더욱 적다. 북한은 극심한 안보위협과 체제위협 때문에 외부의 강력한 제재압박을 무릅쓰고 핵무장한 사례이다. 북한은 과거에 당시의 이해관계에 맞추어 비핵화 결정을 내리고 합의했지만, 미래 안보환경과 국내정치의 불확실성 때문에 핵포기의 실행을 주저하며, 과도한 보상을 요구하는 경향을 보였다.

북한은 제네바 북미기본합의와 6자합의를 이행하는 과정에서 핵시설의 동결·폐쇄·불능화 등의 초기 비핵화조치를 추진하면서 일부 미국의 기술지원을 받은 적이 있다. 그런데 이는 2010년대 들어 본격적으로 핵무장하기 이전이어서 앞으로도 북한이 이 유형을 따를지 의문이다. 만약 북한이 비핵화의 정치결정을 내리고 이를 실행할 때, 핵모호성을 끝까지 유지하려고 시도할 가능성이 높다. 이때 북한이 '핵군축적 핵폐기' 유형을 추구할 것으로 예상된다.

북한 핵폐기 방법: 주동적 · 단계적 핵폐기?

2018년 6·12 싱가포르 북미정상회담을 앞두고, 북미 간 설전이 벌어지고 급기야 트럼프 대통령이 정상회담을 취소하는 사건이 발생했다. 우여곡절 끝에 싱가포르 북미정상회담이 예정대로 열리고, 트럼프 대통령과 김정은 위원장은 각각 성공적인 정상회담이었다고 선언했다. 북미 정상 간 역사적인 회동은 있었지만, 양국을 정상회담 취소사건까지 몰고 간 분쟁은 해소되지 않은 채 봉합되었다.

그 분쟁의 핵심에 바로 핵폐기 방법이 있었다. 핵폐기 방법은 그만큼 중요하면서도 해결하기 어려운 문제이며, 상당기간 계속하여 이 논쟁은 반복될 전망이다. 따라서 북한 비핵화의 성공을 위해 핵폐기를 둘러싼 논쟁의 배경과 해결방안에 깊은 분석과 처방이 필요하다.

당초 미국정부는 북한이 완전한 비핵화를 선언하는 데 그치지 않고, 즉각적이며 전면적인 핵폐기 조치를 요구했다. 소위 '리비아식' 해법을 주장했다. 또는 같은 취지로 CVID(Complete, Verifiable, Irreversible Dismantlement; 완전하고, 검증가능하며, 불가역적인 핵폐기)'를 주장하기도 했다.

한편, 북한은 미국의 CVID 요구를 '일방적 핵포기 강요'이며 자신의 주권에 대한 침해라며 강력히 반발했다. 사실 리비아와 북한의 핵무장 환경, 핵개발 수준 등이 판이하게 달라, '리비아식' 모델이 북한에게 그대로 적용될 가능성은 낮다. 김정은 위원장이 설사 확고한 비핵화 결정을 내렸다고 하더라도, 북한이 즉각적으로 모든 핵무기와 핵물질과 관련 핵시설을 포기할 것으로 보는 전문가들은 거의 없다. 또한 김정은 위원장이 직접 '단계적·동시적 이행'을 언급한 만큼, 단기간 내 이런 입장을 변경할 가능성은 거의 없다.

한국정부도 현실적으로 '일괄 타결, 단계적 이행'이 불가피하다는 판단이다. 다만 한국정부는 단계적 이행이 '최대한 빠른 속도로, 압축적으로' 진행되어야 한다는 입장이었다.

2017년 5월 출범한 문재인정부는 당시 한반도정세를 "북한 핵무장 완성이 최종단계에 진입하는 엄중한 상황"으로 규정했다. 따라서 "한반도의 시대적 소명은 두말 할 것 없이 평화"이며, "평화는 당면한 우리의 생존 전략"이라고 선언(2017년 8·15 경축사)하여 평화정착의 중요성을 강조했다. 사실 북한이 핵·미사일 개발과 핵물질 생산을 지속하면, 수 년 내 어떤 외부의 군사공격도 거부할 수 있는 핵보복억제력을 갖게된다. 북한이 스스로 난공불락의 핵보복억제력을 갖추었다고 판단하게되면, 한국과 주변국에 대해 군사·외교적 강압과 모험적 군사행동을 감행할 가능성이 높다. 이런 사태가 발생하는 것을 방지하기 위해 문재인정부는 군사적으로 대북 억제·방어·보복능력을 강화하는 한편, 외교적으로는 북핵문제의 평화적 해결과 평화체제 구축을 강력히 추진한다는 구상을 내어놓았다.

문재인정부는 대통령 국정기획자문위원회가 2017년 7월 발표한 '문재인정부 국정운영 5개년 계획'에서 '한반도 평화체제 구축' 이행전략의 개요를 제시했다. 이 이행전략 개요에 따르면, 첫째, 2017년 중 '평화체제 구축' 로드맵을 마련한다. 그리고 비핵화 진전에 따라 평화체제 협상을 추진하며, 북핵 완전해결 단계에서 협정 체결 및 평화체제 안정적 관리를 추구한다. 둘째, 2020년 북핵합의 도출을 목표로 한다. 이를 위해 동결에서 완전한 핵폐기로 이어지는 포괄적 비핵화 협상 방안을 마련하고, 비핵화 초기 조치 확보 및 포괄적 비핵화 협상 재개 등을 추진한다.

여기서 문재인정부가 핵동결, 비핵화 초기 조치, 완전한 핵폐기 등 용어를 사용하고 있어, 일괄 비핵화가 아니라 단계적 비핵화 방법을 채택했음을 알 수 있다. 한국정부는 2017년까지 평화체제 구축과 비핵화 단계를 병행적으로 제시하는 '평화체제 로드맵'을 작성한다고 했지만, 이를 발표하지 않았다.

6·12 북미정상회담 때 양 정상은 역사적인 정상회담 개최 자체에 의미를 부여하고 핵폐기 방법에 대한 논쟁을 일단 제쳐놓았다. 사실 양국은 정상회담 직전까지 핵폐기 방법과 구체적인 비핵화조치에 대한 합의를 찾기 위해 성 김-최선희 대화채널을 가동했으나, 아무 합의 발표가 없었던 것을 보면 끝내 이견을 해소하지 못하고 봉합했던 것으로 보였다.

그 결과, 6·12 북미정상 공동성명의 핵문제 관련 조항은 "(북한이) 한반도의 완전한 비핵화를 위해 노력할 것을 약속"하는 데 그쳤다. 이도 엄밀히 해석하면, 북한 비핵화가 양국 간 합의사항이 아니라, 북한의 일방적인 선언에 그쳤다. 그리고 구체적인 비핵화 실행 문제에 대해서 양국은 "정상회담의 결과를 이행하기 위해 폼페오(Mike Pompeo) 미 국무장관과 북한 고위층인사가 가능한 빠른 시일 내에 다음 협상을 할 것을 약속"하여, 후속 고위협상으로 미루었다.

7월 6, 7일 양일간 폼페오 미 국무장관이 평양을 방문하여 예정된 후속 고위협상을 가졌다. 고위회담 직후 폼페오 미 국무장관은 고위회담의 성과를 긍정적으로 평가했다. 그런데 고위회담이 끝나고 5시간 만에 북한 외무성 대변인이 발표한 담화를 보면 여전히 양국 간 입장차가 매우 크고, 감정의 골도 깊다는 것을 알 수 있다. 이 담화문은 북한의 비핵화 방법에 대한 입장을 상세히 밝히고 있는데, 이 입장은 향후에도 계속하여 반복될 가능성이 높아, 관련 내용을 소개한다.

"… 6일과 7일에 진행된 첫 조미 고위급회담에서 나타난 미국 측의 태도와 입장은 실로 유감스럽기 그지없는 것이었다. 우리 측은 조미

수뇌상봉과 회담의 정신과 합의사항을 성실하게 이행할 변함없는 의지로부터 이번 회담에서 공동성명의 모든 조항들의 균형적인 이행을 위한 건설적인 방도들을 제기하였다. 조미관계 개선을 위한 다방면적인 교류를 실현할 데 대한 문제와 조선반도에서의 평화체제구축을 위하여 우선 조선정전협정체결 65돌을 계기로 종전선언을 발표할 데 대한 문제, 비핵화조치의 일환으로 ICBM의 생산 중단을 물리적으로 확증하기 위하여 대출력발동기시험장을 폐기하는 문제, 미군유골발굴을 위한 실무협상을 조속히 시작할 데 대한 문제 등 광범위한 행동조치들을 각기 동시적으로 취하는 문제를 토의할 것을 제기하였다. … 그러나 미국 측은 싱가포르수뇌상봉과 회담의 정신에 배치되게 CVID요, 신고요, 검증이요 하면서 일방적이고 강도적인 비핵화 요구만을 들고 나왔다. 정세악화와 전쟁을 방지하기 위한 기본문제인 조선반도 평화체제 구축문제에 대하여서는 일절 언급하지 않고 이미 합의된 종전선언문제까지 이러저러한 조건과 구실을 대면서 멀리 뒤로 미루어놓으려는 입장을 취하였다. … 조미 사이의 뿌리 깊은 불신을 해소하고 신뢰를 조성하며 이를 위해 실패만을 기록한 과거의 방식에서 대담하게 벗어나 기성에 구애되지 않는 전혀 새로운 방식으로 풀어나가는 것, 신뢰조성을 앞세우면서 단계적으로 동시행동원칙에서 풀수 있는 문제부터 하나씩 풀어나가는 것이 조선반도 비핵화 실현의 가장 빠른 지름길이다.”

여기서 우리는 북한이 주장하는 비핵화 방식의 특징을 찾을 수 있다. 첫째, 2005년 6자공동성명에서 합의한 CVID 원칙을 전면 거부하고, 새로운 비핵화 방식을 요구한다. 북한 외무성 담화는 미국이 제기한 CVID와 이에 따른 신고와 검증을 ‘일방적이고 강도적인 비핵화 요구’로 규정하고 이를 강하게 거부했다.

둘째, 북한은 ‘새로운 비핵화’를 주장하면서, 그 개략적 내용으로 “신뢰조성을 앞세우면서 단계적으로 동시행동원칙에서 풀 수 있는 문제부터 하나씩 풀어나가는 것"이라고 설명했다. 북한은 "새로운 비핵화 방식"이 "조선반도 비핵화 실현의 가장 빠른 지름길"이며, 미국이 주장하는 "백전백패한 케케묵은 낡은 방식을 답습하면 또 실패"할 것이라고 경고했다.

셋째, '새로운 비핵화 방식'의 원칙으로 '(북미 간) 신뢰조성에 맞추어 단계적, 동시행동 원칙', '공동성명의 모든 조항들의 균형적인 이행', '정세악화와 전쟁을 방지하기 위한 기본문제인 조선반도 평화체제 구축문제의 우선 해결' 등을 제시했다.

그리고 '새로운 비핵화 방식'에 따른 구체적인 초기 조치로서 북미 간 다방면 교류 실현, 정전협정 65년에 맞추어 종전선언 발표, "ICBM의 생산중단을 물리적으로 확증하기 위하여 대출력 발동기 시험장 폐기", 미군유골 발굴을 위한 실무협상 개시 등 "광범위한 행동조치를 각기 동시적"으로 취할 것을 주장했다.

2. 검증 방법

검증의 정의와 검증레짐의 구성요소

'검증'이란 한 국가가 상대국이 합의한 군비통제협정을 준수하는지 평가하는 과정을 말한다. 군비통제 합의의 준수 여부를 검증하기 위해서는 상대국의 군사력 또는 활동이 합의의 한도와 의무에 부합하는지 판단할 수 있어야 한다. 검증 가능한 합의는 속임수를 억제하고, 상대방이 속임수를 쓰려고 할 때 과도한 비용이 들도록 만들며, 속임수를 적시에 탐지할 수 있어야 한다.

'검증레짐'은 보통 다음과 같은 5개 요소로 구성된다. 첫째, 협정 문안이 검증레짐의 핵심 요소이다. 협정 문안은 합의당사국이 준수해야 할 한도와 의무를 기술하여, 합의 요건에 부합하는 군사력과 조치를 규정한다. 협정 문안은 특정 행동의 금지, 반드시 이행해야 하는 의무, 협력적 조치 등을 포함한다.

둘째, 감시체계를 수립한다. 감시체계는 국가기술자산(national technical means)을 동원한 감시, 현장 방문, 현장 사찰, 상호 정보교류 등 다양한 감시수단을 이용한다. 국가기술자산이란 원격에서 상대방의 군사력과 행동을 파악할 수 수 있는 위성사진, 감청, 레이더 등 각종 정보자산을 말한다. 미소 핵군축협정은 주로 원격의 국가기술자산을 이용한 검증체제를 이용했다.

셋째, 분석 과정을 통해, 감시체계에서 수집한 정보를 분석하여, 상대 군사력과 활동을 분석한다.

넷째, 평가 절차를 통해, 수집되고 분석된 정보가 군축합의의 조건에 부합하는지 판단한다.

마지막으로 다섯째, 해결 절차에서는 상대국이 합의 이행 여부를 평가하고 불이행(noncompliance)이 발생했을 때, 이에 대응하거나 해소한다. 상대방에 시정을 요구하거나, 불이행을 확인하기 위한 대화를 요청할 수도 있다. 극단적인 경우, 상대방의 불이행을 이유로 합의를 파기할 수도 있다.

미국과 소련은 1950년대부터 다양한 종류의 핵군축협정을 체결했다. 이 핵군축협정들은 대부분 초보적인 검증체제를 갖고 있었다. 그런데 이 검증체제는 상대국의 영역 밖에서 감시하는 '국가기술자산'을 사용하는 데 그치고, 현장에 대한 접근을 허용하지 않아 엄격한 검증에는 한계가 있었다. 1959년 남극핵실험금지조약, 1964년 부분핵실험금지조약,

1972년 반탄도미사일조약(ABM)과 전략핵무기제한협정(SALT), 1979년 SALT 2 등이 이에 해당된다. 핵실험금지조약은 현장감시를 허용했지만, 이는 핵실험금지 현장에는 핵무기가 없어서 핵전력이 노출되지 않으므로 현장감시가 가능했다.

미소가 처음으로 의미 있는 현장 감시의 검증 방법을 허용한 것은 1987년의 중거리핵전략조약(INF)이다. 당시 합의한 검증 방법은 육상 이동형 탄도미사일의 전시, 동 협정의 규제를 받는 미사일체제에 대한 자세한 정보 교류 및 동 체제의 이동이나 교체 시 통보, 상대방 중거리미사일 조립시설 1개소에 대한 지속적 감시 허용, 중거리미사일 저장시설에 대한 현장사찰 허용 등이 있다. 탈냉전 초기에 체결된 1991년 START 조약은 INF 조약의 검증 방법을 대부분 차용했다.

IAEA 안전조치 개념과 유형

과거에도 군축합의가 있었지만 상대방이 핵심 합의 내용을 이행하는지 확인하는 검증(verification) 개념이 극히 미발달되어 있었다. 그런데 핵무기 시대 들어 핵군축과 핵비확산에서 검증 개념이 크게 주목받기 시작했다. 국제사회는 핵기술이 확산되면서 원자력의 평화적 이용에 대한 의무사항을 준수하는지 여부를 확인하는 검증 방법을 찾기 시작했다. 일찍이 미국, 영국, 캐나다는 1945년부터 원자력의 국제협력 시 안전조치와 사찰을 필수조건으로 제시했다. 따라서 평화적 목적의 핵물질 및 장비가 군사적 목적으로 전용되지 않았음을 입증하기 위한 '안전조치' 개념이 처음 등장했다. 여기서 '안전조치' 용어는 영어 'safeguards'를 번역했는데, 실제 원자력의 이용이 평화적 용도로 부합하는지 경계하고 보장한다는 의미를 가졌다.

IAEA에 따르면, 'IAEA 안전조치(safeguards)'란 "핵물질을 평화적 핵활동에서 핵무기 또는 핵폭발장치로 전용하지 않겠다는 국가의 법적 약속을 IAEA가 독립적으로 검증하는 일련의 기술적 조치"를 말한다. IAEA는 NPT상 비핵국과 전면안전조치협정을 체결하고 핵전용 여부를 확인하기 위해 사찰을 수행하는 법적 권능을 갖는다. 이렇게 IAEA가 사찰을 할 수 있는 것은 NPT가 3조에서 핵전용 여부를 확인하는 안전조치 권능을 IAEA에 위임했기 때문이다.

NPT 3조 1항에 따르면, 비핵국 회원국은 "원자력을 평화적 이용으로부터 핵무기 또는 기타 핵폭발장치로 전용하는 것을 방지하기 위하여 본 조약에 따른 의무 이행의 검증을 유일한 목적으로 국제원자력기구 규정 및 동 기구의 안전조치체제에 따라 국제원자력기구와 체결할 합의 사항에 규정된 안전조치를 수락하기로 약속"했다. 또한 비핵국은 3조 4항에서 다음과 같이 IAEA와 안전조치협정을 체결해야 한다. "국제원자력기구 규정에 따라 본 조의 요건을 충족하기 위하여 개별적으로 또는 다른 국가와 공동으로 국제원자력기구와 (안전조치)협정을 체결해야 한다. 동 안전조치협정 교섭은 본 조약 가입일로부터 180일 이내에 개시되어야 한다. 본 조약에 가입하고 180일이 지나서 비준서 또는 가입서를 기탁하는 국가에 대해서는 동 안전조치협정의 교섭이 동 기탁일보다 늦지 않게 시작되어야 한다. 동 협정은 교섭개시일로부터 18개월 이내에 발효하여야 한다."

현재 정착된 핵비확산 국제레짐에서 IAEA의 안전조치는 중대한 정치적 기능을 수행한다. 안전조치를 통해 핵투명성 확보와 신뢰구축, 핵개발 가능성에 대한 조기경보, 필요시 유엔 안보리와 국제사회의 대응 촉발 기능 등이 이에 해당된다.

NPT 발효 이후 NPT 회원국 중 비핵국의 모든 원자력 활동에 대해 안전조치를 적용하기 위해 1970년에 '전면 안전조치협정'모델(INFCIRC/153)이 채택되었다. NPT상 비핵국은 전면 안전조치협정의 교섭을 개시한 날로부터 18개월 이내에 동 협정을 발효시켜야 한다.

핵보유국은 NPT 규정에 따라 안전조치협정을 체결할 의무가 없다. 다만 IAEA와 자발적 안전조치협정(voluntary-offer safeguards agreement)을 체결하고, 임의로 지정한 원자력시설에 한해 안전조치를 적용받고 있다.

1990년대 초 이라크와 북한의 핵문제가 불거지면서 당시 IAEA 안전조치의 실효성에 대한 의문이 제기되었다. 이라크와 북한의 비협조로 인해 사찰이 제대로 이루어지지 않았고, 따라서 이들의 핵물질 전용여부도 확인할 수 없었다.

이런 결점을 보완하기 위해 IAEA 이사회는 1993년 6월 소위 '93+2 프로그램'을 채택하여, 안전조치 제도를 획기적으로 강화시키기로 결정했다. 마침내 1997년 5월 IAEA 특별이사회는 '강화된 안전조치체제(Strengthened Safeguards System)'의 이행을 위한 '추가모델의정서(Additional Model Protocol)' INFCIRC/540을 채택하였다.

IAEA의 새로운 '강화된 안전조치체제'는 핵물질을 직접 취급하지 않는 핵연료주기 관련 연구개발 사업에 대한 정보제공 및 추가 접근, 환경시료 채취지역의 확대를 포함하고 있어 미신고 핵시설에 대한 접근과 시료채취가 가능해졌다. 이전 안전조치체제는 핵물질 취급 시설과 신고시설에만 접근할 수 있었기 때문에 미신고시설에 대한 접근과 환경시료 채취가 불가능했었다. 다만, 새로운 제도 하에서도 피사찰국은 IAEA 사찰로부터 자국의 산업 비밀을 보호하기 위해 IAEA와 협의 하에 제한적으로 접근통제 지점을 설치할 수 있다.

'추가의정서'가 채택된 이후, 2004년 한국의 미신고 핵물질분리 사건에서 보았듯이 회원국의 핵투명성이 크게 강화되었다. 그런데 주요 원자력국가 중에 아직 '추가의정서' 가입을 거부하는 국가들이 있어, 모든 NPT 회원국들이 추가의정서에 참가하도록 하는 소위 '추가의정서의 보편성(universality) 확보'가 국제사회의 주요 핵비확산 의제로 남아있다. 참고로, 2018년 7월 현재 IAEA와 안전조치협정을 체결한 국가는 182개국인 데 비해, 추가의정서 체결국은 132개국에 불과하다.

IAEA는 추가의정서에 따른 강화된 안전조치 프로그램을 기존 안전조치(INFCIRC/153)에 포함시킨 '통합안전조치체제(Integrated Safeguards System)'를 구축했다. 이렇게 매우 침투적인 사찰방식이 지금의 보편적인 IAEA 안전조치 방식이 되었다.

IAEA 안전조치체제는 계량관리(accountancy,) 격납과 감시(containment and surveillance), 사찰(inspection) 등 3개 요소로 구성된다. 계량관리는 핵물질에 대한 것으로 핵물질의 위치, 핵연료와 사용 후 핵연료의 재고량, 핵물질 가공과 재처리 등을 검증한다. 격납 및 감시는 물질의 분실 유무를 파악할 수 있도록 하는 봉인, 감시카메라 설치, 원격 감시 등 활동을 말한다. 사찰은 봉인 확인, 장부 검증, 재고 조사 등과 같은 사찰관의 현장 활동을 말한다.

안전조치 중에서도 핵심 조치는 핵물질 계량이다. 핵물질 계량은 일정한 지역 내에 있는 핵물질의 양과 일정한 기간 중에 발생하는 양의 변화를 확인하는 데 목적이 있다. 이를 위하여 설정구역 내 핵물질 및 핵관련 물자의 수량에 대한 정보를 측정·분석·기록·보고·유지·관리한다. 핵물질 및 관련 물자의 재고가 항시 정확히 파악된다면 이들이 군사적 목적으로 전용되지 않았다는 것을 확인할 수 있다. 만일 파악된 재고의 양이 처리 중에 유실된 비계량 핵물질(MUF: Material Unaccounted For)을 감안해도 원래 있어야 할 분량과 차이가 난다면 일단 전용을 의

심할 수밖에 없다. 그런데 정확한 핵물질 계량을 위해서는 신뢰성 있는 계량체제가 구축되어 있어야 한다.

IAEA는 검증을 위해 다양한 수단을 동원한다. 현장 검증, 봉인, 핵물질 시료 채집과 분석, 환경 시료 채집과 분석, 상업용 위성사진 활용, 원격 감시, 감시카메라 설치, 보고서 분석 등을 이용한다. 이런 IAEA 검증 활동의 빈도에 대한 한 보고서에 따르면, 2016년 한 해 동안에 약 103만 개 핵물질에 대한 보고서 수집과 분석, 핵물질·핵시설·IAEA 장비 등에 약 2만 5천개 봉인 설치, 474건의 환경시료 및 603건의 핵물질 시료채집과 분석, 3,007회 현장 검증실시, 266시설에 1,436개 감시카메라 설치 가동, 1,057개 비파괴 시금분석체제 배치, 122개 시설 원격 감시 등의 검증활동이 있었다. IAEA는 검증을 위해 2017년 한 해 동안 약 1억 4,000만 미국달러 예산을 사용하며, 946명의 내부인력과 용역인력을 가동했다.

한국은 1975년 10월 IAEA와 전면안전조치협정을 체결하였으며, 현재 원자력발전소, 한국원자력연구원 등 34개소의 원자력 관련 시설이 IAEA의 정기사찰을 받고 있다. 한국은 1999년 6월 추가의정서에 서명하였으며, 2004년 2월 이를 비준하였다. 앞에서 토론했듯이, 추가의정서 비준을 준비하면서, 소위 '미신고 핵물질분리사건'이 발생했다. 이는 이전 사찰체제하에서 한국이 비밀리에 핵물질분리실험을 하는 것이 가능했지만, 추가의정서에 따른 안전조치하에는 더 이상 불가능하다는 점을 보여 준다. 현재 일부 NPT상 비핵국들이 추가의정서 참여를 주저하는 이유가 과거 핵활동이 탄로 날 것을 우려하기 때문이라는 분석도 있다.

IAEA 사찰의 종류

전면안전조치협정체제에서 수행되는 현장 사찰과 방문의 종류는 다음과 같다.

첫째, 임시사찰(Ad hoc Inspection)은 핵물질에 대한 최초보고서를 검증하기 위한 사찰로서 설계 정보 검토 및 확인, 계량점검, 봉인, 감시장비 설치 등을 실시한다. 또는 변동사항 발생, 국제이전 핵물질 등에 대해서도 임시사찰을 실시한다. IAEA와 안전조치협정 체결 이후에 처음 받게 되는 임시사찰은 피검국이 제출한 최초보고서를 확인하는 검증 작업이며, 이때 최초보고서와 실제 임시사찰 결과 간 '불일치'가 발생하면, 이를 해소할 때까지 임시사찰 단계가 지속된다.

둘째, 일반사찰(Routine Inspection)은 임시사찰 완료 후 보조약정서를 체결하고, 보조약정서에 의거하여 정기적으로 실시하는 사찰이며, 가장 빈번하게 실시된다. 일반사찰은 주로 미리 결정된 일정에 따라 수행하나, '추가의정서'에 따라, 단기 사전통보 또는 사전통보 없이 실시할 수도 있다. IAEA가 전면안전조치협정에 따라 수행하는 일반사찰의 대상은 신고된 핵시설 내 장소, 또는 핵물질이 저장되는 장소, 핵물질이 통과하는 장소 등으로 제한된다.

셋째, 특별사찰(Special Inspection)은 피검국이 제공한 정보와 사찰을 통해 획득한 정보가 IAEA가 안전조치협정에 따른 책무를 수행하는 데 불충분하다고 판단할 때 특별히 실시하는 사찰이다. 과거 IAEA는 북한 최초보고서에 따른 임시사찰에서 중대한 불일치가 있어, 영변 2개 미신고 시설에 대한 특별사찰을 요구한 적이 있다.

넷째, 안전조치 방문(Safeguards Visit)은 공개된 핵시설의 안전조치 관련 설계 정보를 검증하는 것이다. 이를 위해 핵시설 건설 중, 핵시설 운영 중, 시설 해체 중 시기에 방문하여 핵시설 정보가 안전조치에 부합하는지 확인한다.

　마지막으로 기존 안전조치협정의 부속격인 '추가의정서'에 의한 강화된 안전조치가 있다. 강화된 안전조치는 이미 위의 일반사찰체제로 편입되었다. 추가의정서의 주요 내용으로 첫째, IAEA에 제공하는 정보 범위를 확대했다. 추가의정서 채택 이전에 회원국은 핵물질을 포함하는 핵활동에 대한 정보만 제공하였으나, 추가의정서체제에서는 핵물질 미취급 원자력 시설과 활동 정보도 제공할 의무를 진다. 둘째, 환경샘플 채집 지역을 확대했다. 과거 협정은 사찰대상 지역의 특정 지점만 허용했지만, 추가의정서는 환경샘플 채집지역을 의혹시설 전체와 주변지역으로 확대했다. 셋째, IAEA 사찰권한과 방법이 대폭 강화되었다. 과거에는 사찰 통보시한이 48시간부터 1주일 전이었는데, 이를 24시간 전으로 단축했다. 핵시설 부지 내에서는 통보 2시간 내 사찰하는 '불시사찰'을 처음으로 도입했다. 그리고 미신고 핵시설에 대해서도 환경샘플 채집이 가능해졌다.

2부

해외 비핵화 사례에서 배운다

5장

리비아 사례: 일괄 비핵화

2부에서는 해외 비핵화 성공 사례의 분석을 통해 이 국가들이 왜, 어떻게 핵무장 또는 핵포기 했는지를 설명하고, 그런 결정과 행동을 초래한 배경과 원인을 찾고자 한다. 그런데 해외 비핵화 성공 사례에서 북한 비핵화를 위한 해법과 교훈을 찾을 때 주의해야 할 점이 있다. 언론과 전문가들이 때로는 의도적으로, 때로는 분석의 한계로 인해 비핵화 사례의 성공요인을 지나치게 단순화시키거나 심지어 잘못 소개하는 경우가 있었다. 또한 설사 해외 비핵화 성공 사례를 잘 분석했다고 하더라도, 다른 장소와 시간에서 성공했던 비핵화 해법이 한반도에서도 성공할 것이라고 기대하기 어려운 문제점도 있다. 남북 분단, 북한 정치체제, 동북아의 지정학적 특징 등 다른 지역 어디에서도 유례를 찾기 어려운 한반도 환경의 특수성이 있기 때문이다.

이 장은 우선 가장 논쟁적이며, 볼턴(John Bolton) 전 국가안보보좌관이 북한에 적용할 것을 강력하게 주장했던 '리비아식' 비핵화 방안이 대체 무엇인지, 어떻게 북한에 적용할 수 있는지, 또는 왜 적용하기 어려운지를 분석하고 평가했다. 특히 이 장은 리비아의 핵개발 및 핵포기 환경이 북한과 얼마나 다른지에 주목했다. 사실 북한이 리비아 비핵화 모델을 수용할 것으로 보는 전문가들은 거의 없다. 핵포기 이후 카다피 정권이 붕괴되고 이후 피살된 것을 본다면, 북한에게 리비아모델은 어떤 비용을 치르더라도 저지해야 할 반면교사이기 때문이다. 그럼에도 불구하고, '일괄 핵타결, 일괄 핵폐기'의 리비아모델은 완전하고 신속한 비핵화의 이상적인 참조모델이기 때문에 앞으로도 계속하여 제기될 것으로 전망된다.

1. 리비아의 핵무장 배경과 동향

핵무장 배경과 경과

1970년대 들어 NPT체제가 가동되면서, 대부분 신규 핵개발국은 비밀리에 핵개발을 진행했다. 공공연한 핵개발은 국제사회 전체를 공적으로 만들 것이며, 이때 핵개발이 저지당할 가능성이 높았기 때문이다. 따라서 리비아도 비밀리에 핵개발을 추진했다. 그런데 리비아의 핵무장 결정과정에 대해서는 잘 알려져 있지 않다.

2003년 12월 19일 카다피(Muammar Gaddafi) 리비아 지도자가 전격적으로 모든 대량살상무기를 완전히 포기한다고 발표하던 날, 리비아정부는 별도 성명에서 리비아가 왜 대량살상무기를 추구했는지 설명했다.

"리비아정부는 냉전기간 동안 세계정세와 중동지역의 긴장상태를 감안하여 이를 해소하기 위해 중동과 아프리카에 '대량살상무기 자유지대(Region Free of the Weapons of Mass Destruction)'를 설치할 것을 촉구했다. 그런데 이런 요청에 대한 호응이 없어, 리비아정부는 방위능력을 스스로 확보하는 방안을 찾을 수밖에 없었다."

일반적으로 통용되는 핵무장의 4대 동기인 안보, 정치, 지위, 지도자 성향의 4개 요인이 리비아에서도 작동했을 것으로 추정할 수 있다. 다만 다른 핵무장 사례와 달리, 그 동기가 그렇게 강해 보이지 않는다. 위 정부 성명만 본다면, "방위능력을 스스로 확보"한다는 안보적 이유가 핵무장의 최우선적인 동기로 볼 수 있다. 그런데 당시에 리비아가 극심한 안보위기에 시달렸다는 정황은 없다. 만약 극심한 안보위기가 있었다면 이는 '중동 및 아프리카 대량살상무기 자유지대'로 해결되지는 않았을 것이다.

또한 2000년대 초반에 카다피 정권이 심각한 체제위기와 정권위기를 겪은 정황도 없다. 당시까지만 하더라도 카다피 대령의 권력 장악은 도전받지 않았다. 다만 카다피 대령도 노년에 접어들었고, 아들에게로 권력승계를 구상하고 있었다. 권력승계를 위한 정치적 동기가 작동했을 가능성은 있다.

따라서 리비아의 경우 핵무장의 주 동기로 국가지위와 지도자 성향을 들 수 있다. 카다피 대령이 핵무장을 통해 역내의 맹주로서 지위 향상을 노렸을 가능성이 높다. 또한·카다피 대령의 자기중심적, 배타적, 대립적 성향도 그가 핵무장을 추진했던 주요 이유로 들 수 있다.

리비아에서는 핵무장의 가장 강력한 동기인 안보와 정치 동기가 뚜렷하지 않았다는 점에 주목할 만하다. 국가들은 이 동기가 있을 때 외부의 제재와 압력을 무릅쓰고도 핵무장을 추진하는 경향이 있다. 이런 동기가 약한 리비아는 외부의 강한 반대에 부닥치자 다른 핵무장 시도국에 비해 비교적 쉽게 핵을 포기할 생각을 했을 가능성이 높다.

일찍이 국제사회는 리비아가 핵무기, 화학무기, 생물무기 등 각종 대량살상무기를 제조하기 위한 비밀프로그램을 가동한다는 의혹을 제기하고 비난했다. 이때 리비아는 이런 의혹을 강력히 부인하면서, 약품 또는 농업 프로그램이 있을 뿐이라고 주장했다. 이런 변명과 회피는 리비아의 핵무장 동기가 그렇게 강하지 않았다는 사실을 방증한다.

리비아의 핵능력 평가

리비아는 일찍이 1968년에 NPT에 서명하고, 1975년에 이를 비준했다. 이스라엘에 대한 군사안보적 대비 차원에서 비밀 핵개발 프로그램을 시작했지만, 북한처럼 한국과 미국과 같은 직접적인 적대국가의 큰 군사적 위협에 대처하기 위한 것은 아니었기 때문에 그 핵무장 동기와 열정이 북한처럼 강했다고 보기 어렵다.

더욱이 주목할 부분은 리비아가 내부적으로 핵개발을 위한 과학기술 및 산업역량이 매우 취약했기 때문에 핵무기 획득을 위한 유일한 방법은 파키스탄의 칸(A.Q. Khan)과 같은 핵확산 범죄자로부터 구매하는 것이었다. 리비아는 1980년대 들어 일부 물자와 부품을 획득하기 시작했고, 마침내 1997년에 칸의 불법거래망을 이용하여 원심분리기를 구매하면서 핵개발 프로그램이 점차 가시화 되었다. 당시 리비아는 칸으로부터 다양한 기자재와 핵무기의 청사진과 기술메모 등을 확보한 것으로 알려졌다. 2003년 원심분리기 부품을 적재하고 두바이에서 리비아로 운항하던 선박이 나포되는 사건도 발생했다. 당시 이 원심분리기 부품은 파키스탄에서 제공된 것으로 알려졌다.

2003년 리비아가 처음 비핵화 협상에 나섰을 때, 리비아는 고도화된 핵개발 프로그램이나 핵무기를 보유하지 않았다. 더욱이 리비아는 미사일 능력을 거의 갖지 못했다. 리비아가 1980년대 이전에는 소련에서 미사일을 도입하기도 했지만, 탈냉전기의 신규 미사일 도입계획은 국제사회의 반대로 성공하지 못했다. 북한에서 미사일을 도입하려는 시도도 좌절되었다.

2013년 12월 리비아가 핵포기를 선언했을 당시, 핵능력은 아직 초보적이었다는 것이 일반적인 평가다. 당시 리비아는 무기용 핵물질과 핵무기를 생산하는 단계에 전혀 이르지 못했다. 그럼에도 불구하고, 리비아 정권이 핵무기 생산을 위한 방향성을 갖고 이를 위한 역량을 갖추기 시작했다는 점은 결코 부정할 수 없는 사실이다. 결국 시간이 지나고, 핵무장에 필요한 물자와 기술을 습득하게 되면, 리비아의 핵능력도 증가했을 것이다.

2013년 12월 19일 리비아가 대량살상무기를 포기한다고 발표하고 국제검증을 수용하면서, 핵능력에 대한 평가와 검증이 급속히 진행되었다. 리비아가 보유했던 핵물질과 물자가 마침내 확인되었다.

첫째, 당시 리비아는 UF6(육불화우라늄, Uranium Hexafluoride) 가스 1.7톤, 80% 고농축우라늄 13kg, 우라늄 3kg, 우라늄 옥사이드 2,263톤 등 핵물질을 보유했다. 우라늄 옥사이드는 UF6 가스를 만드는 데 사용되고, UF6는 원심분리기에 투입하여 농축우라늄을 만드는 데 사용된다. 핵무기 1개분의 고농축우라늄을 생산하기 위해서는 UF6 가스 6톤을 750개 원심분리기에서 약 1년간 가동해야 한다고 한다.

둘째, 리비아가 확보한 농축기자재는 개량형인 L-2 타입 가스원심분리기 케이싱 4,000기와 각종 부품, 그리고 구형 원심분리기가 일부 있다. L-2 원심분리기 케이싱에 고속회전을 위한 로터(rotor)가 포함되어 있는지는 알려지지 않아, 실제 가동이 가능한지는 알려지지 않았다.

셋째, 미사일은 800km 사정거리의 스커드-C가 5기, 그리고 300km

사정거리의 스커드-B를 많이 보유했었다. 리비아정부는 대량살상무기 포기방침에 따라 미사일 국제수출통제체제인 미사일기술통제(MTCR: Missile Technology Control Regime)의 기준을 준용하겠다고 밝혔다. 이때 보유 미사일의 사정거리를 300km 이내로 기술적 제약을 가하게 된다. 북한에서 이전받은 사정거리 800km의 스커드-C 미사일은 미국으로 이관하여 보관하겠다고 천명했다.

리비아의 핵능력은 다른 핵개발 문제국가인 이란과 북한에 비하면 크게 떨어지지만 상당한 수준에 도달했다는 것이 일반적인 평가였다. 더욱이 국가적 방향성을 갖고 비밀리에 암시장을 통한 핵개발 물자의 조달체계를 구축했고, 핵무기 제조 설계도까지 확보했다는 점을 감안할 때 시간이 흐른다면, 리비아도 실제 핵무기능력을 갖출 가능성이 매우 높았다.

한편, 리비아의 과학기술과 산업능력이 아직 저발전 상태라는 점을 감안할 때, 실제 핵무기능력을 갖추는 데 많은 시간이 소요되고, 기술적 난관이 예상된다. 더욱이 계속 강화되는 국제핵비확산레짐을 감안할 때 과연 해외조달만으로 핵무기를 완성할 수 있었을지도 의문이다. 리비아가 일찍이 핵개발 프로그램을 시작했지만, 국제 핵비확산레짐의 제재압박 속에서 기술적 장애물을 극복하기 어려웠을 것으로 보인다. 이런 안팎의 제약적인 환경도 지도부가 2000년대 들어 핵개발 정책을 포기하고, 비핵국가로서 국제사회에 다시 참여하기로 결정한 주요 원인 중 하나이다.

리비아 핵능력에 대한 미국 내 정치적 논쟁

리비아의 핵능력은 과연 얼마나 위협적이었나? 리비아의 핵능력에 대한 평가가 미국에서 돌연 국내정치적 논쟁에 휩싸인 바 있다. 마침 2004년 미국의 대선과정에서 조지 W. 부시 대통령 측과 케리(John Kerry) 민주당 대선 후보 측 간에 리비아의 핵포기 원인과 핵능력에 대한 논쟁이 벌어졌다.

부시 행정부와 공화당 측은 카다피정부가 지속적으로 핵능력을 추구했기 때문에 만약 2003년 말에 핵포기 결정을 내리지 않았다면, 머지않아 핵을 보유하게 되었을 것이라고 주장했다. 심지어 중동의 정치상황을 감안할 때, 리비아가 테러집단에 핵무기를 이전할 가능성도 있다고 보았다. 리비아의 핵포기 결정에 있어, 부시 행정부의 강경 제재압박정책의 효과를 높이 평가하는 측의 입장이다. 반면 민주당 측은 부시 행정부가 정치적으로 이용하기 위해 리비아의 핵능력을 과대 포장했다고 주장했다. 누구의 입장이 옳을까?

2004년 중반기 들어 미 정치권은 "미국의 이라크 공격이 과연 정당했는가"에 대한 정치적 논쟁에 휩싸여 있었다. 미국인의 이라크전쟁에 대한 지지도가 2003년 7월 57%, 2004년 5월 49%, 7월 45% 등으로 계속 하락했다. 당시 미 상원이 발간한 보고서는 미 정보당국이 이라크 사담 후세인 대통령의 핵무기능력을 왜곡하고 과장했다고 주장했다. 이는 부시 대통령의 재선 가도에 악재가 되었다.

부시 대통령과 그의 선거팀은 2004년 말 재선을 앞두고, 이라크전쟁에 대한 국민의 불만을 잠재워야만 했다. 이를 위해 이라크전쟁이 옳았음을 증명하고자 했다. 이 선거 전략에 따라, 부시 대통령은 2004년 7월 12일 테네시 주에 있는 오크리지 국립핵연구소를 방문하여 알루미늄 관이 들어있는 나무상자 앞에 섰다. 이 알루미늄관은 리비아에서 공수되어온 원심분리기 케이싱이었다. 이날 부시 행정부는 오크리지 국립핵연구소에서 보관했던 약 25톤 규모의 리비아 핵장비와 부품, 그리고 4,000기가 넘은 원심분리기를 언론에 공개했다. 이 핵장비와 부품은 2004년 1월부터 리비아에서 이전된 것이었다.

이 이벤트를 통해 부시 대통령은 이라크전쟁 때문에 리비아가 핵포기를 결정했고, 이 핵포기로 인해 미국이 안전해졌음을 과시하려고 했다. 부시 대통령은 연설도 준비했다. "이라크에서 비록 대량살상무기 더미를 찾지는 못했지만, 이라크에 진입한 것은 여전히 옳았다. 이라크전쟁 때문에 리비아가 핵을 포기했다는 것이 바로 이를 증명한다." 아브라함(Spencer Abraham) 미 에너지장관도 이들 핵장비와 부품은 그동안 미국이 핵비확산 노력으로 수거한 최대 물량이라고 평가하면서, 미국 핵비확산외교의 '위대한 승리'라고 거들었다.

한편 케리 민주당 대선후보 측은 부시 대통령이 오크리지 연구소를 방문한 것에 대해 강한 유감을 표시했다. 부시 대통령이 이라크전쟁으로 인한 압박효과 때문에 리비아가 핵을 포기했다고 설명하는 것은 당초 잘못 판단한 이라크전쟁에 대한 책임을 회피하는 것이라고 비난했다. 부시 행정부의 설명에 이의를 제기하는 전문가들은 리비아의 핵포기 결정이 클린턴 행정부가 1990년대에 시작한 비확산 외교의 결과라고 주장한다.

전 핵사찰관이며, 미과학국제안보연구소(ISIS: Institute for Science and International Security) 소장인 올브라이트(David Albright)는 리비아의 핵능력에 대한 객관적인 평가가 필요하다고 주장했다. 그는 부시 행정부가 리비아의 핵포기 결정에 대한 외교적 업적을 과장하려는 마음이 앞선 나머지 리비아 핵능력을 객관적으로 보지 못했다고 비판했다. 그는 오크리지 핵연구소의 사진에 보이는 원심분리기는 핵심부품인 로터가 빠진 원심분리기 케이싱에 불과하며, 사진만으로는 동 기기의 작동여부도 판단할 수 없다고 주장했다.

원심분리기가 작동하기 위해서는 많은 내부 부품이 필요한데, 리비아가 포기한 장비 속에는 이런 부품이 없었다. 사실 외부 케이싱보다 제조하거나 획득하는 데 더욱 어려운 내부 부품이 없었기 때문에 리비아의 농축프로그램이 아직 초기적인 단계를 벗어나지 못했다고 판단되었다. 리비아가 농축시설을 제대로 가동하려면 최소한 수 년 이상이 소요되고, 핵무기 제조는 추가로 더 많은 시간이 소요되었을 것이다.

한편, 올브라이트와 대부분 핵비확산 전문가들은 리비아 핵능력에 대한 논쟁과 무관하게, 리비아의 핵포기는 핵비확산과 세계평화의 관점에서 중대한 의미가 있다고 입을 모았다. 또한 협상을 통해 핵포기를 유도하고 리비아 대량살상문제를 완전히 해결한 조지 W. 부시 행정부도 그 공을 인정받아야 한다고 평가했다.

사실 부시 행정부의 핵비확산 정책, 특히 리비아 정책은 매우 성공적이었다는 것이 중론이다. 과거 리비아는 국제사회에서 테러지원국이며, 화학무기를 실전에 사용한 반인류적 국가, 광범위한 대량살상무기 프로그램을 보유한 위험국가 등으로 알려진 불량국가였다. 이런 국가를 외교적 제재압박을 통해 테러지원을 포기하고, 대량살상무기의 전면 포기와 국제사찰 수용을 하도록 만든 것 자체가 부시 행정부에게 엄청난 외교적 성과가 아닐 수 없다. 그런데 부시 행정부가 정치적으로 리비아의 비핵화 결정 원인을 왜곡하고, 핵능력을 과장했다는 논쟁이 발생함으로써 부시 행정부의 리비아 비핵화가 평가 절하되는 것은 유감스런 일이다.

2. 비핵화 결정 배경과 이행

카다피의 전격적 핵포기 결정 발표

2003년 12월 19일 세계는 중동에서 날아온 갑작스런 뉴스에 놀랐다. 이 뉴스는 테러나 전쟁 발발 소식이 아니라, 테러지원과 핵확산을 자행하는 불량국가로 알려진 리비아가 핵을 포기한다는 낭보였다. 이날 리비아의 최고지도자이자 군사독재자인 카다피 대령은 모든 대량살상무기를 폐기한다는 성명을 전격적으로 발표했다. 카다피 대령은 핵무기, 화학무기, 생물무기 등 일체의 대량살상무기를 폐기하고, 이를 검증하기 위한 국제사찰단의 입국과 폐기 감시를 전면적으로 수용한다고 선언했다. 또한 보유한 미사일의 사거리를 300km 이내로 제한한다고 발표했다. 별도의 정부 성명은 리비아가 핵포기 발표에 이르게 된 경과와 대량살상무기 포기의 범위를 설명했다. 그 일부는 다음과 같다.

> "최근 리비아정부는 미국·영국 전문가들과 대량살상무기와 관련된 리비아의 활동에 대해 대화했다. 리비아 측은 미국과 영국에게 국제적으로 금지된 대량살상무기를 만드는 데 이용된 물질과 장비와 프로그램을 공개했다. 원심분리기와 화학물질의 운반체계도 이에 포함된다. 리비아는 국제평화와 안전에 대해 책임을 지고 있는 유엔 안보리 상임이사국인 미국·영국과 대화한 결과, 자신의 자유의지에 따라 대량살상무기용 물질, 장비, 프로그램을 제거하고, 국제규범에서 금지된 무기를 포기하기로 결정했다. 또한 리비아가 보유한 미사일의 사정거리를 미사일기술통제레짐(MTCR)의 기준을 준수하는 범위 내로 제한키로 결정했다."

전 세계가 리비아의 핵포기 소식에 놀랐지만, 미국 조지 W. 부시 대통령과 영국 블레어(Tony Blair) 수상은 놀라지 않았다. 오히려 이들은 각각 워싱턴과 런던에서 카다피의 성명이 나오기를 초조하게 기다리고 있었다. 부시와 블레어는 리비아의 핵포기가 자신들의 큰 외교적 성과로 생각하며, 카다피 대령이 직접 이를 발표하기를 기다렸다.

리비아정부가 발표했듯이, 미국과 영국 정보기관은 리비아 정보기관과 대량살상무기 폐기를 위한 비밀협상을 2003년 3월부터 9개월간 진행했다. 양국의 전문가들이 이미 리비아의 대량살상무기 시설도 수차례 방문하였다. 하지만 양국과 리비아정부는 이를 철저히 비밀에 부쳤다. 관련국의 정보기관이 협상을 주도한 것도 보안유지에 도움이 되었다.

카다피 대령이 12월 19일 대량살상무기를 포기하는 성명을 발표하자, 미국은 같은 날 바로 이어 이를 환영하고, 그 경과와 미국의 역할을 밝히는 성명을 발표했다. 부시 대통령은 독재자와 그의 후계자들이 또다시 세계평화를 위협할 수도 있으므로, 리비아 국민들이 선거를 통해 지도자를 선출할 수 있을 때까지 석유 투자 금지를 포함한 경제제재를 지속한다는 입장도 밝혔다.

이 성명에서 특히 주목할 점은 첫째, 리비아의 선조치로 비핵화 협상이 시작되었다는 것이다. 둘째, 미국의 대 리비아 비핵화 정책목표가 단순히 리비아가 핵무장국으로 등장하는 것을 저지하는 데 그치지 않고, 리비아의 핵능력이 테러집단으로 확산되어 테러집단이 핵무장하고 핵테러 하는 것을 방지하는 데 있다는 점을 밝히고 있다. 2001년 9월 미국 뉴욕에서 3,000명이 사망하는 대량살상테러가 발생한 이후 미국이 대테러 전을 선언한 상황에서 리비아의 경우에는 핵테러 방지 목표가 더 긴박한 비핵화 정책목표가 되었던 것으로 보인다. 셋째, 미국정부는 핵개발국이 테러집단과 연계될 때, 비핵화를 위한 군사적 조치를 적극 추진한다는 입장을 밝혔다. 과거 특정 국가에 대한 비핵화정책은 그 나라가 핵무장국이 되는 것을 저지하는 데 집중했지만, 리비아 사례는 그 국가의 핵무장보다 테러집단으로 핵능력이 이전되는 것을 저지하는 데 더욱 중요한 의미를 주는 첫 비핵화 사례였다. 다음은 리비아가 핵포기를 선언한 날 부시 대통령이 연설에서 밝힌 리비아 비핵화외교의 경과이다.

"오늘 발표까지 이르게 된 비확산 협상은 9개월 전에 시작되었다. 카다피 대령의 특사가 나와 토니 블레어 영국수상을 접촉했다. 당시 특사는 카다피 대령이 정부정책의 결정적인 변화를 추진할 용의가 있다는 의사를 전달했다. 카다피 대령의 직접 지시로 리비아 관리가 미국과 영국 정보요원에게 대량살상무기 및 미사일 프로그램과 활동에 대한 문서를 제공했다. 우리 전문가들이 리비아 관리와 만나 추가 정보도 얻었다.

대량살상무기의 확산을 저지하는 것은 반테러전쟁에서 최우선 과제 중 하나이다. 9·11테러공격은 미국에게 엄청난 비극을 안겼고, 미래에 더 큰 위협이 있을 것이라는 경고를 주었다. 만약 핵능력을 가진 정권들이 테러집단과 연계하면 이런 위험은 크게 증가할 것이다. 이런 확산 위험에 대처하기 위해, 미국과 동맹국들은 외교, 또는 필요시 결정적인 군사행동도 활용하여 적극적인 전략을 추진할 것이다.

대량살상무기를 포기한 국가에 대한 메시지는 분명하다. 이들은 미국 및 자유진영 국가들과 관계 개선의 기회를 갖게 되며 이를 통해 리비아는 국제사회에 다시 참가하는 프로세스를 시작하게 된다. 카다피 대령은 앞길을 알고 있으며, 리비아는 약속을 이행해야 한다. 또한 리비아는 반테러전쟁에도 동참해야 한다. 리비아는 이미 팬암 테러사건의 해결과정에서 테러행위를 부정하고 반테러전쟁에 협조를 약속했었다. 리비아정부가 이 조치를 취하고 진실성을 보여준다면, 이에 대한 보상이 있을 것이다. 다시 국제사회에서 존경받게 되고, 시간이 지나면 미국과 관계도 크게 개선할 수 있을 것이다."

경제제재의 효과

리비아가 핵포기를 결정하게 된 주요 원인으로 무엇보다 제재로 인한 경제위기를 들지 않을 수 없다. 리비아의 경우, 다양한 비핵화 동기 중에서도 국제사회와 미국의 제재가 핵포기 결정에 가장 큰 영향을 미쳤다는 것이 전문가의 다수 의견이다.

아프리카에서 최대 원유 매장국이자 산출국인 리비아는 1980년대 들어 국제제재가 본격화되기 전에는 건실한 경제성장을 구가했다. 1969년 당시 카다피 육군중위가 군사쿠데타를 일으켜 왕정을 폐지하고 '인민직접민주주의'라는 독특한 정치체제를 만들어 독재자로서 계속 통치할 수 있었던 배경에는 이런 외화수입과 경제발전이 있었다.

그런데 1980년대 들어 미국과 관계가 급격히 악화되었다. 1981년 리비아 지중해 연안에서 리비아가 일방적으로 지정한 영해선을 미군기가 진입하면서 공중전이 발생했다. 이를 계기로 리비아와 미국은 각각 상대방에 대한 보복을 선언했다. 미국은 자국민의 리비아 여행 금지, 리비아산 석유 수입 금지, 리비아와 국경을 인접한 이집트 지역에 조기경보통제기 배치, 지중해에 항공모함 배치 등으로 경제제재와 군사압박을 시작했다.

이후 각종 테러사건에서 리비아가 배후로 지목되면서, 미국과 유럽은 리비아에 대해 경제제재와 군사압박을 더욱 강화하였다. 1986년 리비아와 미국 간 군사적 충돌이 발생했다. 1986년 4월 베를린에서 미군 전용 디스코텍 폭발사건이 발생하여 다수의 미군이 사망했는데, 당시 리비아가 배후로 지목되었다. 1988년 다수 미국민이 사망한 팬암 103편 폭발사건이 있었다. 미국과 국제사회는 국제테러를 일삼는 리비아를 불량국가로 지목하여, 전면적인 제재를 가했다. 레이건(Ronald Reagan)

대통령은 각종 기행과 반미 선동에 앞선 카다피를 '중동의 미친 개'로 불렀다.

1986년 4월 미국과 영국은 베를린 디스코텍 폭발사건에 대한 보복조치로 리비아 군사기지에 광범위한 기습공격을 감행하여 큰 피해를 입혔다. 당시 이 공습은 카다피를 살해하기 위한 공습으로 알려지면서, 카다피와 중동권의 큰 반발을 사기도 했다.

리비아에 대한 미국과 국제사회의 제재가 지속되면서 리비아의 국제고립은 심화되고 석유수출이 감소되면서 경제도 크게 위축되었다. 특히 제재 이전에는 미국이 리비아산 석유의 주요 수입국이었다는 점을 감안할 때 리비아의 고통은 더욱 컸다.

리비아 경제는 원유와 금의 수출에 크게 의존하고 있었으며, 제재 이전에는 경제가 좋았다. 1980년 일인당 국민소득은 1만 3,000달러였는데 1995년에 그 반 수준인 6,800달러로 떨어졌다. 따라서 리비아 지도부와 국민은 제재에서 벗어나 이전의 경제수준을 회복하려는 강한 동기를 갖고 있었다. 실제 제재가 해제된 이후 2008년에 다시 1만 2,500달러 수준으로 회복되었다. 마찬가지로 2002년 리비아의 수출은 97억 달러, 수입은 48억 달러에 불과했다. 그런데 핵을 포기하고 경제제재가 해제된 지 불과 6년이 지난 2008년에는 수출이 570억 달러, 수입은 200억 달러로 5배 이상 급증했다.

리비아 지도자와 국민에게 석유수출과 교역을 재개하는 것이 엄청난 경제적 이득이 될 것이라는 점은 명약관화(明若觀火)했다. 특히 리비아 국민들은 카다피정부 때문에 경제발전에 석유수출을 이용하지 못하는 데 대해 불만을 드러내기 시작했다.

카다피 대령은 내부 불만에 대응하기 위해 그동안 자신이 추진했던 극단적인 사회주의 국정운영 방식을 버리고, 외국자본과 기술을 도입하고 경제발전을 촉진하겠다고 나섰다. 제재해제를 위해 미국과 관계개선도 적극 검토하였다. 카다피는 대외접촉과 개방 업무를 친서방 성향의 31세 아들 자이프(Saif al Islam Gaddafi)에게 맡겼다. 그런데 미국과 관계개선을 위해서는 2개 선결조치가 필요했다. 팬암 테러폭발의 사망자에 대한 보상과 핵포기였다.

그 중에서도 당시 미국과 국제사회의 최대 현안은 팬암 103편 폭발사건의 피해자에 대한 보상문제였다. 1988년 팬암 103편 폭발사건, 일명 '로커비 테러'는 미국인 다수가 탑승한 팬암 여객기가 스코틀랜드 로커비 상공을 지나는 순간에 폭발하여, 탑승객 259명 전원과 스코틀랜드 지상의 주민 11명 총 270명이 사망한 사건이다. 이 사건의 배후에 리비아 요원이 있었다고 알려지면서, 유엔은 리비아에 대해 추가 제재를 부과했다.

리비아는 우선 이 문제의 해결을 추진했다. 리비아정부는 국제사회의 요청에 따라 팬암 폭발사건의 혐의자 2인을 추방하여 스코틀랜드 법정에서 서도록 했다. 또한 리비아는 2002년 5월에 사망자 일인당 1,000만 달러씩, 총 27억 달러를 보상키로 합의했다. 리비아 혐의자를 법정에 세우자, 유엔은 1999년 리비아 제재를 해제했다.

그런데 미국의 일방적인 리비아 제재는 지속되었다. 리비아는 지난 수년간 국제테러활동에 대한 지원을 거부하고, 특히 2001년 9·11테러 이후에는 미국을 지원하기 위해 필요한 정보를 제공했다고 항변했다. 그렇지만 미국은 여전히 리비아에 대한 강한 불신을 갖고 있었다. 특히 테러 지원과 대량살상무기 개발에 대한 의혹이 남아있는 한 어떤 제재해제도 반대했다. 유엔이 리비아 제재를 해제했지만, 미국이 국제사회의 여론을 주도하며 리비아에 대한 제재압박을 지속하는 한 제재해제의 혜택은 매우 제한적이었다.

리비아정부는 미국의 요구를 충족시키고 수십억 달러 상당의 외화수익을 올릴 것인지, 또는 대량살상무기 프로그램을 유지하면서 미국의 제재압박을 감내할 것인지 결정을 해야만 했다. 마침내 카다피는 전자를 선택했다.

리비아의 핵포기 동기에 대한 논쟁

핵포기의 역사적 사례를 보면, 핵개발국이 단순히 경제적 어려움 때문에 안보와 체제보장에 도움이 되는 핵무장을 포기한 사례를 찾기 어렵다. 특히 권위주의 정권의 경우 보통 외부의 제재압박에 큰 영향을 받지 않기 때문에 더욱 그렇다. 이들은 국가안보와 정권안보에 도움이 된다면, 핵무장을 위해 외부의 강도 높은 제재압박도 인내하는 경향이 있다. 그런데 안보 환경에 변화에는 민감한 반응을 보인다. 특히 외부로부터 군사적 조치의 가능성이 있을 경우 그렇다.

부시 대통령은 리비아 비핵화에서 이런 점을 부각했다. 그는 리비아의 핵포기 결정에 대해, 이라크에 대한 공격이 핵무기를 추구하는 국가들에게 '분명한 메시지'를 보냈기 때문이라고 주장했다. 이는 미국이 이라크를 공격하고, 사담 후세인 정권을 붕괴시킨 것이 다른 핵개발 국가에게 다음 차례일수도 있다는 메시지를 보냈다는 해석이다.

미국의 이라크 공격이 리비아의 비핵화 결정에 미친 명확한 인과관계를 증명하는 것은 쉽지 않다. 하지만 2003년 3월 부시 행정부가 이라크에 대한 공격을 준비하기 위해 군사력을 집중하던 바로 그 시기에 카다피정부가 영국에 접근하기 시작했다는 점에서 상당히 연관성이 있다고 볼 수밖에 없다.

일부 전문가들은 2003년 미국 주도 연합군의 이라크 공격이 리비아의 비핵화 결정에 직접적인 영향을 미쳤다고 주장했다. 리비아의 결정적인 양보가 사담 후세인이 체포된 지 일주일도 안 되어 발생했다는 점을 그 증거로 들었다. 실제 당시 카다피 대령이 베를루스코니(Silvio Berlusconi) 이탈리아 총리에게 "나는 미국이 원하는 것을 무엇이든 하려고 한다. 나는 이라크에서 발생한 것을 보았고, 두렵다"고 말했다고 했다.

당시 페이스(Douglas Feith) 미국 국방차관도 리비아의 대량살상무기 포기 결정이 부시 행정부가 추진한 반테러전쟁의 결과물이라고 주장했다. 페이스 차관은 특히 부시 행정부의 선제공격 정책 때문에 "카다피가 탈레반 정권과 이라크 후세인 정권의 말로를 직접 보았을 때, 그는 워싱턴의 블랙리스트에서 빠지기를 간절히 원했을 것이다"라고 평가했다.

한편, 부시의 반테러전쟁과 리비아의 핵포기 결정 간 직접적인 인과관계를 부정하는 주장도 있다. 리비아가 이미 수년간 미국 및 서방국가와 관계개선을 추진했었고, 2003년 12월의 핵포기 선언은 그런 노력의 최종 결과물에 불과하다는 주장이다.

리비아가 팬암 테러사건을 해결하기 위해 줄곧 노력해 왔고, 또한 1999년에 리비아정부가 당시 클린턴 행정부에 접근하여 대량살상무기의 포기를 제안했다는 증언도 이런 주장을 뒷받침한다. 당시 리비아는 장기간 국제제재로 인해 극심한 외화부족과 경제침체를 겪고 있었다. 그런 경제적 고통의 결과, 카다피는 결국 미국과 관계개선 없이는 결코 제재와 경제위기에서 벗어날 수 없다고 판단하고, 핵포기 방안을 모색했다는 것이다.

한편, 당시 미국의 입장에 대한 다른 해석도 있다. 미국의 리비아 정책에서 주 관심사는 대량살상무기의 포기가 아니라, 팬암 103편 희생자에 대한 보상과 테러집단 지원의 저지에 있었다고 한다. 리비아의 화학무기 재고와 초기 단계의 핵개발 프로그램은 미국에게는 우려 사항이었지만, 미국에게 현존하는 안보위협이 아니었기 때문이다. 따라서 당시 각종 국제안보 현안에 시달리던 미국이 리비아가 핵포기 제안에 대해 즉각 호응하고 외교력을 집중하여 성과물을 내도록 하기 위해 노력할 이유가 없었다고 한다.

그렇다면 미국과 영국이 왜 리비아의 대량살상무기 포기를 엄청난 외교적 성과물로 포장하고 양국 정상이 직접 홍보에 나섰는가에 대한 의문이 제기된다.

이에 대해, 미국과 영국정부가 이라크 침공의 성과를 홍보하면서 그 부수효과로 리비아가 대량살상무기를 포기했다는 점을 활용하려고 했다는 주장이 있다. 앞에서 토론했듯이 사실 미국 내에서 이라크 침공의 정당성과 필요성에 대한 정치적 논쟁이 컸다는 점을 감안한다면 부시 행정부가 조금이라도 그 정당성을 강화하는 데 도움이 되는 방향을 선택했을 가능성이 있다.

한편, 당시 미국정부가 매우 불순한 동기를 가졌다는 음모론적 주장도 있다. 미국의 이라크 침공 명분은 이라크의 핵개발 프로그램이었는데 침공 후에 막상 핵개발 프로그램을 찾지 못했다. 그 결과, 침공의 명분이 완전히 부정되는 상황이 발생했다. 이를 무마하기 위해, 미국정부가 적극적으로 리비아의 대량살상무기 포기결정을 이용하기로 하고, 스토리를 만들어 냈다고 한다.

특히 부시 대통령의 입장에서 볼 때, 카다피가 전면적으로 대량살상무기를 포기한다는 결정을 내린 것은 외교안보적 성과일 뿐 아니라, 중대한 정치적 성과가 되었다. 특히 이라크 침공의 정당성이 논란이 되는 상황에서, 군사력의 사용 없이 오로지 제재압박의 외교적 수단만으로 리비아의 테러와 대량살상무기 문제를 해결한 것은 부시 행정부로서 엄청난 외교적 성과가 아닐 수 없었다. 블레어 영국 총리에게도 리비아 비핵화 사건은 큰 정치적, 외교적 성과물이 되었다. 리비아가 첫 접촉을 시작했고, 미국을 연결시켜 종국적으로 문제해결에 성공한 것은 영국이었고, 특히 블레어 총리가 이를 직접 관장했기 때문이었다.

리비아 비핵화는 이라크 비핵화와 비교할 때 더욱 돋보이는 '외교적 성과'가 된다. 이라크 핵문제와 테러문제를 완전히 해결하는 데는 수년간에 걸친 유엔 안보리 제재와 이를 둘러싼 갈등, 경제제재와 외교압박, 그리고 1991년과 2003년의 두 차례 전쟁이 필요했다. 그런데 미국이 전쟁으로 인한 생명과 재정의 손실을 전혀 치르지 않고서도, 만성적인 리비아의 테러지원과 핵개발 문제를 해결한 것은 엄청난 정치·외교적 성과물이 아닐 수 없었다. 리비아 비핵화를 둘러싼 미국 내 정치적 논쟁에 불구하고, 이것이 미국과 국제사회에게 중대한 핵비확산 성과물이 되었고, 이로 인해 세계평화가 그만큼 진전했다는 사실에는 변함이 없다.

3. 핵포기 실행과 비핵화 이후

전면적 핵포기와 카다피의 후회

리비아는 대량살상무기 포기선언을 착착 실행에 옮겼다. 2004년 1월 화학무기를 전면 금지하고 이에 대한 사찰의무를 규정한 화학무기금지협정(CWC)에 가입했다. 일찍이 NPT 회원국이었던 리비아는 2004년 3월에 강화된 사찰의무를 규정한 'IAEA 추가의정서(Additional Protocol)'에 서명했다. 추가의정서는 1990년대 IAEA의 안전조치가 북한과 이라크 핵개발 프로그램의 실체를 규명하는 데 실패하자 국제사회가 IAEA의 사찰 권능을 대폭 강화시켜 사실상 불시사찰과 강제사찰이 가능한 새로운 사찰체제를 담고 있다.

리비아는 대량살상무기 포기 선언을 전반적으로 충실히 이행했지만, 일부 이행되지 않은 부분도 있었다. 2009년 1월 출범한 오바마(Barack Obama) 행정부는 핵테러 방지를 위한 핵안보에 각별한 관심을 갖고 있었다. 이를 위해 세계에 산재한 미사용 핵분열물질을 제거하는 데 주력했다. 이 때 오바마 행정부는 리비아 핵개발 프로그램 중에서 끝까지 남아있던 고농축우라늄 캐스크(cask)를 미국으로 이전해 달라고 카다피 대령과 그의 아들 자이프에게 요청했다. 당시 리비아는 자신의 비핵화 약속 이행에도 불구하고 미국의 제재해제가 지연되는 것이 불만이었다. 자이프는 당시 크레츠(Gene A. Cretz) 주리비아 미국대사에게 핵포기 선언 이후 1억 달러 이상의 핵개발 물자를 포기하고 이전했지만, 미국이 아직 리비아에 대한 무기판매 금지조치를 유지하고 있다고 항의했다.

아랍의 봄 이후 리비아에서 내전이 발생하였을 때 리비아 핵문제가 다시 주목받았다. 2011년 3월 당시 카다피 부자가 트리폴리 공격을 준비하자, 미국은 리비아 공군을 무력화하기 위해 비행금지구역 설정을 검토하였다.

당시 미 국무부와 국방부 인사들은 2003년 핵합의와 핵폐기의 중요성을 새삼 인식했다고 한다. 만약 2003년 핵포기가 없었다면, 아마 핵능력을 갖게 된 카다피가 핵무기 사용을 위협하거나, 주변국과 테러집단에 핵을 이전할 가능성도 있었다. 하지만 리비아는 핵능력을 전면 포기했기 때문에 어떤 전략적 대응능력도 갖지 못했다. 일부 화학가스가 있었지만, 투발수단이 없었다. 따라서 미국은 리비아에 대해서 마음껏 제재와 군사조치를 취할 수 있는 자유를 갖게 된 것이다.

만약 카다피가 초기 핵개발 프로그램을 유지했더라도 2011년까지 핵개발을 완성했을지는 알 수 없다. 그렇지만 절박한 안보위기 상황에서 어떤 수단이든 사용하려고 했을 것이고, 이때 미국의 군사적 대응은 매우 제약되었을 것이다. 이렇게 본다면 2003년 핵합의와 2010년대의 카다피 축출과 사망사건에는 아무 연관이 없다고 보기 어렵다.

핵포기 이후 카다피 대령은 핵개발 프로그램을 너무 빨리 많이 포기함으로써 외부의 무기구매와 경제협력을 확보하는 데 필요한 협상지렛대를 놓쳤다고 후회했다고 한다. 또한 자신들이 포기한 원심분리기가 미국으로 이전되었다는 점에 대해서도 모욕감을 느꼈다고 한다. 아랍의 봄과 내전이 발발했을 때에는 그의 반응은 알려져 있지 않으나, 후회가 극심했을 것으로 미루어 짐작할 수 있다. 이런 사후 논란에도 불구하고, 리비아의 핵포기 결정은 당시로서는 자신의 국익을 감안할 때 합리적이었다는 점을 간과해서는 안 된다. 그 당시에는 어떤 안보불안과 정권불안도 예상하기 어려웠고, 미국의 제재로 인해 오히려 체제불안과 정권안보가 크게 훼손되었기 때문에 카다피 부자가 최선의 선택을 한 셈이었다.

우크라이나도 유사한 반응을 보인 사례이다. 핵포기 이후 국제사회의 경제지원이 지체되자 조기 핵포기를 후회했다. 러시아에 크리미아반도를 빼앗긴 이후 이런 불만이 더욱 증폭되었다. 그렇다고 구소련에서 독립한 우크라이나가 핵포기 않고 핵무기를 계속 보유했다면 어떻게 되었을까? 우크라이나는 NPT 비회원국으로 남아있으면서 국제사회의 진입이 거부되고, 제재와 고립의 고통을 겪었을 것이다. 당시 신생 독립국으로서 우크라이나 국가와 국민의 최고 국익은 국제사회의 일원이 되어 신생 주권독립국으로 인정받는 것이었다. 이때 NPT 참여가 최고 관건이었고, 이를 위한 핵포기는 최고 국익을 위해 필수적인 조치였다.

사실 카다피 정권이 미국과 영국에게 넘긴 핵기술은 당초 미 정보당국이 추정한 것 이상이었다. 농축용 원심분리기가 4,000기가 넘었고,

불완전하지만 핵무기 제조 설계도도 있었다. 이렇게 획득한 기기와 기술로 리비아는 핵능력을 확보하기 위한 출발을 할 수 있었을 것으로 보인다. 만약 리비아가 그 경로를 선택했다면, 현재 중동정세는 훨씬 더 혼란스럽고 위험할 것이다.

'리비아모델'의 재평가

일반적으로 '리비아모델'의 핵심 내용은 핵개발 프로그램의 포기와 제재해제를 교환하는 것이다. 그런데 막상 리비아 관리들은 '리비아모델'의 이행에 불만이 많았다. 이들은 비핵화 협상과정에서 미국과 영국이 약속한 보상을 제때 제공하지 않았다고 주장했다.

첫째, 리비아는 미영이 제재해제를 약속했지만 당초 약속보다 훨씬 지연되었다고 주장했다. 둘째, 리비아의 '자발적인 핵포기 결정'에 대해 미국은 마치 미국의 이라크 공격과 후세인의 축출 때문이라고 설명한 데 대해 불평했다. 셋째, 리비아는 이라크 침공 이전부터 핵포기 의사를 미국과 영국에게 이미 전달했다고 주장한다. 그런데 미국이 팬암 테러 사건의 해결 이후로 핵문제 해결을 미루었기 때문에 핵포기 선언이 지연되었을 뿐이라고 한다.

북한의 '리비아모델'에 대한 거부감은 강박증에 가깝다. 무엇보다 카다피 대령이 결국 2011년 리비아 민주화운동과 이에 서방진영국가들이 개입한 결과 정권에서 축출되고 피살되었기 때문이다.

2003년 카다피 정권이 핵포기를 선언했을 당시만 하더라도 카다피는 국가안보와 정권안보가 핵무기 보유에 달려있다고 전혀 생각하지 않은 것 같다. 따라서 핵개발을 카다피정부의 최우선 순위 정책목표로 삼지 않았다. 만약 정권과 국가의 운명이 핵무기에 달려있었다고 한다면 그렇게 쉽게 핵을 포기할 수 없었을 것이다.

　그런데 북한의 경우는 이와 크게 달랐다. 김정일과 김정은은 극심한 안보불안과 체제불안을 겪었고, 핵무기를 이에 대응하는 최선의 정치군사 수단으로 보았다. 따라서 핵무기 확보를 최고 국가목표와 동일시했다. 마침내 북한은 핵개발 완성단계에 가까워졌으며 대륙간탄도미사일(ICBM) 능력까지 갖추어, 명실상부한 '핵무장국'이 되었다. 따라서 북한은 리비아처럼 취급되는 것을 단호히 거부할 것이다. 더욱이 선 핵포기 한다는 것은 핵무장을 위해 지난 수십 년간 온갖 제재압박을 무릅쓰고 귀한 자원을 투입하였다는 점을 감안할 때 상상하기 어렵다.

　'리비아모델'의 북한 적용을 주장하는 전문가들은 특히 '리비아모델'의 성공요인 3개에 주목할 것을 요구한다. 첫째, 전면적 핵포기에 대한 최고지도자의 확고한 결정이다. 둘째, 비핵화를 압박하기 위해 제재, 외교, 군사력 사용위협 등 모든 정책수단을 동원했다는 점이다. 특히 군사조치의 위협이 중요하다. 셋째, 완전한 핵폐기와 핵검정이 필요하다. 이를 위해 핵시설에 대한 무제한 접근이 보장되어야 하고, 폐기 핵시설은 해외이전 해야 한다. 사실 이런 요소들은 '리비아'모델에서 모두 구현되었지만, 과연 이들이 북한에 적용할 수 있을지, 그 실현성이 의문이다.

　군축전문가로서 오바마 행정부에서 비확산군축특별보좌관을 지낸 아인혼(Robert Einhorn)은 핵능력과 핵개발의지의 2개 측면에서 리비아와 북한은 차이가 매우 커서 '리비아모델'의 북한 적용을 경계했다. 리비아는 핵능력을 추구했지만 장비와 부품만 잔뜩 모았지 아직 어떻게 할지도 모르는 상태였다면, 북한은 충분한 핵무기 과학기술과 생산능력을 구비하여 핵무기를 만들었다. 리비아의 핵능력 제거는 소수의 창고에 쌓여있는 부품 박스를 통째로 이송하면 되었지만, 북한은 전역을 뒤져 제조시설과 부품을 찾아내야 한다.

북한의 '리비아모델'에 대한 강한 거부감에도 불구하고, 2003년 카다피의 핵포기 결정과 2011년 그의 비참한 최후 사이에는 직접적인 연관성은 없어 보인다. 아산정책연구원의 장지향 박사는 "리비아식 비핵화모델의 오해와 진실" 보고서(2018.5.30)에서 '핵폐기 때문에 카다피가 죽었다는 북한의 레토릭'은 진실이 아니라고 주장했다. 2011년 튀니지에서 우연히 시작된 한 청년의 분신자살 사건은 아랍 민주화 혁명을 촉발했다. 그 결과, 튀니지, 이집트, 리비아, 예멘의 독재자가 축출되었다. 여기에는 미국과 유럽국가들의 군사적 개입도 상당부분 작용했다. 하지만 이들 지도자의 축출의 직접적인 원인은 장기독재에 따른 내부 불만과 체제불안정이었다고 보아야 한다. 특히 독재정권이 폭력적으로 시민 시위운동을 진압하자 서방의 개입이 시작되었다.

　그렇지만 일부 전문가들은 카다피정부가 핵무기를 보유했었다면 과연 서방진영 국가들이 2011년 아랍의 봄 당시에 군사적으로 개입할 수 있었을까 의문을 제기한다. 카다피가 핵을 포기했기 때문에 아랍의 봄이 발생하고, 축출된 것은 아니다. 하지만 만약 핵이 있었다면 카다피의 체제보장 능력이 커지는 반면 외부의 개입 가능성은 더욱 낮아졌을 것이다.

　오바마 행정부의 일부 관리들은 중동의 민주화운동을 지지하기 위해 개입할 때, 리비아와 같은 핵포기 국가의 말로 때문에 향후 잠재적 핵개발국이 핵개발에 더욱 집착할 가능성을 우려했었다고 했다. 따라서 미국 정부는 "핵포기와 군사적 개입 사이에 어떤 연관성도 없다"고 강조했다.

　일부 전문가들은 설사 핵포기와 독재자 축출 사이에 연관성이 없다고 하더라도 그 정치적 파장을 감안하여 좀 더 신중해야 했다고 지적했다. 당시 오바마 행정부는 중동에서 긴급하게 군사적 개입이 필요했기 때문에 중장기적 여파에 대해서 고민할 여유가 없었다. 하지만 북한은 2011

년 리비아 사태와 카다피 대령의 종말에 크게 주목했다. '리비아모델'에서 북한이 얻은 최고의 교훈은 핵을 포기하면 리비아와 카다피의 운명을 맞게 된다는 것이었다.

4. '리비아모델'의 귀환

볼턴 국가안보보좌관의 '리비아모델'

2018년 6월 역사적인 싱가포르 북미정상회담을 앞두고 '리비아모델'이 다시 주목 받았다. '리비아모델'을 부활시킨 장본인은 바로 미 국가안보팀에 새로 참여한 볼턴 국가안보보좌관이다. 볼턴은 2000년대 초 부시 행정부에서 국무부 군축·국제안보차관과 주 유엔대사를 역임했다. 그 당시에도 강경보수파 네오콘으로 명성이 자자했다. 심지어 2006년 유엔대사로 지명될 당시 공화당 상원의원조차 지명 인준을 거부했고, 결국 조지 W. 부시 대통령이 상원휴회를 이용하여 겨우 임명했다. 볼턴 대사는 결국 상원인준을 받는 데 실패하여 그 해 말에 사임했다.

2018년 5월 들어 국가별로 갖가지 북핵 해법을 제시하면서, 북핵 해법을 둘러싼 신경전이 서서히 가열되고 있었다. 우선 문재인정부는 북핵 동결 이후 완전한 비핵화를 추구하는 '2단계 비핵화' 방안을 선호했다.

김정은 국무위원장은 북중정상회담(2018.3.26)에서 '단계적·동시적 조치'를 비핵화 해법으로 제시했다. 여기서 김정은 위원장은 "한국과 미국이 선의를 갖고 우리의 노력에 대응하며 평화와 안정의 분위기를 조성하고 평화 실현을 위한 단계적이고 동시적 조치를 취하면 한반도 비핵화 문제는 해결될 수 있다"고 발언했다. 그동안 북한이 미국에게 '선

적대시정책 포기'와 '선 핵포기 절대불가'를 일관되게 주장한 데서 다소 입장 변화가 있었다. 이 발언은 김정은 위원장이 시진핑(習近平) 주석에게 직접 한 발언이라는 점에서 중대한 의미를 갖는다. 단계적 비핵화 해법을 모색한다는 차원에서는 남한, 북한, 중국이 비슷한 생각이었다. 물론, 단계적 비핵화조치의 내용, 비핵화조치 속도, 완전한 비핵화 시한 등에 대해서는 서로 생각이 크게 달랐다. 그렇지만 비핵화 대화의 시작이 중요하다는 생각에서 서로 쟁점을 부각시키지 않았다.

트럼프(Donald Trump) 행정부도 초기에는 비핵화 방법론에 대해서 신중한 행보를 보였다. 트럼프 행정부는 '완전한 핵폐기(CVID: Complete, Verifiable, Irreversible Dismantlement)'를 비핵화 목표 개념으로만 제시할 뿐 아직 구체적인 해법을 제시하지는 않았다. 특히 트럼프 대통령은 해법 또는 구체적인 비핵화조치에 대해서는 발언을 삼갔다. 그런데 비핵화 논쟁의 불씨에 기름을 부은 것은 볼턴 신임 국가안보보좌관이었다. 맥마스터(Herbert McMaster) 장군에 이어 트럼프 행정부의 2대 국가안보보좌관으로 갓 지명된 볼턴은 〈라디오 프리 아시아(Radio Free Asia)〉와의 인터뷰(2018.3.20)에서 '리비아 해법'을 강력히 주장했다. "북핵의 즉각적이고 일괄적인 폐기"뿐만 아니라, 리비아와 같이 "일체 핵프로그램을 포기하고 이를 해체하여 즉각 미국으로 이전해야 한다"고 주장했다.

사실 '리비아식' 모델도 다양한 해석이 있다. 볼턴은 상기 인터뷰에서 '리비아식'을 "어떤 보상과 보장도 없이 핵을 일거에 포기하고 모든 핵시설과 물질을 미국으로 이전하는 것"으로 규정했다. 하지만 전문가들이 보는 '리비아식'은 볼턴의 해석과 다르다. 실제 리비아가 핵을 포기한 경과도 볼턴의 해석과 차이가 있다.

실제 리비아의 비핵화는 단계적으로 진행되었다. 그리고 정치·경제적 보상도 단계적으로 제공되었다. 또는 리비아모델의 성공요인으로 영국의 신뢰받는 중재 역할, 리비아·영국·미국 정보당국 간 9개월에 걸친 사전 비밀 핵협상, 리비아에 임박한 안보위협과 체제불안 부재, 약한 핵무장 의지, 자체 핵개발 능력 부재, 매우 초보적인 핵개발 단계 등을 들 수 있다. 그런데 북한에서는 이런 '리비아모델'의 성공 요소를 찾기 어렵다. 실제 '리비아모델'과 직접 관련성은 없지만, 후일 내전에서 카다피가 축출되고 사망한 것도 북한이 '리비아모델'을 배척하는 중대한 이유가 된다.

트럼프 대통령이 볼턴을 국가안보보좌관으로 지명하자 주류 언론과 전문가 그룹은 그의 일방주의적 성향, 협상무용론, 군사옵션 만능주의 등을 지적하며 반발했다. 심지어 『뉴욕타임스』는 "존 볼턴은 그렇게 위험하다(Yes, John Bolton is that dangerous, 2018. 3.23)"는 제목의 사설을, 『워싱턴포스트』지는 "존 볼턴의 극단주의는 나라를 재앙으로 이끌 수 있다(John Bolton's extremism could lead the country to catastrophe, 2018.3.23)" 라는 제목의 사설을 게재하여, 볼턴의 임명을 반대했다.

볼턴은 국가안보보좌관 지명 전 민간 연구원에서 활동할 때 북한에 대한 강한 불신과 강경한 입장을 수시로 밝혔다. 2017년 7월 북한이 화성-14호 장거리미사일의 고각발사에 성공하자, 볼턴은 『월스트리트저널』에 "북한에 대한 군사옵션(The Military Options for North Korea, 2017.8.2)" 칼럼을 기고하여 '대규모 타격'을 감행할 것을 주장했다. 볼턴은 이 칼럼에서 다음과 같이 주장했다. 이 주장은 미국 내 일부 보수 강경파의 입장을 대변했다.

"북한, 이란과 같은 불량국가들은 항상 협상을 핵·미사일 완성을 위한 시간벌기용으로 이용한다. 지난 25년간 시도한 대화와 제재, 또는 채찍과 당근 접근법은 이미 실패했다. 중국을 설득하여 북한정권을 제거하고 남북통일을 달성하는 외교적 해법의 주장, 그리고 대북 군사옵션은 너무 위험하므로 북핵을 인정하고 억제하자는 주장 등은 결국 미국민을 북핵의 인질로 두자는 말이므로 절대 수용할 수 없다. 외교옵션이 실패하면 유일하게 남은 군사옵션이다. 군사옵션을 행사할 때는 북한의 보복 가능성을 최소화하기 위해 최대한 대규모로 선제타격을 가해야 한다. 미국정부가 공격 이전에 한국 및 일본과 사전 협의를 해야 한다. 하지만 설사 동맹국이라고 하더라도 미국민을 보호하기 위한 군사공격을 거부(veto)할 수는 없다."

또한 볼턴은 『월스트리트저널』에 "북한 선제공격을 위한 법적 사례(The Legal Case for Striking North Korea First, 2018.2.28)"라는 칼럼을 기고하며 '예방공격(preventive strike)'의 정당성과 불가피성을 강변했다. 그는 현재 통용되는 예방공격의 정당성 요건은 과거의 기준으로서 지금의 탄도미사일 시대에 맞지 않는다며 북한 예방공격의 정당성을 주장했다.

한편, 핵비확산 연구로 저명한 세이건(Scott Sagan) 미 스탠포드대 교수는 "볼턴의 불법적 대북 전쟁계획(Bolton's Illegal War Plan for North Korea, 2018.4.6)" 칼럼을 『뉴욕타임즈』에 기고하여 이를 반박했다. 세이건 교수에 의하면 국제법적으로 상대의 공격이 임박하고 피할 수 없으며, 또한 자위의 필요성이 즉각적일 때 '선제공격'이 정당화된다. 그런데 볼턴의 북핵 공격은 '예방공격'으로서 현 국제규범에서 정당화되지 않는다고 주장했다.

볼턴은 자신이 국무부 군축차관으로 재임할 당시 리비아 핵문제가 해결(2003)되었기 때문에 이에 대한 집착할 가능성이 높다. 볼턴은 그 이후에도 '리비아 해법'을 북한에 적용할 것을 일관되게 주장하여 왔다.

〈라디오 프리 아시아〉에 출연(2018.3.20)하여 밝힌 그의 북핵정책에 대한 기본입장을 소개한다.

"트럼프 대통령은 북한이 협상을 핵개발을 위한 시간벌기로 이용하는 이중적 행동의 역사를 잘 알고 있으며, 북한정권에 어떤 환상도 없다. 만약 북한이 회담에서 진지하지 않거나 시간을 끌려고 하여 회담이 성공할 가능성이 없다면, 정상회담의 목적이 최단 시간 내 어떻게 핵프로그램을 제거하느냐를 논의하기 위한 것이라는 점을 분명히 하고, 불필요한 대화에 시간을 낭비하지 않을 것이다. 북미정상회담을 위해 전문가와 시간이 모두 부족하다는 지적이 있지만, 미국이 필요한 것은 북한 전문가보다는 핵무기 전문가이며, 핵무기 제거 의제만 다룰 것이므로 전문가와 시간이 모두 충분하다. 북미정상회담이 열리면, 2003년 리비아와 했듯이 핵무기 제조 장비와 관련 서류 등을 모두 미국 오크리지로 옮길 방법을 협상해야 할 것이며, 북한이 이를 거부하면 여전히 핵개발을 감추려는 의도를 가진 것으로 본다. 비핵화에 대한 보상으로 경제지원이나 평화협정을 줄 필요는 전혀 없으며, 북한은 미국 대통령과 회담한 것 자체가 운이 좋은 것이라는 것을 알아야 한다. 대북 군사옵션은 매우 위험하고 누구도 원치 않지만 북한이 핵능력을 갖게 되면 이는 더욱 위험한 것이므로 군사조치가 불가피하다."

볼턴 신임 국가안보보좌관은 '리비아모델'을 북한에 적용할 것을 강력히 주장하면서, '선 핵폐기, 후 보상' 및 '즉각 핵폐기와 일괄 미국이전'을 요구했다. 반면, 북측은 김정은 위원장의 입을 통해 수차례 '단계적, 동시적' 비핵화를 주장하여 북미 간 비핵화 방법론에 대한 갈등을 드러냈다.

싱가포르 미북정상회담 취소 소동

마침내 트럼프 대통령이 직접 교통정리에 나섰다. 트럼프는 2018년 5월 17일 백악관에서 스톨텐베르크(Jens Stoltenberg) NATO 사무총장과 면담하는 자리에서 "리비아모델은 우리가 북한에 대해서 생각하는 모델이 전혀 아니다"라고 단언했다. 그리고 "리비아에서 우리는 그 나라를 파괴했다. 카다피와 지킬 합의가 없었다. 리비아모델은 (북한과는) 매우 다른 모델"이라고 부연설명했다. 또한 트럼프 대통령은 그러나 "만약 (비핵화) 합의를 이루지 못하면 그(리비아) 모델이 발생할 것"이라며 발언하여, 리비아모델이 미국정부의 '플랜 A'는 아니지만, 이것이 실패하면 '플랜 B'가 될 것이라고 시사했다.

여기서 모두 '리비아모델'을 말했지만, 그 내용은 서로 달랐다. 볼턴 국가안보좌관은 "일괄타결, 일괄 핵폐기와 해외이전"을 말하고, 트럼프는 "비핵화 불응 시, 군사조치와 지도자 제거"를 말했다. 북한에게도 정치적 '리비아모델'은 트럼프의 개념과 유사하다. 북한이 미국의 '리비아모델' 언급에 극단적으로 반발하는 것도 그런 이유 때문이다.

펜스(Mike Pence) 부통령이 2018년 5월 21일 폭스뉴스(Fox News) 인터뷰에서 "김정은이 협상을 하지 않으면 '리비아모델'처럼 끝날 것"이라며 "트럼프 대통령이 미북정상회담을 철회할 수도 있다"고 했다고 북한을 압박했다. 북한관리로서 그냥 있을 수 없었을 것이다. 결국 양측이 얼굴을 붉히는 강경발언을 주고받으면서, 급기야 5월 24일 트럼프 대통령이 6·12 북미정상회담을 취소하는 공개서한을 발표하는 사태까지 발생했다.

트럼프는 서한에서 "북한의 분노와 적대감을 봤을 때 회담을 하는 것은 부적절하다"며 정상회담 취소 이유를 밝혔다. 여기서 북한의 '분노와 적대감'은 미국의 '리비아모델' 언급, 특히 '지도자 축출'을 시사하는 데 대한 반발이었다. 트럼프는 또 서한에서 "북한은 자신들의 핵능력에 대해 말하지만, 우리의 핵능력은 매우 엄청나고 막강하다", "나는 그것들이 절대 사용되지 않기를 신에게 기도드린다"며 군사옵션을 시사했다.

북한은 2018년 5월 25일 김계관 외무성 제1부상 명의의 담화를 발표하고, 정중한 표현으로 대화를 강조하며 회담 개최 의사를 부각했다. 이에 대해 언론들은 트럼프 대통령의 초강수에 "북한이 꼬리를 내렸다"고 평가했다. 사실 꼬리를 내린 것은 미국도 마찬가지였다. 그 이후 돌연 볼턴 보좌관이 북핵정책의 전면에서 사라졌고, 미국정부는 '리비아모델'을 더 이상 입에 올리지 않았다.

6장

남아공 사례: 주동적 비핵화

1990년대 북한이 초기 핵개발 단계에 있을 때 북핵외교에서 '남아공모델'은 큰 관심을 끌지 못했다. 2010년대 중반 들어 북한의 핵무장이 현실화되면서, 북한 비핵화를 위한 참조 사례로 남아공의 비핵화모델에 대한 관심이 증가했다. 사실 남아공은 비밀리에 자력으로 핵무장 했고, 또 비밀리에 자력으로 핵폐기한 특별한 사례이다. 실제 핵무기를 보유했다가 포기한 국가로 카자흐스탄·우크라이나·벨라루스 등 3개국이 더 있지만, 이들은 구소련의 핵무기를 계승했다. 따라서 이들의 핵포기 사례보다 자력으로 핵무장을 했다가 핵포기를 선택한 남아공 사례가 북한 비핵화를 위한 더 좋은 참조사례가 될 것이다.

이 장은 다음과 같은 질문을 제기하고 이에 대한 해답을 찾고자 한다. 첫째, 남아공은 왜 핵무장하고, 또 핵포기했나? 특히 어떤 대외적 안보환경에서 핵무장을 결정했고, 어떤 환경에서 핵포기를 결정했나? 만약 대외적 안보환경의 개선이 남아공의 핵포기를 초래한 구조적인 요인이라면, 북한의 핵포기를 유도하기 위해서는 어떻게 해야 하나? 둘째, 남아공의 핵포기에서 드클러크(F. W. de Klerk) 대통령의 역할은 무엇이며, 왜 그는 핵포기를 결정하고 이를 실행했는가? 드클러크 대통령이 없었다면 핵포기도 없었을 것인가? 북한 김정은 국무위원장이 과연 드클러크 대통령의 역할을 재현할 수 있을까? 셋째, 왜 남아공은 '선 핵신고, 후 핵폐기'와 '선 핵폐기, 후 핵신고'의 두 개 옵션 중에서 후자를 선택했나? 북한이 핵포기를 결정할 때, 북한의 '핵신고' 옵션은 무엇일까? 넷째, 남아공은 핵포기를 결정한 후에도, 핵무기를 일괄 폐기하기보다는 한 개씩 순차적으로 폐기하여 핵능력 보유기간을 연장했다. 북한의 선택은 무엇이 될 것이며, 우리는 이에 어떻게 대응해야 할 것인가?

1. 남아공의 핵무장 동기와 경과

남아공의 초기 핵개발 프로그램

남아공은 엄청난 우라늄 매장량으로 인해 일찍이 원자력 시대의 선발주자로 떠올랐다. 남아공의 채광가능 우라늄 매장량은 호주, 카자흐스탄, 러시아, 캐나다에 이어 세계 5위에 해당된다. 남아프리카 지역은 우라늄 매장량이 많은데, 남아공에 이어 니제르, 나미비아 등도 세계적인 우라늄 생산국이다. 남아공은 미국 핵개발 프로그램인 맨해튼 프로젝트에 사용된 우라늄 일부를 제공했고, 1950년대부터 세계적인 우라늄 수출국이 되었다.

남아공의 핵개발에 대한 초기 관심은 1948년으로 거슬러 올라간다. 1948년 남아공 내 우라늄 매장량을 조사하기 위해 '원자력공사(AEC:

Atomic Energy Commission)'가 설립되었다. 후일 이 회사가 핵개발을 담당하게 된다. 1957년 남아공은 미국이 주도하는 '평화를 위한 원자력(Atoms for Peace)' 프로그램의 지원을 받았다. 이 프로그램에 따라 미국은 남아공에 원자로와 핵연료를 제공했다. 남아공정부는 1961년 '국립원자력연구센터'를 설립하고, 국가 주도하에서 원자력연구를 활성화했다. 이 센터는 미국에서 이전받은 20MW 용량의 사파리1연구로를 1965년부터 가동하기 시작했다. 이때까지만 하더라도 남아공의 초기 원자력개발은 다른 선발 원자력 국가와 비슷한 행태를 따랐다.

'원자력의 평화적 이용'이 세계적으로 확산되고, 미국이 다른 나라와 원자력협력을 시작한 것은 미국 아이젠하워 대통령이 1953년 12월 8일 유엔총회에서 유명한 '평화를 위한 원자력(Atoms for Peace)' 연설을 한 이후부터였다. 국제사회의 원자력 활동은 미국의 '평화를 위한 원자력' 연설을 기점으로 1953년 이전과 이후로 나뉜다. 그 이전에 모든 원자력개발은 개별 국가가 극비리에 진행했다. 국가 간 협력은 극소수에 불과했고, 동맹국 간 핵개발 비밀을 일부 제공하는 정도였다. 평화적, 군사적 핵개발의 구분이 없었고, 핵개발의 안전과 확산을 통제하는 국내체제도 국제체제도 없었다.

'평화를 위한 원자력' 연설에서 아이젠하워 대통령은 핵전쟁의 공포를 말하며 핵전쟁 방지와 핵무기 확산의 저지 필요성을 강조했다. 동시에 처음으로 평화적 핵이용의 희망을 공개적으로 밝히며, 이를 위한 국제협력 의사를 밝혔다. 아이젠하워 대통령의 이 연설은 후일 NPT와 IAEA를 발족시키는 씨앗이 되었다.

미국은 '평화를 위한 원자력' 프로그램을 추진하면서, '평화적 핵이용' 확대를 목표로 약 30개 동맹우호국에 원자로와 핵연료를 공급했다. 이 프로그램은 많은 국가가 평화적 핵이용 시대에 동참하는 데 크게 기여했다. 한국의 성공적인 민수용 원자력프로그램도 '평화를 위한 원자력'의 지원 때문에 가능했다.

그런데 미국은 '평화를 위한 원자력'으로 인해 후일 예상치 못한 핵위험을 겪게 되었다. 미국이 전 세계에 공급한 연구로와 핵연료가 핵확산과 핵테러의 온상이 될 수 있는 위험이 발생한 것이다. 특히 1960년대에 미국이 전 세계에 공급한 연구로는 고농축우라늄(HEU)을 핵연료를 사용했다. 당시 핵연료로 약 30톤의 고농축우라늄을 제공했다. 이 고농축우라늄은 쉽게 핵무기용으로 전용될 수 있다. 핵무기 1개를 제조하는 데 고농축우라늄 약 25kg이 사용되므로, 30톤이면 핵무기 1,200개를 만들 수 있는 분량이다. 소련도 미국의 '평화적 핵이용'과 경쟁하기 위해 자신의 동맹우호국에 연구로와 더불어 약 11톤의 고농축우라늄을 공급했다.

테러집단은 테러용 '간이핵폭발장치(IND: Improvised Nuclear Device)'를 만들 때 플루토늄보다 고농축우라늄을 선호한다. 플루토늄 폭탄을 완성하려면 고도의 정밀한 기술을 요구하는 내폭장치가 있어야 하고, 수많은 실험을 거쳐야 한다. 이는 테러집단의 과학기술적 역량을 훨씬 넘어선다. 반면에 고농축우라늄 폭탄은 '건타입(gun-type)' 핵폭발장치를 이용하는데, 이는 구조와 작동원리가 매우 단순하여 심지어 핵실험 없이 사용할 수도 있다. 특히 과거 미국과 소련이 1960년대부터 전 세계에 제공한 고농축우라늄 핵연료가 비교적 보안수준이 낮은 민간 원자력시설에 보관되었기 때문에 테러범들의 쉬운 타깃이 되었다. 2010년대 들어 오바마 대통령의 주도로 핵안보정상회의가 열렸는데, 핵심 의제 중 하나가 과거 미소가 제공했던 고농축우라늄을 회수하는 것이었다.

핵무기 개발 프로그램 가동과 성과

남아공원자력공사(AEC)는 1960년대 초에 비밀리에 농축기술을 개발하기 시작했다. 농축기술 개발이 성공적으로 진행되어, 1969년 우라늄 농축회사를 설립하고 동 펠린다바(Pelindaba East) 지역에 산업 규모의 파일럿 농축시설 건설을 착공했다. 마침내 1974년 'Y 플랜트'로 명명된 우라늄 농축시설이 가동을 시작했다. 후일 드클러크 남아공 대통령은 농축시설을 가동하기 시작한 1974년에 남아공정부가 핵개발 결정을 내렸다고 증언했다. 실제 이 'Y 플랜트' 농축시설이 핵무기용 고농축우라늄을 제공했다. 동 펠린다바 지역에서 다른 핵무기 실험 시설이 들어서고, 곧 산업용 농축시설인 'Z 플랜트'도 건설되었다.

남아공은 1965년 미국에서 고농축우라늄을 핵연료로 사용하는 연구용원자로를 도입했다. 또한 남아공은 1967년 플루토늄 획득을 목표로 중수로를 개발했다. 이를 가동하는 데 필요한 중수는 미국에서 도입했다.

1960년대 들어 남아공은 원자력 연구개발을 더욱 활성화했고, 1960년대 말부터는 '평화적 핵폭발(PNE: Peaceful Nuclear Explosion)'이란 명분으로 포장된 핵무기 개발 프로그램을 본격 가동하기 시작했다. 남아공정부는 1971년 광물 채광과 토목공사를 위한 '평화적 핵폭발' 프로그램 개발을 추진한다고 선언했다. 이에 따라 공공연하게 '평화적 핵폭발장치' 개발에 나섰다. 이는 후에 핵무기 개발의 기초가 되었다.

NPT가 '평화적 핵폭발'도 전면금지 하자, NPT 회원국들은 평화적 핵폭발도 중단했다. 하지만 원자력 시대 초기에는 댐, 운하 건설 또는 광물 채광 등을 위한 평화적 핵폭발에 대한 관심이 높았다. 미국과 소련은 실제 평화적 핵폭발 실험을 실시하기도 했다. 인도가 1974년 첫 핵실험을 실시했을 때, 이를 '평화적 핵실험'으로 포장하기도 했다.

남아공은 1960년대 중반까지 무기용 핵분열물질을 획득하기 위해 농축과 재처리의 2개 경로를 병행 추진했다. 마침내 1969년 남아공은 플루토늄 획득을 위한 재처리 경로를 포기하고, 농축 경로에만 집중했다. 남아공이 고농축우라늄을 만들기 위해 농축기술을 이미 습득했고, 농축기기는 소규모로 은닉도 가능했다. 하지만 플루토늄을 획득하기 위해서는 쉽게 노출되는 중수로와 재처리시설을 가동해야만 했다. 더욱이 중수로를 가동하기 위해 중수를 도입해야 하는데, 미국이나 국제사회가 중수 판매를 거부한다면 중수로는 무용지물이 된다.

참고로, 북한은 왜 핵개발 초기에 남아공과 반대로 플루토늄 핵개발 경로를 선택했을까? 사실 북한이 플루토늄 핵개발 경로를 선택한 것도 남아공과 같은 이유이다. 독자기술과 내부 물자의 동원으로 가능했기 때문이었다. 북한은 플루토늄 생산을 위해 '흑연감속로'를 선택했다. 이를 선택한 이유는 첫째, 흑연감속로는 원자로의 가장 초기 모델로서 다른 어떤 원자로보다 구조와 작동원리가 매우 단순하며, 쉽게 설계도를 구할 수 있기 때문이다.

둘째, 흑연감속로는 흑연을 감속재로 쓴다. 남아공이 갖고 있는 중수로는 중수를 감속재로 쓰는데, 중수 생산은 고도의 기술이 필요하고 비용도 많이 든다. 하지만 흑연은 그냥 채굴하고 정제해서 사용하면 되므로 고도의 기술이 필요 없다. 더욱이 북한에는 양질의 흑연이 많이 매장되어 있다.

셋째, 북한의 흑연감속로는 핵연료로 천연우라늄을 사용한다. 따라서 첨단 기술과 특별한 소재가 필요한 농축기기를 확보할 필요가 없다. 북한은 천연우라늄과 흑연이 풍부하기 때문에 외부의 공급 차단에 신경 쓰지 않고 독자적으로 흑연감속로를 운영할 수 있었다.

남아공은 핵개발이 진전되자 핵실험 준비에 착수했다. 1977년 중반 남아공은 칼라하리 핵실험장에서 2개의 시추공을 뚫어 지하 핵실험을 준비했다. 그런데 핵실험 준비 동향이 소련과 미국의 정찰활동으로 노출되면서, 결국 미소의 압박에 의해 남아공은 핵실험을 포기하고 시추공도 폐쇄했다. 이 사건에도 불구하고, 남아공은 핵개발을 계속했다.

남아공은 1977년 8월 고농축우라늄 코어가 빠진 첫 핵폭탄을 제작하는 데 성공했다. 그리고 무기용 고농축우라늄이 확보되면서, 1982년 처음으로 완전한 핵무기 1기가 생산 완료되었다. 이후 고농축우라늄 생산량에 맞추어 약 18개월마다 핵무기가 추가로 생산되었다. 총 9년에 걸쳐 6개 핵무기를 생산하였으며 핵무기 1기당 고농축우라늄 약 55kg을 탑재했다.

1985년 보타(Pieter Willem Botha) 남아공 대통령은 핵무기 재고를 7기로 한정하고, 또한 고농축우라늄을 탑재한 핵분열탄만 제작하기로 결정했다. 따라서 남아공은 플루토늄을 이용한 핵융합폭탄(수소폭탄)의 연구개발을 중단하고, 고농축우라늄의 생산도 축소했다. 남아공이 제작한 핵무기는 미사일용 핵탄두가 아니라 비행기에 탑재해서 투하하는 중력 핵폭탄이다. 1985년까지 남아공의 핵무기 생산이 거의 완료되었다.

남아공이 자력으로 핵무장하게 된 물질적 여건으로 다음을 들 수 있다. 첫째, 남아공은 일찍이 우라늄 생산을 시작했고, 농축기술을 조기에 개발했다. 따라서 핵개발에서 최대 장애물이자 관건인 무기용 핵물질인 고농축우라늄을 비교적 손쉽게 자력으로 확보할 수 있었다. 둘째, 남아공의 방위산업이 발전하여, 핵무기 개발과 제조가 가능했다. 셋째, 남아공은 핵개발에 필요한 기술과 물자를 국내외 조달네트워크를 통해 공급할 수 있었다. 넷째, 남아공은 가장 단순하고, 저비용의 핵폭탄 설계를 선택했다. 이를 위해 고농축우라늄 폭탄을 선택했고, 또는 미사일 탑재용 탄두가 아니라 비행기 투하용 중력폭탄을 선택했다

남아공이 비교적 손쉽게 핵무장 목표를 달성하게 된 것은 제한적인 핵전략을 수립하고, 이를 만족시키는 데 필요한 만큼의 핵역량만을 추구했기 때문이다. 남아공의 핵전략은 주변국의 재래식 군사위협을 억제하거나, 또는 단순히 핵무기를 보유하고 핵사용을 위협함으로써 서방 핵강대국의 개입을 유도하는 데 있었다. 이는 보통 핵무장국의 핵전략과 다르다. 핵무장국의 전형적인 핵전략은 핵보복억제력의 보유를 목표로 한다. 핵보복억제력을 갖기 위해서는 자신의 핵무기가 상대의 선제적 1차 핵타격에서 살아남아, 상대방에게 2차 핵타격을 가할 수 있어야 한다. 이를 위해 100여기 이상의 고성능의 핵미사일이 필요하다. 또한 적의 1차 핵타격을 견딜 수 있는 방대한 영토가 있어야 한다. 그런데 남아공의 주변 적국은 핵무기가 없었고, 따라서 주변국의 재래식 공격에만 대비했기 때문에 낮은 수준의 핵무장력으로 만족했다.

남아공의 정치인과 군인들은 핵무기를 실제 어떤 용도로, 어떻게 사용하려고 했을까? 남아공 핵개발을 결정하고 핵무기 생산에 참가했던 인사들이 밝히는 남아공의 '3단계 핵전략'은 다음과 같다.

첫 단계로 평시에는 핵능력 보유 여부를 확인도 부정도 않는다. 소위 이스라엘식 '핵모호성'을 유지한다. 이렇게 함으로써, 핵보유 여부를 확인할 때 국제사회로부터 받을 수 있는 제재와 비판을 피한다. 동시에 적에게는 핵무기가 있을지도 모른다는 불확실성을 주어 공격 가능성을 억제한다.

두 번째 단계에서, 적의 공격이 임박할 때, 남아공은 서방진영에게 핵무기 보유를 공개하고 이들의 개입을 촉구한다. 남아공의 적들은 공산진영의 지원을 받는 주변국이므로, 남아공은 독자적으로 전쟁을 치르기보다는 서방진영의 개입을 선호했다.

세 번째 단계에서는 두 번째 단계에서 시도한 서방진영의 개입 유도가 실패할 때, 핵실험을 실시하여 핵능력을 과시하고, 핵무기 사용을 위협한다. 남아공은 실제 1988년에 세 번째 단계 전략을 실행에 옮기는 비상계획을 세우기도 했다. 당시 앙골라전쟁을 끝내는 계획의 일환으로 1977년에 폐쇄했던 칼라하리 핵실험장의 핵실험 시추공을 비밀리에 재개봉했었다.

네 번째 단계는 완전한 핵능력을 갖기 위해 미사일용 핵탄두 개발과 중거리 핵미사일을 개발하는 것이었다. 그런데 이 계획은 초보적인 단계에서 벗어나지 못했다.

칼라하리 사막 핵실험 저지를 위한 미소협력

1977년 7월 소련의 정찰위성이 칼라하리 사막 내 남아공 군사시설에서 핵실험 징후를 발견했다. 남아공의 북서부 칼라하리 사막 내 위치한 깊숙한 지역에 위치한 핵실험장은 원래 남아공정부군의 전술비행과 폭격연습을 위한 군사시설이었다.

소련은 1997년 8월 초 남아공의 핵실험 징후 정보를 미국에 넘겼다. 미국은 남아공 상공으로 SS-71, 일명 '블랙버드' 고공 정찰기를 보내어 이 징후를 다시 확인했다. 이는 당시 미소 간 냉전과 핵무기경쟁이 뜨거웠지만, 핵무기의 추가 확산을 저지하기 위해 초강대국이 서로 협력한 예외적인 사례였다.

이는 또한 당시 핵강대국들의 핵비확산 국익이 이념 대립보다 앞섰다는 사실을 보여준다. 실제 미소를 포함한 핵보유국은 핵확산을 저지하기 위해 1970년 NPT를 발효시킨 데 이어, 핵물자와 기술이 핵개발 야심국가의 손에 들어가는 것을 저지하기 위해 1975년에 '원자력공급자그룹(NSG: Nuclear Suppliers Group)'을 출범시켰다.

미국은 즉각 남아공에 칼라하리 사막의 핵실험장을 폐쇄할 것을 강하게 압박했다. 그리고 프랑스도 국제사회의 칼라하리 핵실험 폐쇄 노력에 동참했다. 프랑스는 당시 진행되던 원자력발전소 공급계약을 취소할 것이라며 협박했다.

칼라하리 핵실험 불발 사건 이후 국제사회는 남아공에 대한 본격적인 제재에 나섰다. 유엔 안보리는 1977년 11월 4일 안보리 결의 418호를 채택하고, 남아공에 대한 무기 수출금지 조치와 일체 핵개발 협력 중지를 결정했다. 남아공은 스스로 서방진영에 속하고, 또한 국제사회의 중견국이라고 생각했는데, 이렇게 국제사회의 지탄과 제재를 받게 되자 내부적으로 혼란에 빠졌다.

남아공의 핵개발 동기에 대한 논쟁

남아공이 평화적 핵개발뿐만 아니라 군사적 핵개발에도 관심이 있다는 사실은 1970년대 들어 국제사회에 널리 알려졌다. 1977년 남아공의 핵실험 첩보를 입수한 미국과 소련은 핵실험을 취소할 것을 압박하기도 했다. 특히 남아공은 1970년대 중반 들어 군사용 핵개발에 집중하기 시작했다고 알려져 있다. 그렇다면 남아공의 핵무장 동기는 무엇이며, 1970년대 중반 들어 왜 핵개발을 가속화했나?

1974년부터 75년에 걸쳐 아프리카에서 유럽 최후의 식민제국이었던 포르투갈이 앙골라와 모잠비크에서 철수했다. 포르투갈이 철수하자, 앙골라와 모잠비크에서 소련과 쿠바의 지원을 받는 좌파정권이 등장했다. 이들은 남아공 내 인종차별정책인 아파르트헤이트에 반대하는 '아프리카민족회의(ANC: African National Congress)'와 연대하여, 남아공 소수백인정권에 정치안보적 위협이 되었다. 또한 당시 남아공이 통치했던 남서아프리카(오늘날 나미비아)에서 반군에 의한 독립전쟁이 진행 중이었다. 반군세력은 공산권과 아프리카 국가들의 지원을 받았다. 남아공 내 흑인 다수도 좌파반군세력에 의한 남서아프리카 독립운동을 성원했다.

냉전기 동안 남아공 백인정권은 전통적으로 친서방, 친미국가였다. 특히 남아공 주변의 대부분의 국가들이 소련의 지지를 받았기 때문에 이에 반대하는 남아공과 미국은 자연스럽게 연대했다. 그런데 1970년대 중반 들어 남아공과 미국 간 관계가 악화되기 시작했다.

앙골라내전에서, 남아공과 미국은 비밀리에 흑인 좌파정권에 저항하는 반군을 같이 지원했다. 그런데 1976년에 미 의회는 CIA가 해외 내전에 개입하는 것을 금지하는 법령을 제정했다. 이는 미국과 깊은 연대감을 느끼고 있던 남아공에게 큰 충격이었다. 게다가 1977년 유엔 안보리는 남아공의 인종차별정책과 핵개발 우려를 이유로 남아공에 대한 무기수출금지 결의를 만장일치로 채택했다. 미국도 동 결의에 동참했다.

그렇다면 왜 당시 남아공이 국제사회의 우려와 반대에도 불구하고 비밀리에 핵개발을 가속화했을까? 핵 전문가들은 안보불안을 최대 이유로 들고 있다.

당시 남아공은 소련, 쿠바 등 공산권의 지원을 받는 급진적인 좌파 흑인반군과 흑인국가에 완전히 포위되었으며, 우군세력 없이 독자적으로 생존을 위해 고군분투해야 했다. 당시 보타 총리에게는 핵무기가 국가와 체제를 보장하는 최선의 억제력이었다.

흔히 남아공이 추구한 핵무기의 용도에 대해 특별한 해석을 부여하기도 한다. 즉 남아공의 핵무기는 전쟁용이 아니고, 상대의 공격 억제용도 아니다. 보다 엄밀하게는 인근국과 전쟁 시에 서방진영의 개입, 특히 미국의 개입을 촉발하기 위한 용도로 알려져 있다. 남아공의 핵전략 보고서도 이런 핵무기의 정치·외교적 용도를 제시했다.

남아공의 핵정책과 핵전략이 과연 합리적인 선택인지에 대한 논란이 있다. 과연 당시 남아공이 가장 두려워했던 앙골라와 나미비아에서 오는 안보위협을 격퇴·억제·방어하는 데 과연 핵무기가 합리적인 선택이었는지에 대해 의문이 크다.

앞에서 핵무기의 확산은 핵무장한 적대국의 핵위협에 대처하기 위한 용도로 촉발된다고 평가했다. 그런데 주변 적대국가의 군사력은 사실 남아공에 실존적인 위협을 가할 수준이 아니었다. 죽느냐 사느냐의 절체절명의 안보위기에 대응하기 위해 핵무기를 개발한 다른 국가의 사례에 비해서 남아공이 느끼는 안보위협이 그런 수준까지 미치지는 못했다.

핵야망국의 핵개발을 저지하는 데 보통 국제규범이 효과적인데 남아공에는 국제규범의 제재압박 효과가 미미했다. 남아공은 인종차별정책, 핵개발 의혹, NPT 불참 등으로 이미 국제사회에서 고립되고, 국제기구에서 배제되어 있었다. 사실 남아공에게 이런 제재가 일상화되었다. 따라서 과도한 핵개발로 국제사회의 매우 강력한 제재를 받지 않는 한, 그런 낮은 수준의 제재에 익숙해져, 제재를 피하기 위해 핵개발을 중단할 필요성을 절감하지 못했다.

국내정치적으로 인종차별정책의 유지가 중요한 목표이며 이에 대한 백인지배층 사이에 합의가 있었다. 따라서 인종차별정책과 핵개발을 폐지하고 국제사회에 재진입하자는 목소리는 전혀 힘을 얻지 못하고 무시되었다. 냉전 해체와 더불어, 1989년 9월 정권교체로 드클러크 대통령이 등장하면서 인종차별정책과 핵개발의 굳건했던 연대가 급속히 허물어졌다.

2. 남아공의 핵포기 배경과 정책결정

외부 안보환경과 국내정치의 변화

1980년대 들어 남아공의 핵무장정책에 결정적 영향을 미치는 중대한 외교안보환경의 변화가 발생했다. 이런 외교안보환경의 변화에 따라 점차 인종차별정책을 중단하자는 백인들의 목소리도 커졌다. 물론 남아공 군부와 인종차별적 민족주의자들은 계속하여 강력하게 핵무장을 지지했다.

1960년대 중반부터 시작되어 1980년대 후반까지 지속된 '남아프리카 국경전쟁'은 남아공의 안보위협의 핵심 요인이었고, 핵무장을 추진한 주요 안보동기를 제공했다. 남아프리카 국경분쟁은 남아공이 점령했던 나미비아의 독립전쟁과 앙골라전쟁 등 2개 전선에서 벌어졌다. 그런데 1980년대 후반 들어 인명피해와 경제손실이 계속되자, 남아공 국민들은 명분 없는 소모전의 지속에 의문을 제기하기 시작했다.

마침 1985년 3월 소련에서 고르바초프(Mikhail Gorbachev) 총서기가 취임하면서, 국내적으로 개혁개방에 집중하고 대외적으로도 탈군사정책을 추진하기 시작했다. 고르바초프의 '신사고'는 급격한 세계질서의 변동을 초래하는 계기가 되었다. 그가 국내외적으로 추진한 탈군사화와 개혁개방정책은 소련의 해체와 공산권의 붕괴를 초래했다. 남아공의 전쟁 의지가 약해지는 것과 병행하여 주변 좌파정권도 소련의 지원 없는 투쟁을 지속하기가 어렵게 되었다. 미국의 주선으로 1988년 8월 남아공, 쿠바, 앙골라 등 3국은 정전을 선언하는 '제네바의정서'에 서명했다. 제네바의정서에 따라, 앙골라에 진출했던 남아공 군대도 1988년 9월 1일까지 전면 철수했다.

마침내 남아공, 앙골라, 쿠바 등 3국은 1988년 12월 22일 유엔에서

3자협정을 체결하여, 20년 이상 지속되었던 나미비아 독립전쟁과 남아공-앙골라전쟁을 완전히 종결시켰다. 동 협정에 따라, 남아공 군대가 나미비아에서 철수하고, 나미비아가 독립을 얻었다. 그리고 앙골라에서 5만 명의 쿠바군이 철수했다. 이로써 그동안 남아공이 핵무장하는 주요 안보동기가 되었던 외부 안보위협이 크게 완화되었다.

외교과정을 통해 국경분쟁이 종식되자 남아공 국민의 평화에 대한 열망은 더욱 힘을 얻었다. 남아공 국민들은 다시 국제사회와 적대관계를 종식하고, 교류와 경제협력을 재개할 수 있다는 큰 기대를 갖게 되었다. 국민들은 남아공이 지역 평화와 번영을 위한 주도적인 역할을 수행할 수 있다는 희망을 표출하기 시작했다.

고르바초프가 주창하는 개혁개방과 탈군사화정책은 멀리 남아프리카에도 큰 충격을 주었다. 남아공 백인들은 평소 주변국의 흑인정권과 국내 '아프리카민족회의(ANC)'가 모두 소련의 꼭두각시이며, 소련이 이들에게 남아공에 대한 공격과 반란을 사주했다고 보았다. 그런데 소련이 더 이상 반란을 사주하지 않으므로 ANC 측과 대화가 가능하다고 생각하기 시작했다. 1989년 12월 베를린장벽이 무너지고 공산권 해체가 임박하자, 남아공 국민들은 더 이상 소련을 최대 안보위협으로 보지 않았다. 이로서 핵무장의 최대 동기로 알려졌던, 안보위협의 핵심 요인이 소멸되었다. 따라서 핵무장의 안보동기도 더 이상 유효하지 않게 되었다.

남아공 국민들이 인종차별정책을 종식시키고자 하는 요구가 점차 증가한 것도 국내정치의 변동과 더불어 핵무장정책의 변화를 추구하는 배경이 되었다. 국민들이 인종차별정책을 끝내기를 원하는 배경으로 2개의 요인이 가능했다.

첫째, 인종차별정책 자체에 대한 인식이 변했을 가능성이다. 종래 남아공 백인소수정권과 국민들이 흑인 다수를 정치에서 배제시키고, 지배하는 것을 당연시 했다. 그런데 1980년대 후반 들어 민주의식이 점차 함양되어 흑인 다수를 정치에 참여시키기로 변했다는 설명이 있는데 그 가능성은 낮다. 역사에서 보듯이, 사람들의 정치인식과 인종정책이 혁명과 전쟁 없이는 좀처럼 바뀌지 않는다.

둘째, 국제사회의 제재로 인해 인종차별정책의 경제적·외교적 부담이 견디기 어려울 정도로 과도하거나, 또는 인종차별정책의 기회비용이 과도한 경우이다. 남아공이 인종차별정책을 버리기 시작한 것은 이 원인 때문으로 보인다. 인종차별의 직접부담과 기회비용이 1980년대 들어 과도해졌기 때문이다. 예를 들면, 1980년대 후반 들어 남아공은 사회불안에 더해, 국제사회의 경제제재, 투자 철수 등으로 인해 최악의 경제위기를 맞았다.

마침내 집권여당인 국민당(Nationalist Party)의 일부 지도자들은 인종차별정책을 더 이상 지속할 수 없다고 판단하고, 이를 폐기하는 방안을 모색하기 시작했다. 1980년대 중반부터 일부 백인지도자들은 만델라(Nelson Mandela) 및 다른 ANC 지도부와 비밀대화를 시작했다. 이런 과정에서 백인지도자들은 ANC가 과격하지 않고 대화의 가능성이 열려있다는 것을 알게 되었다. 또한 흑인정권의 등장이 불가피하다는 것도 점차 인식하게 되었다.

1980년대 후반 들어 외부 안보환경과 내부 정치환경이 급속하게 변하면서, 핵무장 환경이 변했다. 핵무장 동기가 약해졌지만, 1988년에도 남아공 국방부 산하 무기생산회사인 암스코어(Armscor)는 신규 핵시설 건설과 핵미사일 개발을 계속했다. 안보동기 해소가 비핵화의 핵심 필요조건이지만, 충분조건은 아니었다.

실제 비핵화가 실행되기 위해서는 정치지도자가 나서서 핵포기 결정을 내려야 했지만, 누구도 그런 조치를 취하지 않았다. 1978년부터 통치한 보타 대통령은 남아공의 구세대 국가노선을 견지하는 마지막 정치인이었다. 그는 인종차별정책의 폐지를 반대하고, 핵무장 지속을 요구했다. 그는 1980년대 후반까지 권력집중적인 통치체제와 안보정국을 유지하며, 인종차별에 반대하는 흑인폭동을 가차 없이 진압했다. 국내외 정국의 변동에도 불구하고, 보타 대통령은 끝까지 구체제를 유지하기 위해 권력을 행사했다.

1989년 1월 정치변동의 기회가 우연히 찾아왔다. 보타 대통령이 뇌졸중을 겪고, 국민당 당수직에서 물러났다. 하지만 그는 대통령직을 놓지 않았다. 같은 해 2월에 드클러크가 국민당 당수로 선출되었다. 극심한 권력투쟁 끝에 보타 대통령이 8월에 사직하고, 드클러크는 대통령권한대행이 되었다.

마침내 1989년 9월 구방식대로 백인만 참가하는 대통령선거에서 드클러크가 대통령으로 선출되었다. 드클러크 대통령의 취임과 더불어 남아공의 새 시대가 열렸다. 그는 만델라와 정치범을 석방하고, ANC를 합법화 했으며, 정부의 정책결정과정을 민주화하고, 야당들과 헌법 개정을 위한 협상을 시작했다.

드클러크 대통령은 이런 개혁조치와 병행하여, 마침내 비밀리에 핵개발 프로그램의 종료와 완성된 핵무기의 조속한 폐기를 지시했다.

드클러크 대통령의 국제주의 성향과 핵포기 결정

1989년 9월 14일 드클러크 대통령이 등장하면서 남아공의 변혁이 급격하게 진행되었다. 이전 남아공 정치지도자들은 보타 대통령에서 보듯이 소수백인의 인종차별정치에 기반한 배타적 민족주의적 성향을 보였으며, 핵무장을 지지했다. 그런데 드클러크 대통령은 정반대로 흑백 인종의 화합과 강한 국제주의적 성향을 보였다. 그 결과, 20년에 걸쳐 진행되었던 남아공의 핵개발 프로그램도 갑작스럽게 정반대의 길을 걷게 된다.

드클러크 대통령은 1990년 2월 2개의 중대한 정치결정을 발표했다. 인종차별정책의 종식을 공식적으로 선언하고, 내부적으로 일체 핵개발의 중단과 핵폐기를 명령했다. 드클러크 대통령은 핵무기가 남아공이 대처해야 할 안보위협에 비해 과잉 군사력이며 불필요하다고 판단했다. 더욱이 남아공이 국제사회와 관계를 회복하기 위해서 인종차별정책과 더불어 반드시 제거해야 할 장애요인으로 보았다.

사실 드클러크의 최고 국정목표는 국제사회에 재진입하는 것이며, 남아공의 국제사회의 존경받는 회원국으로 만드는 것이었다. 이때 핵포기, 인종차별정책 폐기 등 정치적, 군사적 개혁조치는 바로 목표를 달성하는 데 반드시 처리해야 할 중간조치로 볼 수 있다.

드클러크는 남아공을 남아프리카 지역에서 외교적·경제적 선도국가로 만들고 싶었다. 드클러크는 핵무기를 폐기하고 NPT에 가입하게 되면, 오히려 남아공의 국제적 위상과 지역 선도국 역할이 강화되며, 원자력의 수출과 평화적 이용 활성화를 통해 경제적 혜택도 커질 것으로 믿었다. 반대로 핵무장을 고집하면, NPT를 포함한 핵비확산레짐이 더욱 강화되는 추세에 맞추어 남아공에 대한 제재압박도 더욱 강화될 것으로 보았다. 그는 자신의 국제주의적 가치관과 국제정세에 대한 판단을 믿고 이에 대한 일부 국민의 지지도 있었기 때문에 핵폐기 결정에 주저하지 않았다.

남아공 정치인들도 점차 핵무기 필요성에 의문을 제기했다. 특히 1988년 국경전쟁이 종료되면서 안보환경이 급격히 개선되고, 소련의 해체로 소련이 더 이상 좌파흑인혁명과 전쟁을 지원할 가능성이 사라졌다. 지도층은 점차 핵무기의 안보효과를 의문시 하는 동시에 핵무기 유지의 정치·외교적 비용이 견디기 어려울 정도로 높다는 인식을 공유하게 되었다.

심지어 남아공의 핵무기가 냉전기 동안에 소련과 쿠바의 공격을 억제하는 데 효과가 있다고 믿었던 정치인도 탈냉전기 들어 더 이상 핵무기가 필요 없다고 생각하게 되었다. 심지어 일부 인사들은 만약 남아공이 핵무기를 주변국에 사용하면, 미국과 소련이 공조하여 남아공을 공격할 것이라는 생각했다.

하지만 군부는 여전히 핵무기에 대해 큰 집착을 보였다고 한다. 심지어 드클러크 대통령이 당선 직후 변화에 대한 국민의 요구와 탈냉전기의 상황을 이용하여 핵폐기 결단을 조기에 내리지 않았다면, 군부의 반대에 부닥쳐 핵폐기에 실패했을 것이라는 전망도 있었다.

핵무기를 직접 생산하던 암스코어의 지도부는 오히려 안보상황의 변혁을 수용하고, 핵폐기가 불가피하다고 내부 합의를 이루었다. 사실 당시 암스코어는 우주개발 프로그램에 더욱 많은 인력과 재정투입을 하고 있었기 때문에 핵폐기에 반대하지 않았다는 분석도 있다. 오히려 핵개발을 포기함으로써 우주개발사업에 더 좋은 환경이 조성될 것이라는 기대도 있었다. 수년 후 우주개발 프로그램도 폐기되었는데, 이 조치가 암스코어에게 핵폐기보다 더 고통스러웠다는 후문이 있었다.

남아공 핵문제를 연구했던 올브라이트(David Albright) 박사에 따르면, 핵개발 현장 인력들은 드클러크 대통령의 핵폐기 결정에 대해서 크게 놀라지 않았다고 한다. 핵개발 인력사이에서도 핵무기의 필요성에 대한 공감대가 크지 않았기 때문이었다. 이 연구개발 인력들은 군사 핵개발 부문이 민수용 원자력부문으로 전환된다는 소식을 듣고 오히려 안도했다고 한다.

'흑인정권의 핵무기 계승 반대' 동기에 대한 논쟁

남아공이 핵무장을 포기한 배경에 대해 인종정치적 설명이 있다. 미래에 등장할 흑인정권이 핵무기를 계승하여 소위 '검은 핵폭탄(Black Bomb)'을 보유하게 될 것을 두려워하여 소수백인정권이 미연에 핵무기와 관련 시설을 폐기했다는 주장이다. 이는 비정통적인 설명 방식이지만, 꽤 널리 통용되었다. 과연 이 설명이 당시의 핵포기 결정에 부합할까?

우선 드클러크정부는 이 설명을 강하게 부정했다. 핵폐기를 결정하는 내각회의에 그런 논의가 결코 제기되지 않았다고 했다. 심지어 드클러크 대통령은 흑인정권이 핵무기를 계승하는 상황도 걱정하지 않았다는 주변 증언도 있다.

한편, 드클러크정부 내에서 핵무기 통제권의 향방에 대한 논의가 있었다는 주장이 있다. 드클러크정부가 향후 다수정당이 연립정권을 구성할 경우, 핵무기에 대한 정치적 통제를 어떻게 유지할 것인지에 대해 고민했다고 한다. 따라서 정치개혁 이전에 핵무기를 제거하는 것이 향후 정당 간 핵무기를 둘러싼 갈등을 제거할 수 있을 것으로 보았다.

남아공 백인 정치인들과 일부 서방진영에서는 '검은 핵폭탄'에 대한 우려가 지속적으로 제기되었다. 흑인정부가 핵무기를 보유하게 되면, 흑인다수정권에 의한 폭정에 이를 이용할 가능성을 우려했다.

서방 전문가들이 더욱 우려한 것은 핵확산 가능성이었다. 특히 남아공의 핵무기, 핵물질, 핵기술 등이 리비아, 이란, 이라크 등 핵확산 우려국가와 테러집단들에게 이전될 가능성을 제기했다. 실제 일부 소수의 ANC 고위 지도자가 드클러크 대통령의 핵폐기 결정을 반대했다는 분석도 있다. 이들은 만델라 계열이 아니었다. 만델라가 일관되게 핵무장을 반대하고, 아프리카의 비핵지대화를 주장했다는 사실은 잘 알려져 있다.

이후 남아공에서는 1994년 다수결 투표가 처음 실시되어, 비로소 흑인정권이 등장했다. 아프리카민족회의(ANC)가 주축이 된 연립정당이 집권여당이 되었다. ANC의 의장이었던 만델라가 1994년 5월 남아공 대통령으로 취임했다.

3. 핵폐기와 핵검증 방법

드클러크 대통령의 핵포기 결정과 실행

1989년 9월 취임한 드클러크 대통령은 핵폐기 문제를 심의하기 위한 전문가위원회를 조직했다. 대통령 직속 전문가위원회에는 원자력공사, 암스코어, 군부 등의 고위관리를 포함했다. 원자력공사는 농축과 핵개발에 초기부터 관여했고, 암스코어는 핵무기 개발과 생산을 맡았고, 군부는 핵전략의 집행기관이었다. 비핵화 여부는 이미 대통령의 결정이 있었으므로, 전문가위원회의 역할은 신속하게, 효과적으로, 부작용 없이 핵폐기를 실천하는 방법을 찾는 데 있었다.

핵폐기를 결정하고도 몇 가지 쟁점이 남아 있었고, 전문가위원회는 이에 대한 의견을 제시했다. 예를 들어, 첫째, 핵무기 존재와 핵폐기를 공개할 것인가? 특히 핵폐기 전에 핵무기 존재를 공개할 것인가? 둘째, 기존 핵개발 결정과 생산에 참여한 내부그룹 이외 누구를 핵폐기의 증인으로 참가시킬 것인가? 셋째, 국제사회에 핵포기의 보상을 요구할 것인가?

전문가위원회는 핵폐기를 비밀리에 부치기로 심의했다. 따라서 IAEA, 또는 다른 국제기관을 핵폐기 과정에 초청하지 않기로 했다. 비밀 핵폐기를 추진함에 따라, 국제사회에 보상을 요구하는 것도 불가능했다. 1989년 11월 전문가위원회의는 동 심의내용을 대통령에게 보고했다. 전문가위원회의 건의에 따라, 드클러크 대통령은 핵폐기를 지시했다. 구체적으로 핵무기 생산의 즉각 중단, 농축시설인 'Y 플랜트' 폐쇄, NPT 가입 이전에 핵무기 폐기 등을 지시했다.

1990년 2월 26일 드클러크 대통령은 문서로 핵폐기 명령서를 작성했다. 이에 따르면, 첫째, 서클 시설(Circle Facility)의 핵무기 창고에 보관된 모든 완성 및 미완성 핵폭탄과 관련 부품을 해체시설로 이관한다. 참고로, 서클 시설이란 남아공 북동부의 아드베나(Adevena) 도시에 있는 암스코어의 핵무기 생산 및 보관시설의 명칭이다. 여기 보관된 핵무기는 완성품 6기, 미완성품 1기 등 총 7기였다. 둘째, 모든 핵장치를 폐기한다. 셋째, 핵무기에서 나온 고농축우라늄을 원자력공사로 안전하게 이관하고 저장한다. 넷째, 군부, 원자력공사, 암스코어 등의 고위인사로 구성된 운영위원회가 핵무기 해체와 핵시설 제염 과정을 감독한다. 다섯째, 별도의 독립된 감독관이 전체 해체과정을 감시하고 대통령에게 보고한다. 드클러크 대통령은 감독관으로 무톤(Wynand L. Mouton) 교수를 지명했다. 무톤 교수는 존경받는 핵물리학자로서 사실상 드클러크 대통령의 대리인으로서 핵폐기의 전 과정을 감시하고 평가하는 역할을 맡았다.

남아공의 핵폐기 결정과 이행 과정에서 보듯이 비핵화는 최고 정치지도자만이 결정할 수 있는 고도의 정치적 행위이다. 오직 정치인만이 그 엄청난 책임을 감당할 수 있다. 핵무장도 마찬가지로 고도의 정치 행위이며, 오직 정치지도자만이 그 결정을 내린다. 그렇다고 정치지도자가 백지상태에서 그런 결정을 내리는 것은 아니다. 핵무장과 비핵화 결정에 따른 국익 계산, 핵무기에 대한 정치인 개인의 신념과 성향, 동 결정에 대한 지지세력, 국민의 요구 등이 복합적으로 작용한다. 그럼에도 불구하고, 여전히 최종 결정은 정치지도자의 몫이라는 점에 주목한다.

남아공정부는 핵폐기 결정을 즉각 실행에 옮겼다. 1990년 연내에 무기용 고농축우라늄을 생산했던 'Y 플랜트' 농축시설을 폐쇄하고 해체했다. 완성된 6개 핵폭탄과 생산 중이던 1개 핵폭탄을 해체하고, 관련 핵무기 생산시설을 해체했다. 일부 핵시설은 상업용 핵시설로 전환되었다. 1991년 9월까지 핵무기에 사용되었던 모든 고농축우라늄을 회수하고 변형하여, 원자력공사로 이관하여 영구보관 처리했다.

남아공은 핵폐기 조치를 취하면서, NPT 가입, IAEA와 안전조치협정 체결, 핵물질과 핵시설의 초기 신고 등에 대한 전략도 검토했다. 이들 조치를 취할 시점과 필요한 사전준비 등도 핵폐기운영위원회가 대통령에게 보고하도록 했다.

원자력공사 사장으로서 핵폐기운영위원회의 위원장이 되었던 스텀프(Waldo Stumpf)가 후일 강연과 인터뷰를 통해 핵폐기 결정과 집행과정을 밝혔다. 특히 그가 1995년 12월 『암스 콘트롤 투데이(*Arms Control Today*)』에 기고한 "남아공의 핵무기 프로그램: 억제에서 폐기로" 논문은 핵개발과 핵폐기에 직접 참여한 고위인사의 보고서라는 점에서 주목받았다. 남아공 핵문제를 가장 체계적으로 분석한 올브라이트의 저서 『남아공 핵무기 프로그램의 재방문: 역사, 폐기와 오늘을 위한 교훈』(2016)도 스텀프를 많이 인용하고 있다.

핵무기를 해체하면서, 남아공은 핵무기 생산 사실을 감추기 위해 철저한 대비책을 세웠다고 한다. IAEA의 핵검증과 핵감식(nuclear forensics) 기술이 발전하여, 고농축우라늄 생산과 보유사실 자체를 감추는 것은 불가능하다. 아무리 극소량이라도, 또는 아무리 시간이 지나도 현재 발전된 핵검증 기술로 충분히 추적할 수 있기 때문이다. 후일 핵검증 결과 어떤 사소한 불일치라도 발견되면, 핵신고 전체가 불신 받을 수 있기 때문에 남아공은 조심스러울 수밖에 없었다.

따라서 남아공은 고농축우라늄 생산을 인정하되, 핵무기 생산은 철저히 감추기로 결정하고 이를 위한 조치를 취했다고 한다. 후일 공개된 핵폐기 지시 보고서에는 "남아공이 고농축우라늄을 생산했지만 최종 무기화 조치는 하지 않았다는 정부의 입장에 신뢰성이 있도록 철저히 필요한 정화 작업을 수행할 것"이라는 지시사항이 포함되어 있었다.

남아공은 자신의 안보적·정치적 필요에 의해 핵무기 생산을 선택했다. 하지만 핵무기 보유와 NPT 불참에 대한 국제사회의 부정적 인식을 매우 부담스럽게 생각한 것으로 보인다. 남아공의 이런 태도는 국제사회의 핵비확산레짐이 핵개발국에게 엄청난 압박효과로 작동한다는 것을 증명하는 사례가 된다.

핵폐기 경과와 방법

대통령 직속의 핵폐기운영위원회가 이행한 첫 번째 작업은 실제 핵폐기에 앞서 핵폐기 과정에서 제기될 안전(safety)과 안보(security)에 대한 절차를 수립하는 것이었다. 따라서 운영위원회는 안전과 안보가 보장되는 방법으로 핵시설과 핵문서를 폐기하고, 핵물질을 회수하고 변형하는 절차를 수립했다. 인원 보안을 위한 절차도 만들었다. 이는 핵폐기에 불만을 가진 인원이 핵무기 프로그램의 존재를 공개하거나, 핵무기·핵물질·핵문서 등을 탈취할 가능성을 방지하기 위한 조치이다.

사실 이런 조치들은 모든 국가가 IAEA체제하에서 원자력프로그램을 관리할 때 적용하는 절차이다. 그런데 남아공은 NPT 비회원국으로 IAEA의 안전조치와 핵안보조치를 받지 않았기 때문에 모두 독자적으로 이런 조치를 취해야 했다. 또한 핵무기 지식과 고농축우라늄 등 고도의 민감기술과 물질을 취급하기 때문에 더욱 강화된 안전과 핵안보 조치가 필요했다는 점도 감안한 것으로 보인다.

핵무기 폐기의 방법에 대한 논란도 있었다. 첫 번째 방법은 '선 불능화, 후 해체'이다. 모든 핵무기의 고농축우라늄을 탑재한 앞부분을 우선 제거하고 불능화한 후, 나머지 폭탄 뒷부분에 대해 완전한 폐기를 진행하는 방법이다. 이때 고농축우라늄을 우선 제거함으로써 핵무기의 조기 불능화가 가능하다.

두 번째 방법은 '불능화와 해체의 단계적 병행추진'이다. 핵무기를 한 개씩 순서대로 완전 폐기하는 방법이다. 이 방법은 최종 핵무기 폐기까지 핵능력이 남아 있다는 문제가 있다. 드클러크정부는 최종적으로 후자 방법을 선택했고, 1990년 7월부터 핵무기 해체와 폐기 작업이 시작되었다. 당시 후자 폐기방법의 선택은 무톤 감독관이 추천한 방법이다. 무톤 감독관은 당시 핵폐기에 참여한 작업자들이 자신들이 만든 핵무기가 폐기되는 것에 불만스러워 하는 것을 알았다. 따라서 즉각적인 핵폐기 방법을 피하고, 핵폐기 시간을 최대한 연장시키고자 했다. 그렇게 함으로써 핵폐기 작업자들이 비핵화 필요성에 공감할 시간을 갖기를 기대했다.

핵폐기 작업은 핵무기가 보관되었던 아드베나 서클 시설에서 진행되었다. 우선 고농축우라늄을 융해해서 잉곳(ingot)으로 만들었다. 그리고 고농축우라늄이 임계질량에 이르지 않도록 만들어 안전에 주의하고, 또한 핵안보가 보장되는 저장창고에 보관했다.

핵무기 중 비핵기기 부분은 분해되어, 민감도에 따라 별도 처리했다. 특히 민감 기기와 부품은 형체를 알지 못하게 폐기했다. 일부는 절단하고 융해해서, 원재료 형태로 만들었다. 비민감 기기와 부품은 그대로 처분하기도 했다.

최종 핵무기가 폐기되기 전에 운영위원회는 드클러크 대통령에게 비핵화 결정에 대해 변화가 있는지 다시 문의했다. 하지만 그의 결정에는 변화가 없었다.

남아공정부는 핵폐기 작업에 외부에 알려지지 않도록 특히 보안에 애썼다. 남아공 국민과 국제사회는 남아공의 핵무기 보유를 인지하지 못했으며, 남아공정부는 그런 상태가 유지되기를 바랐다. 그런데 초기에 고농축우라늄 이송 작전이 지역주민들의 관심을 끄는 사건이 발생했다. 정부는 핵물질을 서클 시설에서 펠린다바로 이송하면서, 핵물질의 안보를 위해 군대를 동원하여 이동 경로에 배치했다. 주민들이 이에 놀라 문의하는 사태가 발생하자, 곧 이송작전을 최소한의 경비인력만 동원하는 방식으로 바꿨다. 고농축우라늄 이송작업은 1991년 3월에 시작하여 9월까지 총 4회 차에 걸쳐 완료되었다.

핵무기 해체와 더불어 관련 핵시설과 기기에 대한 해체와 제염작업도 철저히 진행되었다. 앞에서 토론했듯이, 이 작업의 목적 중 하나는 향후 사찰이 있더라도 핵무기의 존재를 부정할 수 있도록 핵무기의 흔적을 지우는 것이었다. 실제 당시 해체와 제염 작업을 했던 암스코어 인사들은 핵무기 존재를 감추는 것이 가능하다고 믿었다고 한다.

마침내 1991년 9월 6일 핵무기 해체작업이 완료되었다. 남아공은 핵무기의 해체와 제거를 확인한 후 1991년 7월 NPT에 '비핵국(non-nuclear weapon state)' 자격으로 참가했다. 남아공은 NPT 회원국이 되자, 사찰 의무를 수용하기 위해 1991년 9월 16일 IAEA와 안전조치협정을 체결했다.

그런데 1991년 7월 남아공의 NPT 가입에도 불구하고, 비핵화 작업이 완전히 끝나지 않았다. 핵무기 자체는 해체되고 제거되었으나, 핵무기의 비핵부분 일부는 아직 남아 있었다. 핵무기 해체팀은 서클 시설의 우라늄 시설과 핵무기 개발을 위한 설계도, 소프트웨어, 문서 등을 계속 회수했다. 이렇게 회수된 약 1만 2,000점의 기술문서는 분류해서 보관되었다.

NPT에 가입한 지 1년 6개월이 지나서야, 드클러크 대통령은 비핵화의 최종조치를 지시했다. 드클러크 대통령은 1993년 3월 17일 핵개발과 관련된 모든 문서의 폐기를 지시했다. 이때 보관 중이던 핵개발에 대한 기술문서, 전략문서, 정책문서 등이 소각 등 방법으로 폐기처분되었다. 드클러크는 국제사회의 압력에 못 이겨 3월 24일 핵무기의 존재를 공개했는데, 핵문서의 최종처분은 이를 염두에 둔 사전조치였다.

대부분 핵무기 관련 문서는 폐기 처분되었지만 일부 문서는 보관키로 결정했다. 혹시 향후 핵무기 개발에 대한 논란이 제기되고, 남아공의 핵폐기 결정과 집행에 대한 의구심이 제기될 때를 대비하여 핵심 결정에 대한 문서를 보관했다.

기술문서 중에서는 고농축우라늄 생산량, 핵무기 생산 수, 핵폐기 작업 등이 보관 처리되었다. 특히 향후 IAEA의 핵검증에서 핵물질 생산량의 계량이 가장 중요한 요소이므로, 이를 증명하는 데 필요한 'Y 플랜트'의 농축활동 기록도 보관하기로 했다. 또 남아공 당국은 핵개발 프로그램의 시작과 종료에 대한 문서도 확보하고 보관키로 했다. 남아공 법령이 핵프로그램에 종사한 인원의 의료기록과 방사능기록을 30년간 보관토록 요구하고 있어, 핵개발에 참여한 인원의 기록도 확보되었다.

1993년 3월 23일 무튼 감독관은 최종적으로 핵폐기가 완료되었다는 보고서를 드클러크 대통령에게 제출했다. 구체적으로, 핵무기가 모두 폐기되고, 암스코어가 보유했던 모든 핵무기 제조기기를 폐기하고, 폐기 대상 문서가 모두 폐기되었다고 보고했다. 당초 드클러크 대통령은 무튼 감독관에게 핵물질의 그램 단위까지 정확하게 계량하고, 모든 핵무기와 관련되는 일체 하드웨어와 소프트웨어가 폐기되는 것을 확인할 것을 요구했다. 그런데 고농축우라늄 수백 그램이 핵무기 해체과정에서 유실되었지만, 유의미한 질량이 아니어서 별 추가조치를 취하지 않았다고 한다.

핵폐기운영위원회는 핵폐기 과정에서 인종차별적 민족주의자들이나 신정부에 대한 불만분자들이 핵물질이나 핵지식을 빼돌릴 가능성을 우려하고 추가 안전조치를 취했다. 예를 들면, 핵무기 제조시설을 해체하면서, 이를 민수용 원자력시설로 전환한다고 직원들을 안심시켰다. 제조시설은 완전 해체되자, 남아 있던 직원들을 다른 유관회사로 이직시켰다.

핵폐기를 비밀에 부친 이유

남아공의 핵폐기는 극도의 보안조치 속에서 진행되었다. 하지만 일부 외부 관찰자들은 1990년 9월 남아공이 핵무기를 폐기하려는 징후를 발견했다. 당시 보타 외무장관이 "남아프리카 지역 국가들이 NPT에 참가한다고 공약한다면 남아공도 참가할 용의"가 있으며, "남아프리카 비핵지대"를 지지한다고 발표했다. 또한 보타 외무장관은 남아공이 핵무기를 개발했는지 확인해달라는 질문에 대해, 남아공이 이미 NPT에 가입하기로 결정한 이상 핵개발 여부는 "관련성이 없다(irrelevant)"고 대응했다. 잠비아와 탄자니아가 NPT에 참가하자, 남아공도 뒤따라 1991년 7월 NPT 참가 의사를 표명했다. 당시 이런 대응은 남아공이 핵무기를 폐기하려 한다는 추측을 낳았다.

당시 드클러크정부는 핵무기 프로그램의 존재여부를 계속 비밀로 할 것인지를 재검토했지만, 비공개의 기존 결정을 유지하기로 재확인했다. 그렇다면 왜 드클러크 대통령은 과거 핵활동을 계속하여 비밀로 부치기로 했을까.

첫째, 드클러크정부는 NPT에 참가할 때 반드시 과거 핵개발 여부를 공개할 의무를 지는 것은 아니라고 해석했다. 이들은 IAEA 사찰의 목적이 NPT 가입 당시 해당 국가의 핵물질과 핵시설을 계량하고 확인하는 데 있다고 보았다. 실제 핵물질의 생산 이력과 핵물질 재고가 확인되면 IAEA 사찰목적을 달성하는 것으로 보았다. 실제 NPT 가입 전의 핵무기 개발과 보유 여부는 엄밀한 의미에서 IAEA의 사찰목적에 포함되지 않는다. 따라서 드클러크정부의 이런 판단이 틀렸다고 보기 어렵다.

둘째, 국내정치적으로 과거 핵활동 공개가 반발을 초래할 것으로 보았다. 핵무장 지지자들의 강한 반대가 예상되었지만, 핵무장 반대론자의 비판이 있을 가능성도 배제할 수 없었다. 굳이 국내정치적 논란 소지를 만들 필요가 없었다.

셋째, 1991년 7월 당시 국제사회가 이라크의 핵사찰에 집중하고 있는 상황에 주목했다. 이때 만약 남아공이 과거 핵무기 사실을 공개한다면, 남아공이 제2의 이라크가 되어 요주의 국가가 될 것으로 보았다. 당시 이라크는 매우 침투적인 사찰을 받고 있었는데, 국제사회가 남아공에게도 이라크와 같은 수준, 또는 더욱 침투적인 사찰을 요구할 것으로 보았다.

사실 남아공이 핵개발을 진행한 것은 NPT 가입 전이었고 가입 전에 완전히 해체함으로써 이라크와 달리 NPT의 명문 규정을 위반한 적은 없다. 하지만 드클러크정부는 국제사회가 남아공이 몰래 핵개발한 데 분노하여 매우 강한 사찰을 강요할 것으로 생각했다. 따라서 핵개발 사실을 감추어 강제사찰을 미연에 방지하고자 했다. 1992년 중반에 정부 내에서 핵개발 사실을 공개하자는 논의가 있었으나 드클러크 대통령은 이를 거부했다.

1993년이 되자 더 이상 핵개발을 비밀로 할 수 없게 되었다. 드클러크정부가 일관되게 핵개발 의혹을 부인하자, 국제사회는 드클러크정부의 부정직성을 강력히 제기했다. 특히 미국은 남아공에게 과거 핵개발을 공개할 것을 강하게 압박했다. 남아공이 NPT에 가입하고 사찰도 받았지만, 국제사회가 계속하여 과거 핵활동과 농축우라늄 은닉 가능성에 대한 우려를 제기하면서 남아공에 대한 불신이 오히려 더욱 커졌다. 마침내 드클러크 대통령은 과거 핵개발 사실을 공개할 수밖에 없었다.

핵검증 방법과 절차: IAEA 사찰

핵무기를 해체하고 핵물질 회수가 끝나자, 남아공은 1991년 7월 NPT에 가입했다. 남아공은 1991년 9월 IAEA 안전조치협정에 서명했고, 같은 해 11월 IAEA 사찰이 시작되었다. IAEA는 1991년 11월부터 2년 반 동안 남아공의 모든 핵관련 시설에 대해 100여 차례 사찰을 실시했다. 그런데 남아공에 대한 IAEA 안전조치는 다음의 이유로 일반적인 NPT '비핵국'에 대한 안전조치와 달랐다.

첫째, 남아공은 핵무기를 제조하고 보유했다가 폐기한 국가이다. 물론 1991년 NPT 가입과 IAEA 사찰 개시 당시까지도 남아공이 공식적으로 핵무기 보유를 인정한 적이 없지만 국제사회 모두가 핵보유를 의심하고 있었다. 따라서 국제사회는 보다 엄격한 사찰을 통해 과거 핵보유 여부와 핵활동 전모를 밝히려고 했다.

하지만 IAEA 사찰의 법적 임무는 명료했다. 과거 핵무기 개발 여부를 밝히는 것이 아니라, 역사적으로 생산한 핵물질과 현재 핵물질 재고가 일치하는지를 확인하는 게 주어진 법적 임무였다. 따라서 주변의 정치적 논쟁과 무관하게, IAEA는 매뉴얼에 따라 자신에게 주어진 법적 임무를 프로페셔널하게 수행했다. 물론 드클러크정부는 이런 국제사회의 반응을 예상하고 NPT 가입 전에 철저히 준비했었다.

둘째, 1991년 국제사회는 당시 이라크와 북한에 대한 사찰이 과거 핵이력을 밝혀내는 데 실패한 경험을 교훈삼아, 보다 강력한 사찰을 추진했다. 따라서 IAEA는 사찰방식을 강화하고, 남아공의 신고에 만족하지 않고 회원국이 제공한 핵활동 정보도 적극 활용했다. 1991년 9월 20일 IAEA 총회는 남아공에 대해 전례 없는 특별한 주문을 했다. 종래 IAEA 사찰은 피사찰국의 신고에 한해 그 완전성을 확인하는 사찰을 했다. 그런데 IAEA 총회는 사무총장에게 남아공의 신고 내용을 확인하는 데 그치지 않고, 초기 신고 그 자체가 완전한지를 확인할 것을 요구했다. 따라서 IAEA 사찰팀은 처음부터 미신고 핵물질과 핵활동이 있었는지 찾아야 했다. 실제 미국정부는 IAEA에 남아공의 과거 핵무기 활동에 대한 정보를 제공했다.

사실 남아공은 IAEA와 미국이 그렇게 기존 국제법적 임무를 넘어서는 사찰을 추진할 것으로 생각하지 못했던 것 같다. 남아공은 사찰을 받기 시작하면서 당초 예상과 달리 IAEA로부터 훨씬 많은 정보 요구와 침투적인 사찰에 시달려야 했다.

셋째, IAEA가 1991년부터 통상적인 방법으로 사찰을 하다가, 1993년 3월 드클러크 대통령이 핵무기 보유 이력을 자백한 이후 사찰의 주안점이 크게 바뀌었다. 1993년 3월까지 사찰은 공식적으로 남아공에 핵무기가 없었다는 전제에서 시작되었다. 따라서 핵물질의 재고 확인이 주안점이었다. 그런데 핵무기 보유 자백 이후, IAEA는 핵무기 개발 프로그램의 현재 상태, 핵무기 폐기의 완전성, 핵무기용 고농축우라늄의 완전 회수여부 등을 확인하는 데 주안점을 두었다. IAEA는 사찰 팀에 새로이 핵무기 전문가를 투입했다. 사실 IAEA로서도 과거 핵무기 보유국에 대한 사찰은 처음이므로 전례도 없었고, 이에 법적 지침도 없었다.

남아공정부는 IAEA와 안전조치협정에 따라 1991년 10월 30일 IAEA에 초기 신고 보고서를 제출했다. 이 보고서의 핵심은 IAEA 안전조치협정이 발효하기 시작한 9월 30일 현재 남아공에 있는 일체 핵물질의 양과 장소를 신고하는 것이다. 이 신고는 당시까지의 관행과 법적 의무에 따라 작성되었다. 따라서 안전조치협정 발효 이전에 존재했던 과거 핵무기 개발 프로그램과 관련 시설, 그리고 핵물질의 이동과 사용 이력 등을 신고하지 않았다.

남아공은 당초 예상보다 훨씬 침투적인 사찰에 시달렸지만, 최대한 협조했다. 드클러크 대통령과 남아공 국민은 국제사회에 재진입 하고자 하는 의지가 확고했고, 이를 위해서 NPT 가입과 IAEA 사찰은 반드시 통과해야 할 관문이었기 때문이었다. IAEA가 남아공의 과거 핵문제에 대한 문제를 계속 제기하자, 남아공은 IAEA 사찰팀이 "합리성 범위 내에서, 언제든지 어느 장소든지 접근"이 가능하다고 약속했다.

1993년 3월 핵무기 보유 자백 이후, IAEA 사찰이 훨씬 강화되었다. 당시 남아공 당국은 과거 핵제조 시설과 관련 문서에 대한 사찰팀의 접근을 허용하는 등 협조를 아끼지 않았다.

하지만 남아공에 대한 핵검증은 매우 복잡했다. 남아공이 '주동적 핵폐기' 방법을 선택했기 때문이었다. 남아공이 NPT 가입 전에 독자적으로 핵을 폐기하면서, 당시 남아공의 최대 관심은 핵개발 흔적을 완전히 지우는 데 있었다. 따라서 IAEA 사찰팀이 과거 핵개발의 전모를 파악하기란 결코 쉽지 않았다. 더욱이 핵폐기에 불만을 가진 일부 남아공 극우세력은 핵문서와 핵물질의 유출을 제기하여, IAEA와 남아공정부를 자극했다.

그렇다면 왜 남아공은 독자적으로 핵무기를 폐기하여 이후 사찰과정에서 논란을 사도록 했을까. NPT에는 국제법적으로 핵보유국과 비핵국만 존재한다. 그런데 핵보유국은 이미 5개국으로 법적으로 봉인되었기 때문에 그 외 국가는 오직 '비핵국'으로만 NPT에 참가할 수 있다. 이때 남아공이 NPT에 참가하는 유일한 방법은 '비핵국'이 되는 길뿐이었다. 따라서 남아공은 자체적으로 완전히 핵폐기하고 '비핵국'이 되어 NPT에 참가하는 길을 선택했다.

남아공의 과거 핵활동에 대한 핵검증을 정확히 하려면, 남아공이 NPT에 먼저 참가하고 사찰을 받으면서 핵폐기하는 방법도 있을 것이다. 그런데 핵무기를 보유한 채로 NPT에 가입하는 것 자체가 불가능하다. 핵무기 폐기 이전에 IAEA가 사찰에 참가하는 것도 IAEA의 법적 임무를 볼 때 불가능하다.

결국 남아공은 IAEA에게 모든 핵개발 관련 정보를 제공하고, 모든 핵시설과 관련 시설에 대한 접근도 허용했다. 핵무기 개발 프로그램, 우라늄 농축활동과 핵물질의 이동 이력, 핵시설에 대한 접근, 핵무장과 핵해체에 관여한 인사들에 대한 접근과 면담, 환경샘플 채취 등 사실상 핵활동의 전모를 제공했다. 남아공은 IAEA의 추가 요구를 반영한 수정보고서를 수차례 추가로 제출해야만 했다. 1993년 드클러크 대통령의 핵무기 보유 자백 이후에는 핵무기 개발 프로그램의 개요도 제공했다.

한편, 남아공은 IAEA의 사찰요구에 적극 협조하면서, 그 협조의 조건을 제시했다. 첫째, 남아공이 제공하는 정보에 대해 IAEA가 철저히 보안을 유지할 것을 요구했다. 둘째, IAEA가 정치적 중립성을 지킬 것을 요구했다. 셋째, 남아공은 IAEA 사찰관의 지속성을 유지해 줄 것을 요구했다. IAEA는 이 요구를 대부분 수용하고 이행하기 위해 노력했다. 그 결과, 남아공과 IAEA 간 신뢰가 구축되었으며, 남아공은 협조를 지속했고, IAEA는 핵투명성 확보에 필요한 정보에 접근할 수 있었다.

IAEA 사찰의 관문을 통과하고, 마침내 남아공은 비핵국으로 거듭났다. 드디어 국제사회에 재진입하면서, 남아공은 핵비확산 선두주자로 나섰다. 남아공은 1995년 NPT 연장회의에서 NPT의 영구연장을 지지했고, 같은 해 원자력공급자그룹(NSG)에도 가입했다. 남아공은 과거 핵확산 불량국가에서 지금은 핵비확산과 평화적 핵이용의 선도국으로 변신하는 데 성공했다.

4. 남아공 사례의 정책적 함의

남아공은 왜 핵무장 하고, 왜 비핵화했나? 사실 남아공 사례는 핵무장과 핵포기를 설명하는 데 제기되는 각종 요인들을 모두 포함하고 있어, 어떤 요인이 가장 핵심적이었는지 평가하기란 쉽지 않다. 일부 요인은 구조적 요인이며, 어떤 요인은 촉발 요인이다. 큰 불이 나려면 장작과 불쏘시개와 불씨가 다 필요하듯이, 핵무장과 핵포기와 같은 큰 사건도 다양한 요인이 복합적으로 작용해서 발생한다. 마른 장작이 쌓여있어도 불씨가 없으면 불이 나지 않고, 또한 불씨는 있지만 불쏘시개가 없다면 장작에 불이 붙지 않는 것과 같다.

첫째, 안보모델에 따르면, 남아공의 핵무장은 주변국의 안보위협에 대한 대응책이었다. 남아공은 1960년대부터 시작하여 20년 이상 주변국과 국경전쟁에 시달리고 있었다. 주변국의 재래식 군사력은 남아공의 군사력으로도 대처할 수 있었겠지만, 이들이 소련과 쿠바의 지원을 받는다면 계산이 달라진다. 또한, 내부의 안보위협도 심각했다. 인종차별적인 백인소수정권에 대한 다수 흑인의 반발은 해가 갈수록 강도가 세졌다. 남아공이 인종적·역사적으로 적대 세력에 둘러싸여 절대 안보위기를 느끼며, 이에 대한 타개책으로 핵무장을 선택한 상황은 이스라엘의 핵무장을 연상시킨다.

1980년대 말 들어 냉전의 해체와 더불어 국경전쟁의 종식과 나미비아의 독립은 남아공의 안보구도에 근본적인 변화를 초래했다. 주변국에 대한 소련과 쿠바의 군사지원 중단과 철수로 더 이상 거대 안보위협은 사라졌다. 남아공은 핵무기를 유지하기 위해 외교고립과 경제제재의 고비용을 치렀는데, 안보위협이 사라지면서 이런 핵무기 유지의 고비용을 점차 정당화하기 어렵게 되었다.

그런데 안보동기모델에는 모든 안보위기국이 반드시 핵무장하지 않는다는 이론적 결함이 있다. 심지어 안보위협이 있었다고 하더라도, 굳이 핵무장이 필요했느냐는 의문이 따른다. 남아공의 경우도 주변국의 안보위협에 대한 핵무장은 과잉 대응이라는 '과다성(superfluousness)'의 문제가 있었다.

안보모델로 남아공의 핵포기를 설명하는 데에도 문제가 있다. 안보모델에 따르면, 국제체제는 기본적으로 무정부상태로서 무한 세력경쟁이 벌어진다. 이때 남아공은 현재뿐만 아니라 알 수 없는 미래의 안보리스크에 대비하기 위해 핵무기를 포기하지 말아야 했다. 하지만 드클러크 대통령과 일부 인사들은 비핵화를 선택했다.

둘째, 정치모델에 따르면, 핵개발에 이해관계가 걸린 원자력계, 군부, 정치인 등 이익집단이 그룹이익을 추구하는 내부투쟁의 결과로 핵무장을 추진한다. 남아공은 일찍이 우라늄 채광과 수출을 통해 원자력 그룹이 결성되었다. NPT체제가 구축되기 이전에는 안보위기가 있는 대부분 국가가 핵무장을 진지하게 검토하거나 실제로 실행했다. 더욱이 열악한 안보환경에 처한 남아공의 군인과 정치인들이 핵무장을 심각하게 검토한 것은 당연한 현상이었다.

다만 1970년에 NPT가 출범하고 1974년 인도의 핵실험 이후 미국이 양자관계를 통해 핵비확산정책을 강력히 추진하면서, 한국을 포함한 대부분 비핵국가가 핵개발을 포기했었다. 하지만 남아공은 NPT 참가를 거부하고, 국제사회의 제재를 감수하면서까지 핵개발을 추진했다. 이는 그만큼 안보위협이 강하고, 또는 핵무장을 지지하는 이익집단들이 국내정치를 주도했기 때문이라고 해석할 수 있다.

이 부분에서 정치모델의 설명력이 돋보인다. 그런데 남아공의 특이한 점은 인종차별정책으로 인해 이미 국제사회의 제재를 받고 있었기 때문에 핵개발 때문에 추가로 치를 경제적·외교적 비용이 크지 않았다는 점이다. 만약 인종차별정책이 없었고, 국제제재의 유일한 요인이 핵개발이었다면 남아공도 한국처럼 1970년대에 핵개발을 포기했을 가능성도 있었다. 하지만 남아공은 핵무장을 추구하는 인종차별세력·안보세력·보수세력의 국내정치적 연대가 강해 핵무장을 고수했다.

셋째, 규범모델이 있다. NPT의 출범으로 핵비확산은 국제사회의 보편적인 규범이 되었다. 핵비확산은 단순히 도덕적 의무에 그치지 않고, 핵비확산체제가 강화되면서 다양한 실체적인 처벌 장치를 만들었다. NPT 비회원국은 원자력 국제시장 및 이중용도 전략물자의 교역에 대한 참가가 제한된다. 원자력발전을 위한 기술과 핵연료를 살 수도 팔수도 없다. 나아가 북핵사례에서 보듯이 핵실험에 매우 강한 경제제재와 외교압박이 가해진다. 오늘날 상호의존적인 국제사회에서 완전히 배척되는 셈이다.

남아공은 경제통상 국익과 국가적 자존감을 위해 국제사회에 참여하고 싶었으나, 전통적인 인종차별정책과 핵개발 때문에 그럴 수 없었다. 탈냉전기 들어 드클러크 대통령이 등장하면서, 국제사회 재진입이 핵무장이나 인종차별보다 더 큰 국익으로 간주되면서, 결국 핵폐기를 선택했다. 이는 국제규범의 승리이다. 동시에 이런 정치적 결정을 가능케 한 것은 남아공 내 정치구조의 변동이 있었고, 또한 새 노선을 과감하게 선택한 드클러크 대통령의 정치적 결단도 있었다. 드클러크 대통령이 평소 강한 국제규범과 핵비확산 가치를 신봉했기 때문이라는 설명도 가능하다. 하지만 이를 뒷받침하는 국내 세력의 핵비확산과 국제주의적 정치연대가 없었다면 개인의 희망으로 끝났을 가능성도 높다. 결국 남아공의 비핵화 사례는 안보모델, 규범모델, 정치모델 등이 복합적으로 작용한 것으로 볼 수 있다.

7장

우크라이나·카자흐스탄 사례: 협력적 비핵화와 협력적 위협감축(CTR)

1991년 12월 소비에트사회주의연방(소련)의 해체는 뜻하지 않은 초대형 국제안보 사태를 초래했다. 핵무장국이 소련 1개국에서 4개국으로 늘어난 것이다. 특히 우크라이나와 카자흐스탄은 각각 핵탄두 4,025개, 1,410개를 보유하여, 미국과 러시아에 이어 세계 3, 4위의 핵강국으로 등장했다. 그런데 벨라루스를 포함한 신생 3개 핵국은 당초 핵을 보유하려는 의사가 없었고, 자신의 영토 내에 있던 구소련의 핵무기에 대한 통제권을 가진 적도 없었다. '어쩌다 핵무장국'이 된 이들은 다소의 우여곡절 끝에 모든 핵무기를 러시아로 이전했고, 결국 NPT에 '비핵국'으로 가입했다. 핵포기의 일관된 입장을 갖고 비교적 순탄하게 핵포기한 카자흐스탄과 벨라루스와 달리, 우크라이나는 내부의 핵보유 주장, 핵포기에 대한 과다한 보상 요구 등 논란 끝에 핵포기했다. 그럼에도 불구하고, 남아공이나 이란 사례에 비해, 구소련 3국의 비핵화 과정은 국제사회와 협력적인 분위기에서 진행되었다. 특히 국제사회의 지원을 받아

진행되었던 '협력적 비핵화' 과정에서 핵투명성도 완벽하게 보장되는 효과도 있었다.

구소련 3개 신생 핵국이 비교적 손쉽게 비핵화를 결정하고 신속하게 실행에 옮겼지만, 여전히 의문이 남는다. 세상의 많은 국가들이 핵무장을 추구하는데 이들은 왜 저절로 손에 굴러들어온 핵무기를 포기했을까? 모든 국가들은 외부의 안보위협 때문에 핵무장을 추구한다고 안보모델은 주장하는데, 이들은 안보문제에 무심한 나라인가? 이 국가들의 정치지도자는 왜 핵포기를 결정했나? 카자흐스탄이 일찍 핵포기 결정을 내리고 실행에 옮긴 데 비해, 우크라이나는 핵포기를 주저했는데 어떤 이유로 양국은 핵포기에 서로 다른 입장을 보였는가? 해체된 소련의 핵무기·핵물질·핵기술이 전 세계로 팔려나가는 것을 저지하기 위해 미국은 이들에게 핵무기 해체를 지원하고 핵기술자에게 직장을 제공하는 '협력적 위협감축' 프로그램을 제공했는데, 이 프로그램을 과연 북한에도 적용할 수 있을까? 이 장에서는 우크라이나와 카자흐스탄을 중심으로 핵포기 동기와 경과를 조사하면서, 이 문제들에 대한 답을 찾고자 한다.

1. 구소련 해체와 신생 핵국의 등장

신생 핵국의 등장

1991년 12월 소비에트사회주의연방(소연방 또는 소련)이 해체되어 15개의 독립된 공화국으로 분해되었다. 1922년부터 결성된 소연방은 냉전기 동안 미국과 더불어 냉전의 한 축이자 초강대국이었지만, 이 날로 지도상에서 소멸했다.

1985년 3월 54세의 개혁파 고르바초프(Mikhail Gorbachev)가 소련 공산당 서기장으로 취임하면서, 탈냉전의 역사적 변화가 시작되었다. 그는 사회개혁과 자유화정책을 통해 사회주의를 재건설해서, 새로운 소련의 역사를 쓰려고 했다. 그런데 역사는 그의 의도대로 흘러가지 않았다. 고르바초프는 소련의 새 역사를 쓰는 데 실패했다. 하지만 세계와 인류의 새 역사를 쓰는 데 성공했다. 그의 탈군사화와 자유화정책으로 인해 소련이 결국 해체되고, 냉전의 역사가 끝났다. 그 결과, 전 인류가 핵전쟁의 공포에서 벗어나고, 자유화와 세계화의 혜택을 누리게 되었다.

1980년대 후반 들어 소연방 공화국은 일제히 점령과 강제합병에 대한 역사적 불만을 표출하기 시작했다. 1988년에 라트비아, 에스토니아, 리투아니아 등 발트지역의 주권회복과 자유화 운동이 확산되면서, 소련이 점차 이 지역에 대한 통제권을 잃었다. 코카서스 지역에서도 자치와 독립의 목소리가 급증했다. 1989년 소련 인민대표회의에서 처음으로 민주주의적 투표가 도입되자, 공화국 주민들의 독립 요구가 더욱 거세어졌다. 1991년 말 소련의 해체 과정이 정점에 달했다. 1991년 12월 8일 러시아, 우크라이나, 벨라루스 3개 공화국 정상이 모여 소련의 해산과 독립국가연합(CIS)의 수립을 선언하는 '벨라베자조약'에 서명했다. 아직 고르바초프는 명목상 소련의 정상 자리를 유지했지만, 그의 통제 밑에 있던 강력한 공화국들이 독립을 선언하면서, 그의 통치기반이 급속히 허물어졌다. 그는 벨라베자조약을 쿠데타라 비난했다.

1991년 12월 12일 러시아 최고회의가 벨라베자조약을 비준하고, 1922년에 체결된 소연방 결성조약을 파기했다. 고르바초프는 영토도 국민도 없는 소연방의 대통령 자리를 더 이상 고집할 수 없었다. 마침내 고르바초프는 1991년 12월 25일 텔레비전 연설을 통해 소련 대통령직 사임과 소연방 해체를 선언했다. 그리고 모든 소련의 군사력과 핵무기

통제권을 러시아공화국의 옐친(Boris Yeltsin) 대통령에게 이양했다. 이로써 약 70년 역사의 소련이 역사책 속으로 사라졌다.

소련의 해체는 뜻하지 않게 엄청난 안보위협을 낳았다. 소련은 해체 당시 핵무기 약 3만 5,000기를 보유했는데, 상당수가 소연방 소속 공화국에 배치되어 있었다. 구소련지역 내 핵무장국이 소련 1개국에서 러시아, 카자흐스탄, 우크라이나, 벨라루스 등 4개국으로 늘어나는 초대형 핵확산 사건이 발생했다. 우크라이나, 카자흐스탄, 벨라루스 등 구소련 3국이 졸지에 각각 4,025개, 1,410개, 100개의 핵탄두를 보유한 새로운 핵강국으로 등장하였다.

국제사회가 1970년 NPT 출범 이후 애써 지켜온 핵비확산 국제레짐이 갑자기 시험대에 서게 되었다. 러시아는 구소련 내 패권적 지위를 가진 공화국이며 소련의 모체였다. 따라서 러시아가 구소련의 정통성을 계승하고, 군사력과 핵무기도 계승받는 데 대해서 별 문제가 없었다. 그런데 우크라이나, 카자흐스탄, 벨라루스는 역사적으로, 지리적으로 러시아와 별도 국가였다. 이들의 핵무기 보유는 핵확산에 해당되었다.

소련 내에서 2번째로 큰 공화국이었던 우크라이나는 소련 핵무기를 물러 받은 결과, 러시아와 미국에 이어 세계 3위의 핵강국이 되었다. 전략핵탄두 1,240기, 전술핵무기 약 2,000기에 더해, 다량의 대륙간탄도미사일과 전략폭격기를 물려받았다.

카자흐스탄도 본인의 핵무장 의사와 관계없이 갑자기 세계 4위의 핵강국이 되었다. 구소련으로부터 대륙간탄도미사일 SS-18 104기, 미사일에 탑재된 핵탄두 1,410개, Tu-95 전략폭격기 40대, 순항핵미사일 370기를 물려받았다. 이 핵전력은 프랑스, 영국, 중국의 핵전력을 합친 것보다 많았다. 또한 카자흐스탄은 천연우라늄 매장량 세계 4위를 기반으로 하여, 우라늄농축, 핵연료 생산, 원자로, 핵시설 등 핵공정 전체를 보유했다. 카자흐스탄에는 소련의 최대 핵실험장인 세미팔라틴스크 핵실험장이 있었다.

초기 비핵화 노력: START I과 리스본의정서

고르바초프 서기장이 1895년 취임한 이후 미소 간 전략무기를 감축하기 위한 노력이 성과를 맺기 시작했다. 오랜 협상 끝에 고르바초프 서기장과 조지 H. W. 부시 대통령은 1991년 7월 31일 전략무기감축조약 I(START I: Strategic Arms Reduction Treaty)을 체결하고, 7년 내 전략무기 운반체계를 1,600기 이내로, 탑재 핵탄두를 6,000기 이내로 제한하는 상한선을 두기로 합의했다. 이로써 미소 양국은 핵군축협상 역사상 처음으로 의미 있는 전략핵무기 감축에 합의했다.

그런데 양국은 전혀 예상치 못한 복병을 만났다. 서명 5개월 만인 1991년 12월 말 서명 당사국인 소련이 법적으로 해체되어 소멸해 버린 것이다. 러시아가 소련을 법적으로 승계하여 START I의 당사국이 되었지만, 일부 핵무기가 다른 3개국에 있었기 때문에 START I에 따른 핵감축의 법적 의무를 이행하기 위해서는 신생 핵무장 독립국들도 START I에 참가해야만 했다.

구소련은 15개 소속 공화국에 핵무기와 핵시설을 산재하여 배치했다. 그런데 갑자기 그 핵무기와 핵시설의 소유와 관리 주체가 소멸하면서, 핵무기와 핵물질의 회수와 관리가 심각한 국제안보 문제로 부상했다. 특히 핵무기가 집중 배치되었던 우크라이나, 카자흐스탄, 벨라루스로부터 핵무기와 핵물질 회수가 가장 위중한 문제였다.

미국과 러시아가 신규 핵무장국 3개국과 핵무기 회수를 위한 협상에 나섰다. 미국은 세계평화와 핵비확산에 가장 큰 이해관계를 가진 초강대국의 자격으로, 그리고 러시아는 구소련을 법적으로 승계한 국가의 자격으로 협상에 나선 것이다. 미국과 러시아는 상호 연관된 3개의 목적을 공유했다. 첫째, 미국과 구소련이 체결한 START I에 신규 3개 핵무장국을 참가시켜, 동 협정을 발효시킨다. 둘째, 신규 3개 핵무장국의 핵무기와 핵물질을 조기에 회수한다. 셋째, 신규 3개 핵무장국을 조기에 NPT에 '비핵국'으로 참가시킨다.

1992년 5월 23일 '미소 간 전략무기감축조약에 대한 의정서', 일명 '리스본의정서'가 포르투갈 리스본에서 채택되었다. 이 의정서에는 러시아, 그리고 카자흐스탄, 우크라이나, 벨라루스 등 4개국이 서명했다. 리스본의정서에서 4개국은 자국 내에 있는 구소련의 모든 핵무기를 러시아로 이관하거나 폐기하고, 또한 러시아는 핵보유국으로, 그 외 3국은 비핵국으로 가능한 한 조속히 NPT에 가입하기로 약속했다.

그런데 리스본의정서가 발효하기 위해서는 구소련의 3개 신생 핵무장국이 각각 비준하고, 또한 이들이 비핵국으로 NPT에 가입해야만 했다. 따라서 벨라루스가 1993년 7월, 카자흐스탄이 1994년 5월, 마침내 1994년 12월 5일 우크라이나가 NPT에 가입하면서, START I도 발효했다.

미소 간 체결되었던 전략무기감축조약(START I)은 이렇게 신생 3개 핵무장국의 비핵화에 중대한 기여를 했다. 동 협정의 발효를 미국과 러시아가 다그치면서, 이를 위한 전제조건이 되었던 NPT 참가도 촉진되었다.

2. 우크라이나의 비핵화 논쟁과 실행 지연

주목받지 못한 미어샤이머 교수의 우크라이나 핵보유 주장

일찍이 1990년에 비핵화의 결정을 내리고도, 우크라이나는 비핵화 실행을 주저하며 미국과 러시아의 가슴을 졸이게 했다. 카자흐스탄이 비핵화 결정을 충실히 실천에 옮긴 데 비해, 특히 우크라이나는 1993년부터 1994년 NPT 가입 이전까지 비핵화 결정이 흔들리는 모습을 보이기도 했다. 왜 우크라이나는 왜 비핵화 실행을 지체하고, 주저했을까?

냉전 시기 우크라이나는 구소련 내에서 러시아에 이어 2위 규모의 공화국이었으며, 높은 수준의 과학기술역량을 보유했었다. 우크라이나의 과학 기술력은 구소련의 무기 개발과 밀접하게 연계되어 발전되었다. 특히 우크라이나는 중장거리 전략미사일과 군용 우주시스템의 설계에서 생산까지 가능한 방위산업 기업군을 보유했다.

저명한 국제정치 이론가이며 '공격적 현실주의' 주창자로 유명한 미어샤이머(John Mearsheimer) 시카고대 교수는 1993년 『포린 어페어스(*Foreign Affairs*)』 여름호에 "우크라이나의 핵억제력을 위한 사례(The Case for a Ukrainian Nuclear Deterrent)" 논문을 기고하여 우크라이나가 왜 핵억제력을 가져야 하는지 설명했다. 당시 그의 주장은 소수 의견에 불과했고, 또한 탈냉전의 세계적인 평화와 비핵화 추세에서 벗어나서, 무시되었다. 그런데 2014년 러시아의 크림반도 합병사태가 발생하여 그의 1993년 논문이 새로이 주목받았다.

1993년 들어 우크라이나가 당초 핵포기 약속 이행을 머뭇거리자, 미국 클린턴 행정부는 우크라이나에게 비핵화를 재촉했다. 심지어 러시아보다 더욱 적극적으로 핵포기를 요구했다. 이때 미어샤이머 교수는 미국의 "우크라이나 비핵화정책이 틀렸다"고 직설적으로 비판했다.

그 이유로 첫째, 역사적으로 서로 앙숙인 러시아가 우크라이나를 향후 침공할 가능성이 높은데, 재래식 무장만으로는 우크라이나가 그 공격을 억제할 수 없다. 미국의 우크라이나에 대한 안전보장도 효과적이지 않다. 둘째, 우크라이나가 핵무장을 고수할 가능성이 높기 때문이다. 따라서 미국과 서방진영의 핵포기 압박도 성공적이지 못할 것이다. 만약 미국이 우크라이나에게 핵포기를 압박하면 할수록, 러시아는 우크라이나를 침공할 가능성이 더욱 높아질 것이다.

여기서 우리는 미어샤이머 교수가 러시아-우크라이나 간 세력경쟁의 필연성과 러시아의 공세적 행동을 예언한 혜안에 대해 감탄할 수밖에 없다. 그런데 우크라이나가 핵무장을 고수할 것이라고 예언한 부분은 틀렸다.

안보모델의 주장과 미어샤이머 교수의 조언에 따르면, 우크라이나는 생존을 위해 핵무장을 선택해야 마땅하다. 이런 핵무장 예측과 안보적 필요성에도 불구하고, 왜 우크라이나는 손에 들어온 핵무기의 포기를 선택했나. 핵포기를 가능케 한 결정적인 요인은 무엇일까.

우크라이나 의회는 1990년 7월 16일 '우크라이나 국가주권 선언(The Declaration of State Sovereignty of Ukraine)'을 채택했다. 여기서 우크라이나는 소연방의 통제에서 벗어나 독자 군대와 화폐를 보유하는 주권국가이며, 외교정책으로 영세중립국이며, 핵무기를 생산도 보유도 하지 않는 '비핵국'이 될 것이라고 선언했다. 1991년 12월 25일 소련이 공식적으로 해체되고, 우크라이나는 전혀 예상치 않게 핵무기를 물려받았다. 그런데 다른 핵무기 계승국인 카자흐스탄과 벨라루스가 핵포기의 입장을 일관되게 유지한 데 비해, 우크라이나는 막상 핵을 포기하는 데 주저했다. 한 때 우크라이나는 '소련 핵무기의 정당한 계승국'이라고 주장하여, 모두를 놀라게 했다.

1993년 당시 우크라이나는 핵보유와 핵포기에 대해 극심한 내부 논쟁에 휩싸여 있었다. 우크라이나는 결국 강대국의 안전보장과 핵연료공급 보상을 받고 1994년 NPT에 '비핵국'으로 참가했다.

우크라이나의 안보 우려와 강대국의 안전보장 제공

우크라이나가 다른 구소련 핵무기 계승국과 달리 비핵화를 주저한 배경에는 역사적, 현실적인 안보불안이 있었다. 우크라이나에서는 70년간 소련의 통치를 받았던 것에 대한 반감이 많았고, 독립하자마자 러시아를 제일의 잠재적 안보위협 국가로 간주했다. 러시아도 이런 우크라이나의 반감을 알고 있기 때문에 우크라이나가 핵무기를 유지할까 크게 우려했다. 동시에 러시아는 구소련이 엄격하게 지키고 있었던 구소련 지역 내 산재한 핵무기에 대한 통제권을 전혀 양보할 의사가 없었다. 우크라이나가 핵무기가 필요한 이유가 바로 러시아에게는 우크라이나의 핵무기를 허용할 수 없는 이유가 된다.

미국은 소련 해체 이후 미국 안보와 세계평화에 대한 최대 위협요소로 핵확산을 꼽았다. 따라서 미국과 러시아 간에 자연스럽게 구소련 3국의 비핵화를 위한 공조체제가 구축되었다.

러시아는 핵무기의 회수를 위해 신생 핵무장국들과 협상을 시작했다. 그런데 러시아는 신생 독립국에게 강압적인 태도를 취할 수 없었다. 만약 이들이 러시아가 강압적이고 공격적이라고 판단하면, 비핵화정책에서 급선회하여 핵무기를 반환하지 않고 핵억제력을 구축하겠다고 나설 가능성을 배제할 수 없었기 때문이다. 1922년 소연방에 편입된 이 국가들은 항상 독립국가에 대한 기억과 열망, 그리고 소연방 내 러시아의 패권적 지위와 약탈에 대한 고통과 불만의 기억을 갖고 있었다.

그렇다고 상대적으로 약소국인 이들이 강대국 러시아를 상대로 핵무장을 고집할 수도 없었다. 만약 이들이 핵무장을 고집하면, 러시아를 진짜 적으로 돌리게 된다. 그런데 접경국이자 강대국인 러시아와 적대관계가 되는 것도 결코 이들이 원하는 바가 아니었다.

미국은 핵비확산 최우선 정책에 따라 구소련 3국을 상대로 비핵화를 위한 '채찍과 당근' 정책을 구사했다. 구소련 3국은 독립을 선언한 이후 공통된 국민적 열망을 공유했다. 그 국민적 열망은 바로 국제사회에서 보통 국가로 인정받고, 경제발전을 달성하며, 러시아의 일방적인 영향권에서 탈피하는 것이었다. 미국은 이들의 독립열망을 이용했다.

탈냉전기 초기에 유일 초강대국이자 세계질서의 관리자인 미국만이 이들의 국민적 열망을 해결할 수 있었다. 그런데 미국은 비핵화 원칙에 매우 엄격한 입장을 견지하며, 이들에게 핵포기를 압박했다. 미국의 단호한 핵비확산 입장으로 인해, 머지않아 이들은 핵무장 시 오히려 안보가 훼손되고, 핵을 포기해야만 국제사회 가입과 경제지원과 투자유치가 가능하다는 것을 깨닫게 되었다.

우크라이나는 핵포기를 전제로 강대국의 안전보장을 요구했다. 결국 1994년 12월 5일 헝가리 부다페스트에서 '안전보장에 대한 부다페스트 각서(Budapest Memorandum on Security Assurances)'를 체결하고, 핵보유국인 미국·러시아·영국으로부터 안전보장을 확약 받았다. 핵보유국 중국과 프랑스는 별도로 안정보장을 제공했다.

우크라이나의 내부 논쟁: 안보용 대 협상용

만약 우크라이나가 큰 안보불안을 갖고 있었다면, 당초 핵포기가 아니라 핵억제력을 선택했어야 했다는 주장이 반복하여 제기되었다. 특히 2014년 러시아가 우크라이나 영토였던 크림반도를 강제로 합병한 이후 우크라이나 안팎에서 그런 주장이 많았다. 그렇다면 핵포기 않고 핵무장하는 것이 우크라이나에게 최선의 선택이었는가.

1993년 들어 우크라이나 정치권에서 우크라이나도 러시아와 같은 자격의 소련 구성원이며, 따라서 핵무기도 같이 계승해야 한다는 주장을 둘러싸고 열띤 논쟁이 있었다. 서방의 일부 현실주의자들은 우크라이나가 러시아에 대항하여 자신의 영토와 안보를 보장하려면 핵억제력을 보유하는 것이 불가피하다는 입장을 제시했다. 그렇다면 우크라이나는 왜 핵무기 보유와 핵억제력 확보를 끝까지 고집하지 않았을까? 왜 핵무장의 최우선적 동기로 간주되는 '안보'동기가 이 경우에는 작동하지 않았을까?

1993년에 우크라이나정부가 자신도 러시아와 동등하게 구소련 핵무기의 정당한 계승자라고 주장하기 시작하자, 러시아와 미국정부는 우크라이나가 핵억제력을 추구한다고 의심하기 시작했다. 러시아와 미국식의 핵전략 사고에 따르면, 비핵국이 핵무기를 가진 적대국의 도발을 억제할 수 없다. 따라서 미국과 러시아의 핵전략 사고에 따르면, 우크라이나가 핵무장으로 핵억제력을 확보하는 것은 매우 합리적인 전략적 선택이었다. 그렇지 않는 것이 오히려 이상할 정도였다.

앞에서 토론했듯이, 적대국이 핵무장을 하면, 이에 대응하기 위해 핵무장하는 현상을 '핵확산의 연쇄반응'이라 부른다. 이런 연쇄반응은 핵정책 연구에서 상식으로 통한다. 현실주의 국제정치학자인 미어샤이머가 『포린 어페어스(Foreign Affairs)』 잡지에서 우크라이나의 핵억제력 확보가 불가피하다고 주장한 것도 이런 배경에서 나온 것이다.

그런데 다행스럽게도 미국과 러시아와 같이 전통적인 핵보유국이 갖고 있던 핵전략 지식과 사고를 당시 우크라이나는 갖고 있지 않았다. 현 국제질서에서 강대국은 핵무기 보유가 용인되어 있으므로, 핵무장을 위한 정치·외교적 비용을 생각지도 않고 이를 이용하여 외교·안보적 이익을 극대화하는 데 집중한다. 하지만 우크라이나는 여느 비핵국과 마찬가지로 핵무장을 위해 치러야 할 엄청난 비용을 잘 알고 있었다.

핵무장에 대해 부여하는 군사전략적 가치도 핵강대국과 크게 달랐다. 크라우추크(Leonid Kravchuk) 우크라이나 대통령을 포함한 정치 지도자들은 처음부터 핵무기를 핵억제력을 갖기 위한 전략무기로 보기보다는 미국과 러시아에 대해 안전보장과 경제지원을 얻어낼 수 있는 정치무기로 보았다. 일부 강경인사들은 핵무기를 계속하여 보유할 것을 주장했지만 소수에 불과했다. 심지어 이들도 우크라이나의 핵무기가 핵강대국인 러시아에 대해 효과적인 억제력이 될 것으로 보지 않았다.

그렇다면 우크라이나의 핵무장 동기가 북한의 핵무장 동기와 왜 다른가? 우크라이나의 유일한 잠재적 적은 러시아이다. 그런데 러시아는 거대국가이며, 핵무장 초강대국이다. 이를 상대로 핵억제력을 갖는 게 전략적으로 어떤 의미가 있을까? 이와 대조적인 북한사례와 비교해 본다.

우크라이나와 러시아 간 관계는 북한과 미국 간 관계와 유사하다. 그런데 우크라이나와 북한이 핵억제력 보유에 대해 서로 상반되는 입장을 취한 이유는 무엇일까?

사실 미국과 북한 사이에도 핵능력의 불균등이 커서, 북한의 핵무기가 미국에 대해 군사적으로 효과적인 핵억제력이 될 가능성은 매우 낮다. 그럼에도 북한의 핵무장을 추구하는 것은 한국과 일본을 핵공격의 인질로 잡고 있기 때문으로 보인다. 만약 북한 핵무기가 한국과 일본을 핵공격의 인질로 삼지 않는다면, 미국은 다음 2개의 옵션을 추구할 것이다.

첫째, 북한 핵무기는 멀리 떨어져 있는 미국의 안보에 직접적인 안보위협이 될 가능성이 낮다. 따라서 미국은 북한을 제재압박하면서, 북핵을 무시하는 옵션을 선택할 수 있다. 둘째, 만약 북핵이 미국안보에 직접 안보위협이 된다고 생각한다면, 예방공격으로 이를 제거하는 방법을 선택할 수 있다. 미국의 예방공격으로 대부분 북한 핵무기 또는 발사체를 제거할 수 있다. 설사 소수 핵미사일이 살아남았다고 하더라도, 이들이 미국의 미사일방어망을 뚫고 미국 땅에 떨어질 가능성은 더욱 낮다. 따라서 미국의 예방공격은 상대적으로 안전하며, 합리적인 옵션이다.

그런데 미국은 이 보편적인 2개 옵션을 모두 사용하기 어렵다. 동맹국인 한국과 일본 때문이다. 북한도 이를 잘 알고 이용하고 있다. 반면에 우크라이나는 인질로 삼을 국가가 없다. 이렇게 우크라이나가 러시아와 직접 대면할 수밖에 없는 상황에서 핵억제력의 군사적 효과가 매우 제한적이다. 심지어 우크라이나의 핵무장 때문에 러시아가 예방적 핵선제공격에 나설 가능성도 있다.

우크라이나에서 러시아에 대항하기 위해 핵억제력을 확보하자는 주장이 있었지만 극소수 장군들이 제기하는 데 불과했다. 정치서클에서는 핵억제력 확보에 대한 논의가 없었다. 다른 핵무장과 핵포기 사례에서 보듯이, 이 결정은 군부나 장군 수준이 아니라, 정치지도자의 정치 영역이다. 그런데 정치서클에서 핵억제력 확보에 대한 논의가 없었다는 사실 자체가 핵무기에 대한 우크라이나 국민과 정치인의 생각을 반영하고 있다. 이들은 핵무기를 핵억제력을 확보하기 위한 군사수단으로 보지 않았다. 심지어 핵무기 보유를 주장하는 정치인들도 핵무기를 통해 서방의 안전보장과 경제지원을 확보하고, 또한 러시아와 갈등 시 서방진영의 개입을 촉진하는 정치수단으로 보았다.

그렇다면 왜 우크라이나는 주변국의 우려와 달리 내부적으로 핵무기를 이용하는 핵전략에 대한 논의가 거의 없었을까? 첫째, 우크라이나

정치인과 군부는 핵억제력과 핵전략에 대한 지식을 거의 갖지 못했다. 구소련 시기에 우크라이나 영토에 수천 기의 핵무기가 있었지만, 모두 엄격한 소련 연방군의 지휘통제하에 있었고, 우크라이나군은 이에 접근할 수가 없었다.

둘째, 우크라이나에는 자신의 영토가 소련의 핵무기에 이용당한다는 인식으로 인해 핵무기에 대한 반감이 있었다. 카자흐스탄의 경우, 구소련 최대의 핵실험장이 있었기 때문에 핵무기에 대한 반감이 더욱 심했지만, 우크라이나는 그런 정도는 아니었다.

셋째, 우크라이나에서 군사에 대한 최우선적 관심은 핵전력의 구축이 아니라, 우크라이나 군대를 조기에 조직하는 데 집중되었다. 소연방에 속했던 우크라이나 군인을 결집하여 군대를 만드는 일은 결코 쉬운 일이 아니었다. 구소련 말기에 재정난으로 인해 군대가 크게 약화되었고, 우크라이나도 독립 초기에 어려운 재정 상태에서 새로이 군대를 결집하는 것은 매우 어려운 과제였다.

넷째, 우크라이나는 구소련으로부터 거대한 미사일산업을 물려받았다. 우크라이나 국내정치에서 강력한 미사일산업 로비는 구소련의 대륙간탄도미사일 SS24를 지키는 데 집중하고, 핵무기에는 별 관심이 없었다. 그런데 결국 대륙간탄도미사일을 러시아에 반환할 수밖에 없게 되자, 미사일산업계는 자신의 활로를 민수용 우주산업에서 찾으려고 했다.

그런데 우크라이나가 민수용 우주발사체 국제시장에 들어가기 위해서는 핵비확산 국제레짐이 요구하는 2개의 조건을 충족시켜야만 했다. 첫째, 비핵국으로 NPT에 참가해야, 로켓과 같은 민감 전략물자를 거래할 수 있는 자격이 주어진다. 둘째, 특히 우주발사체 관련 물자와 기술을 거래하기 위해서는 추가적인 조건을 만족해야 한다. 우주발사체와 미사일의 수출입을 규제하는 국제레짐인 '미사일기술통제레짐(MTCR:

Missile Technology Control Regime)'의 회원국이 되어야 관련 거래가 허용된다. 따라서 우크라이나의 강력한 미사일 로비는 정부에 NPT와 MTCR에 가입할 것을 촉구했다. 이런 국내정치 동향도 우크라이나의 핵포기를 촉진하는 배경이 된다.

우크라이나의 경우, 어쩌다 핵무기를 보유하게 되었지만, 핵전략은 미발달된 특별한 사례였다. 대부분 새로운 핵무장 야망국은 심각한 안보 위협에 직면하고, 왜 핵무기가 필요하고, 어떤 조건에서 또 어떤 용도로 핵무기를 사용할 것인가를 고민하면서 핵전략 개념을 수립하게 된다. 그 이후에야 핵무기 개발과 획득에 나선다. 그런데 우크라이나에서는 정반대의 상황이 발생했다. 핵무기를 우선 갖고 나서야, 핵전략을 고민하게 되었다. 그런데 신생독립국으로서 내부 혼란과 역량 부족, 그리고 외부의 압박으로 핵전략을 고민하거나 수립할 여유도 시간도 없었다.

미국과 러시아는 상대적으로 운이 좋았다. 위에서 토론한 우크라이나의 국내정치적 사정으로 인해 비교적 적은 비용으로 핵확산 위험을 제거할 수 있었다. 특히 미국의 적극적인 압박과 유인책으로 인해 신생 구소련 핵무장국이 핵포기를 점차 실행에 옮기게 되었고, 결국 1995년 NPT 연장회의에서 무기연장을 결정하기에 좋은 환경이 조성되었다.

우크라이나는 핵포기를 주저하면서, 자신들의 정치적 목표를 달성했다. 러시아와 미국 등 핵보유국들은 우크라이나의 안전보장을 약속했다. 그리고 러시아는 우크라이나에서 회수한 핵무기에 포함된 고농축우라늄을 희석하여, 저농축우라늄 핵연료로 만들어 우크라이나에 되돌려 주었다. 이렇게 러시아가 핵무기 코어를 희석시킨 후 되돌려 준 것은 우크라이나가 구소련 핵무기의 정당한 계승국이라는 우크라이나 측 주장을 러시아가 사실상 수용했기 때문이었다. 당시 국제사회는 우크라이나의 비핵화를 높이 평가했다. 1995년 국제사회가 NPT의 무기연장을 결정하면서, 우크라이나의 비핵화 성공 사례는 더욱 주목을 끌었다.

시간이 흘러 2014년 러시아가 우크라이나의 크림반도를 합병하고, 우크라이나 동부의 내전에 개입하는 사태가 발생했다. 일부 국제정치 이론가와 전략가들이 우크라이나와 러시아의 역사적인 관계와 유라시아대륙의 지정학을 감안할 때 발생할 것으로 경고했던 사태가 마침내 발생한 것이다. 우크라이나 내부에서도 국민들의 핵무장 지지도가 1990년대 초반 30%대에서 크리미아 사태 이후 50%로 급증했다.

이런 높은 핵무장 지지도에도 불구하고 우크라이나가 향후 핵무장을 추구할 가능성은 지극히 낮다. 우크라이나는 이미 국제사회와 NPT체제에 충분히 편입되어 있기 때문에 새로이 핵개발을 추진하기란 정치적으로 불가능하다. 하지만 우크라이나 사태가 심각한 안보불안 때문에 핵무장을 추구하는 핵잠재국이나 핵야망국에 보내는 메시지는 불길하다. 국제사회와 핵강대국의 안전보장 약속은 종잇조각에 불과하며, 결국 국제사회는 약육강식의 세계이며, 스스로를 보호하는 '자구(self-help)'가 최선의 안전보장책이라는 점을 상기시켜주었다. 특히 북한은 이 교훈에 주목할 것으로 예상된다. 우리에게는 북한의 핵포기가 얼마나 어려울지를 다시 한 번 생각하게 하는 사건이었다.

우크라이나 핵포기에서 규범적 동기의 승리

우크라이나의 핵포기 배경에는 강력한 국제사회 참가 의지와 국제적 인정에 대한 욕구가 있었다. 이 동기는 우크라이나에게 핵무장보다 훨씬 컸다. 우크라이나는 핵무장에서 오는 안보적 욕구 충족보다 국제사회에 참가함으로써 받는 안보적·정치적 효과를 더욱 긍정적으로 보았다.

소련 해체 이후 곧 러시아와 우크라이나 관계는 악화되기 시작했고,

우크라이나는 독자적으로 러시아의 안보위협에 대처하는 방법을 찾아야 했다. 또한 우크라이나는 자신을 러시아와 동격으로 보아, 자신도 구소련의 핵무기를 계승받을 권리가 있다고 주장했다. 우크라이나 내 거대 미사일산업은 자신들의 생존을 위해 구소련의 핵탄두 탑재 대륙간탄도미사일을 반환하지 말고 지켜야 한다고 주장했다. 그런데 이들은 우크라이나의 안보불안에 대한 우려 때문이 아니라, 향후 유지보수와 대체시스템 개발 등의 경제적 이익을 노려 대륙간탄도미사일의 유지를 주장했다.

우크라이나 정치권과 국민이 생각하는 정치적 우선순위는 달랐다. 그들은 소련의 점령에서 벗어나, 국제사회에 당당한 독립국가로 진입하는 것을 최고의 국가목표로 보았다. 그리고 국제사회에 참여할 때, 비로소 또 다른 최고 국가목표인 외자도입과 경제발전도 가능했다. 국제사회에 참가하려고 할 때, 최대 관건은 NPT 참가였고, 최대 장애물은 바로 핵무기였다. 당시 유일 초강대국이며, 동시에 핵비확산 국제규범의 주창자이자 집행자인 미국이 모든 외교력을 동원하여 핵야망국과 신규 핵무장국에게 양자적·다자적으로 불이익을 주었다. 미국이 반대하는 한 우크라이나의 국제사회 참가도, 경제발전도 불가능한 것이 당시의 냉엄한 현실이었다.

핵비확산 국제레짐은 처음에 도덕적 규범으로 시작했지만, 핵강대국들이 이를 엄격히 집행하면서 실체적인 힘으로 작동하기 시작했다. 특히 미국이 1974년 인도가 핵실험을 실시하자, 핵비확산을 최우선 국제정책으로 추진했고, 1978년에는 핵비확산법(Nuclear Nonproliferation Act)을 제정하여 양자적으로 매우 엄격하게 핵비확산을 집행했다. 핵개발국은 국제원자력시장에서 배제되어 원자력발전에 필요한 물자를 사지도 팔지도 못하고, 국제개발기관과 국제금융기관에 대한 접근도 미국의 반대로 불가능했다.

우크라이나 국민과 정치권은 소련 지배에서 벗어나자 주권독립국가로서 국제사회의 정상적인 일원이 되고 싶은 간절한 열망을 가졌다. 독립 초기에 우크라이나의 이런 규범적 열망이 안보적 열망보다 강했던 것이다. 또한 우크라이나 국민은 동유럽국의 정치적 정체성에 벗어나, 보다 선진적인 서유럽국가의 정체성을 갖기를 간절히 원했다.

국제정치학자들은 국가정체성이 핵무장 또는 핵포기에 미치는 영향을 도외시한다. 그런데 우크라이나 국민과 정치인들이 서유럽국가와 같은 유럽 정체성을 갖기를 원할 때와 그렇지 않을 때의 핵포기 결정은 크게 다를 수 있었다. 진정한 유럽국가가 되기 위해서는 무엇보다 법치국가와 국제규범의 충실한 준수국이 되어야 했다. 우크라이나에게 자신의 존재이유를 결정하는 중대한 문제였다.

3. 카자흐스탄의 일관된 비핵화 결정과 실행

일관된 비핵화 결정과 실행

카자흐스탄은 비핵화 결정과 이행에 있어 우크라이나와 달랐다. 카자흐스탄은 처음부터 비핵화 입장을 명확히 했고, 흔들리지 않았다. 카자흐스탄은 1995년까지 핵무기 전부를 러시아로 이전했다. 그리고 관련 핵시설과 발사시설을 해체했다. 그렇다면 왜 카자흐스탄은 우크라이나와 달랐을까?

우선 카자흐스탄의 지정학적 배경을 살펴보자. 카자흐스탄은 영토면적은 270만 km²로 거대하지만, 인구는 1,500만 명에 불과한 소국에 속한다. 거대한 영토에 비해 적은 인구로 인해 국방이 매우 취약한 나라이다. 이때 양극의 안보옵션이 있다.

첫째, 인접 강대국인 러시아에 편승(bandwagon)하여 안전을 보장받는 방법이다. 둘째, 인접 강대국의 안보위협을 물리치기 위해 서방진영국가와 연대해서 균세(balancing)하는 방법이다. 그렇다면 지정학적으로, 역사적으로 카자흐스탄에 어떤 안보옵션이 합리적인가.

카자흐스탄은 인구가 작고 러시아에 비교하여 국력이 턱없이 약하다. 반면에 서방의 우방국들은 너무 멀리 있어 도움을 주기 어렵고, 먼 만큼 관심도 낮다. 설사 동맹을 체결하고 도움을 받더라도 너무 멀리 있어 제 시간에 지원이 도달하기 어렵다. 따라서 카자흐스탄으로서는 러시아와 친하게 지내며 편승하는 것이 최선의 옵션이다. 앞에서 토론했듯이 우크라이나는 지정학적 여건이 크게 달랐다.

나자르바예프 대통령의 비핵화 결정 회고

카자흐스탄은 평소 자신의 비핵화 결정과 비핵국 지위를 자랑스러워했다. 나자르바예프(Nursultan Nazarbayev) 대통령은 2016년 8월 29일 수도 아스타나에서 열린 '핵무기 없는 세상 만들기' 국제회의에서 다음과 같이 자신의 비핵화 결정과 실행을 회고하고 설명했다.

"이런 거대한 핵능력을 포기를 위해서는 강력한 정치적 결단력이 필요했습니다. 일각에서는 핵무기 보유를 원했기 때문에 이들을 설득하기 위한 노력도 있습니다. 결과적으로 핵무기와 핵강대국 지위 포기, 이는 카자흐스탄 국민들의 의지와 자발적인 행동으로 인한 진정한 선택이었습니다.

이 결정의 배경에는 인도주의적인 측면도 크게 작용했습니다. 소련

시대부터 40년 넘게 카자흐스탄에서 이루어졌던 116회의 지상 핵실험을 포함하여 총 456회의 각종 핵실험으로 카자흐스탄 땅과 국민은 엄청난 피해를 입었습니다. 실험장과 주변 지역들에도 강력한 방사능 오염이 있었고, 주민들뿐 아니라 전 생태계가 방사능의 고통을 받았습니다. 전문가들은 방사능에 노출된 인구가 50만 명에 이르고, 앞으로 몇 세대가 핵실험 방사능의 후유증을 겪게 될 것입니다.

카자흐의 세미팔라틴스크 핵실험장 폐쇄, 핵무기 포기, 향후 핵무기 배치 금지 등의 결정은 전 국민적 합의에 기초하여 내려진 자발적인 결정이었습니다. 카자흐는 핵무기 없는 강력한 독립국가를 건설하고, 국제적 위상 제고를 원했으며, 이에 성공했습니다. 핵무기에서 등을 돌리면 큰 혜택을 얻을 수 있습니다. 핵포기 결정 이후 카자흐스탄은 더욱 부유하고 안정된 나라가 됐고, 국제사회에서 영향력이 커졌고 친구도 늘었습니다.

2006년 카자흐스탄, 키르기스스탄, 타지키스탄, 투르크메니스탄, 우즈베키스탄은 세미팔라틴스크에서 '중앙아 비핵무기지대 조약(NWFZ)'을 서명하고, 핵보유국 5개국으로부터 안전보장을 받았습니다. 1994년 체결한 '부다페스트의정서'가 안전보장과 영토 통합성을 보장했기 때문에 카자흐스탄은 이중의 안전보장을 받게 되었습니다. 카자흐는 핵 관련 모든 중요한 국제조약에 참여하고 있으며, 국제협정들을 바탕으로 투명한 방법으로 비핵국 지위 획득을 위한 실질적인 조치를 취했습니다. 카자흐의 비핵화모델은 러시아, 미국, 여타 다른 국가들 및 국제기구들과 폭넓은 국제협력에 기반하고 있습니다.

넌(Sam Nunn)과 루가(Richard Lugar) 미 상원의원의 주도로 추진되었던 '협력적 위협감축(CTR: Cooperate Threat Reduction)' 프로그램에 따라, 카자흐는 자금 지원을 받아 모든 핵무기와 관련 시설을 제거했습니다. 2012년 미국, 러시아, 카자흐스탄은 세미팔라틴스크 핵실험장에서 3자협력의 지속에 관한 공동성명을 채택했습니다."

상기 연설이 말하듯이 카자흐스탄은 비핵화정책을 일관되게 추진했다. 카자흐스탄이 일관되게 핵포기를 추진할 수 있었던 이유는 핵무장이 주는 안보 대신에 비핵화의 경제발전과 국제사회 진입을 선택했기 때문이다. 여기에는 나자르바예프 대통령의 리더십과 결단도 크게 작용했다. 또한 카자흐스탄 내 반핵 여론이 비핵화 결정의 주요 동력을 제공했다. 카자흐스탄 동북부의 세미팔라틴스크 핵실험장에서 구소련이 약 40년간 456회 핵실험을 실시했다. 피폭자가 많았고, 생태계도 회복불능으로 파괴되었다.

러시아와 미국도 카자흐스탄의 비핵화를 위해, 개별적으로 또는 협력하여 노력했다. 러시아로서는 주변국이 동맹우호국이라고 하더라도 이들이 핵무기를 보유하는 것은 자신의 안보이익에 부합하지 않았기 때문이다. 미국은 자신의 국제안보 국익과 핵비확산 국제레짐을 지키고, 핵테러를 방지하기 위해 신규 핵무장국의 등장을 막아야 했다.

현재 카자흐스탄은 구소련 독립국가 중 가장 성공적으로 체제전환과 정치안정, 그리고 경제성장을 달성한 국가로 평가받는다. 그 성공의 정치·외교적 배경으로 비핵화가 항상 거론된다. 아마 카자흐스탄이 핵무장을 지속했다면 국제사회와 충돌하게 되고, 국제사회에서 주권국가 인정과 경제발전은 불가능한 목표가 되었을 것이다.

참고로, 2018년 6월 북미정상회담을 앞두고 북한 비핵화모델에 대한 논쟁이 고조되면서 새로이 '카자흐스탄모델'이 관심을 끌었다. 2018년 6월 싱가포르 북미정상회담을 앞두고 강경화 외무부 장관이 방미하여 5월 11일 볼턴 국가안보보좌관과 사전협의할 때 구소련국의 비핵화 사례가 언급되었다고 한다. 당시 언론보도에 따르면, "(양인이) 비핵화 방식에는 리비아뿐 아니라 카자흐스탄 방식 등 여러 방식도 있는 만큼, 북한의 경우 어떤 것이 제일 현실적인지 학술적 차원에서 이야기를 나눴다"는 보도가 있다. 물론 그 이전에도 '카자흐스탄모델'이 북한 비핵화모델로 국내외 전문가들의 지속적인 관심을 끌었다.

카자흐스탄 비핵화 사례가 북한 비핵화의 모델이 되어야 한다는 주장은 어제오늘 일이 아니다. 1990년대 중반부터 한국과 미국정부뿐만 아니라, 카자흐스탄정부도 북한에게 자신의 비핵화 사례를 본받을 것을 반복하여 주장했었다. 그렇지만 북한이 카자흐스탄의 성공적인 비핵화 사례를 참고한다는 소식은 들리지 않았다.

4. 구소련국 비핵화를 위한 CTR의 역할과 북핵에 대한 함의

'협력적 위협감축(CTR)'의 출범과 비핵화 성과

1991년 11월 넌과 루가 미 상원의원은 구소련국의 핵폐기를 기술적·재정적으로 지원하는 방안을 담은 "소련 핵위협 감축법안(Soviet Nuclear Threat Reduction Act of 1991)"을 입안했다. 이 법안에 따라 시작된 미 국방부의 핵군축지원 프로그램이 바로 '협력적 위협감축(CTR) 프로그램'이다. 발의자의 이름을 따서 일명 '넌-루가 프로그램'으로 불린다. CTR은 핵군축과 핵비확산 역사에서 가장 성공적인 프로그램의 하나로 꼽힌다.

CTR 프로그램 초기에 미국정부는 국방부, 국무부, 에너지부 등 3개 부처를 중심으로 매년 약 10억 달러를 집행했다. CTR의 주요 사업은 핵탄두 해체, 핵분열물질의 안보 강화, 핵분열물질의 처분, 고농축우라늄의 농축도 감소, 중장거리미사일과 핵잠수함의 해체, 그리고 국제과학기술센터(ISTC: International Science and Technology Center) 설립과 핵무기 과학기술자의 전업 지원 등이 있었다.

초기 CTR은 러시아, 우크라이나, 벨라루스, 카자흐스탄 등 구소련의 4개 핵보유국에 산재한 전략핵무기와 핵물질, 생화학무기 및 관련 시설을 대상으로 시행되었다. 1991년부터 2005년까지 CTR을 집행한 결과, 구소련국에 산재한 핵탄두 6,600여기 무력화, 대륙간탄도미사일(ICBM) 발사대 470여개 폐쇄, 핵잠수함과 전략폭격기 해체, 무기용 고농축우라늄 희석 및 국외반출, 핵무기 과학기술자 5만여 명 재교육 등의 성과를 올렸다.

그 외에도 미소 간 전략무기감축조약과 후속조치의 이행을 통한 실질적인 군축에 더하여, 러시아의 핵비확산 인식 개선, 미러 간 비확산 신뢰구축, 구소련국의 핵무기, 핵물질 및 기술의 해외이전 금지 등의 성과도 있었다. 특히, 구소련국의 핵무기와 핵시설을 폐기 또는 이전시킨 결과, 카자흐스탄은 1995년, 우크라이나와 벨라루스는 1996년에 각각 비핵국이 되어 핵국이 3개국이나 감소되었다.

CTR 확대와 G-8 글로벌 파트너십 출범

2001년 미국에서 전대미문의 9·11 대량살상테러가 발생하자 미국을 중심으로 G-8국가는 테러분자들의 대량살상무기 획득과 사용을 저지하기 위하여 세계적 차원의 새로운 협력적 비확산 프로그램을 구상하였다. 새로이 세계적 차원의 대량살상테러에 대비하기 위하여 비확산 지원 대상국의 확대와 재원 증가도 요구되었다.

2002년 6월 캐나다에서 열린 G-8정상회의는 러시아 대량살상무기와 관련 물자·기술의 확산을 방지하고, 세계적 차원에서 비확산 활동을 지원하기 위한 G-8 글로벌 파트너십(Global Partnership, 이하 'GP')

에 합의하였다. 지원 참여국이 미국에서 G-8으로 확대되고 대상국과 예산도 증가하였다는 점에서 '확대 CTR'이 되었다. G-8을 중심으로 2002~2012년간 10년에 걸쳐 200억 달러의 사업기금이 조성되었고, 이 중 미국이 매년 10억 달러씩 총 100억 달러를 기여하고 나머지 100억 달러는 다른 참여국이 기여하기로 했다.

GP 사업은 사업대상국의 확대 방침에도 불구하고 여전히 구소련, 그 중에서도 러시아에 집중되어 있다. 비확산 효과와 러시아의 요구를 반영하여 퇴역 잠수함 해체, 화학무기 폐기, 플루토늄 처분, 전략무기 제조 연구 종사자의 재교육과 고용 등이 주요 사업대상이다. 최근 일부 G-8참여국은 구소련에 집중된 CTR이 9·11테러 이후 부각되고 있는 핵테러 등 실질적인 안보위협 감소와 관련이 낮다고 지적하기도 하였다. CTR 이 장기화 되면서, 기여자 피로(donor fatigue)와 수혜자의 도덕적 해이 (moral hazard)가 동시에 나타나는 경향을 보였다. 특히, 러시아정부의 비밀주의와 관료주의로 인하여 CTR 사업현장에 대한 접근 및 회계투명성에 문제가 있다는 지적이 계속 제기되었다.

한편, 미 조지 W. 부시 대통령은 2004년 2월 미 국방대 연설에서 GP의 보편화 구상을 밝히고 많은 국가에게 참여를 권유하였다. 한국정부도 미국정부의 요청에 부응하여 2004년 6월 G-8 정상회의를 계기로 공식적으로 GP 참여를 선언하였다. 당시 한국정부의 GP 참여결정 배경에는 국제비확산체제의 강화에 적극 참여한다는 일반적인 명분 이외에도, 향후 GP의 대북 적용 가능성을 염두에 두고 경험을 쌓기 위한 이유도 있었다.

GP 참여의 일환으로 2005년 한국정부는 러시아에서 미국과 공동으로 수행하는 화력발전소 건설 사업에 25만 달러, 노르웨이와 같이 추진하는 흑해함대 소속 퇴역 핵잠수함 해체 사업에 25만 달러를 각각 기여하였다. 과학기술부는 별도로 2005년 모스크바 소재 국제과학기술센터 (ISTC)에 70여만 달러를 기여하였다.

미국정부는 2004년부터 CTR 지원을 확대하기 위해 국내 제도를 정비했다. 부시 대통령은 2004년 11월 4일 미 국방대학교에서 행한 한 연설에서 CTR의 성공을 긍정적으로 평가하고 이 프로그램의 대상지역을 확대할 것을 제기하였다. 평소 CTR에 호의적인 미 의회는 부시 대통령의 요구를 수용하여 2004년 국방예산승인법(National Defense Authorization Act)에서 국방부의 CTR 예산 중 '용도 미지정' 예산 5,000만 달러를 구소련 이외 국가에 사용할 수 있도록 승인하였다. 미행정부는 또한 구소련국의 무기용 핵물질을 확보하고 제거하기 위한 에너지부의 CTR 프로그램 중에서 용도 미지정 예산 5,000만 달러를 구소련 이외 지역에 사용하는 권한도 확보하였다. 이러한 자금은 미국정부가 새로운 확산위협에 긴급히 대처하거나, 또는 장기적인 비확산 목표를 달성하는 데 사용할 수 있다.

우선 CTR 확대 시, 대량살상무기를 이미 개발한 나라를 중심으로 대량살상무기 또는 프로그램의 봉쇄, 축소 또는 폐기 등을 위한 지원에 한정해야 한다는 주장이 있다. 이때 인도, 파키스탄, 북한, 이란 등 핵개발국이 우선 지원대상이 된다. 이들은 CTR이 이들 국가의 핵무기를 포기시키는 추가 유인책 또는 보상이 될 것으로 본다. 그런데 여기에서 CTR이 과연 이 국가들의 핵개발과 핵보유 결정을 포기시킬 만큼 중요한 유인책인가에 대한 의문이 남아있다.

구소련의 경우, 이미 핵무기를 폐기한다는 정치적 결정이 있었고 CTR은 단순히 이를 집행하는 데 소요되는 예산을 지원하는 데 이용되었다. 신흥 핵개발국에 대한 CTR은 단순한 핵폐기 지원뿐만 아니라, 정치적으로 핵폐기를 결정하는 데 도움을 주는 추가적인 유인책의 기능도 수행해야 한다. 절대적 안보위협을 명분으로 당초 핵개발을 추진하였던 이들 국가에게 핵폐기 비용의 지원만으로는 핵포기를 유도하기는 어려울 것이다.

따라서 이들 국가를 대상으로 CTR이 성공하기 위해서는 수혜국의 광범위한 우려를 해소할 수 있는 정치, 경제, 군사적 유인책이 동시에 패키지로 제공되어야 한다는 주장이 제기되었다. 예를 들면, 인도와 파키스탄의 경우에는 CTR이 핵포기에 대한 유인책으로 작동할 가능성이 전혀 없는 것으로 보인다. 북한의 경우, 핵포기의 정치적 결정이 있은 후에 비로소 CTR이 비핵화를 촉진하는 데 이용될 수 있을 것이다.

북핵을 위한 CTR 주창자의 조언

그동안 국내에서 CTR의 대북 적용 가능성에 대하여 크게 활용론과 신중론의 두 개 시각이 대립했다. 우선 활용론은 비확산 프로그램으로서, 그리고 북한 비핵화를 유도하는 추가 유인책으로서 CTR의 가치를 높이 평가하여 이를 적극적으로 활용하자는 입장이다. 북한의 비확산을 촉진하고 수용성을 높이기 위해 전직훈련, 과학기술센터 설립, 경수로 제공 등 매력적인 CTR 패키지를 개발하고, 이를 북한에 적극 제시해야 한다는 입장이다. 북한의 핵도발이 계속되었던 상황에서 이 입장은 소수 견해였다.

신중론은 북한이 핵개발을 지속하는 상황에서 CTR을 거론하는 것은 오히려 북한 측의 요구를 높이는 결과를 초래하며, 우리의 협상카드를 조기에 노출시켜 오히려 협상력을 약화시킨다는 입장이다. 신중론은 북한이 핵포기를 결정하고 이를 행동에 옮길 때 비로소 CTR이 가능하다는 입장이다. 또한 신중론은 대북 경수로사업에도 부정적이며, 리비아모델을 북한에 적용해야 한다고 주장한다.

CTR의 창시자들은 동 프로그램을 북한에 적용하는 것에 대해 어떻게 생각할까. CTR 발의자였던 샘 넌 전 미 상원의원은 2006년 10월 9일 북한의 핵실험 실시 직후 성명을 발표하여 북핵과 같은 핵확산문제에 대한 대응책으로 CTR을 참조한 '포괄적 접근법'을 주장했다.

넌 의원은 이 성명에서 (1) 핵물질 사찰 및 전용방지 감시체제 강화, (2) 핵무기 비확산을 강화하는 동시에 민수 원자력발전 프로그램 지원, (3) 핵물질과 기술에 대한 수출통제 강화, (4) 안보리 결의 1540호 집행 등 비확산 의무 이행을 지원하기 위해 넌-루가형 프로그램 개발, (5) 전세계의 핵무기용 핵물질 확보와 제거 등의 5개항을 제시하고 있다.

사실 이 5개 항 전부가 대북 CTR에 적용될 수 있다. 핵물질 사찰체제 강화, 원자력발전 지원 등은 북핵에 대한 정치적 합의의 틀 속에서 반드시 논의되어야 할 것이다. 수출통제제도 정비, 핵무기용 이외의 핵물질에 대한 감시와 방호체제 등은 정치적 민감성이 낮아 북한이 수용한다면 한국과 국제사회가 당장 나설 수도 있다.

대북 CTR의 실천을 본격화하기 위해서는 역시 미국의 동의와 지지가 필요하다. 미국이 이에 필요한 정치적 자본과 기술을 제공할 수 있기 때문이다. 싱가포르 북미정상회담에서 미국의 적극적인 협상 태도를 본다면, 미국의 이런 역할을 기대할 수 있다. 또한 대북 협력적 비확산 지원을 제공하기 위한 전제조건이 바로 북한의 동의와 협조이다. 구소련에 대한 CTR도 수용국의 적극적인 협조가 있었기 때문에 가능하였다. 구소련국의 협조가 있었다고 하나, 그 집행과정이 결코 순탄한 것은 아니었다. 북한의 경우, 더욱 많은 난관이 예상된다.

2018년 들어 남북 및 북미정상회담을 거쳐, 북한 비핵화가 진전되는 상황에서 CTR에 대한 관심이 다시 높아질 전망이다. CTR의 공동발의

자인 넌과 루가 전 상원의원은 2018년 4월 23일 『워싱턴포스트』에 공동기고하여 북핵해결을 위한 CTR 제공 필요성을 상기시켰다. 국내에서도 오랫동안 북한에게 CTR을 적용하는 문제에 대한 관심과 연구가 있었다. 필자도 2000년대 초부터 지속적으로 관심을 갖고 연구했지만, 국내에서는 북한이 핵을 포기하지 않고 있는 상황에서 각종 지원프로그램을 제기하는 데에 대한 강한 거부감이 있어서 연구가 진전되지 못했다.

구소련 3국의 비핵화는 실제 보유한 핵무기를 포기한 주요 사례이므로 북한 비핵화를 위한 주요 전례가 된다. 따라서 깊은 연구를 통해 성공요소를 추출하고, 북핵을 위한 함의와 교훈을 찾아야 한다. 한편, 이 사례도 명백한 한계가 있다. 우크라이나의 경우, 1990년대에 핵무기를 포기하는 것은 명백히 국익에 부합하는 합리적 선택이었다. 그런데 2014년에 러시아가 우크라이나 영토였던 크리미아 반도를 합병하는 사건이 발생했다. 이는 우크라이나가 핵무기를 포기한 것을 후회하게 만드는 사건이었다. 평소 핵포기에 대한 경제적 보상이 적고, 늦다고 불평했는데, 영토까지 빼앗기게 되었다. 우크라이나 사례는 오히려 핵포기를 주저하게 만드는 사례로 변질되는 경향마저 있다.

대북 CTR 사업 구상

북한과 같은 나라에 대하여 어떤 구체적인 CTR 프로그램이 가능한가. 구소련국의 사례를 감안한다면 다음 3가지 프로젝트를 우선적으로 검토해야 한다.

첫째, 핵물질의 처분과 안전한 관리이다. 추가적인 핵확산을 저지하고, 특히 테러분자들의 핵물질 획득 가능성을 제거하기 위해 핵무기용 핵물질을 안전하게 관리하고, 처분 또는 해외로 이전하기 위한 프로그램이 필요하다. 이때 핵물질을 보관하는 시설 건설 지원, 핵물질 회계관리 시스템의 개발, 관리 인력의 교육, 처분 및 해외이전 지원 등 구체적인 사업이 있다.

둘째, 핵무기 과학자들이 다른 나라에 관련 지식을 팔지 못하도록 하는 지원 프로그램이 필요하다. 구소련의 경우, 핵무기 과학기술자들이 매우 높은 수준의 과학기술을 보유하고 있었고 갑작스런 국가붕괴로 인하여 이들의 생계가 크게 위협받았기 때문에 이들에 대한 직업 제공과 전직 훈련 등은 매우 중요한 프로그램이었다. 이 때 과학기술연구센터 운영, 또는 경수로사업도 북한의 군사용 핵기술자를 민수용 과학기술자로 전환시키는 방안이 될 수 있다.

구소련에 대한 과학기술자 지원 프로그램을 제3세계의 핵개발국에 적용하는 것에 대하여 일부에서는 의문을 제기하기도 한다. 일반적으로 이들 국가의 과학기술 수준이 높지 않기 때문에 확산 위험성이 그다지 높지 않고, 따라서 CTR 지원의 필요성도 높지 않다는 것이다. 하지만 북한은 대량살상무기 생산기술이 높고, 이에 대한 국제 수요도 높다. 향후 북핵합의가 만들어지면, 핵무기 폐기뿐만 아니라, 핵무기 생산기반과 핵지식의 완전한 제거를 목표로 할 것이다. 이때 북한 핵과학기술자에 대한 지원프로그램은 핵지식의 확산을 저지하는 데 중요한 수단이 된다.

셋째, 핵안보와 수출통제와 국경통제에 대한 지원프로그램이다. 오늘 세계화시대에 있어 교역의 활성화로 인하여 대량살상무기 부품, 물질, 생산기술의 밀수출입을 통제하기 어렵게 되었다. 이에 대비하여 국제사회는 핵안보와 수출통제체제를 지속적으로 강화시키고 있다.

유엔 안보리는 결의 1540호(2004)를 통해 모든 국가가 개별적으로 핵안보와 수출통제체제를 구축하는 것은 의무화했다. 개별국가들이 핵안보와 대량살상무기의 이전을 통제할 수 있는 수출통제 시스템을 개발할 때 CTR이 이를 지원하는 방안이 있다. 북한이 과거 핵물질과 기술의 수출입에 참여한 전력을 볼 때 북한 내 수출통제체제의 정비가 필요한 것으로 보이며, 이를 위한 지원도 의미 있는 CTR 사업이 될 것으로 본다. 북한은 2018년 4월 20일 노동당 전체회의 결정서를 발표하면서, 핵과 미사일 실험 중단과 더불어 "어떤 경우에도 핵무기와 핵기술을 이전하지 않을 것"이라고 선언했다. 이때 북한 내 핵물질과 기술의 보안 강화를 목표로 하는 핵안보체제 구축을 CTR을 통해 지원할 수 있다.

8장

이란 사례: 부분 비핵화

2015년 이란핵합의인 '포괄적 공동행동계획(JCPOA)'이 타결되고 이행단계에 들어서면서 한때 이란 핵문제가 거의 해결된 것으로 간주되었지만, 2018년 트럼프 대통령이 동 핵합의에서 탈퇴하면서 이란 핵문제의 미래가 매우 불투명하다. 이란은 종교적 신념에 따라 핵무기를 거부하고 있고, 또한 NPT 회원으로서 IAEA의 사찰을 받고 있어, 표면상 비핵국의 모습을 띠고 있다. 하지만 핵무장한 미국 및 이스라엘과 적대관계, 역내 패권경쟁국인 사우디의 핵무장 가능성 등으로 인한 열악한 안보 환경으로 인해 핵무장 가능성이 매우 높고, 실제 농축과 재처리역량을 갖고 있어 핵무장의 잠재력과 가능성이 매우 크다.

이 장은 우선 왜 2015년 이란핵합의가 가능했고, 이란이 일부 핵역량을 포기하기로 결정했는지 분석하고자 한다. 당시 대다수 전문가들은 미국의 강력한 경제제재가 이란의 핵포기에 결정적인 요인이었다고 분석했다. 이를 근거로, 북핵 전문가들은 북한 핵포기를 위해서 보다 강력한 경제제재를 주문했었다. 그런데 이란과 리비아는 석유수출에 대한 재정적 의존도가 높았고 이미 세계경제에 포섭되었기 때문에 제재의 효과가 컸지만, 자립경제 구조를 가진 북한에게도 과연 그런 효과가 있을까? 그렇다면 이란은 왜 핵포기 일부를 포기하기로 합의했나? 이란 핵문제에서 핵무장과 핵포기의 결정적인 주요 변수로 거론되었던, 안보환경의 변화와 정치지도자의 역할은 무엇인가? 이 글은 이란핵문제 해결 과정에서 이란핵협상의 당사자이자 중재자 역할을 했던 유럽국들의 역할, 그리고 오바마 대통령의 정치적 이니셔티브에도 주목하였다. 그리고 일체의 핵능력을 단번에 제거하는 일괄 비핵화보다는 부분 비핵화와 단계적 비핵화에 합의한 배경에도 주목하고, 북핵협상을 위한 시사점을 찾고자 했다.

1. 이란의 핵개발 배경과 핵능력

이란의 초기 원자력프로그램 가동과 비밀 농축 활동

이란은 1950년대부터 팔레비(Mohammad Reza Shah Pahlevi) 국왕 하에서 미국의 지원으로 원자력프로그램을 시작한 원자력 선도국이다. 또한 이란은 핵확산금지조약(NPT)을 1968년에 서명하고, 1970년에 비준한 핵비확산 선도국이다. 이란은 1959년 미국과 방위조약을 체결한 친미국가로서 미국의 지원을 받아 원자력을 발전시켰으나, 1979년 이란혁명으로 반미정부가 들어선 이후 독자 핵정책을 추구하며 국제사회, 특히 미국과 충돌하기 시작했다.

미국 아이젠하워(Dwight Eisenhower)정부는 1953년 처음으로 핵의 군사적 사용과 폐쇄적인 독점정책에서 벗어나 '평화를 위한 원자력(Atoms for Peace)' 프로그램을 제창했다. 이란은 미국의 동맹국으로서 이 프로그램의 초기 수혜국이었다. 미국은 1957년 이란과 원자력협력협정을 체결하고, 원자력의 평화적 이용을 위한 기술지원을 제공하기 시작했다. 미국은 이란의 '테헤란핵연구센터' 설립을 지원하고, 1967년 농축우라늄 핵연료를 사용하는 5MW 연구로를 제공했다.

이란은 미국이 제공한 연구로의 가동에 맞추어 1967년 핵확산금지조약(NPT)에 발기 서명국으로 참여했고, 1970년 NPT가 발효하면서 '비핵국' 회원국이 되었다. 1974년에 IAEA와 전면안전조치협정을 체결하고 사찰을 받기 시작했다. 팔레비 국왕은 1974년 석유와 가스가 국내 발전용으로 소모되는 것을 줄이고 외화 획득용으로 수출한다는 명분으로 총 23GWe 규모의 원전 건설계획을 수립했다. 1차 건설계획으로 팔레비 정부는 독일의 지멘스(Siemens) 및 프랑스의 프라마톰(Framatome)과 총 4기 원전건설을 위한 예비계약을 체결했다.

지멘스사가 1975년 이란 부쉐르(Bushehr) 지역에 1,300MWe 규모의 원전 2기 건설을 시작했다. 1979년 이슬람혁명이 발생했을 당시 원전 1호기가 거의 완공되고 2호기가 반쯤 완공되었으며, 건설비 약 30억 달러가 이미 지불되었다. 그런데 이슬람혁명으로 들어선 신정부가 반원자력 정책으로 선회하면서 원전 건설공사를 전면 중단시켰다. 1979년 1월 이슬람혁명 직전에 이란은 프랑스 프라마톰과 900MWe 규모 원전 2기 도입계약을 체결했으나, 곧 이슬람혁명이 발생하면서 계약이 취소되었다.

신정부가 1984년 원전 건설을 다시 추진함에 따라, 1992년 러시아와 원전 도입계약을 체결했다. 중단된 부쉐르의 독일형 원전을 재활용하는 데 따른 많은 기술적 문제로 인해 수차례 공정이 연기되다가 마침내 2013년 부쉐르 원전 1호기를 가동하기 시작했다.

원자력 선발국인 이란은 일찍이 우라늄 농축에 큰 관심을 가져, 1974년 새로 건설하는 프랑스의 다국적 유로디프(Eurodif) 농축시설에 11.8억 달러를 대출하고, 지분 10%와 생산물의 10%를 갖기로 계약했다. 그런데 1979년 이슬람 혁명정부가 동 계약을 파기하고, 추가 지불을 중단시켰다. 유로디프는 지분을 가진 이란에게 농축우라늄을 제공하지 않다가, 1991년 이란에게 대출금 원금과 이자를 상환했다. 그런데 1991년 원자력정책을 부활한 이란정부가 프랑스 유로디프에게 1974년 계약에 따라 생산된 농축우라늄 10%의 제공을 요구하였으나, 제재를 이유로 거부당했다.

이란은 유로디프의 농축우라늄 공급 거부를 계기로 외부의 핵연료 공급에 의존할 수 없다고 판단하고, 핵연료주기의 완성을 본격적으로 추진했다고 알려져 있다. 이란의 핵개발에 대한 관심은 좀 더 거슬러 올라간다. 이란 호메이니(Ayatollah Ruhollah Khomeini) 최고지도자는 이라크의 사담 후세인 정권이 1980년에 이란을 공격한 데 대한 대응책으로 1984년부터 핵개발에 관심을 보였다. 특히 우라늄농축을 위해 이란은 1980년대 후반부터 파키스탄의 칸(A.Q. Khan)으로부터 농축기술 및 관련 기기를 획득한 것으로 알려져 있다.

한편, 미국은 1990년대 들어 이란의 핵개발 정보에 주목하기 시작했다. 미국정부는 자국기업의 대이란 투자와 교역을 중지시키고, 1996년에는 동 제재조치를 외국기업에까지 확대 적용하는 등 제재를 강화했다. 마침내 2002년 이란의 반정부 단체가 이란 나탄즈(Natanz) 등 2개 비밀 농축시설을 폭로하면서 이란 핵문제가 본격적으로 부각되었다. 이란은 2000년부터 나탄즈 지역에 2개 농축시설의 건설을 개시하였고, 2002년 동 시설이 폭로되자 IAEA에 신고하고 사찰을 받기 시작했다.

이란은 NPT 회원국이므로 IAEA 사찰을 받아야 했다. 실제 2003년 이란 핵문제가 불거진 당시에 아락(Arak)의 중수 생산시설 이외 거의 모든 핵시설이 IAEA 안전조치를 받고 있었다. 그런데 2003년 들어 IAEA가 이란의 미신고 농축시설을 확인하고 이를 안보리에 회부하였고, 안보리는 이란에 농축활동의 중단을 요구했다.

2003년 11월 발표된 IAEA 조사보고서는 이란이 지난 20여 년간 핵무기 개발에 사용될 수도 있는 핵심기술의 개발을 체계적으로 은닉하여 안전조치협정을 반복적으로 위반했다고 적시했다. 특히 연구실 규모로 농축과 재처리를 했다고 보고했다. 이란은 이런 위반사실을 인정하면서도, 무시할 분량의 실험이라고 항변했다.

한편, 2007년 11월 미국 정보당국이 발표한 국가정보판단(National Intelligence Estimate)에 따르면, 이란 군부가 국제압력과 사찰 때문에 2003년에 핵개발 프로그램을 중단시켰으며, 다만 농축활동을 유지하면서 핵옵션을 유지하고 있다고 평가했다. 이 평가는 2003년 당시 부시 행정부가 이란 핵개발 완료 임박을 주장한 것과는 크게 달랐다.

이란의 민감 핵활동과 핵능력

핵무기를 제조할 때 최대 기술적·재정적 난관은 무기용 핵분열물질(fissile material)인 고농축우라늄과 플루토늄을 확보하는 것이다. 따라서 국가들이 핵무장을 추진할 때 시간과 재원과 연구개발역량의 가장 큰 몫을 핵분열물질 획득에 투입한다. 따라서 일단 농축과 재처리기술 또는 고농축우라늄과 플루토늄을 보유했다면 그 국가는 핵잠재국으로 불린다. 확보한 핵분열물질에 약간의 추가적인 제조기술로 핵무기를 제조할 수 있기 때문이다.

그런데 무기용 고농축우라늄과 플루토늄은 자연상태에 존재하지 않고, 원자력시장에서 사고파는 상품도 아니다. 오로지 자신이 보유한 농축 또는 재처리 시설을 통해서만 얻을 수 있다. 그런데 핵분열물질을 만드는 데 필요한 농축과 재처리 기술도 정상적인 상품시장에서 거래되지 않는다. 스스로 개발하거나 암거래하는 방법밖에 없다. 이런 민감 기술과 민감 핵물질의 불법거래를 방지하기 위해 국제사회 1970년 NPT와 1975년 원자력공급자그룹(NSG)을 발족시켰고, 실제 그런 거래를 철저히 통제하고 금지했다.

이런 국제사회의 민감 핵기술과 핵물질 확산 저지 노력은 성공했다. 한국도 1975년 재처리 시설을 도입하려다 미국의 개입으로 좌절되었다. 현재 농축재처리 기술을 보유한 국가는 2개 부류가 있다. 1970년대 중반 들어 국제적으로 농축재처리기술 이전에 대한 통제가 강화되기 전에 농축재처리 기술을 이전받았거나, 또는 자체 기술개발에 성공한 그룹이 있다. 남아공, 브라질, 아르헨티나, 일본, 인도, 파키스탄, 네덜란드, 독일 등 현재 농축재처리 기술을 보유한 국가들은 대부분 이 그룹에 속한다.

그런데 1970년대 중반 이후에 민감 핵기술의 이전을 규제하는 핵비확산 국제레짐의 통제를 극복하고 새로이 농축재처리기술을 획득한 극소수 국가가 있다. 북한과 이란, 단 2개국이 이에 속한다. 이들은 1970년 이후에 핵 암시장과 자체 기술개발을 통해 농축과 재처리기술을 확보했다. 이들의 핵개발 사례는 현 핵비확산 국제레짐의 성공과 실패를 동시에 보여준다. 1960년대에 장래 핵무장국이 25개국이 될 것이라고 예언했지만, 실제 1970년대 이후 농축재처리 기술을 새로이 습득한 국가가 단 2개국에 불과한 것은 핵비확산레짐의 성공이다. 동시에 2개국이 국제사회의 강한 통제를 극복하고 민감 핵기술을 획득했다면 앞으로 제2의 북한과 이란이 등장할 수도 있으므로 심각하다.

2015년 첫 이란핵합의 당시 이란 민감 핵시설의 가동과 민감 핵물질의 축적은 비핵국으로서 매우 과도할 정도로 진전되어 있었다. 이란은 이에 대해 평화적 원자력의 자립을 위한 시설이라고 주장했지만 국제사회는 하나같이 핵무장을 위한 프로그램이라고 의심했다. 설사 이란이 그 당시에 군사용 의도가 없다고 하더라도, 이란의 열악한 안보환경을 감안할 때 그런 의도는 언제 바뀔지 모르기 때문에 이란의 핵역량을 용인할 수 없었다. 더욱이 민감 핵기술역량이 있다면, 이를 이용하고자 하는 욕구가 핵확산의 동기가 된다는 연구결과도 있기 때문에 이란의 핵역량을 제거하거나, 또는 감축하는 것이 급선무였다.

2015년 당시 이란은 나탄즈와 포르도(Fordo)의 총 3개소에 농축시설을 보유했다. 여기서 보유한 원심분리기는 총 1만 9,000기에 달했다. 이란은 포르도의 산악지대 지하에 건설한 농축시설을 2009년 IAEA에 신고하면서 당초 5% 농축우라늄을 생산한다고 보고했으나, 2011년에는 20%까지 농축도를 올린다고 보고했다. 2015년 JCPOA 합의 당시 이란은 20% 농축우라늄 1만kg을 보유하고 있었다.

이란은 아락 지역에 중수로를 건설했다. 아락 중수로는 2002년 위성사진의 공개로 통해 처음 알려졌다. 국제사회는 이란이 핵개발을 위해 농축경로 이외에 재처리경로도 추진한다고 판단하고, 이란에 가동 중단을 강력히 요구했다. 이란은 국제사회의 압력에 따라 2013년 2월 IAEA 사찰관의 부지 방문을 허용했다. 당시 원자로를 공개했으나, 중수 생산시설을 공개하지 않아 의혹을 더욱 부추겼다.

마지막으로, 파르친(Parchin) 군사기지는 2005년 IAEA가 조사했으나, 접근이 제한되었다. IAEA는 2011년 11월 보고서에서 파르친 기지에 핵무기 개발의 증거로 보이는 핵탄두 고폭실험을 위한 격납용기가 설치되어 있다고 주장했다.

국제사회는 위와 같은 이란의 핵시설과 핵활동을 감안하여 이란의 브레이크아웃타임, 즉 핵무장 선언 후 핵무기 1기용 핵분열물질 확보까지 걸리는 시간이 2~3개월밖에 되지 않는다고 평가했다.

이란의 핵개발 동기

이란은 왜 핵개발을 선택했을까? 만약 이란 자신들의 말대로 핵무장하지 않았다면, 왜 핵무장한다는 의심을 샀을까?

이란의 경우에도 다른 핵개발국과 마찬가지로 최대 핵개발 동기로 안보불안과 체제불안을 들 수 있다. 이슬람혁명 이후 이란은 미국의 최대 공적이 되었다. 특히 2002년 1월 부시 대통령의 '악의 축' 발언은 이란을 크게 자극했다. 이란은 미국이 이란 적대시 정책을 추진하고, 이란정부를 전복하려 한다는 의심을 감추지 않았다. 특히 미국의 이라크 침공과 이스라엘의 핵무장은 이란에게 더욱 핵무장의 필요성을 인식시켰다.

그런데 2001년 뉴욕 무역센터 테러사건 이후 미국이 세계규모의 대테러전을 전개했고, 2003년에는 이라크를 공격했다. 따라서 이란은 머지않아 자신도 미국의 직접적인 군사공격 또는 간접적인 정권붕괴 공작의 대상이 될 것이라고 믿었다. 핵확산에 대한 가장 일반적인 설명에 따르면, 핵무장국의 군사위협이 있을 때 비핵국은 재래식 군사력으로 이를 억제할 수 없으므로 이때 소위 '핵확산의 연쇄반응'이 발생한다고 한다.

이란의 주변 환경은 점차 이란을 핵무장으로 몰아넣고 있었다. 이런 안보동기에 더해서 이란이 이슬람권에서 패권국의 지위를 얻기 위한 규범적 동기로 핵무장을 추진한다는 분석도 있었다. 따라서 미국과 서방 진영은 이란이 핵무장을 추진한다고 확신했다.

2. 이란핵합의(JCPOA) 체결 배경과 특징

2013년 이란핵협상의 급진전

미국의 이라크 공격 직후, 2003년 5월 이란은 비밀리에 미국에 접근하여 이란 핵문제의 해결방안을 제안했다. 이란은 미국의 안전보장 제공과 외교 정상화를 조건으로 이란 핵활동의 투명한 공개와 하마스(Hamas)와 헤즈볼라(Hezbollah) 집단에 대한 지지 철회를 교환하는 '대타협(그랜드바겐)' 방안을 미국 측에 제시했다. 그런데 당시 부시 행정부는 동 제안의 진위 여부와 진실성을 의심하여 일축한 것으로 알려졌다.

2003년 EU가 이란과 핵문제 해결을 위한 대화에 나섰다. EU를 대표하여 영, 불, 독(EU-3)이 이란과 핵협상을 개시하여, 2003년 10월 21일 '테헤란선언'을 채택하고, 처음으로 상호 관심사에 합의했다. 테헤란선언에서 이란은 추가의정서 가입 및 이행, 농축 일시 중단 등에 합의하고, 유럽국은 이란의 핵활동 권리를 인정하고, 핵활동의 조건에 대해 추가 협의키로 합의했다. EU-3과 이란 간 핵협상이 계속되어 2004년 11월 '파리합의'를 채택했다.

한편, 2005년 보수강경파 아흐마디네자드(Mahmoud Ahmadinejad) 대통령은 취임하자 핵활동을 재개시켰다. 이때 파리합의가 붕괴하고, 이란의 안전조치협정 위반에 대한 유엔제재가 부과되었다. P5+1과 핵협상이 결렬되자 이란은 농축활동을 재개했다. IAEA가 이란의 군사용 핵프로그램 가능성을 경고하고, 안보리의 제재가 부과되면서 제2차 이란 핵위기가 불거졌다.

이란은 오히려 핵활동을 가속화했다. 2006년 4월 원전용 핵연료를 위한 3.5% 농축에 성공하고, 2006년 8월 아락 지역에 중수로 건설을 개시했다. 2010년 2월 연구로 핵연료를 위한 20% 농축에 성공하고, 2013년 1월에는 차세대 농축기를 설치하는 등 핵활동 수준을 계속 높였다.

이런 민감 핵활동을 지켜본 미국과 국제사회는 이란이 핵무기를 위한 농축활동을 한다고 강하게 의심했다. 미국정부가 또 이란 핵개발을 저지하기 위해 나섰다. 2005년 7월 미국정부는 IAEA에 핵무기 개발 문서가 담긴 이란의 노트북을 핵개발의 증거로 제공했다. 이란의 핵개발 중단을 목표로 2006년 12월 유엔 안보리는 이란에게 농축 중지를 요구하고 경제제재를 부과했다. IAEA는 2011월 8월 이란이 2008년부터 파르친 군사시설을 중심으로 핵무기 개발을 위한 설계와 실험 활동을 진행 중이라고 판단한다고 발표했다.

한편, 미국이 이란 핵개발을 지연시키기 위해 사보타주한다는 뉴스도 있었다. 2010월 6월 이란 나탄즈 농축시설에 스턱스네트(Stuxnet) 바이러스가 침투하여 동 시설을 훼손하고 정상가동을 수개월 이상 지연시키는 사건이 발생했다. 이란은 이를 미국과 이스라엘의 소행이라고 비난했다.

2000년대 중반에는 이란의 핵개발 프로그램이 있었는지에 대한 논란이 많았다. 미국은 이란이 비밀 핵무장 프로그램을 가동 중이며, 이에 대한 준비를 진행하고 있다고 주장했다. 일부 전문가는 이란을 '스마트 핵확산국'이라고 불렀는데, 이는 핵무장을 추진하면서도 제재를 피하기 위해 NPT 틀 내에서 최대한 핵잠재력을 확보한다는 점을 부각했다. 특히 NPT를 탈퇴하고 공공연히 핵실험을 하는 북한과 차별화되는 핵개발 사례로 대비되었다. 다른 한편, 2003년 이란이 유럽 3개국과 핵협상을 개시하면서 체계적인 핵개발 프로그램을 중단했다는 분석도 있었다. 공공연히 핵개발을 추진하기보다는 핵옵션을 유지하고 이를 위한 핵잠재력을 확보하는 방향으로 전환했을 가능성도 높다.

2010년대 초까지 이란 핵개발을 둘러싸고 서방진영과 이란의 갈등이 고조되는 가운데, 2013년부터 핵협상의 정치적 환경이 급변하고 실제 협상이 급진전되었다. 그런 반전의 배경에는 다음과 같은 사건이 있었다.

첫째, 이란에서 2013년 6월 온건파 로하니(Hassan Rouhani) 대통령이 대선에서 크게 승리했다. 앞서 국가들이 핵포기를 하는 주요 동기 중 하나로 정치지도자의 성향과 노선을 들었는데, 이란에서도 강경파 지도자에서 온건파 지도자로의 전환은 핵무장과 핵포기 결정에 중대한 변화를 초래했다. 신임 로하니정부는 외교적 고립 탈피와 제재해제를 국정목표로 제시했다. 이를 위해 외무장관과 원자력 책임자를 온건파로 교체하여 핵협상 타결로 방향을 전환했다.

둘째, 미국에서도 변화가 있었다. 오바마 대통령이 직접 핵문제 해결 전선에 나섰다. 오바마 대통령은 취임하면서 탈냉전의 완성을 위해 미국의 적국으로 남아있는 이란, 북한, 쿠바의 지도자와 직접 소통하겠다는 의지를 밝혔다. 당시 공화당의 큰 반발이 있었지만, 오바마 대통령은 이에 굴하지 않았다. 마침내 2013년 9월 오바마 대통령이 로하니 대통령과 직접 전화 통화하고 핵협상 추진에 합의했다. 또한 이란에서는 종교지도자가 최고 정책결정을 내린다는 특수성을 감안하여, 오바마 대통령은 하메네이(Ali Hosseini Khamenei) 이란 최고지도자와 서신교환으로 소통채널을 구축했다.

핵무장과 핵포기 결정에서 지도자의 역할이 종종 결정적인 변수가 된다는 점을 감안할 때, 이런 지도자 간 소통채널 구축은 매우 중대한 의미가 있다. 미국정부는 오바마 대통령의 승인에 따라 2013년 3월부터 비밀리에 이란과 핵협상을 개시했다. 오바마 대통령과 로하니 대통령의 첫 직접대화를 계기로 양국은 이슬람혁명 이후 처음으로 2013월 9

월 공개 핵협상을 시작했다. 참고로, 북핵문제가 전면 교착된 상태에서 2018년 6월 북미정상회담이 열리고 김정은과 트럼프 간 소통채널이 구축되었는데 이는 이란핵합의의 실마리를 푼 오바마와 이란 지도자 간 첫 직접대화에 비견된다.

셋째, 이란의 종교지도자들이 종교적 이유로 핵무기를 배척했다. 2012년 하메네이 최고지도자는 방송에서 "핵연료를 생산하는 핵연료주기의 핵기술은 이란의 존엄과 자랑이지만, 핵무기 보유는 죄이며, 불필요하고, 해로우며, 위험하다(useless, harmful, dangerous)"고 발언하여, 반핵무기 입장을 선언했다. 이 발언은 두 개의 중대한 메시지를 담고 있었다. 원자력발전을 위한 핵연료 공급에 필요한 농축기술을 절대 포기하지 않을 것이다. 다만 핵무장은 절대 추진하지 않는다. 이 메시지는 서방 협상대표단에게 선택을 요구했다.

첫째 선택지는 이란이 농축을 유지하되, 핵무장을 포기하는 것이다. 둘째 선택지는 이란에게 농축 포기를 강요하지만 이란이 이를 거부하고 계속하여 농축우라늄을 축적하는 상황이다. 오바마와 유럽국들은 전자를 선택했다. 사실 이 선택은 절충안이며, 깨끗한 문제해결보다는 문제를 관리하는 방안이었다. 오바마 대통령은 이를 선택했고, 2018년 후임 트럼프 대통령은 이를 거부했다.

넷째, 2011년부터 이란에 대한 서방진영의 제재가 강화되면서 경제난이 급격히 악화되었고, 따라서 국민들의 불만도 고조되었다. 서방진영은 2011년 11월 이란에 대한 금융제재, 2012년 7월 EU의 수입 금지조치, 2013년 2월 미국의 석유수출대금 송금 금지조치 등으로 이란의 재정수입과 경제에 타격을 주었다. 이란의 석유수출 급감, 이란 리알화 폭락, 생필품 사재기 등 이란의 경제위기가 발생했다.

마침내 2013월 2월부터 안보리 P5+1(안보리 상임이사국 5개국, 독일)과 이란 간 협상이 본격 가동되었다. 일련의 핵협상 결렬과 재개의 진통 끝에 마침내 2013년 11월 24일 제네바에서 '포괄적 공동행동계획 (JCPOA: Joint Comprehensive Plan of Action)' 잠정합의에 서명하여, 이란 핵문제 해결을 위한 획기적인 전기를 마련했다.

동 합의에서 이란은 핵활동 일부를 일시 동결하고, 서방측은 경제제재를 일부 완화하며, 또한 양측은 추가 핵합의를 위해 노력하기로 했다. 이란의 주요 핵활동 제한 조치는 다음과 같다.

첫째, 핵분열물질의 보유 재고를 제한키로 했다. 구체적으로, 20% 농축우라늄 재고량 중 절반은 테헤란 연구용 원자로(TRR)에서 핵연료용 20% 산화물로 변환하고, 나머지 절반은 5% 이하로 희석한다. 향후 6개월간 5% 초과 농축 활동을 중단하고, 3.5% 저농축우라늄(LEU)의 재고를 제한한다. 신규 생산 5% 우라늄(UF6)은 우라늄 산화물로 변환한다.

둘째, 민간 핵시설의 가동을 제한 또는 중단키로 했다. 구체적으로, 나탄즈와 포르도 농축공장 및 아락 중수로의 추가 진전 활동을 중단한다. 새로운 장소에서 농축활동을 금지한다. 재처리 및 재처리 관련 시설의 건설을 금지한다. 단, 기존 농축 관련 연구개발 활동은 계속 수행한다.

셋째, 핵시설과 활동에 대한 감시활동을 강화하고, 관련 정보를 추가로 제공한다. 민감시설에 대해 강화된 모니터링을 실시한다. 원심분리기 조립 공장, 원심분리기 회전자 생산 공장, 원심분리기 회전자 저장시설, 우라늄 광산 및 정련시설 등에 대해서 IAEA의 제한된 접근을 허용한다.

이란의 핵활동 제한 조치에 대해, 안보리, EU, 미국 등은 제재를 단계적으로 해제키로 했다. 특히 초기 조치 동안에 신규 제재의 부과를 중단하고, 6개월간 일정 간격으로 동결된 자금 42억 달러에 대한 동결을 해제한다. 그리고 양측은 협상타결 시한을 1년 이내로 설정키로 합의했다.

이란핵합의(JCPOA) 주요 내용과 쟁점

제네바 잠정합의(2013.11)는 후속 본 협상을 2014년 2월에 개시하여 6개월 내 완료할 것을 요구했다. 이 요구에 맞추어 7월 20일 협상을 종료할 계획이었으나, 협상시한을 2차례 연장하여 마침내 2015년 4월 2일 스위스 로잔에서 '포괄적 공동행동계획 요소(Parameters for a Joint Comprehensive Plan of Action)' 잠정합의를 타결했다.

2015년 7월 14일, 이란과 P5+1(안보리 상임이사국 5개국, 독일)은 오스트리아 비엔나에서 이란 핵문제 해결을 위한 최종합의로서 '포괄적 공동행동계획(JCPOA: Joint Comprehensive Plan of Action Regarding the Islamic Republic of Iran's Nuclear Program)'을 채택했다. 이로써 이란 핵문제가 2003년 불거진 후 12년 만에, 2013년 11월 제네바 잠정합의, 2015년 4월 로잔 JCPOA 잠정합의 등을 거쳐, 비엔나에서 최종 JCPOA가 채택되었다.

최종 JCPOA에 따라, 이란은 핵물질과 핵활동을 크게 감축하고, 강화된 국제검증활동을 받기로 약속했다. 구체적인 조치는 표 8.1과 같다.

이로써 국제사회는 핵무기 개발을 위한 2개 경로 중에서, 농축 경로는 핵물질과 농축역량을 크게 축소하고, 재처리 경로는 전면적으로 봉쇄하는 비핵화 성과를 거두었다. 또한 동 합의에 따라, 이란은 핵투명성을 보장하기 위해 IAEA의 통상적인 전면 안전조치와 추가의정서를 수용할 뿐 아니라, 일상적인 사찰의 범위를 넘어서서 의심시설에 대한 접근과 핵물질 생산시설에 대한 접근도 허용하기로 합의했다. 이란 핵활동과 핵시설의 투명성 증가로, 국제사회는 이란의 핵개발에 대해 보다 정확히 평가하고, 이란의 핵개발에 대해 예방조치를 취할 수 있는 시간을 벌게 되었다.

표 8.1   이란핵합의(JCPOA) 주요 내용

	기존 핵활동	핵합의 이후 활동
우라늄 농축도와 재고	농축 20%, 농축우라늄 재고 10,000kg	15년간, 농축 3.7% 농축우라늄 재고 300kg
나탄즈 농축시설	나탄즈 농축시설 (약16,428기); 파일럿 농축시설(702기)	농축기 5,060기 유지 (농축활동)
포르도 농축시설	포르도 농축시설 (약 2,710기)	원자력 연구개발 시설 전환 농축기 1,044기 유지(핵물질 투입금지)
아락 중수로	아락 중수로 (플루토늄 생산가능)	무기급 플루토늄 생산 방지토록 재설계 중수로의 사용후핵연료 처분 또는 해외 이전, 15년간 추가 중수로 건설 금지
안전조치	전면 안전조치 수용	IAEA에 정보 제공, 접근 협조, 의심시설 접근 허용, 핵프로그램 공급체인 접근 허용
조치의 한시성	일시적	10년 농축 용량과 연구개발 제한 15년 새 농축시설과 중수로 건설 금지 15년 농축 재고 제한 사찰과 투명성 조치는 영구화
브레이크-아웃 타임	2~3개월	1년 이상

그런데 JCPOA에 대한 국제사회와 미국 내 반응이 극단적으로 나뉘었다. 이런 격렬한 찬반양론은 이란핵합의의 앞날을 어둡게 했다.

평소 역사적·종교적·지정학적 이유로 이란을 불신하고 적대시한 세력은 핵합의에도 불구하고 이란에 대한 생각을 조금도 바꾸지 않았다. 오히려 이란을 더욱 의심하는 경향마저 있었다. 이란핵합의를 강력히 비판하고 반대한 그룹에 이스라엘, 사우디아라비아, 미국 공화당 등이 있다. 이들은 이란핵합의에 대한 공통적인 비판으로 첫째, 이란핵능력 제거가 불충분하며, 둘째, 이란을 신뢰할 수 없다는 것을 지적했다.

이스라엘은 거국적으로 이란핵합의를 비판했다. 네타냐후(Benjamin Netanyahu) 총리는 이란핵합의를 이란에 대한 '항복'이자 '역사적 실패'로 간주하고, 이 합의에 구속되지 않을 것이라고 선언했다. 일부 이스라엘 정치인과 전문가들은 이란핵합의를 합리적인 차선책이라고 평가했지만, 소수 목소리에 불과했다. 이스라엘은 중동지역에서 섬처럼 적대세력에 둘러싸여 있지만 핵무장으로 주변 이슬람국의 적대적 행동을 억제하는 데 성공했었다. 그런데 이란의 핵무장은 이스라엘의 전략적 우위를 무력화할 가능성이 있었다. 따라서 이스라엘은 이란의 완전한 핵능력 제거, 즉 모든 핵분열물질과 농축재처리시설의 완전한 제거 이외는 어떤 옵션도 선택할 수 없었다. 그런데 이란핵합의는 이란의 핵활동을 축소했을 뿐 농축 활동을 남겨 두어, 향후 필요 시 무기용 핵물질 생산이 가능했다. 더욱이 이스라엘은 JCPOA가 이란의 농축활동을 '평화적 핵이용'으로 인정했다는 점을 받아들일 수 없었다.

이스라엘이 이란핵합의를 성토하는 데 미국 공화당이 합세하여 강력한 우군이 되었다. 공화당 의원들은 평소 이란에 강한 불신감을 갖고 있었는데, 더욱이 이스라엘의 입장까지 반영하여 이란핵합의를 극력 반대했다. 공화당 의원들은 이란핵합의가 미국의 국익을 훼손하며, 이란의 국익에 부합하는 '큰 결함(deeply flawed)'이 있다고 비판했다. 특히 미국이 핵불량국가의 농축활동을 허용함으로써, 미국의 핵비확산 원칙을 훼손하는 부정적인 선례를 남긴다고 주장했다. 공화당 의원들의 극심한 반발은 트럼프 대통령에게 계승되었다. 트럼프 대통령은 2018년 5월 8일 이란핵합의를 "끔찍하고 일방적인 합의이며, 결코 태어나지 말아야 했던 합의"라고 비판하고, 동 합의에서 탈퇴를 선언했다.

참고로, 이 사건은 북미 간 1994년 10월에 체결된 제네바기본합의

(Agreed Framework)의 운명을 연상시킨다. 클린턴 민주당 행정부가 제네바 북미기본합의를 체결했을 때 공화당 의원들이 이를 '북한에 대한 항복문서'로 규정하고 강하게 비판했었다. 2001년 출범한 부시 공화당 행정부는 제네바합의에 부정적인 입장을 견지하다가, 2002년 10월 우라늄농축의혹사건이 발생한 것을 계기로 결국 제네바 북미기본합의를 파기했다.

사우디아라비아는 핵비확산 관점이 아니라, 종교적·세력정치적 이해관계로 인해 이란핵합의에 매우 비판적이었다. 중동 수니파 국가들의 맹주인 사우디아라비아는 시아파의 맹주인 이란이 이란핵합의로 제재가 해제되면서 지역 강대국으로 등장할 것을 우려했다. 사우디아라비아는 제재에서 벗어난 이란이 중동지역의 패권을 추구하고, 역내 테러와 시아파를 지원할 것을 두려워했다. 오바마 행정부의 설득 노력에 사우디아라비아는 이란핵합의에 대한 비판을 삼갔다. 2015년 7월 카터(Ashton Carter) 미국방장관은 이스라엘과 사우디아라비아를 순방하며 직접 선무작업에 나섰다. 사우디아라비아는 미국에게 이란이 핵합의를 위반하게 되면 즉각 제재를 재도입하는 '스냅백(snapback)'을 요구했고, 미국은 사우디에 대한 변함없는 안보공약을 재확인했다.

이란핵합의의 주 당사자인 이란은 동 합의에 만족했다. 협상대표단은 귀국하여 국민들의 큰 환영을 받았다. 국민들은 그동안 제재에 고통받았기 때문에 특히 제재해제에 대한 큰 기대감을 표시했다. 한편, 이란 내 일부 국수적 강경론자들은 농축활동의 축소와 재처리의 중단에 대해 이란이 NPT 4조가 규정한 "원자력의 평화적 이용에 대한 불가양의 권리"를 과도하게 양보했다고 비판했다.

한편, 미국정부, 유럽, 국제기구, 국제사회 대부분은 일제히 이란핵합의를 환영했다. 특히 유럽국들과 IAEA는 동 합의가 이란과 적대관계를 청산하는 변곡점이 되고, '외교의 승리'라고 크게 환영했다. 미국 오바마 대통령과 케리(John Kerry) 국무장관은 이란핵합의에 대한 국내 공화당과 이스라엘의 강한 반대를 극복하기 위해 노력했다. 오바마 대통령은 국내 반대파에 대해 "이란핵합의가 이란에 대한 신뢰가 아니라, 검증에 기반"하고 있다고 설득하고, 심지어 "이란핵합의의 이행을 방해하는 입법을 비토"할 것이라고 협박하기도 했다. 이란핵합의에 대한 국제사회와 미국 내의 엇갈린 평가는 동 합의의 운명에 부정적인 영향을 미쳤다.

3. 이란의 핵포기 배경

2013년부터 재개된 이란핵협상은 제네바와 로잔 잠정합의에 이어, 마침내 2015년 비엔나에서 최종 합의를 채택하고 종결되었다. 그렇다면 왜 이란은 자신들의 핵활동과 핵물질 재고 축소에 동의했을까. 이란은 왜 바로 눈앞에 보이는 핵무장 결승점에서 뒤로 물러나는 데 동의했을까.

사실 이란의 안보 환경은 매우 열악하다. 세계 초강대국인 미국과 적대관계, 역내 군사적·정치적 숙적인 이스라엘과 적대관계, 그리고 사우디아라비아와 역내 종교적·정치적 패권을 위한 전략적 경쟁관계 등의 열악한 안보환경을 본다면, 이란에게 최선의 안전보장책은 핵무장 외에 없다. 특히 핵무장국인 미국 및 이스라엘과 적대관계는 이란이 반드시 핵무장해야 하는 안보 논리를 제공했다. 그런데 2015년 이란은 핵무장에서 후퇴를 선택했다. 그렇다면 왜 이란이 핵역량 축소의 길로 선회했나.

보통 핵포기의 동기로 안보불안의 해소, 체제불안 요인의 해소, 비정상국가와 불량국가의 오명을 벗고 국제사회에 참가하고자 하는 욕망,

정치지도자의 국제주의적 성향 등을 들 수 있다. 그렇다면 이런 변수들이 이란의 경우에 얼마나 핵포기 결정에 영향을 미쳤을까?

전문가들은 이란 핵포기의 주요 요인으로 미국이 주도하는 강력한 경제·금융제재의 효과, 경제난의 대한 이란국민의 불만 고조, 그리고 이란 내 온건파 지도자의 등장 등에 주로 주목했다. 여기서 핵심 변수는 제재로 볼 수 있다. 제재 때문에 경제난이 발생했고, 이에 불만스런 이란국민은 결국 강경파 대신에 온건파 정치지도자를 선택했다. 그런데 필자는 오바마 대통령의 역할과 유럽의 타협적 협상태도도 이란핵포기의 주요 변수로 보태고자 한다. 제재도 주효했지만, 오바마 대통령과 유럽의 적극적 협상태도가 없었다면, 이란핵합의는 당초 불가능했을 것이기 때문이다.

이란핵협상의 성공요인은 구조적 요인과 정치적 요인을 모두 포함하고 있다. 제재가 전자의 예이고, 오바마 대통령의 직접 협상 개입, 유럽국의 대화 원칙 견지, 이란의 제한적 협상 목표 등은 후자의 예에 속한다. 다음에서는 주요 변수의 역할을 토론한다.

경제제재와 외교·군사적 압박 효과

2000년대에 불거진 이란 핵문제에 대응하기 위해, 미국의 선도하에 국제사회는 제재를 지속적으로 강화했다. 미국은 1970년대부터 핵비확산을 국제안보의 최우선 목표로 추진하여 왔다. 미국은 핵비확산을 위한 구체적인 조치로서 농축재처리 기술을 보유하지 않았던 국가가 새로이 농축재처리 기술을 획득하는 것을 저지했다. 특히 불량국가들이 핵무장으로 가는 필수경로인 농축재처리 기술을 획득하는 것을 저지했다. 그런데 이란이 불법적인 경로로 농축기술을 습득하고 농축우라늄을 생산하자, 미국은 이를 저지하는 데 외교력을 집중했다. 미국이 동원한 정책 수단은 국제사회를 동원한 경제제재와 금융제재였다.

이란의 강경파 하타미(Mohammad Khatami) 대통령과 아흐마디네 자드 대통령은 미국과 국제사회의 제재에 저항하며, 오히려 농축재처리 시설을 확장하고 대량의 핵물질 생산을 축적했다. 미국의 부시 대통령 은 9·11 뉴욕테러사건에 대한 대응책으로 매우 강력하게 반테러와 핵 비확산 정책을 추진하면서, 이란정부와 크게 대립했다. 부시 대통령의 대이란 강경책은 이란에게 핵무장의 동기를 강화시켰고, 이란은 다시 핵활동을 강화하는 악순환이 반복되었다.

국제제재의 결과, 2010년대 들어 이란의 경제가 급속히 악화되고, 개개인은 제재로 인한 고통을 느끼기 시작했다. 미국은 2012년 국방수 권법에 따라 이란산 원유 수입과 이란과의 금융거래를 금지시켰다. 미 국이 이란과 거래하는 모든 국가와 기업과 개인을 처벌하는 포괄적인 이란제재법을 집행하면서, 이란의 석유수출이 급감하고 이란화폐의 가 치가 급락했다.

한편, 외부의 제재와 압박이 반드시 핵포기의 바람직한 결과를 낳는 다는 보장은 없다. 이란 내 강경파의 입장을 강화시키고 이란국민의 반 서방 정서와 내부 단결을 촉발하는 양면적인 성격을 지닌다. 그런데 다 행히도 이란에는 과거 개방경제와 자유주의를 즐겼던 중산층이 있었고, 선거제가 정착되어 있었다. 또한 이란경제는 석유수출에 크게 의존하고 개방경제의 성격도 있어, 특별히 제재에 취약했다.

마침내 중산층과 청년층은 이란정부에 대해 불만을 표출하기 시작했 고, 선거를 통해 그 의사를 적극 표시했다. 이들은 이슬람혁명 이후 내핍 경제에 익숙했지만, 더 이상 제재의 고통을 감내하기를 거부했다. 2013 년 로하니정부가 큰 표 차이로 정권교체에 성공한 것도 제재에 대한 이란국민의 불만과 미국과의 관계개선에 대한 기대가 표출된 것이었다.

온건파 로하니 대통령은 국민의 기대를 반영하여 경제제재 해제와 대미관계 개선을 핵심 국정목표로 추진했다. 물론 이를 달성하기 위해서는 핵역량의 상당 부분을 포기하고 보다 강화된 검증을 수용해야만 했다. 이란국민들은 선거를 통해 이를 양해하고, 로하니 대통령에게 새로운 핵협상 임무를 부여했다. 평소 반미적이며 강경한 것으로 알려진 하메네이 최고 종교지도자도 이런 국민의 새로운 요구를 거부하지 않았다.

한편, 이스라엘의 강경한 입장과 공격 위협, 그리고 사우디아라비아의 핵무장 위협도 이란이 핵무장을 포기한 채 핵협상에 나서고 농축의 제약을 수용하는 배경이 되었다는 분석도 있다. 만약 이란이 제재에 끝까지 저항하고 핵개발 프로그램을 더 진행했다면 어떻게 되었을까. 필

도표 8.1 이란의 경제지표 추이: 2012년 전후 비교

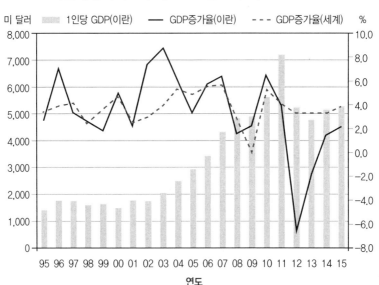

출처: International Monetary Fund, World Economic Outlook Database, October 2014.

히 미국의 주도로 경제제재는 경제봉쇄로까지 강화되고, 이스라엘이 군사조치를 취할 가능성과 패권경쟁국인 사우디아라비아가 핵무장에 나설 가능성이 매우 높았다. 미국은 이스라엘의 군사조치와 사우디아라비아의 핵무장을 저지하기 위해서도 이란에 대한 더욱 강경한 조치가 불가피했을 것이다.

결국 이란이 더 늦기 전에 2013년에 잠정 핵합의에 동의한 것은 매우 합리적인 외교적 선택이었다고 본다. 만약 이 기회를 놓쳤다면, 더욱 위급한 경제위기와 군사조치에 당면했을 것이고, 아마 더욱 불리한 위치에서 핵협상에 나가게 될 가능성이 높았다. 이런 상황은 북한이 2018년 초 핵무장과 군사도발 정책에서 급선회하여 남북정상회담과 북미정상회담에 나선 상황을 설명하는 데 시사점을 준다.

미국과 이란 정상 간 직접대화와 핵협상 목표의 전략적 수정

만약 오바마 대통령의 직접 개입이 없었다면 이란핵합의는 불가능했을 정도로 그의 역할은 이란핵협상에서 주요 변수가 되었다.

첫째, 오바마 대통령은 평소 세계평화와 핵비확산에 대해 강한 신념과 높은 지식을 갖고 있었다. 따라서 오바마 대통령은 국내외의 각종 반발을 극복하고 이란핵협상이 좌초하지 않도록 주도권을 행사할 수 있었다. 오바마 대통령은 프라하 연설(2009)에서 '핵무기 없는 세상(Nuclear-free World)'을 주창한 이후 핵군축·핵안보·핵비확산 진전을 필생의 임무로 생각하고 이를 달성하기 위해 개인적 노력과 외교력을 아끼지 않았다. 그는 또한 전통적인 적대국과 관계개선을 통해 냉전의 잔재를 종식시키고자 했다. 따라서 이란 핵문제는 그가 반드시 해결해야 하는 오래된 숙제였다.

위 설명은 외교안보정책에서 대통령의 역할이 얼마나 중요한지, 특히 기존 외교안보의 정책노선을 변화할 경우 정치지도자의 역할이 얼마나 중요한지를 잘 보여준다. 정치지도자가 아니라면, 기존의 틀에 얽힌 이해관계를 결코 극복할 수가 없다. 2018년 상반기 남북 및 북미정상회담 개최도 기존 틀을 깨는 것이었는데 이것도 정상들의 신념과 결의가 없었다면 불가능했을 것이다.

둘째, 오바마 대통령은 문제국가에 대한 봉쇄일변도 접근에서 탈피하여 대화와 개입을 통한 문제해결을 모색했다. 그는 미국 내 공화당과 보수파의 강한 반대에도 불구하고, 미얀마, 쿠바, 이란 등과 직접대화를 통해 관계개선을 추구했다. 이를 위해 기존의 이념적, 제재 일변도 접근법에서 탈피하여, 실용적 접근을 추구했다. 그는 실제 로하니 대통령 및 하메네이 최고지도자와 직접 소통채널을 구축함으로써 이란핵합의를 도출할 수 있었다.

오바마 대통령은 2013년 9월 유엔총회를 계기로 로하니 대통령과 마침내 전화를 통한 직접대화에 성공했다. 오바마 대통령은 미국이 이란의 정권교체를 추구하지 않으며, NPT가 허용하는 원자력의 평화적 이용에 대한 권리를 인정한다고 말해 일부 농축을 허용할 것임을 시사했다. 과거 미국은 이란의 일체 농축활동을 거부했는데, 이런 입장의 전환은 이란핵협상에서 중대 장애요인을 제거하는 효과가 있었다.

셋째, 오바마 행정부로서는 제재하에서도 이란의 농축역량과 농축 우라늄 재고가 급속도로 팽창하고 있어 이를 중단시키는 것이 긴요했기에, 이란의 농축을 전면 부정하는 것이 불가능하다는 현실을 수용하게 되었다. 기존 접근법이 실패한 증거로 제재에도 불구하고 이란의 농축기가 2003년 수백 기 수준에서, 2009년 수천 기로, 2015년에는 1만 9,000기로 증가했다는 점에 주목했다.

미국의 관행적인 이란 핵 접근법은 이란이 핵역량을 완전히 포기하거나, 이란정권이 붕괴할 때까지 제재를 지속하고 강화하는 것이었다. 그런데 이란이 핵역량을 완전히 포기할 가능성과 제재로 이란정부가 붕괴할 가능성은 누구도 알 수 없었다. 그런 사이에 이란 핵역량이 계속 늘어나는 문제는 외면했다. 비현실적인 가정을 전제한 비현실적인 옵션에 집착했다.

오바마 대통령은 상황을 다시 평가하고 달성 가능한 목표와 집행 가능한 접근법을 모색했다. 첫째, 이란에 대한 무한 제재 옵션은 결국 농축 증가와 핵무장을 초래할 것이다. 둘째, 이란 핵시설 공격 옵션은 전면적 전쟁을 초래할 가능성이 높다. 따라서 오바마 대통령은 협상을 통해 타협하는 셋째 옵션이 유일한 현실적인 대책이라고 판단했다.

결국, 이란핵협상이 실패할 경우, 적대적인 이란이 핵무장하고 지역 패권국으로 등장하며, 핵 도미노와 분쟁으로 중동질서가 완전히 붕괴할지 모른다는 위기감이 새로운 대안을 모색하는 배경이 되었다. 따라서 오바마 대통령은 이란의 비핵화와 대이란 관계개선을 병행하는 방안을 추진했다. 이런 미국의 대이란 접근은 1970년대 초 미국의 대중국 접근을 연상시켰다. 미국이 이란과 관계 개선 시 역내 테러와 분쟁을 저지하고, 또한 이란 석유 방출로 러시아를 견제하는 전략적 효과도 있었다.

오바마 대통령뿐만 아니라, 이란 로하니 대통령도 협상목표를 조정하여 핵합의가 가능토록 했다. 이란에서 농축이 갖는 정치적 상징성과 전략적 필요성을 감안할 때 농축역량의 축소 결정도 오직 정치지도자만이 할 수 있는 중대한 정치적 결정이었다. 로하니 대통령은 '비핵국'이 핵무장과 전면적인 농축활동을 추진할 때 직면할 국제제재를 잘 인식하고 있었다. 특히 주변국으로부터 절체절명의 긴박한 안보위협이 부재한 상황에서 핵무장 대신 낮은 단계의 핵옵션, 즉 핵잠재력을 유지하는 전략을 추진키로 했다. 이란이 2003년부터 핵옵션 유지 전략으로 전환했다는 주장도 있는데, 2013년 로하니 대통령의 당선으로 이 입장은 국가전략으로 명백해졌다.

이란은 농축시설 및 의혹시설의 비공개와 사찰 비협조로 국제사회의 비난과 제재를 받고 있지만, NPT 회원국으로서 대부분의 안전조치를 수용하고 있었다. 또한 추가의정서도 서명하였고 비준 전이라도 이를 자발적으로 이행 중이었다. 그런 점에 이란은 미국이 불량국가로 지목했지만, 국제규범을 송두리째 무시하는 북한과는 다른 범주에 속하는 문제국가이다.

유럽국의 평화적 해결 원칙과 협상 견인

이란핵협상의 최고 주역은 유럽국이라는 데에 이견이 없다. 이란핵협상에서 유럽국은 어떻게 기여했는가?

첫째, 영·불·독 등 유럽 3개국은 2003년부터 이란과 핵협상을 시작하여, 지속적으로 대화를 통한 해결원칙을 견지하고, 결국 미국의 핵협상 참여를 견인하는 데 성공했다. 이란을 바라보는 유럽국의 시각은 미국의 전통적인 이란관과 크게 달랐다. 유럽은 이란이 현실주의 외교원칙을 갖고 있으며, 2003년 미국의 이라크 공격으로 사담 후세인 정권이 사라지자 핵개발을 포기했다고 믿고 있었다. 이러한 유럽의 접근법은 미 부시 행정부와 이스라엘 등으로부터 순진하며, 경제이익만 중시한 타협적 접근이라고 비판받았다. 하지만 유럽국은 자신의 이란관과 협상관을 견지하며 이란핵협상에서 성과를 내었다.

둘째, 유럽과 미국 간 핵비확산과 원자력에 대한 접근법의 차이가 있었다. 미국은 전통적으로 문제국가의 농축재처리 권능을 전면 부정한다. 미국은 1974년 인도의 핵실험 이후 이 정책을 강력히 집행했고, 사실 매우 성공적이었다.

그런데 유럽은 핵비확산 원칙과 핵투명성이 보장될 경우 모든 국가가 농축재처리를 할 수 있다는 입장을 채택했다. 이란핵합의는 미국의 전면적 부정과 유럽의 조건부 허용의 중간에서 절충점을 찾았다. 그런데 다수 핵비확산 전문가들은 미국이 종래 문제국가의 농축재처리 권능을 전면 부정했던 원칙에서 벗어나, 이란의 농축활동을 인정한 것은 핵비확산 외교의 이중 잣대라고 비판했다. 특히 향후 핵개발 야망국에게 잘못된 메시지를 줄 수 있다는 점을 지적했다.

4. 트럼프의 이란핵합의 탈퇴

트럼프의 이란핵합의 탈퇴 관련 논쟁

트럼프 대통령은 대선운동 시절부터 이란핵합의(JCPOA)를 일관되게 비판했다. 하지만 트럼프 대통령이 막상 이란핵합의를 파기할 것으로 전망하는 전문가들은 별로 없었다. 트럼프 대통령은 관련 법령에 따라 매 3개월마다 이란이 JCPOA를 준수하는지 확인해야 했는데, 이를 확인해야 비로소 미국의 대이란 제재해제가 연장되었다. 그런데 트럼프 대통령은 2017년 10월 이란이 JCPOA를 준수하고 있다고 확인했음에도 이란과 합의당사국들이 이란핵합의의 결함을 보완하는 조치를 하지 않을 경우 이로부터 탈퇴할 것을 강력히 시사했다.

트럼프는 2018년 1월에 이란핵합의 준수여부를 확인하면서 재차 보완을 경고했으나 보완조치가 없고, 5월 8일 또 준수여부 확인주기가 돌아오자 JCPOA로부터 탈퇴를 선언했다. 트럼프 대통령의 이란핵합의 탈퇴를 막기 위해 노력했던 유럽국과 국제기구들은 탈퇴선언을 듣고 충격과 좌절에 빠졌다. 트럼프 대통령이 많은 국가와 전문가들의 만류를 무릅쓰고 탈퇴를 선언한 이유는 무엇일까? 그리고 그의 탈퇴 이유는 사실에 부합하고 타당한가?

트럼프 대통령이 제기하는 이란핵합의의 문제점과 탈퇴의 변을 다음과 같이 정리할 수 있다. 이란핵합의 지지자들은 일제히 이에 대해 반론을 제기했다.

첫째, 트럼프는 이란핵합의에서 '일몰조항'으로 인해 비핵화조치가 시한부이며, 심지어 현재 농축활동이 진행되고 있어 '주도적 테러지원국'인 이란이 "짧은 시간 내 핵무기 역량을 획득"할 수 있다고 비판했다. 트럼프는 2018년 4월 한 연설에서 "7년만 지나면 이란핵합의의 효력이 끝나고 이란은 마음대로 핵무기를 제조"하게 된다고 비판했다. 물론 이 주장은 이란핵합의를 오해·왜곡한 것이지만, 이란핵합의에 대한 트럼프 대통령의 인식을 잘 보여주었다.

한편, 이란핵합의 지지자들은 이 비판이 틀렸으며, 더 좋은 대안이 없다고 주장한다. 이란핵합의 체결 당사자 중 한 명인 오바마 전 대통령은 페이스북에서 "설사 이란핵합의에 따른 제한조치가 완화되더라도, 사안별로 10년에서 25년에 걸쳐 시간을 두고 완화된다. 그만큼 시간을 벌게 되므로, 지금 이 순간에 그 제한조치 모두를 위험에 빠뜨리게 할 이유가 없다"고 항변했다. 이란핵합의 지지자들은 "이란핵합의가 없었다면 이란의 핵개발과 핵무장이 더욱 빨라졌을 것"이며, 이란핵합의로 '시간벌기'가 가능했다고 주장했다.

더욱이 이란핵합의 지지자들은 이란의 NPT 회원국 지위에는 '일몰조항'이 없으므로, NPT의 '비핵국' 회원으로 핵무장 포기 의무는 영원하다고 주장했다. 또한 이란핵합의에 따라 이란이 2023년까지 추가의정서에 참여할 것을 약속했는데, 이때 "언제든지, 모든 장소에서(anytime, anywhere)" IAEA 사찰이 가능하게 되므로, 핵투명성이 더욱 강화된다고 주장했다.

둘째, 트럼프는 "자신과 미국민에게 불명예스럽게도, 이란핵합의에 따라 테러지원국에게 많은 현금을 포함하여 수십억 달러를 제공"했다고 주장했다. 트럼프는 마치 이란의 일부 핵포기에 대한 보상책으로 미국이 돈을 제공했다고 시사했다.

이란핵합의 반대자들은 이란의 핵포기조치가 불충분한 데 비해 제재가 너무 빨리 해제되어 이란이 국력을 회복할 기회를 주었다고 비판했다. 예를 들면, 이란핵합의 채택 8년 후에 미국은 관련 제재를 해제하고, 10년 후에는 유엔 결의 2231호와 유럽연합(EU)의 제재가 완전히 종식된다. 이란 핵활동에 대한 통제는 '일몰조항'의 시한이 지나면 종료되므로, 그 이후에 이란은 핵활동의 자유를 갖는다. 한시적인 핵활동 금지에 대해 영속적인 제재해제로 보상하는 것은 정당한 교환이 아니라는 입장이다.

한편, 이란핵합의 지지자들은 이란이 돌려받을 돈은 이란핵개발에 대한 제재로 동결되었던 이란의 해외소재 유동자산이라고 설명했다. 미 재무부는 이 돈의 규모를 500억 달러로 추정했고, 이란은 320억 달러라고 주장했다. 그리고 트럼프가 언급했던 '미국의 현금'은 1970년대에 당시 친미 팔레비 정권이 미군장비 구매를 위해 선 지불했던 4억 달러를 말하여, 이 돈은 그 이후 양국관계의 악화로 반환이 동결되었다. 미국은 2016년 1월 이 돈을 이란에 반환했고, 이란은 같은 날 공교롭게도 워싱턴포스트 기자 한 명을 포함하여 4명의 미국인 억류자를 석방했다.

셋째, 트럼프는 이란핵합의의 최대 맹점은 "잔인한 정권이 오직 평화적 핵프로그램을 원한다는 소설을 믿은 것"이며, "최근 이스라엘정부가 이란의 핵개발 프로그램에 대한 결정적인 증거를 담은 문서를 공개했다"고 주장했다. 트럼프의 이 주장은 그 이전(?) 4월 30일 네타냐후 이스라엘 총리가 "이스라엘 정보기관 모사드가 대량의 이란 핵개발 문서를 확보했다"고 발표한 것을 두고 한 말이었다.

그런데 이란핵합의 지지자들은 이 문서가 사실이라고 하더라도, "이들은 2003년 이전에 이란이 핵개발을 추구했던 시절의 문서이며, 그 시절의 핵개발 문제를 이란핵합의가 문제 삼아서는 안 된다"고 해명했다. 또한 이란이 NPT 회원국이므로 핵개발 문서를 갖고 있다면 이는 NPT 위반이지만, 그렇다고 2003년 이전 일이 2015년 이란핵합의를 부정하는 데 이용되어서는 안 된다고 덧붙였다.

넷째, 트럼프 대통령은 이란핵합의가 핵문제와 이에 따른 제재해제만 다룰 뿐, 미사일 개발, 테러지원, 인권침해, 지역불안정 조장 등을 다루지 않았다고 비판한다. 트럼프 대통령은 공화당의 전통적인 이란관에 따라 이란정부를 사악한 정부로 보아, 이란의 전면적인 핵역량 포기와 이란체제의 변화 이외에는 만족할 수가 없다.

여기서 우리는 트럼프 행정부의 이란관과 외교철학이 오마바 행정부 및 유럽국의 그것과 극명한 차이를 보이고 있음을 알 수 있다. 트럼프 행정부는 이란의 전면적인 굴복과 전면적인 비핵화, 그리고 전면적인 변화를 요구하는데, 현대 국제정치 현실에서는 불가능한 목표이다.

트럼프 행정부는 이란에 대해 더욱 강경한 제재를 복원하고, 만족할 만한 합의를 얻어내기 위한 협상도 병행한다는 방침이다. 미국이 갖는 외교력과 경제력을 감안할 때 이란도 미국의 요구를 일부라도 만족시키기 위해 노력할 것으로 기대된다. 동시에 유럽과 국제사회 다수국이 이란핵합의를 지지하고 있어, 미국의 이런 방침이 얼마나 효과를 거둘지는 모른다. 유럽국들은 이란핵합의 체제가 안착하게 되면 이란도 국제사회와 국제시장에 더욱 의존하게 되고, 이때 트럼프 대통령이 원하는 이란이 탄생할 가능성이 더욱 높아진다고 본다. 그렇지만 트럼프 대통령은 지금 당장 성과를 원하고 있어 이란핵합의를 둘러싼 갈등은 계속될 전망이다.

북핵에 대한 함의

이란핵문제 해결과정은 오랜 기간 정체되다가 2013년부터 이란핵협상이 급속히 진전되어 마침내 2015년 이란핵합의(JCPOA)가 도출되었다. 그런데 2017년 초 트럼프 대통령이 취임한 이후 이란핵합의를 계속하여 비판하다가, 급기야 2018년 5월 이란핵합의를 탈퇴하고 말았다. 이런 롤러코스터 같은 이란핵협상과 핵합의는 북핵협상에 대해 어떤 시사점과 교훈을 주는가?

첫째, 핵무장과 핵포기, 그리고 핵협상에서 정치지도자의 결정적 역할을 다시 상기시킨다. 대이란 제재의 효과가 핵협상과 양보의 기반을 조성했지만, 이란핵합의 타결이 가능했던 것은 이란에서 중도파 로하니 대통령의 등장, 그리고 미국에서 대화파 오바마 대통령의 등장 때문이었다.

트럼프 대통령의 등장 이후 미국이 이란핵합의에서 탈퇴하고 이란핵합의 자체가 위협받게 되었다. 이 사건은 다시 한 번 핵문제에서 최고지도자의 철학과 결의가 얼마나 중요한지 적나라하게 보여준다. 이 사건은 1994년 채택되었던 제네바 북미기본합의가 9년이 지나 2003년 부시 대통령에 의해 폐기된 것을 연상시킨다. 제네바합의 채택 당시 미 공화당은 이를 '대북 항복문서'로 규정할 정도로 부정적이었고, 마침내

2001년 정권을 잡게 되자 북한에 의한 비밀우라늄농축 의혹사건이 발생한 것을 계기로 제네바합의를 파기했다.

당시 한국정부와 미 국무부는 제네바합의 파기를 극력 반대했다. 후일 한국과 미국은 제네바합의 폐기의 비용을 톡톡히 치르고 있다. 북한은 그때까지 핵개발과 핵포기의 이중적인 입장에 있다가, 제네바합의가 파기되자 급격히 본격적인 핵무장으로 전환했다. 국내에서 개성공단과 금강산사업의 중단도 정권교체에 따른 대북노선의 변동이 큰 영향을 미쳤다. 물론 각 사업의 중단 이면에는 이를 촉발한 개별 사건이 있었지만, 이에 어떻게 대응할지는 주로 해당 정부의 대북노선에 따라 결정되었다.

이 사건들이 주는 교훈은 대북정책의 지속성을 확보해야 하며, 특히 이를 위해 정치적 지지를 지속적으로 확보해야 한다는 것이다.

둘째, 핵합의가 채택된 이후에도 이를 유지하고 관리하기 위해 고도의 집중된 정치적·외교적 노력이 필요하다. 2003년 부시 대통령이 제네바합의를 파기하고, 2018년 트럼프 대통령이 이란핵합의에서 탈퇴한 배경에는 미국정치에서 이 합의들에 대한 양당의 지지가 없었기 때문이다.

제네바합의에 대해 미 공화당이 반대하는 것은 잘 알려져 있었기 때문에 미국정부가 공화당에 대한 설득작업에 대한 일차적 책임을 지지만, 한국정부도 국익의 필요에 따라 공공외교 차원에서 미 공화당에 대한 설득작업을 했어야 했다. 2018년 북미정상회담의 결과에 대해 미 정치권과 전문가 그룹의 지지가 매우 낮다는 것도 잘 알려져 있다. 향후 미국에서 정권교체가 있다면, 공화당 대통령이든 민주당 대통령이든 북미정상회담 결과를 뒤집을 가능성이 높다. 이를 대비한 대미 정치권과 전문가 그룹을 상대로 한 공공외교가 필요하다. 그리고 북한도 만약 미국 내에서 정권교체와 무관하게 정치적 지지가 보장될 수 있도록 미국

표 8.2 이란핵협상과 북한핵협상 비교

	이란핵협상	북핵협상
핵개발 의지	• NPT 회원국으로서 공식적으로 '비핵' 정책 견지 • 비밀 핵개발정책 가능성	• NPT 탈퇴, 비회원국 • 핵무장을 국가정책으로 채택 (헌법, 핵보유국법, 병진노선) • 핵실험 6회 실시 후 중단 선언
핵개발 능력	• 평화적 프로그램 활성화 • 핵연료주기 전 공정과 원전 보유(재처리 제외) • 무기용 핵물질 미보유	• 핵무기 20~60기 보유 추정 • 농축재처리 기술 보유 • 무기용 핵물질 생산 증가
미국의 정책 우선순위	• 전통적으로 높은 우선순위	• 전통적으로 낮은 우선순위
BATNA (협상 실패 대안)	• 이란 핵무장, 핵도미노, 전쟁 가능성, 역내 질서 변동 등 통제 불가능한 최악의 사태 발발 전망	• 주변국의 북한 견제 지속, 핵도미노 미발생, 지역적 충격 제한적 등으로 상황관리 가능
협상 목표	• 이란: 제한적 목표 추구, 제재해제, 외교고립 탈피, 농축능력 일부 보유 • 미국: 브레이크아웃타임 1년, 평화적 핵활동 허용 (농축포함)	• 북한: 미·북 수교, 평화협정, 경수로·경제지원 확보, 한미군사훈련 중단, 미국 적대시정책 중단 • 한미: 핵무기와 일체 핵 프로그램 완전 폐기(CVID)
제재압박 효과	• 이란의 선거제, 수출경제로 높은 압박효과	• 북한의 통제정치, 자립경제로 낮은 제재효과

내의 기대에 상응하는 행동을 보일 필요가 있다.

셋째, 주어진 여건하에서 가능한 목표와 불가능한 목표를 구분하여, 가능한 목표를 달성하려는 실용적인 전략이 있어야 한다. 2015년 이란 핵합의가 가능했던 것은 미국이 농축능력 완전 제거 목표에서 후퇴하여 농축능력 제한이라는 현실적 목표를 추구했고, 이란도 이에 상응하여 농축역량과 농축도 유지에서 농축역량과 농축도 감소의 현실적 목표로 전환했기 때문이었다.

한국의 대북정책 목표도 모든 군사적·평화적 핵프로그램 일체 제거에서 평화적 핵프로그램 허용 및 단계적인 핵능력 감축을 추구할 필요가 있다. 북미 간, 남북 간 극단적인 상호적대와 불신이 있는 현실을 감안하여, 실현가능한 목표 추구와 단계적 접근이 불가피하다.

넷째, 북핵문제를 해결하기 위해서는 매우 복잡한 이해관계가 얽혀 있는 북한문제 전체가 아니라, 가장 핵심적인 핵문제에 집중할 필요가 있다. 이란핵협상 당시 미국정부는 이란핵문제를 전쟁과 평화의 핵심 문제로 단순화하여 이에 집중하고, 인권, 테러지원, 미사일 등을 후순위로 미루었다. 향후 남북회담과 북미회담도 당분간 핵심적인 관계 정상화, 평화체제 구축, 비핵화 등 전쟁과 평화의 문제에 집중하고, 인권, 생화학무기문제 등을 후순위로 미루는 전략이 요구된다.

다섯째, 이란모델에서 북핵해결을 위한 시사점과 교훈을 찾기 위해 우선 협상환경과 협상구조의 차이점과 공통점을 파악해야 한다. 표 8.2는 그런 공통점과 차이점을 비교했다. 2018년 들어 트럼프 대통령이 전통적인 북한 및 이란 접근법에서 크게 벗어난 행태를 보이고 있는데, 이 표는 그런 접근법의 차이를 열거하고 비교했다. 2018년 미국의 북한 및 이란 접근법은 전통적인 접근법에서 완전히 뒤바뀐 형국이다.

여기서 또 하나의 추가적인 교훈을 찾는다면 정책환경은 항상 변하며, 주로 그 변화는 우리의 통제 밖에서 발생한다는 점이다. 미국의 선거결과와 그로 인한 정책노선의 변화는 우리의 통제를 벗어난다. 따라서 항상 최선의 환경을 만들기 위해서 노력하되, 주어진 환경이 우리의 통제를 벗어날 때는 재빨리 새로운 환경에 적용하고 이를 이용할 수 있는 새로운 전략을 수립하는 것이 필요하다. 예를 들면, 미국이나 중국과 같은 강대국의 경우, 이들을 변화시키는 것은 우리의 능력을 벗어나므

로, 최대한 이들의 이익과 우리의 이익을 조화시켜 공동이익을 통해 그
들을 움직이도록 하는 전략이 필요하다.

3부

북한은 비핵화할까?

9장

북한의 핵개발과 핵전략

북핵문제는 한국뿐만 아니라 국제사회에서도 핵심 안보 현안이다. 남북한은 분단국으로서 평소 전쟁 위험성이 매우 높은 국가이다. 그런데 북한이 핵무장을 믿고 대담한 군사행동에 나설 가능성도 있고, 한국도 강력한 군사적 대응체제를 구축하면서, 전쟁의 가능성이 더욱 커졌다. 근래 미중 전략경쟁이 치열해지면서 한반도에서 대리전쟁의 위험성이 증가하고, 심지어 제3차 세계대전으로 번질 가능성마저 있다. 북한정권의 평소 매우 호전적이고 비합리적인 언동을 볼 때 실제 핵무기 사용 가능성도 우려된다. 미국은 신규 핵무장국의 등장을 결코 방관하지 않겠다는 입장이다. 트럼프 행정부의 '코피작전' 검토에서 보았듯이 대북 예방공격 가능성도 완전히 배제하기 어렵다.

사실 북한 비핵화는 어제오늘의 숙제가 아니다. 우리는 이미 1991년 한반도 비핵화 공동선언에서 시작하여 북한 비핵화를 위해 진력했지만 계속하여 실패했다. 북한을 윽박지르기도 하고 달래기도 했지만 오히려 북한의 핵능력은 더욱 늘었다. 기존 비핵화전략을 전면 재검토하고, 보다 창의적이고 현실적인 비핵화 전략을 만들어야 할 시점이다. 다시 기본으로 돌아가서, 북한의 핵개발 동기와 의지, 핵개발 역사와 역량, 그리고 핵무기 사용을 위한 핵전략 등에 대한 적확한 이해에서 출발해야 한다. 따라서 이 장은 북한의 냉전 초기 핵무기에 대한 관심과 핵개발 역량에서 시작하여, 탈냉전기 들어 총체적 국가위기를 맞아 왜 핵개발에 나섰으며, 어떻게 핵무장을 진척시켰는지 분석하고 설명하고자 한다. 그리고 북한이 핵무기를 어떤 조건에서 어떤 용도로 사용하려고 하는지에 대한 북한판 핵전략도 분석했다.

1. 북한의 핵개발 배경

탈냉전 초기의 총체적 국가위기

1990년대 들어 소련의 해체와 냉전체제의 해체는 대부분 국가들에게 평화와 번영의 기회를 주었다. 탈냉전기 들어, 한반도를 둘러싸고 한소수교, 한중수교, 소련 해체, 독일통일 등 변혁적 사건이 연이어 발생했다. 그런데 북한은 일인지배체제, 공산체제, 분단국가 등 체제적 특성으로 인해 탈냉전과 개혁개방의 사조를 거부하여, 고립과 위기를 자초하였다. 탈냉전기에 북한은 공산주의 블록의 안전망이 제거되면서 정치외교적 생존공간이 크게 위축되었다.

또한 공산진영의 붕괴는 공산주의 경제권의 소멸을 가져왔으며, 이로 인해 북한은 국가존망의 경제위기와 식량위기를 겪었다. 냉전기 북한경제는 '주체경제'의 구호에도 불구하고 내부 생산력과 자원의 부족으로 대외의존도가 높았다. 또한 북한은 전통적으로 이웃 사회주의 대국과 교역에 있어 다양한 혜택을 얻었다. 따라서 공산주의 경제권의 붕괴는 즉각 경제위기로 이어졌다. 공산국가 간 교역에도 경화결제를 요구하고 우호가격제를 폐기하자 교역량이 급감했다. 지속된 경제침체의 결과, 1990년대 초반 들어 북한의 공장가동률과 설비용량 대비 전력생산율은 30%를 밑돌았다.

화석연료의 부족으로 인해 나무땔감을 대량 채취하면서 산은 급속히 황폐화되었다. 북한은 양수시설의 노후화와 전기부족으로 치수능력도 상실했다. 그 결과로 북한은 매년 가뭄 아니면 홍수에 시달리게 되었다. 따라서 식량위기도 심화되었다. 자연재해로 큰 피해를 입었던 1996년의 경우, 연간 곡물 소요량 600만 톤에 비해 생산량은 300만 톤에도 미치지 못했다. 물자부족으로 인해 북한 경제를 지탱하던 배급체계도 마비되었다. 1990년대 중반, 일명 '고난의 행군' 시대에 100여만 명 이상의 대량 아사 사태가 발생했다.

김정은 국무위원장은 2016년 5월 7일 7차 당대회 중앙위원회 사업총화보고에서 1990년대 중반 위기상황을 돌이켜보며 "적들의 반공화국 고립압살 책동이 극도에 달하고 온 나라가 허리띠를 졸라매야 했던 엄혹한 시기"라고 규정하며 다음과 같이 술회했다.

"민족의 대국상(1994.7.8. 김일성 사망) 후 우리를 압살하려는 제국주의자들과 그 추종세력들의 정치·군사적 압력과 전쟁도발 책동, 경제적 봉쇄는 극도에 이르렀으며 여기에 혹심한 자연재해까지 겹치어 경제건설과 인민생활에서 형언할 수 없는 시련과 난관을 겪게 되었습니다. 우리 조국의 안전과 사회주의의 운명은 위험에 처하게 되었으며 우리 인민은 역사에 유례없는 고난의 행군, 강행군을 하지 않으면 안 되었습니다."

그런데 북한에서 안보위기와 경제위기는 다른 보통 국가와 달리 정권뿐만 아니라, 체제와 국가의 생존마저 동시에 위협한다. 이는 북한이 분단국가이며, 김씨 일가의 유일지배체제이기 때문이다. 1990년대 들어 공산국가 중 대부분은 정권교체를 겪었고, 정치경제체제도 변혁되었다. 하지만 국가가 붕괴되고 소멸된 경우는 동서독 통일의 예외적인 사례 말고는 없었다.

1990년대 초에는 북한이 경제위기와 외교고립으로 인해 정권교체 또는 체제붕괴가 임박했다는 전망이 많았다. 그런데 북한은 분단국이므로 만약 정권교체 또는 체제붕괴가 발생하면, 즉각 국가 자체의 생존이 위협받게 된다. 구 공산체제국가에서 아무리 심각한 경제위기가 발생하더라도, 지도자 교체로 그칠 가능성이 높다. 혹시 극단적인 경우에는 체제변혁이 발생할 수도 있다. 그렇다고 국가가 소멸할 것으로 생각할 이유가 없다.

하지만 북한은 유일지배체제이므로 정권교체가 발생할 수 없다. 만약 정권교체가 발생한다면 그것은 바로 체제변혁을 말한다. 이때 극심한 국가위기가 발생할 것이다. 이때 북한은 남한에 흡수통일 되어 소멸될 가능성이 높다. 실제 흡수통일이 발생할지 여부를 떠나서, 국내에서 그럴 요구가 높을 것이고, 북한에서도 그로 인한 경각심이 높았다.

이런 절체절명의 국가위기에 처한 북한은 생존전략으로서 극단적인 조치를 취했다. 생존전략의 핵심은 바로 핵무장과 북미수교의 이중전략이었다. 이에 따라 1990년대 내내 북한은 핵개발을 진행하는 한편, 한국을 배제한 채 미국과 대화하고 관계개선을 추구하는 소위 '통미봉남' 전술을 일관되게 추진하였다. 북한은 핵개발과 핵확산금지조약(NPT) 탈퇴를 협상카드로 활용하여, 마침내 1993년 6월 미국과 관계개선을 위한 고위급대화를 여는 데 성공했다. 이어서 1994년 10월 제네바 북미기본합의를 체결하여, 핵을 포기하는 대가로 미국으로부터 경수로와 중유 제공 및 미북수교를 얻어내는 데 성공했다. 그런데 북미관계 개선의 마지막 관문으로 2000년 말 클린턴 대통령의 방북과 북미정상회담을 추진하다가, 부시 대통령 당선과 중동사태 악화로 좌절되고 말았다. 북한은 북미관계 개선 계획이 좌절되자, 다시 핵개발을 가속화했다. 1990년대 국가위기 속에서 김정일 정권은 선군정치와 핵무장을 국가노선으로 제시하고 이에 국력을 집중 투입했다.

북한의 핵무장 배경과 동기

북한은 왜 핵무장할까? 사실 안보환경이 열악하고 과학기술능력이 있는 국가들은 모두 잠재적인 핵확산국이다. 동북아에서는 한국, 일본, 대만 등이 이에 해당된다. 하지만 핵확산금지조약(NPT)을 중심으로 하는 강력한 핵비확산 국제레짐이 가동하고 있고, 또한 초강대국인 미국이 양자·다자차원에서 핵확산을 강력히 통제하기 때문에 실제 핵무장을 시도하기가 매우 어렵다. 더욱이 실제 성공하는 국가는 극소수에 불과하다.

NPT가 인정하는 5개 '핵보유국(nuclear weapon state)'과 NPT 비회원국으로서 핵무장한 인도·파키스탄·이스라엘 3국을 제외하면, 실제 핵무기 개발에 성공했던 나라는 북한과 남아공뿐이다. 남아공은 핵무장에 성공했으나, 국제적 고립을 못 이겨 스스로 비핵화를 선택했다. 소련의 해체로 우연히 핵무기를 계승했던 카자흐스탄과 우크라이나도 핵무기를 결단코 보유하겠다는 의지를 보인 적 없이, 쉽게 핵무기를 내어주었다.

그렇다면 다른 나라들은 외교적·경제적비용 때문에 대부분 핵무장을 포기하였는데, 왜 북한은 이를 무릅쓰고 핵무장을 감행했을까? 그 배경은 다음과 같다. 이 책의 1, 2부에서 핵무장의 가장 보편적으로 동기로 안보위기, 국내정치, 국가 위신, 정치지도자의 성향, 과학기술역량 등 5개를 들고 토론했다. 북한의 핵무장 결정에는 이 요인들이 하나같이 모두 중대하게 작용했다.

사실 북한의 핵무장은 하루아침에 이루어지지 않았다. 한반도가 강대국에 포위되어 지정학적으로 세계에서 가장 열악한 안보환경에 놓여있다는 것은 잘 알려진 사실이다. 더욱이 한반도의 분단으로 인해 남북한은 서로 '먹고 먹히는' 무한 안보경쟁에 빠졌고 생존을 위해 끊임없이 군사력을 증강하고 투쟁해야 했다. 일견 핵무장은 당연히 검토해야할 합리적 안보 옵션이었다.

사실 한국도 일찍이 강한 핵무장 동기를 지니고 핵개발을 시도했다. 하지만 1975년에 동맹국이자 핵비확산 국제레짐의 수호자인 미국의 강한 반대와 압박으로 핵개발을 포기했다. 한국이 미국의 핵우산에 안보를 의존하면서, 핵무장을 포기한 것은 합리적이고 현명한 선택이었다. 이런 한국의 선택은 장기적 안보 국익과 경제통상 국익에 부합했다. 또한 이 선택은 당시 국제사회의 핵비확산 규범이 강화되는 추세에도 부합했다.

국제사회는 1970년에 NPT, 1975년에 원자력공급자그룹(Nuclear Suppliers Group)을 각각 출범시켰고, 핵비확산 국제레짐을 급속히 강화했다. 만약 한국이 1970년대에 미국의 반대를 무릅쓰고 핵무장을 계속 했더라면, 지금쯤 핵무장국이 되었을 가능성이 높다. 하지만 핵무장한 한국은 국제사회에서 불량국가로 찍혀 심각한 경제제재와 외교고립에 시달리고 있을 것이다.

반면 북한은 다른 길을 선택했다. 북한 지도부도 일찍이 핵무기의 위력과 필요성을 절감하고 있었다. 김일성은 미국이 1945년 핵무기 단 두 발로 일본을 패퇴시켰고, 1950년 말 중공군의 한국전 개입 저지를 위해 핵무기 사용을 검토했다는 점을 잘 알고 있었다. 또한 주한미군이 보유했던 전술핵무기와 한미군사훈련에 동원되는 전략자산을 자신에 대한 큰 군사위협으로 간주했다.

핵전문가들이 세계적인 핵확산 현상을 설명할 때 사용하는 '핵확산의 연쇄반응' 이론은 북한의 높은 핵확산 가능성을 전망했다. '핵확산의 연쇄반응' 이론이란 적대관계에 있는 국가가 핵무장하면, 이에 대응하기 위해 자신도 핵무장을 선택한다는 단순한 주장이다. 적이 핵무기로 군사위협을 가할 때 사실 어떤 재래식무기로도 이를 억제하거나 방어할 수 없기 때문이다. 예를 들면, 미국의 핵개발은 적대관계에 있는 소련의 핵개발, 미국과 소련의 핵무장은 중국의 핵개발, 중국의 핵무장은 인도의 핵개발, 소련의 핵위협은 영국과 프랑스의 핵개발, 인도의 핵개발은 파키스탄의 핵개발 등 연쇄반응을 촉발했다. 이 이론은 차기 미국과 적대관계에 있고 핵위협을 받는 북한을 차기 핵확산 국가로 지목했다. 더욱이 북한은 국제사회에서 스스로 고립되어, 다른 보통국가와 달리 국제사회의 규범과 압박에 구속되지 않기 때문에 핵무장의 가능성은 매우 높았다.

탈냉전기 들어 북한이 공산체제와 김 씨 정권의 존망을 동시에 위협하는 안보·정치·경제의 총체적 위기에 직면하게 되자, 북한 지도부는 핵무장을 유일한 총체적 타개책으로 간주하고 이에 국력을 집중했다. 북한 지도부는 대외적으로는 한국의 흡수통일 기도와 미국의 체제전복과 군사공격 가능성을 거부하고, 대내적으로는 김씨 유일지배체제를 지속하기 위해 핵무장을 결정한 것으로 보인다.

북한은 핵무장을 추진하면서, 혁명적 공산주의 국제관에 따라 기존의 핵비확산 국제규범을 전적으로 무시하고 거부하였다. 사실 현 국제 사회에서 어떤 국가도 단순히 심각한 안보위기와 경제위기에 빠졌다고 하여 핵무장을 추진할 명분과 실익을 갖지 못한다. 그러나 북한 지도부는 국가생존과 정권유지를 위해 핵무장을 최고 국가목표로 결정하고 이를 위해 동원되는 모든 수단과 방법을 정당화하였다. 무엇보다 이를 위한 비용과 희생을 치를 준비가 되어있었다. 아마 1990년대 미국 주도의 자유주의적 세계질서의 형성, 구 공산국가의 체제전환, 그리고 남한의 절대적인 국력우위를 볼 때, 북한의 체제전환이나 붕괴가능성을 크게 보았을 것이다. 이때 합리적인 계산의 결과에 따라, 핵무장의 도박을 선택했을 것이다.

공산주의 외교관에 따르면, 외교는 전쟁과 투쟁의 연속이다. 북한에게 외교와 협상이란 핵무장 목표를 달성하기 위해 대미, 대남 투쟁에서 이용하는 수단에 불과한 셈이다. 북한은 외교를 전쟁의 일부로 간주하는 전통적인 전략론의 지침에 따라 외교를 수행했다. 따라서 북한은 핵무장을 위한 시간을 벌거나, 상대의 양보를 압박하기 위해 기만과 협상, 벼랑끝 외교를 효과적으로 구사했다.

2002년 북한의 비밀 핵농축사건이 발생했고, 이에 따라 2003년 미 부시 행정부가 제네바 북미기본합의를 무효화 했다. 제네바합의의 폐기는 북한의 국가전략에 큰 충격을 주었던 것으로 보인다. 김 정권의 주요 외교목표인 북미관계 개선과 경제지원 가능성이 사라졌기 때문이다. 2003년 부시 행정부의 이라크 공격도 북한이 핵무장을 촉진하는 요인이 되었다.

1990년대 북한은 자신의 위축되는 재래식 군사력으로는 한반도 적화통일은 고사하고, 한미동맹을 억제하거나, 한국의 흡수통일을 거부하는 것조차도 힘들다고 보았을 것이다. 북한은 이후 한국에서 반복적으로 제기되는 '흡수통일론'과 '북한붕괴론'을 보면서, 핵무장 결정의 정당성을 재확인하였을 것이다. 김정은은 2017년 신년사에 수소폭탄과 ICBM 개발성과를 과시하면서, 핵무장으로 "조국과 민족의 운명을 수호하고 사회주의강국 건설 위업을 승리적으로 전진시켜나갈 수 있는 위력한 군사적 담보가 마련"되었다고 언급하며, 핵무장의 정당성을 강조했다.

선군정치와 병진노선에 따른 핵무장 완성과 국가 정체성화

동서고금을 막론하고 국가의 최고 목표는 국민안전과 영토보전을 통해 국가를 보위하는 것이며, 이를 가능케 하는 가장 보편적인 국가전략이 바로 '부국강병'이다. 이런 차원에서 김정일 국방위원장은 국가목표로 '강성대국 건설'을 제시했고, 김정은 국무위원장은 이와 유사한 '사회주의 강국 건설'을 국가목표로 제시했다.

북한에게도 '국가안전'이 최고 국가이익이자 목표이다. 그런데 북한은 국가와 체제와 정권의 이익이 동일시되거나, 후자가 더 앞서는 특수한 나라이다. 북한 특유의 수령유일지배체제를 감안할 때, 북한의 최고 국가안보 목표와 국익은 김 씨 일가의 정권안보이며, 체제안보와 국가안보가 뒤따른다. 이런 인식은 북한헌법에도 반영되어 있고, 통치와 정치문화 전반에도 뿌리내렸다. 2012년 사회주의헌법 서문의 첫 문장은 "조선민주주의인민공화국은 위대한 수령 김일성 동지와 위대한 영도자 김정일 동지의 사상과 영도를 구현한 주체의 사회주의조국이다"로 시작한다. 이에 따르면, 북한국가가 있고 김 씨가 있는 것이 아니라, 김 씨가 있고 북한국가가 있는 것이다.

김정일은 통치이념이자 국가노선으로 선군정치를 내세웠다. 북한은 선군정치를 "총대중시, 군사선행의 원칙에서 군사를 모든 사업에 앞세우며, 인민군대를 핵심으로, 주력군으로 하여 혁명의 주체를 강화하고, 사회주의위업을 승리적으로 전진시켜 나가는 김정일 동지식 사회주의 기본정치방식"으로 규정했다. 다시 말해 선군정치는 군을 이용한 국가 위기 관리 방안이었다. 이때 핵무장은 선군정치의 핵심 요소이자 수단이 된다.

김정은은 2013년 3월 31일 노동당중앙위원회 전원회의에서 새로운 국가노선으로 '경제건설 및 핵무력건설 병진노선'을 천명했다. 병진노선에 대해 김정은은 "핵무력을 중추로 하는 나라의 방위력을 철벽으로 다지면서 경제건설에 더욱 박차를 가하여 번영하는 사회주의강국을 하루빨리 건설하기 위한 가장 정당하고 혁명적인 노선"이라고 규정했다. 이에 따르면, 핵무장은 한국의 흡수통일을 거부하거나, 한미동맹의 대북공격 가능성을 저지하는 군사안보적 용도에 그치지 않고, '사회주의 강국'을 건설하는 국가전략의 핵심 축이 되었다.

김정은은 주민에게 '핵보유국'으로서 자긍심을 고취하고, 내부 정치 세력에 대해 자신의 세력우위를 보장하는 정치적 용도로 활용하고 있다. 북한은 병진노선의 타당성을 설명하면서, 핵무장을 하게 되면 재래식 군비에 대한 투입을 절감할 수 있게 되어, 그 여력을 경제건설과 인민생활 향상에 집중할 수 있다는 경제적 이유도 들고 있다. 어느덧 북한 주민은 핵무장을 북한의 정체성으로 받아들이기 시작했다. 북한 지도부뿐만 아니라 주민들도 온갖 고난 속에서도 핵무장에 성공했다는 자긍심과 핵강대국이 되었다는 국가적 자부심도 공유한 것으로 보인다.

2. 핵개발 경과와 핵능력

초기 핵개발

북핵문제가 발생한 지 거의 30년이 되었다. 북한의 핵개발에 대한 국제사회의 우려는 1989년 9월 프랑스 상업위성 스팟(SPOT)이 촬영한 영변 핵단지의 사진이 공개됨으로써 현실화되었다. 공개된 위성사진은 북한이 자체 개발하여 1987년부터 가동한 5MWe급 흑연감속로 외에도 50MWe, 200MWe 흑연감속로, 방사화학실험실로 알려진 재처리시설 등의 건설 현장을 보여주었다. 미국정부는 영변 핵시설의 잠재적인 위험성을 이미 인식하고, 1980년대 말 북한과 북경에서 자신의 입장을 전달하기만 하는 '비공식 북미접촉'을 시작했다. 하지만 북경 비공식접촉이 본격적인 북미대화나 핵협상으로 진전되지는 않았다.

북한의 핵개발 역사는 1950년대로 거슬러 올라간다. 북한은 1956년 3월 구 소련과 '조소 원자력의 평화적 이용에 관한 협정'을 체결하고, 소련의 최고 핵물리학연구소인 두브나 핵연구소에 매년 수십 명의 유학생을 파견하여 핵과학자를 육성했다. 북한은 1959년 소련과 북한 내 원자력연구단지 건설을 지원받는 협정을 체결하여, 영변 핵단지를 건설하는데 필요한 기반도 마련하였다. 북한은 1960년대 들어 영변 핵단지를 건설하고, 원자로를 도입하여 점차 원자력 연구의 기초를 구축했다. 1962년 영변 핵단지에 소련에서 지원받은 연구용 원자로 IRT-2000을 설치하고, 1965년부터 가동하기 시작했다.

1970년대 들어 원자력 연구가 활성화되었다. 김일성대학과 김책공대에 핵물리학과와 핵공학과를 설치하고, 1974년 9월 국제원자력기구(IAEA)에도 가입했다. 1977년 9월 소련에서 도입한 IRT-2000 원자로에 대해 사찰을 받기 위해 IAEA와 '부분안전조치협정'을 체결하였다. 보통 NPT 가입국은 IAEA와 '전면안전조치협정'을 체결하고 모든 핵시설에 대해 사찰을 받는 '전면안전조치(full-scope safeguards)'를 받게 되나, 북한은 당시 NPT 비회원국으로서 외부에서 도입한 특정 시설에 한해서 사찰을 받는 '부분안전조치'를 받게 되었다.

　김일성은 일찍이 원자력발전의 도입에 큰 관심을 가졌다. 김일성은 전기발전을 위한 경수로 도입을 원했으나 NPT 비회원국이라는 지위 때문에 원전 공급국을 찾지 못했고, 재정도 부족했다. 마침내 북한은 1985년 12월 소련과 '조소 원자력발전소 건설을 위한 경제기술협정'을 체결하고 440MWe급 소련형 VVER 경수로 원전 4기의 도입을 추진하게 되었다. 당시 핵비확산 국제규범에 따라 소련은 경수로 공급 조건으로 북한에게 NPT 가입을 요구했다. 북한은 마지못해 1985년 12월 12일 NPT에 가입했다. 그런데 북한은 NPT 가입 후 18개월 내에 IAEA와 안전조치협정을 체결해야 하는 의무를 온갖 이유로 지연시켰다. 영변 핵단지에서 1987년부터 흑연감속로가 가동하기 시작한 것과 더불어 북한의 이런 사찰 방해 행동은 핵개발 의혹을 사기에 충분했다.

　당시 북한은 신포에 소련제 경수로 건설을 추진했으나, 결국 소련의 붕괴로 이 사업은 본격적으로 건설을 시작하지도 못한 채 중단되고 말았다. 후일 북한은 러시아와 다시 경수로 도입을 재개하여 초보적인 부지조사도 실시했다. 그런데 북핵문제가 불거지고, 1993년 북한이 NPT 탈퇴를 선언하면서 경수로 도입사업이 완전히 중단되었다. 이 신포 부지는 후일 1994년 제네바 북미기본합의에 따라 북한에 제공키로 했던 경수로사업의 건설부지로 이용되었다.

　북한은 경수로 도입을 추진하는 동시에 독자적인 기술과 국내 부존자원을 이용한 원자로 개발도 적극 추진했다. 북한은 경수로, 중수로, 흑연감속로 등 이미 상용화된 된 3개 노형 중에서 '흑연감속로' 노형을 선택했다. 흑연감속로를 선택한 것은 북한의 낮은 수준의 기술로 설계와 제작이 용이하며 풍부한 부존자원인 천연우라늄과 흑연을 이용할 수 있었기 때문이었다. 반면에 경수로와 중수로는 첨단 설계와 제작 기술이 필요했는데, 북한은 감당하기 어려웠다. 특히 경수로를 위해서는 우라늄 농축을 해야 하고, 중수로를 위해서는 중수를 만들어야 하는데 이것도 중대한 기술적 장애물이 되었다.

북한은 1987년에 5MWe 흑연감속로를 가동하기 시작하였다. 이때부터 미국의 정찰위성은 북한의 핵개발 가능성을 본격적으로 감시하기 시작한 것으로 보인다. 1988년 말부터 미국은 북한이 영변 핵단지에서 방사화학실험실로 불리는 재처리시설을 건설하는 것을 발견했다. 이 시설은 북한 핵개발 프로그램에 대한 미국의 우려를 확인시켰다. 참고로, 흑연감속로는 초기 원자로 노형으로 열효율이 낮으나, 무기급 플루토늄 생산에는 가장 효율적이다. 핵개발국은 핵무기용 플로토늄을 추출하기 위해 일부러 흑연감속로를 가동했었다. 따라서 흑연감속로는 일명 '플루토늄 생산로'로 불리기도 한다. 북한은 낮은 기술과 내부 자원의 제약 때문에 불가피하게 흑연감속로를 선택했는데, 이 선택이 한국과 국제사회에게는 재앙의 근원이 되었다.

1989년 초 출범한 부시 행정부는 북핵문제의 심각성을 인식하기 시작했고, 1989년 5월에 처음으로 한국정부에 영변의 핵개발 동향에 대해 비밀 브리핑을 제공했다. 곧 이런 정부의 활동이 언론에 유출되면서, 북핵문제가 본격적으로 세간의 관심사로 급부상했다. 북한이 IAEA의 핵사찰을 거부하거나 비협조하면서 북핵문제가 한국뿐만 아니라 국제사회의 주요 안보현안으로 부각되었다.

마침내 1993년 3월 북한이 NPT 탈퇴를 선언하면서, 소위 '제1차 북핵위기'가 발생했다. 한편 수차례 북미 핵협상을 거쳐 1994년 10월 제네바 북미기본합의가 체결되었고, 북한 핵활동은 2003년 '제2차 북핵위기'가 발생할 때까지 동결되었다.

한국정부는 북한이 1990년대에 이미 무기용 핵물질을 축적한 것으로 평가했다. 1990년대 초 국제원자력기구가 사찰을 개시하기 이전에 북한이 이미 핵무기 1~2기에 해당하는 십 수 킬로그램의 무기급 플루토늄을 추출한 것으로 전문가들은 추정했다. 2001년 초에 발간된 『한국 국방백서』(2000)는 북핵능력에 대해, "플루토늄 추출능력을 고려할 때 한 두 개의 초보적인 핵무기를 생산할 수 있는 능력을 보유한 것으로 추정"된다고 평가했다. 하지만 "고도의 정밀기술을 요구하는 기폭장치 및 운반체 개발문제 등으로 인하여 핵무기 완성 및 보유 여부는 확실치 않다"고 덧붙였다. 한편, 미국은 북한의 핵무기 보유에 대하여 좀 더 단정적이었다. 맥로글린(John E. McLaughlin) 미 중앙정보국 부국장은 2001년 한 연설에서 "북한은 핵무기 1개 또는 2개를 가지고 있을 것"으로 평가했다.

북한은 김일성 시기부터 핵개발 프로그램을 가동했지만, 이를 본격적으로 가동하기 시작한 것은 김정일 시기로 추정된다. 2002년 10월 북한의 비밀 우라늄농축의혹이 제기되자 미국 부시 행정부는 이에 대한 보복으로 제네바 북미기본합의를 파기했다. 이에 반발하여 김정일 국방위원장은 2003년 1월 재차 NPT 탈퇴를 선언했다. 이때부터 북한의 핵무기 개발이 본격화되었다. 북한 핵개발 프로그램이 소위 '협상용 카드'도 포함하는 이중용도에서 '핵무장용' 전용으로 전환되었다.

북한은 2003년 8월부터 다시 북핵문제를 해결하기 위한 6자회담에 참여하고 각종 핵합의를 체결했지만, 핵개발을 멈추지 않았다. 북한은 돌연 2005년 2월 10일 6자회담 무기한 참가 중단과 처음으로 '핵무기

보유'를 선언했다. 그런데 북한의 돌발적인 '핵보유 선언'은 오히려 6자 회담을 촉진했다. 그 결과 같은 해 9·19공동성명이 채택되었다. 6자 핵 합의에도 불구하고, 북한은 마침내 2006년 10월 9일 풍계리 핵실험장 에서 1차 핵실험을 실시했다.

북한 외무성 핵보유 성명(2005.2.10)

미국이 우리의 제도 전복을 노리는 적대시 정책을 포기하고 조미 평 화공존으로 정책전환을 요구하고, 그렇게만 된다면 핵문제도 다 해 결할 수 있다는 입장을 표명했다. 그러나 2기 부시 행정부는 우리의 정당한 요구를 끝내 외면하고, 대통령 취임연설과 연두교서, 국무장 관의 국회 인준청문회 발언 등을 통해 우리와는 절대 공존하지 않겠 다는 것을 정책화하였다. 우리를 적대시하다 못해 '폭압정권'이라고 전면 부정하는 조건에서 미국과 회담할 명분조차 사라져 더는 6자 회담에 참가할 수 없게 됐다. 외무성은 미국의 대조선 적대정책으로 조성된 엄중한 정세에 대처해 다음과 같이 천명한다.

첫째, 우리는 6자회담을 원했지만 회담 참가 명분이 마련되고 회 담 결과를 기대할 수 있는 충분한 조건과 분위기가 조성됐다고 인정 될 때까지 불가피하게 6자회담 참가를 무기한 중단할 것이다.

둘째, 미국이 핵 몽둥이를 휘두르면서 우리 제도를 기어이 없애버 리겠다는 기도를 명백히 드러낸 이상 우리 인민이 선택한 사상과 제 도, 자유와 민주주의를 지키기 위해 핵무기고를 늘리기 위한 대책을 취할 것이다. 우리는 이미 부시 행정부의 증대되는 대조선 고립압살 정책에 맞서 핵무기전파방지조약에서 단호히 탈퇴하였고 자위를 위 해 핵무기를 만들었다. 우리의 핵무기는 어디까지나 자위적 핵억제 력으로 남아 있을 것이다.

도표 9.1 북한 주요 핵·미사일시설 현황

북한의 핵개발 고도화

2009년 5월 2차 핵실험은 실제 북한이 핵무장 할지의 여부를 판단하는
주요 이정표가 되었다. 사실 북한의 1차 핵실험에도 불구하고, 2005년
'9·19공동성명'이 있었기 때문에 한미정부와 국제사회는 북한 비핵화
에 대한 희망을 완전히 버리지는 않았다. 하지만 2차 핵실험 이후, 북한
비핵화 전망에 대한 비관론이 급격히 퍼졌다. '9·19공동성명'에 따른
북한의 핵포기 약속은 문서상으로 유효했지만, 북한은 공공연히 핵무장
의지를 천명했다. 특히 오바마 행정부의 강한 만류와 압박에도 불구하
고 2차 핵실험을 감행했다. 북한 국방위 대변인 성명(2010.7.24)은 "우

표 9.1 북한 주요 핵시설과 용도

시설명	용도
5MWe 원자로 및 방사화학실험실	• 플루토늄 생산 시설 • 5MWe 원자로는 3H 등 필수 동위원소 생산을 위한 중성자 조사시설로서 사용 가능 • 방사화학실험실은 재처리시설
UF6 생산 및 농축시설 (공개, 비공개)	• 고농축우라늄 생산시설 • 영변의 UF6 농축시설은 IRT-2000 연구용원자로 핵연료 제조를 위한 고농축우라늄을 공급 예상 • 영변의 농축시설은 공개되었으나, 분강지구, 강선지구 등에도 추가 농축시설 소재 추정
IRT-2000 연구용원자로	• 핵무기 핵심 요소인 3H와 210Po 등 방사성동위원소 생산을 위한 중성자 조사시설로 사용 가능
UF4 생산시설	• 플루토늄, 농축우라늄 생산 위한 UF4 생산
표적생산, 3H 추출 시설	• 핵분열 무기의 폭발력 증대와 열핵폭탄 제조에 사용되는 3H 생산과 관련성 • IRT-2000 연구용원자로 포함
우라늄 광산· 정련시설	• 농축우라늄과 플루토늄을 생산 위한 UF4와 UF6와 같은 중간 생성물 생산에 사용되는 원료 물질(U3O8) 생산
핵무기 생산시설	• 핵무기 부품 생산, 조립 • 북한에 산재한 것으로 추정
미사일 생산시설	• 평양 시외 산음동 미사일 종합연구단지, 미사일 연구 개발과 엔진실험
핵실험장	• 함북 길주군 풍계리가 유일 핵실험장
미사일 발사시험장	• 평북 철산군 동창리에 소재한 대규모 미사일 발사장 (또는 '서해 위성 발사장'), 로켓엔진 시험대 구비 • 함북 화대군 무수단리 미사일 발사장(대포동 미사일 발사장) • 함남 신포시 신포조선소 내 SLBM 시험장

출처: 황주호 등, "핵비확산핵안보 측면의 주변국 핵위협 위기관리 대응방안연구," (서울: 경희대산학협력단, 2019).

리가 선택한 핵억제력 강화의 길이 얼마나 정당한가를 다시금 확증하였으며 … 우리의 핵억제력은 자위의 궤도를 따라 비상한 속도로 강화될 것"이라고 핵무장 의지를 재차 강조하였다.

2회 핵실험을 통해 플루토늄 기반의 핵무기능력을 확보한 북한은 고농축우라늄(HEU: Highly Enriched Uranium) 기반의 핵능력을 갖추는 데 집중했다. 플루토늄 생산량은 흑연감속로의 규모와 연소속도에 한계가 있어 쉽게 재고를 늘리지 못하는 문제가 있다. 하지만 고농축우라늄 재고는 농축기기를 추가 설치하고 운전시간을 늘리는 만큼 생산량 증가가 가능했다.

북한은 농축시설을 극비리에 가동하다가, 2010년 11월 12일 영변 핵시설을 방문한 전 로스알라모스 국립핵연구소장 해커(Siegfried Hecker) 박사에게 농축시설을 전격적으로 공개했다. 과거 북한은 자신의 핵활동을 최대한 감추었는데, 2차 핵실험 이후부터는 우라늄 농축시설 공개에서 보듯이 핵능력과 핵활동을 과시하는 경향을 보였다.

북한의 농축능력을 직접 확인한 미국은 매우 민감하게 반응했다. 고농축우라늄의 특별한 위험성 때문이다. 왜냐하면, 첫째, 우라늄 농축시설은 플루토늄 생산을 위한 원자로와 달리 지하시설로 은닉이 가능하다. 따라서 북한이 우라늄 농축시설을 다른 장소에서 추가로 가동하여 얼마나 더 많은 핵물질을 생산하는지 전혀 알 수 없다.

둘째, 일단 우라늄 농축기술을 터득하면 고농축우라늄을 만들고, 나아가 고농축우라늄 핵무기 제조에 이르는 과정이 기술적 장애 없이 진행된다. 또한 고농축우라늄은 핵무기 제조의 용이성과 작은 부피로 인해 해외 이전이 용이하며, '핵테러'에 사용될 가능성이 높다. 2010년 워싱턴 핵안보정상회의가 고농축우라늄 보호를 최우선 과제로 제기한 것은 이런 이유 때문이다.

셋째, 북한이 국제사회 제재 속에서도 대규모 현대식 농축시설을 갖추었다는 점이다. 이것은 현 국제비확산체제와 수출통제체제의 허점을 보여주고, 심지어 테러 집단도 어렵지 않게 농축 장비 또는 고농축우라늄을 획득할 수 있다는 우려를 낳고 있다.

넷째, 농축 활동의 이중용도 문제가 있다. 북한은 우라늄 농축시설이 영변에 건설 중인 실험용 경수로를 위한 핵연료 제조에 사용될 것이라고 주장한다.

참고로, 핵무기를 만들기 위해서는 핵폭발을 일으키는 핵분열물질이 필요한데, 이런 핵분열물질로 단 2종의 핵물질이 있다. 바로 플루토늄과 고농축우라늄이다. 그런데 이들은 자연상태에서 존재하지 않아, 반드시 재처리 또는 농축을 통해 인공적으로 생산해야 한다. 따라서 국제사회는 문제국가가 재처리와 농축 기술을 확보하는 것을 극력 저지하려고 한다. 핵무기 생산에서 가장 많은 기술과 자금이 소요되는 부분이 바로 핵분열물질의 확보이므로 이를 저지하는 것이 핵비확산 외교의 핵심이 된다.

2012년 김정은 집권 이후 핵개발은 더욱 가속화 되었다. 김정은은 3차(2013.2), 4차(2016.1), 5차(2016.9), 6차(2017.9) 핵실험을 연이어 실시했다. 2017년 들어 대륙간탄도미사일(ICBM) 및 중거리 미사일 시험발사, 잠수함용 미사일 수중 시험발사 등을 통해 미사일능력을 획기적으로 증강시키고 과시했다. 2017년 6차 핵실험에서 소위 '수소폭탄'을 실험하고, 또한 ICBM급 미사일 화성 14호와 15호 시험발사에 성공함으로써 북한의 핵무장 활동과 대외 도발은 최고조에 달했다. 특히 6차 핵실험에서 보여준 핵폭발 위력은 50kt 이상으로 평가되며, 북한이 주장하듯이 수소폭탄 또는 증폭핵분열탄으로 평가된다.

2017년 들어 마침내 북한은 핵무기를 수십 기 이상 보유한 '핵무장국

표 9.2 북한 풍계리 1~6차 핵실험 비교표

차수	일자	핵탄 종류	지진 규모	폭발 위력	북한 주장
1	2006.10.09	플루토늄	3.9	1kt	
2	2009.05.25	플루토늄	4.5	3~4kt	
3	2013.02.12	고농축우라늄 추정	4.9	6~7kt	
4	2016.01.06	증폭핵분열탄	4.8	6kt	'첫 수소탄 시험 성공'
5	2016.09.09	증폭핵분열탄	5.0	10~20kt	
6	2017.09.03	수소폭탄 추정	5.7~6.3	50~100kt	'ICBM 장착용 수소탄'

(nuclear-armed state)'으로 통하게 되었다. 국제사회 누구도 북한을 NPT상의 '핵보유국(nuclear weapon state, 또는 핵무기국)'으로 인정하지 않고, 인정할 수도 없다. 하지만 북한의 핵무장 사실 자체를 부정하는 나라는 없다. 이렇게 북한은 NPT 내 5개 '핵보유국,' NPT 밖의 핵무장 3개국(인도, 파키스탄, 이스라엘)에 이어 9번째 '핵무장국'이 되었다.

김정은은 2018년 신년사에서 "국가 핵무력 완성의 역사적 대업"을 이미 이루었으며, 그 결과 "강력하고 믿음직한 전쟁억제력"을 보유하게 되었다고 선언했다. 동 신년사는 이어서 "그 위력과 신뢰성이 확고히 담보된 핵탄두들과 탄도로켓들을 대량생산해 실전배치하는 사업에 박차"를 가할 것을 촉구했다. 그런데 신년사가 시사하듯이 앞으로 "(핵무기를) 대량생산하고 실전배치"해야 한다면, 아직 충분한 핵무기가 배치되지 않았고, 따라서 핵억제력도 아직 구축되지 않았다고 볼 수도 있다.

1989년 처음 북핵문제가 불거지고 약 30년이 지난 후 북한의 핵능력은 얼마나 될까? 한국 『2016 국방백서』는 북한의 핵능력에 대해 "플루토늄 50kg 보유(핵무기 6~12개 분량), 고농축우라늄 프로그램 상당 수준 진행, 핵탄두 소형화 능력 상당 수준 도달, 잠수함발사미사일 및 장거리미사일 능력 보유, 1만 명 규모의 핵·미사일 전담 전략군 설치” 등으로 기술하여, 북한 핵능력이 높은 수준에 있다고 평가했다. 2019년 초에 발간한 『2018 국방백서(2019.1)』도 2년 전 북핵능력에 대한 평가를 그대로 반복했다.

한편, 국내외 전문가들은 북한이 2020년까지 20~50기 핵무기를 보유할 것으로 추정한다. 일부 전문가들은, 북한의 핵물질 생산능력이 증가함에 따라 2030년까지 최대 50~100기 수준까지 증가할 것으로 전망하기도 한다. 또한 북한은 단거리 스커드 미사일, 단중거리 노동미사일, 중거리 무수단 미사일, 장거리 화성미사일 등 1000기 이상의 미사일을 운영 중이다. 북한은 핵미사일을 운영하기 위해 기존의 ‘미사일지도국’ 또는 ‘전략로케트군’을 확대 개편하여, 2014년부터 독립된 ‘전략군’을 운영하고 있다.

3. 김정은의 병진노선과 핵무장

김정은 시대 핵개발 가속화: 핵보유국법과 병진노선

김정은 정권 들어 핵무기는 단순히 군사력의 일부가 아니라, 김정은 정권과 북한국가의 정체성으로 부각되었다. 심지어 김정은은 2016년 5월 7차 당대회 중앙위원회 사업총화보고에서 다음과 같이 북한 핵무기가 한반도뿐만 아니라 동북아와 세계의 평화를 지키는 데 기여하고 있다고 주장했다.

"당의 령도 밑에 우리 공화국은 불패의 정치군사강국의 위력으로 동북아시아와 세계의 평화와 안전을 수호하는 데 커다란 공헌을 하였습니다. 미국의 끊임없는 새 전쟁도발 책동으로 하여 항시적으로 핵전쟁위험이 떠도는 세계최대의 열점지역인 우리나라에서 전쟁을 방지하고 평화를 수호하는 것은 세계의 평화와 안전을 보장하는 데서 초미의 문제로 나서게 되었습니다. 우리 당은 아시아태평양지역에 조성된 정세를 과학적으로 분석한 데 기초하여 핵억제력을 중추로 하는 자위적 군사력을 마련하고 미국의 전쟁도발 책동을 걸음마다 짓부숴 버림으로써 조선반도와 세계의 평화와 안전을 믿음직하게 수호하였습니다."

김정은 통치하의 북한은 2012년부터 국가노선의 천명과 법령 제정을 통해서 핵무장을 법제화했다.

첫째, 개정 사회주의헌법(2012) 서문은 "(김정일은) 우리 조국을 불패의 정치사상 강국, 핵보유국, 무적의 군사강국으로 전변시켰으며, 강성국가 건설의 휘황한 대통로를 열어놓았다"고 기술하였다. 이로써 북한은 헌법에서 자신을 '핵보유국'으로 규정했다.

둘째, 2013년 3월 31일 노동당중앙위원회 전원회의에서 김정은은 "경제건설과 핵무력건설을 병진시킬 데 대한 새로운 전략노선(이하 '병진노선')"을 발표했다. 병진노선은 핵무력을 확대 강화할 뿐 아니라, 실제 핵무력의 전투준비태세를 완비할 것을 요구했다. 2016년 5월 7차 당대회에서도 동 병진노선이 재확인되었다.

셋째, 북한은 2013년 4월 1일 최고인민회의에서 "자위적 핵보유국의 지위를 더욱 공고히 할 데 대하여" 법(이하 '핵보유국법')을 채택하여 핵무기 보유와 사용을 법제화하였다. 핵보유국법은 "핵억제력과 핵보복타격력을 질량적으로 강화하기 위한 실제적인 대책(3조)"을 세우고, "핵무기는 적대적인 다른 핵보유국이 우리 공화국을 침략하거나 공격하는 경우 그를 격퇴하고 보복타격을 가하기 위하여 조선인민군 최고사령관의 최종명령에 의하여서만 사용(4조)"등을 규정했다. 이로서 북한은 '핵보유국'의 법적 기반을 완비했다.

김정은은 핵개발을 크게 가속화했다. 김정일 정권 하에서 단 2회 핵실험(2006.10, 2009.5)이 있었지만, 김정은은 2013~2017년 사이에 4회나 핵실험(2013.2, 2016.1, 2016.9, 2017.9)을 실시했다. 또한 플루토늄 및 수소폭탄 핵탄두 모형 공개, 증폭 핵폭탄 실험, 대륙간탄도미사일(ICBM) 및 중거리 미사일 시험발사, 잠수함용 미사일 수중 시험발사 등을 통해 연일 핵과 미사일능력을 다종화하고 크게 증강시켰다.

김정은은 2018년 1월 신년사에서 "국가 핵무력 완성의 역사적 대업"을 이미 이루었으며, 그 결과 "강력하고 믿음직한 전쟁억제력"을 보유하게 되었다고 선언했다. 동 신년사는 이어서 "그 위력과 신뢰성이 확고히 담보된 핵탄두들과 탄도로켓들을 대량생산해 실전배치하는 사업에 박차"를 가할 것을 촉구했다. 북한이 1차 핵실험(2006)을 실시한 지 이미 10년이 지났고 김정일과 김정은의 주도로 핵과 미사일능력의 증강에 국력을 집중하고 있다는 점을 감안할 때 2017년에 핵무기를 실전 배치했을 가능성이 높다.

핵전략에서 '핵억제력'이란 상대의 1차 핵타격(first-strike)이 있더라도 이를 흡수한 채 '2차 핵타격(second-strike)'으로 보복할 수 있는 능력을 보유함으로써 상대의 1차 공격의지를 당초에 억지하는 능력이다. 신년사에서 언급했듯이 앞으로 "(핵무기를) 대량생산하고 실전배치"해야 한다면, 아직 핵무기가 충분히 배치되지 않았고, 따라서 명실상부한 '핵억제력'이 아직 구축되지 않았다고 볼 수도 있다. 이때 김정은이 2018년 신년사에서 위협했던 "핵 단추가 내 사무실 위에 항상 놓여 있다는 것"도 다소 과장된 표현일 수 있다. 이때 트럼프 대통령이 즉각 트윗으로 "누군가가 나도 핵 버튼을 가지고 있다는 점을 (김정은에게) 알려주면 좋겠다. 내 핵 버튼은 훨씬 크고 강력하며 작동도 잘 한다"고 발언하여, 소위 '핵 단추 크기 논쟁'이 잠깐 벌어졌다.

미사일 개발 성과

북한은 1970년대 들어 탄도미사일 개발에 착수했다. 당시 북한은 소련에서 도입한 프로그 단거리 전술미사일의 역설계를 통해, 초보적인 탄도미사일 기술을 습득한 것으로 알려졌다. 현재 북한의 미사일능력 확보에는 북한이 1976년 이집트에서 입수한 소련제 스커드-B 탄도미사일이 결정적인 역할을 했다. 또한 이란은 북한의 미사일 개발을 위한 주요 자금원과 수입처가 되었다.

북한은 1984년에 사거리 300km의 SCUD-B를 복제 생산하고, 1986년에는 사거리를 500km로 연장한 SCUD-C를 생산하여 작전 배치하였다. 1990년대 후반에 일본을 사정거리에 둔 사정거리 1,300km의 노동미사일을 작전 배치하고, 이어 스커드 미사일의 사거리를 늘린 스커드-ER을 배치했다.

2006년 7월 5일에는 대포동 2호를 시험발사하였고, 2007년 5월 25일에는 이동식 신형 단거리 지대지 유도탄(KN-02)을 시험발사했다. 2007년에 사거리 3,000km 이상의 중거리 탄도미사일 무수단을 시험발사 없이 바로 작전 배치하여, 한반도를 넘어서는 주변국에 대한 타격 능력을 갖추었다.

북한은 김정은체제 들어 중장거리 미사일을 본격적으로 개발하고 시험발사했다. 2012년 4월 13일 평안북도 동창동 미사일 발사장에서 외국 언론을 초청한 가운데 '은하 3호'를 1차 시험발사했으나 실패했다.

은하 3호는 북한의 최초 위성발사용 로켓이다. '광명성 3호' 위성을 발사하기 위해 개발되었다. 마침내 2012년 12월 12일 동창리에서 '은하 3호'를 재차 발사하여, 1만km로 추정되는 운반 능력을 보여 주었다. 북한은 2016년 2월 7일 '광명성 4호'를 발사하고, 1만 2,000km로 추정되는 장거리 운반 능력을 확보했다고 주장했다. 북한의 장거리 미사일 도발은 국제사회의 반대에도 불구하고 대내 체제결속과 군사 강국, 대외 협상력 제고 등을 위해 강행한 것으로 보인다.

『2018 국방백서』에 따르면, 북한의 핵·미사일 등 대량살상무기(WMD) 능력은 2년 전보다 고도화했다. 북한은 2017년에 북극성-2형, 화성-12, 14, 15형 등을 시험발사했다. 특히 2017년 5월과 8월, 9월에는 화성-12형을 북태평양으로 발사하고, 7월과 11월에는 미국 본토를 위협할 수 있는 화성-14형과 화성-15형을 시험 발사했다. 북한이 작전 배치했거나 개발 중인 중거리탄도미사일(IRBM)과 대륙간탄도미사일(ICBM)의 사거리에 대해서는 무수단 3,000㎞, 화성-12형 5,000㎞, 화성-13형 및 화성-14형 5,500㎞ 이상, 화성-15형 1만㎞ 이상으로 평가된다. 국방부는 화성-15호를 미국 본토에 도달할 수 있는 사거리를 가진 대륙간탄도미사일(ICBM)로 평가했다. 북한이 보유한 탄도미사일의 탄두중량은 잠수함발사탄도미사일(SLBM)인 북극성, 북극성-2형, 중거리미사일 화성-12형, 무수단은 650㎏, 장거리미사일 화성-15형은 1,000㎏로 평가됐다. 그런데 동 국방백서는 북한이 탄두의 대기권 재진입 기술 확보여부를 검증할 수 있는 실거리 사격을 실시하지 않아, 추가적인 확인이 필요하다고 기술했다.

도표 9.2 북한이 보유 또는 개발 중인 탄도미사일 종류

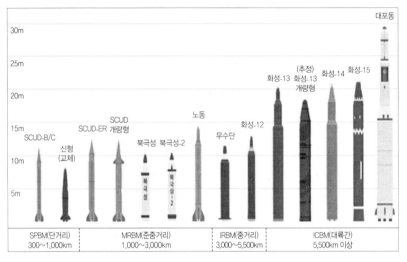

출처: 국방부, 『2018 국방백서』 (2019. 1).

도표 9.3 북한 미사일 종류별 사정거리

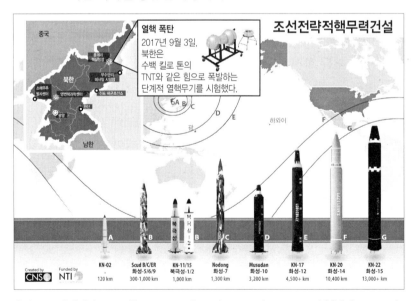

출처: NTI 홈페이지 https://www.nti.org/learn/countries/north-korea/ (검색일: 2019. 12);
James Martin Center for Nonproliferation Studies; Nuclear Threat Initiative.

4. 북한의 핵전략 유형과 특징

1970년대에 핵확산금지조약(NPT)을 중심으로 하는 핵비확산 국제레짐이 정착된 이후에 핵개발을 시도한다면, 그 국가는 국제사회의 강한 비난과 제재압박에 봉착하고 엄청난 외교적·경제적 비용을 치러야 한다. 그럼에도 불구하고, 핵무장을 추구한다면 그런 비용과 희생을 치를 만한 핵무기의 용도가 있기 때문일 것이다. 북한도 엄청난 비용과 희생을 치르면서 핵무장할 때는 핵무기가 필요한 정치군사적 이유가 있다.

북한의 핵무장은 현재 한국의 안보와 군사적 대비태세에 매우 심각한 위협이 된다. 그런데 북한 핵무기의 위험성을 좌우하는 것은 그 핵무기의 존재뿐만 아니라, 그 사용원칙이다. 따라서 우리가 북한의 핵전략을 이해하면, 북한의 핵개발 방향성, 핵무장 규모, 핵무기 사용조건 등을 추정할 수 있을 것이다. 이렇게 되면, 보다 효과적인 군사적 대응태세뿐만 아니라 북한 비핵화 전략도 수립할 수 있을 것이다. 따라서 여기서는 북한의 핵전략, 그 중에서도 핵무기 사용원칙 또는 핵교리를 분석하고 평가하고자 한다.

북한 핵전략의 유형과 특징: 핵억제보복 전략과 핵선제공격론

북한은 2012년 4월 개정헌법에서 "(김정일 동지는) 우리 조국을 불패의 정치사상 강국, 핵보유국, 무적의 군사강국으로 전변시켰으며, 강성국가 건설의 휘황한 대통로를 열어놓았다"고 밝혀, 처음으로 핵무장을 기정사실화했다. 북한은 핵무기 보유를 전제로 하여 2013년 4월 1일 '자위적 핵보유국의 지위를 공고히 할 데 대한 법(이하 '핵보유국법')'을 채택하고 핵무기의 사용지침, 즉 핵전략을 처음으로 공개했다.

북한은 이 법령에서 "조선민주주의인민공화국은 그 어떤 침략세력도 일격에 물리치고 사회주의제도를 굳건히 보위하며 인민들의 행복한 생활을 확고히 담보할 수 있는 당당한 핵보유국"이라고 선언하였다. 또한 이 법령은 북한 핵무기의 성격, 핵개발 동기, 지휘통제권의 소재, 핵전략 태세 등을 규정했다. 이 법령은 핵무기에 대한 유일한 법령이므로 중대한 의미가 있다. 동 법의 2, 4, 5조는 각각 핵무기의 사용조건과 용도를 규정하고 있는데, 특히 '억제, 격퇴, 보복' 용도를 부각했다.

핵무기의 용도를 명시한 2조에 따르면, "핵무장력은 (세계의 비핵화가 실현될 때까지) 우리 공화국에 대한 침략과 공격을 억제·격퇴하고, 침략의 본거지들에 대한 섬멸적인 보복타격을 가하는 데 복무"한다. 이 조항만을 본다면, 북한 핵무기의 용도는 첫째, 상대의 공격을 저지하기 위한 대한 억제용이며, 둘째, 억제 실패 시 반격용과 보복용에 한정하고 있다. 물론 상대의 도발이나 공격은 재래식과 핵공격을 모두 포함한다. 즉, 상대의 핵공격은 물론이고, 비핵공격에 대해서도 핵격퇴와 핵보복을 가한다는 입장이다.

4조는 '핵국'에 대한 핵전략을 2조와 같은 맥락에서 다시 설명하고 있다. 4조에 따르면, "적대적인 다른 핵보유국이 우리 공화국을 침략하거나 공격하는 경우 그를 격퇴하고 보복타격을 가하기 위해 조선인민군 최고사령관의 최종명령에 의해서만 사용할 수 있다"고 하였다. 이 조문은 북한의 핵무기가 사용되는 상황을 핵국에 의한 침략 또는 공격의 경우에 격퇴 또는 보복을 위해, 최고사령관의 최종명령에 한한다고 제한하였다.

이 문안만을 엄격히 해석한다면, 적국이 핵국이 아닌 경우, 적국의 침략 또는 공격이 아닌 경우, 격퇴 또는 보복의 용도가 아닌 경우, 최고

사령관의 최종명령이 아닌 경우, 북한은 핵무기를 사용하지 않겠다고 천명한 셈이다. 이 조항만을 볼 때, 핵무기의 용도를 선제공격이 아니라 억제와 보복에 제한하고, 핵통제권의 군부 위임이 아니라 김정은 국무위원장 겸 최고사령관에 의한 정치적 핵지휘통제권을 명시하는 등 보통 핵보유국의 신중한 핵전략을 그대로 반영한 듯이 보인다.

대부분 책임 있는 핵보유국들은 핵무기의 최종적이며, 안정적이고, 합리적인 사용 결정을 위해서 핵무기의 운영책임자인 군부에 대해 민간 정치지도부의 엄격한 지휘와 통제를 제도화하고 있다. 일반적으로 민간통제를 선호하고 강조하는 배경에는 군이 핵무기의 특수성과 정치성을 경시하고, 다만 폭발력이 큰 재래식무기의 하나로 인식하여 손쉽게 사용결정을 내리는 경향이 있다는 점을 경계하기 때문이다. 핵보유국법의 동 조문은 최고사령관인 김정은의 핵무기 통제권을 명문화하고 있는데, 이는 일견 민·군 관계에서 민간영역의 우월적인 통제권을 제시한 것으로 보인다. 이와 상반되는 상황은 핵무기를 운영하는 군부가 핵무기 사용 여부에 대한 최종결정권을 사전에 위임받아 현장에서 핵무기 사용결정을 내리는 경우이다.

그런데 북한의 경우, 동 조문에 따른 최고사령관의 최종 핵무기 사용 결정권이 핵무기 사용에 대해 신중한 결정을 가능케 할 것인지가 불확실하다. 특히 북한의 수령체제와 김정은의 공포정치하에서 핵무기 사용결정은 김정은정부에 의한 제도적 결정이 아니라, 김정은 개인에 의한 자의적 결정이 될 것이기 때문이다.

다음, 5조는 '비핵국'에 대한 핵전략을 규정하고 있다. 5조에 따르면, 북한은 "적대적인 핵보유국과 야합하여 우리 공화국을 반대하는 침략이나 공격행위에 가담하지 않는 한 비핵국가들에 대하여 핵무기를 사용하거나 핵무기로 위협하지 않는다." 다시 말해, 북한은 비핵국이 핵국과 연대하여 북한을 침략하거나 공격할 경우에 한해 핵무기를 사용 또는 사용 위협을 한다는 입장이다. 비핵국도 핵국과 연대할 경우, 북한의 핵공격 대상이 된다.

북한은 2016년 5월 열린 노동당 7차 당대회에서 자신의 핵무장을 정당화하고 억제보복 중심의 핵전략을 재천명하였다. 7차 당대회 결정서에서 북한은 "책임 있는 핵보유국으로서 침략적인 적대세력이 핵으로 우리의 자주권을 침해하지 않는 한 이미 천명한 대로 먼저 핵무기를 사용하지 않을 것"이라고 재천명하였다. 또한 "제국주의의 핵위협과 전횡이 계속되는 한 경제건설과 핵무력건설을 병진시킬 데 대한 전략적 노선을 항구적으로 틀어쥐고 자위적인 핵무력을 질량적으로 더욱 강화"할 것이라고 핵무장을 더욱 강화시킨다는 방침도 재천명했다.

북한이 7차 당대회에서 결정한 최종 핵전략과 핵사용 원칙은 중국의 핵 일차불사용을 표방한 매우 신중한 것으로 볼 수 있다. 북한이 대외적으로 가장 신중하고 관행적인 핵전략인 '핵 일차불사용' 원칙을 채용한 배경에는 '핵보유국'으로서 국제사회의 반감을 완화시킬 의도가 있다고 본다. 그럼에도 불구하고, 실제 이런 북한의 핵전략이 한국과 미국에 적용될 것으로 기대하기 어렵다. 왜냐하면 미국은 핵보유국이고 한국은 핵보유국과 동맹국이기 때문이다. 또한 북한은 한국과 미국의 모든 대북 군사안보적 조치에 대해 "(한국과 미국이) 핵으로 북한의 자주권을 침해"한다고 해석함으로써, 핵공격의 명분을 이미 축적하고 있기 때문이다.

북한은 핵보유국법에서 핵억제와 핵보복을 핵심적인 핵전략으로 내세웠지만, 별도의 기회에 핵선제공격을 반복하여 주장했다. 북한은 3차 핵실험(2013.2.12) 이후 북한에 대한 남한과 국제사회의 제재와 압박이 강화되고 남북 간 군사적 대치국면이 고조되자, 2013년 3월 27일 인민군최고사령부 명의 성명을 통해 '1호 전투근무태세'를 발표하면서 "(대

"자위적 핵보유국의 지위를 공고히 할 데 대한 법" 전문

1. 조선민주주의인민공화국(이하 '공화국')의 핵무기는 우리 공화국에 대한 미국의 지속적으로 가증되는 적대시정책과 핵위협에 대처하여 부득이하게 갖추게 된 정당한 방위수단이다.

2. 공화국의 핵무력은 세계의 비핵화가 실현될 때까지 우리 공화국에 대한 침략과 공격을 억제, 격퇴하고 침략의 본거지들에 대한 섬멸적인 보복타격을 가하는 데 복무한다.

3. 공화국은 가증되는 적대세력의 침략과 공격위험의 엄중성에 대비하여 핵억제력과 핵보복 타격력을 질량적으로 강화하기 위한 실제적인 대책을 세운다.

4. 공화국의 핵무기는 적대적인 다른 핵보유국이 우리 공화국을 침략하거나 공격하는 경우 그를 격퇴하고 보복타격을 가하기 위하여 조선인민군 최고사령관의 최종명령에 의하여서만 사용할 수 있다.

5. 공화국은 적대적인 핵보유국과 야합하여 우리 공화국을 반대하는 침략이나 공격행위에 가담하지 않는 한 비핵국가들에 대하여 핵무기를 사용하거나 핵무기로 위협하지 않는다.

6. 핵무기의 안전한 보관관리, 핵시험의 안정성보장과 관련한 규정들을 엄격히 준수한다.

7. 공화국은 핵무기나 그 기술, 무기급 핵물질이 비법적으로 누출되지 않도록 철저히 담보하기 위한 보관관리체계와 질서를 세운다.

8. 공화국은 적대적인 핵보유국들과의 적대관계가 해소되는 데 따라 호상 존중과 평등의 원칙에서 핵전파방지와 핵물질의 안전한 관리를 위한 국제적인 노력에 협조한다.

9. 공화국은 핵전쟁 위험을 해소하고 궁극적으로 핵무기가 없는 세계를 건설하기 위하여 투쟁하며 핵군비경쟁을 반대하고 핵군축을 위한 국제적인 노력을 적극 지지한다.

10. 해당 기관들은 이 법령을 집행하기 위한 실무적 대책을 철저히 세울 것이다.

남) 군사적 행동은 우리의 자주권 수호를 위한 강력한 핵 선제타격"을 포함한다고 주장했다. 북한이 핵보유국에서 핵교리의 대원칙으로 핵선제불사용을 견지했는데, 한국에 대해서는 이를 포기한 것으로 해석된다.

특히 북한은 2016년 상반기에 한국에 대한 핵선제공격 주장을 집중적으로 천명하였다. 당시 북한의 4차 핵실험과 탄도미사일 기술을 이용한 로켓 발사 등 도발에 대응하여, 한국과 미국은 대규모 한미 연합군사훈련을 통해 북한을 압박하고 군사적 대비태세를 강화하였다. 유엔 안보리는 결의 2270호를 통해 북한에 대해 강력한 경제제재로 압박하였다. 이런 상황에서 북한은 한국에 대한 '핵선제공격'을 수차례 위협하였다.

북한 국방위원회는 2016년 3월 7일 성명에서 "적들이 강행하는 합동군사연습이 우리 공화국의 자주권에 대한 가장 노골적인 핵전쟁 도발로 간주된 이상 그에 따른 우리의 군사적 대응조치도 보다 선제적이고 보다 공격적인 핵타격전으로 될 것이다. … 정의의 핵선제타격전은 우리의 최고사령부가 중대성명에서 지적한 순차대로 실행되게 되어 있다"고 핵선제공격을 위협했다.

이 성명은 한미군사훈련을 '핵전쟁 도발'로 간주한다는 전제에서 자신의 핵사용을 정당화했다. 여기서 주목할 부분은 북한이 한미 연합군사훈련을 핵침략 책동으로 일방적으로 단정하고 핵선제공격을 가하겠다고 공언한 점이다. 이는 북한이 자신의 군사적 필요에 따라 자의적인 핵선제공격 가능성을 열어놓고, 사전에 그 명분을 만든 것으로 해석할 수 있다.

동 국방위원회 성명은 핵태세에 대해서도 의미 있는 주장을 했다. 동 성명은 "존엄 높은 최고수뇌부가 비준한 남조선해방과 미국본토를 타격하기 위한 우리식의 군사작전계획"이 있고, "남조선 작전지대안의 주요 타격 대상들을 사정권 안에 둔 공격 수단들이 실전 배비되고 아시아태평양지역 미제침략군기지들과 미국본토를 과녁으로 삼은 강력한 핵타격 수단들이 항시적인 발사 대기상태"에 있다고 주장했다. 이 표현에 따르면, 핵무기들이 "항시적인 발사 대기상태"에 있다고 주장함으로써, 매우 높은 수준의 발사준비 단계에 있어 언제라도 정치군사적 결정에 따라 최단시간 내 발사할 태세에 있다고 강조하였다. 북한의 이런 언동은 전쟁 개전과 핵선제공격의 논리를 지속적으로 반복하여 주장하면서 그 명분을 축적하기 위한 조치로 보인다.

북한 핵전략의 특징과 시사점

예상되는 북한의 핵전략 및 핵전략 운영의 특징을 다음과 같이 정리할 수 있다.

첫째, 북한은 '핵보유국' 지위를 인정받을 목적으로 다른 정상적인 핵보유국의 관행적인 핵전략을 최대한 모방하려고 있다. 예를 들면, "핵보유국은 NPT 비핵국 회원국을 핵으로 공격하지 않는다"는 국제사회의 '소극적 안전보장(negative security assurance)'정책을 북한의 7차 당대회 결정에서도 모방하고 있다.

둘째, 북한의 선언적 핵전략에서 비핵국가에 대한 핵사용 금지와 핵일차불사용 등을 주장하고 부각함에 따라 자신의 핵전략을 호도하는 경향이 있다. 보통 일국의 핵전략은 그 나라의 적대국에 대한 핵무기 사용지침을 제시하고 있다. 예를 들면, 미국과 러시아, 중국, 인도, 프랑스 등 모든 핵무장국들은 그들의 선언적 핵전략에서 주 적국에 대해 핵무기를 사용할 것인가를 핵심으로 꼽고 있다. 그렇다면 북한의 핵전략은 북한이 적국으로 보는 한국, 미국, 일본 등에 대한 핵무기 사용원칙이 초점이 되어야 한다.

셋째, 북한의 경우, 공언한 핵전략과 이를 실현하기 위한 핵전력과 핵태세 간에는 큰 격차가 있어, 북한의 핵전략이 아직 정착되었다고 보기 어렵다. 예를 들면, 북한이 주장하듯이 핵 일차사용을 부정하고 2차 핵보복 전략을 채택할 경우, 북한이 상대의 1차 핵타격을 흡수한 후 2차 핵타격을 하는 데 필요한 충분한 핵무기 숫자와 핵무기 보호체제를 구비하고 있어야 한다. 현재 북핵 개발 상황을 볼 때, 미국 등 핵국의 일차 공격에서 생존할 수 있는 핵무기 규모와 배치, 그리고 핵무기 보호시스템을 갖추었다고 보기 어렵다. 북한이 2017년도에 핵실험과 미사일시험발사를 집중적으로 실시한 것도 이런 취약점을 조기에 보완하기 위한 노력으로 볼 수 있다.

넷째, 북한의 핵개발 동기는 한국과 미국으로부터의 안보위협에 대비한 안보용, 국내정치·경제위기에 대응한 정치용 등 2개로 대별된다. 이때 만약 북한이 후자에 비중을 둔다면 오히려 체제위기를 초래하는 과도한 핵무장을 지양하고 낮은 수준의 핵무장에서 중단할 가능성도 있다. 그런데 북한이 스스로 인식하는 안보위기와 체제위기가 매우 높은 만큼 안보용으로 핵무장 증강에 집중할 가능성이 높다.

다섯째, 한반도 분단의 특수한 안보상황과 탈냉전기 북한의 만성적인 국가위기를 감안할 때 북한은 계속하여 공세적인 핵전략을 유지할 가능성이 높다. 북한이 놓인 안보위기와 체제위기는 다른 어떤 핵무장국의 상황보다도 심각하다. 어떤 국가도 북한처럼 국가 붕괴와 소멸의 위험을 초래할 만한 체제위기, 경제위기, 정권위기, 안보위기 등 총체적 국가위기에 시달리지는 않는다. 따라서 북한정권이 단기적으로 체제와 정권의 생존을 목표로, 장기적으로는 한반도 통일을 위해 공세적인 핵전략을 유지할 것으로 전망한다.

10장

북핵협상의 악순환과
북핵외교 실패의 교훈

한반도 정세가 계속 롤러코스터를 타고 있다. 최신판 '한반도 드라마'의 극적인 전환은 북한 김정은 국무위원장이 2018년 신년사에서 평창 동계올림픽 참가 의사를 밝히면서 시작되었다. 김 위원장은 김여정 특사단을 한국에 파견했다. 후속조치로 한국특사단의 방북과 방미가 있었다. 그 클라이맥스로 4·27 판문점 남북정상회담과 6·12 싱가포르 북미정상회담이 열렸다. 국민들은 마치 금방이라도 북핵문제가 해결되고 한반도에 평화가 정착될 것 같은 희망에 부풀었다. 하지만 한반도의 냉전구도와 북한체제의 성격이 하루아침에 바뀔 수 없듯이, 영구평화도 쉽게 찾아오지 않는다. 2019년 하노이 북미정상회담이 '노딜'로 끝나면서, 북미대화 분위기가 급격히 냉각되었다.

사실 한반도에서 군사적 긴장 고조와 완화, 대화의 재개와 단절은 어제오늘의 일이 아니다. 과연 이번 한반도 롤러코스터의 종착역은 어디일까? 과연 북한 비핵화와 평화정착을 달성할 수 있을 것인가? 아니면 이미 수차례 반복된 북핵협상 소동으로 끝나고 말 것인가? 이에 대한 답을 얻기 위해서 이 글은 지난 30년에 걸친 북핵협상 역사, 특히 핵협상 실패의 역사에 대한 분석을 시도하고, 북핵협상을 위한 교훈을 찾고자 한다.

1. 초기 북핵 의혹과 한반도 비핵화 공동선언

북한이 1987년 영변 핵단지에서 흑연감속로를 가동하기 시작한 데 이어, 곧 방사화학실험실로 알려진 재처리시설을 건설하는 것이 위성사진으로 발견되자, 미국과 국제사회는 북한 핵개발 의혹을 본격적으로 제기하기 시작했다. 더욱이 북한이 소련제 경수로 도입계약을 계기로 1985년 12월 12일 NPT에 가입했으나, IAEA 안전조치협정 체결과 사찰 수용을 온갖 이유로 지체시키자 국제사회의 의심은 더욱 커졌다.

한미정부의 북한 비핵화외교는 북한의 핵개발 수준에 맞추어 계속 진화했다. 미국은 1980년대 말 영변 핵시설이 플루토늄을 생산할 수 있다는 점에 주목하고 북핵외교를 가동하기 시작했다. 당시 북미 간 전혀 외교채널이 없었기 때문에 미국은 1980년대 말 북경에서 비공식 북미 접촉을 시도했지만 성과가 없었다. 그러자 미국은 한국을 통한 간접적인 비핵화외교를 시도했다. 한미 비핵화외교의 첫 의미 있는 성과물이 1991년 12월 31일 채택된 '한반도 비핵화 공동선언'이다.

사실 한반도 핵문제를 처음 제기한 측은 북한이었다. 북한은 1977년에 '한반도 비핵지대화' 방안을 제기하며, 주한미군 핵무기의 철수를 주장했다. 북한은 1991년 10월 23일 평양에서 열린 남북 고위급회담에서도 '한반도비핵지대'를 정식의제로 채택할 것을 주장했다. 당시 북한은 국제사회로부터 IAEA 사찰을 수용할 것을 강하게 압박받고 있었기 때문에 비핵지대 주장은 사찰 압박을 회피하기 위한 협상전술이기도 했다.

북한은 NPT 회원국의 의무사항인 IAEA 안전조치협정 체결과 사찰 수용을 거부하는 명분으로 비핵지대화를 제기했다. 이에 따라 "북조선에 대한 사찰에 앞서 남조선 내 핵무기를 우선 협의"할 것을 요구했다. 북한에 대한 IAEA 사찰문제를 논의하는 도중에 북한이 갑자기 엉뚱하게 주한미군 핵문제를 제기했는데, 이는 북한이 곤경에 처할 때마다 이용하는 전형적인 '의제 전환' 협상전술이었다.

IAEA 이사회는 1990년 2월 대북 안전조치협정 체결과 IAEA 사찰 수락을 촉구하는 결의를 채택했다. 북한은 이에 맞서 비핵국가인 자신에 대한 핵보유국의 핵위협 금지, 한반도에서 핵무기 철수, 대북 핵무기 불사용 보장 등을 요구하였다. 그러나 IAEA 이사회는 이런 북한의 요구를 IAEA의 권한 밖이라는 이유로 거부하였다.

당시 갑작스런 소련의 해체로 인한 탈냉전 분위기 속에서 남북한은 1990년 9월 4일 제1차 남북 고위급회담을 개최하고 본격적인 남북대화를 시작했다. 남북대화가 잘 진행되어 1991년에는 남북기본합의서의 세부 문구를 협상하는 단계에 이르렀다. 따라서 한국은 남북관계의 진전과 함께 북핵문제도 해결해야 하는 상황에 처했다. 이때 미국은 이라크의 쿠웨이트 침공(1990.8)과 걸프전쟁으로 인해 북한의 핵개발 가능성에 매우 민감하게 반응했다. 한미정부는 협의를 거쳐 북핵문제를 일단 남북대화의 테두리 안에서 해결하기로 합의하고, 남북 간 비핵화 공동선언과 남북 상호사찰 추진을 통해 북한의 핵개발을 저지한다는 목표를 설정하였다. 양국은 또한 북한의 IAEA 안전조치협정 가입을 우선적으로 추진하기로 합의했다.

1991년 후반에 마침 조지 H. W. 부시 행정부가 탈냉전기 군사전략의 일환으로 전 세계에 산재한 전술핵무기를 철수키로 결정하고, 한국정부에도 전술핵무기 철수 방침을 통보했다. 주한미군은 1970년대 한때 주한미군기지에 최대 수백 개에 달하는 핵포탄, 핵지뢰 등 전술핵무기를 보유했다고 한다. 이후 점차 보유한 전술핵무기가 감소되어, 1991년 완전 철수 전까지도 100여개의 전술핵무기가 있었다고 한다.

노태우정부는 조지 H. W. 부시 행정부와 주한미군의 전술핵무기 철수를 북핵문제 해결에 이용하기로 합의했다. 따라서 한국정부는 미국정부의 전술핵 철수계획에 맞추어 1991년 11월 8일 '한반도 비핵화 선언'을 발표하고, 12월 18일에는 '핵부재 선언'을 발표했다. 한국은 국내 미군 전술핵무기가 완전히 철수되었으므로, 북한의 '주한 핵무기 철수' 요구에 대해 자신 있게 핵협상에 응할 수 있었다.

남과 북은 1991년 12월 26일부터 31일까지 판문점에서 3차에 걸쳐 핵협상을 갖고, 12월 31일 '한반도 비핵화 공동선언'에 전격 합의했다. 북한이 종래 일관되게 주장하던 '비핵지대화'안을 돌연 철회하면서, 한국 측 안이 대부분 반영된 '한반도 비핵화 공동선언'이 채택되었다.

한반도 비핵화 공동선언 1, 2조에서 남과 북은 핵무기와 농축재처리시설 보유를 완전히 포기하기로 합의했다. 그리고 비핵화 검증을 위해 "상대측이 선정하고 쌍방이 합의하는 대상들에 대해 남북 핵통제공동위원회가 규정하는 절차와 방법으로 상호사찰을 실시"하기로 합의했다.

비핵화 공동선언 문안에는 명시되지 않았지만, 남북 및 북미 간에 별도의 '사이드 합의'가 있었다. 북한은 가까운 시간 내에 IAEA와 핵안전조치협정을 체결하고 비준하며, IAEA 사찰을 받겠다고 약속했다. 이에 대한 보상으로 한국은 1992년 팀스피리트 한미군사훈련을 중단하고, 미국은 뉴욕에서 북미 고위접촉을 개최할 것을 약속했다. 이로써 한미와 북한 간에 첫 '패키지 딜'이 만들어졌다. 이 일괄합의에 따라 한국은 1992년 1월 7일에 1992년도 팀스피리트 한미 연합군사훈련의 중단을

한반도의 비핵화에 관한 공동선언(1991.12.31)

남과 북은 한반도를 비핵화함으로써 핵전쟁의 위험을 제거하고 우리나라의 평화와 평화통일에 유리한 조건과 환경을 조성하며 아시아와 세계의 안전에 이바지하기 위하여 다음과 같이 선언한다.

1. 남과 북은 핵무기의 시험, 제조, 생산, 접수, 보유, 저장, 배비, 사용을 하지 아니한다.
2. 남과 북은 핵에너지를 오직 평화적 목적에만 이용한다.
3. 남과 북은 핵재처리시설과 우라늄 농축시설을 보유하지 아니한다.
4. 남과 북은 한반도의 비핵화를 검증하기 위하여 상대측이 선정하고 쌍방이 합의하는 대상들에 대하여 남북핵통제공동위원회가 규정하는 절차와 방법으로 사찰을 실시한다.
5. 남과 북은 이 공동선언의 이행을 위하여 공동선언이 발효된 후 1개월 안에 남북핵통제공동위원회를 구성, 운영한다.
6. 이 공동선언은 남과 북이 각기 발효에 필요한 절차를 거쳐 그 본문을 교환한 날부터 효력이 발생한다.

발표했다. 북한도 합의 이행에 나서, 1992월 1월 30일 IAEA와 핵안전조치협정에 서명하였다. 1월 22일 미국 캔터(Arnold Kantor) 정무차관은 북한 김용순 국제담당비서를 초청하여 뉴욕에서 북미 간에 역사적인 첫 고위급회동을 열었다.

한반도 비핵화 공동선언이 발효하자, 한미 양국은 IAEA 사찰의 한계를 보완하기 위한 대안으로 '남북 상호사찰'을 적극 추진하였다. 이는 남북의 비핵화 실천 의무와 상호사찰을 통한 비핵화 검증 의무를 규정한 비핵화 공동선언 제3항에 따른 것이었다. 남북 상호사찰은 IAEA 사찰의 한계를 넘어서기 위해 고안된 것이었다. IAEA 사찰은 사찰대상국이 신고한 핵물질·핵시설 보고서에 등재된 대상에 한정된다. 따라서 해당국이 특정 핵시설을 '군사시설' 등의 이유로 신고서에 고의로 누락할 경우 사찰이 불가능한 문제가 있었다. 또한 의심 시설에 대한 특별사찰도 사찰대상국의 동의가 있어야만 가능하다는 제약이 있었다.

비핵화 공동선언에서 규정한 상호사찰을 실행하기 위하여 남북은 1992년 3월 19일 1차 핵통제공동위원회 협상을 개최하고 상호사찰의 범위·방법·절차 등을 논의하기 시작하였다. 그러나 1993년 1월 25일까지 남북 핵통제공동위원회는 본 회의 13회, 위원접촉 8회, 위원장 접촉 1회라는 기록에도 불구하고 끝내 의심시설에 대한 북한의 사찰 거부로 파국을 맞고 말았다. 북한은 동 의심시설을 신고와 사찰의 의무대상 밖에 있는 '군사시설'이라고 주장하며 사찰을 거부하였다. 사실 이런 결과는 상호사찰의 방법과 절차에 대한 협상에 임하는 남북 간의 현격한 입장 차이에서 예견된 것이었다.

사찰 원칙에 있어 한국은 '상호주의'를 북한은 '의심 동시 해소' 원칙을 주장했다. 사찰 방법에서는 한국이 정기사찰과 특별사찰의 병행 실시를 요구했지만, 북한은 특별사찰을 거부하였다. 사찰 대상의 선정에서도 한국이 핵물질, 핵시설, 핵관련 군사기지를 포함하여 '성역 없는' 대칭사찰을 주장하였으나, 북한은 모든 주한미군 기지를 포함하지만 북한의 군사기지는 제외하는 비대칭사찰 입장을 고수하였다.

남북 간 상호사찰 협상에서 핵심 쟁점은 북한 영변지역의 미신고 의심지역 두 곳에 대한 사찰문제였다. 북한은 이곳을 군사시설이라 주장하며 끝까지 사찰대상에 포함시키기를 거부하면서도, 주한미군 기지는 핵기지라 주장하며 이에 대한 사찰을 강력하게 요구하였다. 이와 병행하여 IAEA도 북한에게 '미신고 시설'에 대한 사찰을 수용하라고 계속 압박했다. 1992년 내내 한국, 미국, IAEA가 북한에게 사찰 수용을 촉구하는 가운데 1993년 1월 한국이 팀스피리트 한미 연합군사훈련 계획을 발표하자, 북한은 남북 핵통제공동위의 전면 중단을 선언했다.

2. 제1차 북핵위기와 제네바 북미기본합의

북한의 NPT 탈퇴 선언과 북핵위기 발생

남북 상호사찰 협상이 부진한 가운데 북한은 IAEA와 체결한 안전조치협정에 따라 1992년 5월 4일 보유중인 핵시설에 관한 '최초보고서'를 IAEA에 제출하였다. 북한은 이 보고서에서 보유 핵시설에서 핵무기 제조가 가능한 플루토늄을 한차례 소량으로 90그램을 추출했다고 신고하였다. IAEA는 1992년 5월 25일부터 6월 5일까지 제1차 임시사찰(ad hoc inspection)을 실시한 이래 1993년 2월까지 총 6차례 임시사찰을 실시했다. 그런데 IAEA는 임시사찰의 결과로 북한 핵활동에 대해 몇 가지 심각한 의문점을 제기하였다.

IAEA는 북한이 주장한 방사화학실험실이 사실상 '재처리시설'이며 이 시설은 외부공사 공정의 약 80%, 내부공사 공정의 40% 정도가 완료되었다고 발표하였다. 또 IAEA는 북측이 신고한 플루토늄 추출량과 IAEA의 추정치 사이에 '중대한 불일치'가 발생했다고 평가했다. 북한의 초기 신고와 달리 사찰 결과를 보면 최소한 3회(1989, 1990, 1991년) 재처리를 통해 킬로그램 단위의 플루토늄을 추출한 것으로 판명된다고 발표하였다. 만약 IAEA 발표대로라면 북한은 재처리시설과 농축시설을 보유하지 않기로 합의한 '한반도 비핵화 공동선언'을 명백히 위반한 것이었다.

이후 '불일치' 문제의 규명을 위한 IAEA '특별사찰'이 북핵문제의 최대 쟁점으로 부상했다. 특히 1992년 중반 북한이 영변지역 내 두 곳을 조직적으로 은폐한 사실이 밝혀지자, IAEA는 북한당국에게 이 두 곳의 미신고 의심지역을 방문할 수 있도록 허용해 달라고 강력히 요구했다. IAEA에 따르면 상기 2개 시설은 액체 핵폐기물 저장소로 추정되며 액체 핵폐기물은 재처리의 가장 직접적인 증거가 된다는 것이었다.

한편, 북한은 IAEA가 지적한 두 곳이 군사시설이며 IAEA는 군사시설에 대한 사찰권한이 없으므로 사찰 요구를 계속하면 엄중한 결과를 초래할 것이라고 위협했다. 계속되는 북한의 거부에 대해 IAEA 이사회는 1993년 2월 25일 한 달 시한으로 북한에게 특별사찰 수락을 촉구하는 결의안을 채택하였다. 북한은 전례 없는 IAEA 이사회의 특별사찰 요구를 '불공정한 결의'로 맹비난했다.

마침내 북한은 한미 팀스피리트 훈련이 시작되기 하루 전 1993년 3월 8일 북한군 최고사령관 김정일의 명의로 '준 전시상태'를 선포하였다. 이어 북한은 3월 10일 김영남 외교부장 명의로 특별사찰 거부를 통보하고, 3월 12일 NPT 탈퇴 성명을 발표하였다. 이로써 소위 '제1차 북핵위기'가 시작되고, 한반도는 돌연 전쟁위기에 휩싸였다.

북한이 초강경 자세를 보이자, 1993년 3월 31일 IAEA는 북한 핵문제를 유엔 안보리와 총회에 보고하기로 결정하였다. 곧이어 1993년 4월 8일 유엔 안전보장이사회는 의장성명으로 북한의 NPT 탈퇴사태에 대하여 주의를 환기시키고 한반도 비핵화 공동선언에 대한 지지와 더불어 북핵 검증문제 해결을 위한 IAEA의 추가 노력을 촉구하였다.

북한의 NPT 탈퇴 선언은 국제사회와 남북관계에 큰 충격을 주었고 즉각 한반도에 심각한 위기를 조성하였다. 특히 미국은 북한의 탈퇴가 국제핵비확산체제에 끼칠 부정적 영향을 심각하게 우려했다. 북한의 강경한 '벼랑끝 외교'는 그동안 협상을 통해 핵문제의 해결이 가능하다고 판단했던 한미 양국의 기대를 무산시켰다.

당시 전문가들은 북한이 NPT 탈퇴를 선언한 배경에 대해 다음과 같이 분석했다. 첫째, 시간벌기로 플루토늄 은닉을 시도하고, 둘째, 신고와 사찰 간 불일치를 은폐함으로써 국제사회의 반발을 무마하고, 셋째, 미국이 중시하는 비확산체제 유지를 볼모로 미국의 양보를 강요하며, 넷째, 안보위기를 조성하여 김정일의 정권안보를 강화하려고 했다.

북한의 NPT 탈퇴 선언 후 IAEA 이사회는 1993년 4월 1일 북한의 안전조치협정 '불이행(non-compliance)'을 유엔에 보고하는 결의안을 채택하였고, 블릭스(Hans Blix) IAEA 사무총장은 4월 6일 이를 유엔 안보리에 보고하였다. 한국은 유엔 사무총장, 안보리 상임이사국들과 협의를 통해 우선 당사국 간 대화로 문제 해결을 시도하고, 만약 실패할 때 제재 등의 추가조치를 강구한다는 대응전략을 채택하였다.

결국 북핵문제가 유엔 안전보장이사회로 회부되었다. 유엔 안보리는 결의 825호(1993.5.11)를 통해 북한의 NPT 복귀와 IAEA 안전조치협정의 의무 이행을 촉구하고, IAEA 사무총장에게 대북한 협의 및 결과를 안보리에 보고토록 요청했다. 그리고 당사자 대화뿐만 아니라 "관련국들에게 문제해결에 나설" 것을 권유하고, 필요시 안보리가 추가적 조치를 취할 것이라 천명하였다. 여기에서 "관련국들에게 문제해결에 나설" 것을 권유한 조항은 이후 미국이 북한과 직접 핵협상에 나서는 명분이 되었다.

북미 핵협상 개시와 북한의 NPT 탈퇴 효력 발생 일시중지 선언

미국은 안보리 결의 825호의 요구를 수용하여 1993년 6월 2일 처음으로 북미 핵협상에 나섰다. NPT 회원국은 NPT 10조의 소위 '탈퇴조항'에 따라 탈퇴를 선언하면, 3개월 이후에 탈퇴 효력이 발생한다. 따라서 미국은 북한의 NPT 탈퇴를 저지하기 위해 마지못해 북한과 핵협상에 나선 것이었다. 북한은 그토록 열망했던 북미협상이 마침내 열리자, 이를 김정일의 '외교적 승리'로 대대적으로 홍보했다.

1993년 6월 2일부터 11일까지 뉴욕에서 갈루치(Robert L. Gallucci) 미 국무부 정치군사담당 차관보와 강석주 북한 외교부 부부장을 수석대표로 북미 1단계 협상이 개최되었다. 이 협상은 북미 간 최초의 공식적인 정부협상이었다는 점에서 큰 의미가 있다. 미국은 미수교국이자 불량국가인 북한과 공식적으로 대면하거나 대화하는 것을 꺼렸다. 북미 대화 자체가 북한을 인정하거나, 나쁜 행동을 묵인하는 효과가 있다고 보기 때문이었다. 이는 1993년 당시뿐만 아니라 심지어 지금도 워싱턴에 만연한 생각이다. 1980년대 말에 실무자 간 비공식 접촉이 있었고, 1992년 초에는 뉴욕에서 북미 고위급 회동이 있었다. 미국정부는 이를 공식 대화나 협상으로 인정하기를 거부하고, 단순히 각각 자기 의견을 말하고 상대 발언을 듣는 '접촉'으로 불렀다.

첫 북미협상은 북미가 상호 충돌하는 치킨게임의 상황에서 서로 최악의 상황을 모면하기 위해서 열렸다. 미국은 북미협상을 개시하면, 북한이 대북 경제제재에서 벗어나고 핵개발을 위한 시간을 벌게 되는 위험성이 있다고 보았다. 하지만 당시로서는 북한을 핵확산금지조약에 묶어두는 것이 더 긴급하다고 보았기 때문에 북미회담에 동의하였다.

북한의 NPT 탈퇴 효력 발생을 하루 앞선 6월 11일 북미는 양국 간 첫 합의문을 채택했다. 뉴욕 공동성명에서 미국은 북한에게 안전보장 제공과 북미대화 지속을 약속했다. 이에 대한 반대급부로 북한은 "필요하다고 간주하는 동안에 NPT 탈퇴 효력 발생의 일시 중단을 일방적으로 결정했다(The DPRK has decided unilaterally to suspend as long as it considers necessary the effectuation of its withdrawal from the NPT)"고 선언했다. 또한 북한은 IAEA 사찰을 다시 수용하기로 약속했다.

여기서 우리는 북한이 NPT 탈퇴 선언을 철회하고 완전히 NPT에 복귀한다고 선언한 것이 아니라, 단지 "NPT 탈퇴 효력 발생의 일시 중단"을 약속했다는 점에 주목해야 한다. 이 조항 때문에 2003년 북한이 NPT에서 완전 탈퇴할 때까지 "북한의 NPT 회원국 지위"에 대한 논쟁이 끊이지 않았다. 국제사회는 북한이 NPT 탈퇴를 철회했으므로 당연히 회원국이라고 보았다. 하지만 북한은 이 합의문을 이유로 자신이 NPT의 안도 밖도 아닌 '특수한 지위'에 있다고 주장했다. 북한은 이런 주장을 NPT상 의무조항인 IAEA 사찰을 거부하는 명분으로 활용했다.

1993년 7월 14일에서 19일까지 제네바에서 2단계 회담을 속개한 양측은 핵문제의 최종적 해결을 위한 방안으로 경수로 지원문제를 처음으로 논의하였다. 미국은 공동선언 발표문(1993.7.19)에서 처음으로 "북한문제의 궁극적 해결의 일환으로 경수로 도입"을 지지하고 이를 위한 협의 용의를 표명하였다. 또한 북한은 여기에서 IAEA와 협의 및 남북대화를 조속히 재개할 뜻을 표명하였다.

1993년 11월 한미 양국은 정상회담을 갖고 핵문제 해결의 시급성을 재확인하고 일단 대화를 통한 해결 노력을 계속하기로 했다, 그리고 북한의 핵시설에 대한 IAEA 사찰 및 남북대화의 실질적 진전이 이루어질 경우 북미회담을 재개한다는 데 합의했다. 그런데 왜 미국이 북미대화를 갖는 데 대해 한미정부가 합의를 해야 했을까? 한국정부와 국민은 냉전기부터 '한반도 문제의 한반도화'라는 불문율적인 원칙을 갖고 있었기 때문이었다. 북미대화는 북한의 전통적인 주장인 '남한정부는 미국의 괴뢰정부'라는 입장을 사실상 인정하게 되는 효과가 있다고 보았다. 이런 원칙에 따라 한국은 자신이 동맹국인 미국이 북한과 북미대화를 갖는 데 대해 강한 거부감을 갖고 있었다. 사실 미국도 불량국가인 북한을 인정하는 효과를 꺼려하여 북미대화를 항상 거부했었다. 그런데 북핵문제로 인해 북미협상이 불가피하게 되자, 미국은 유엔 안보리의 요청뿐만 아니라 한국의 지지와 동의도 북미대화의 명분으로 이용했다. 이때 한국정부도 국민에게 미국이 '자신의 승인하에' 북미대화를 한다고 설명할 수 있었다.

남북대화와 특사교환 추진

북핵문제는 민족 전체의 생명과 재산은 물론 후손들의 번영과 안정을 위협하는 문제이므로 한국정부는 북핵문제의 해결을 최우선 정책과제로 삼고 '북핵문제의 철저한 해결'이라는 원칙 위에서 남북관계를 복원한다는 목표를 설정하였다. 또한 북핵문제는 비확산체제에 대한 직접 위협으로서 국제적 성격을 가지고 있는 만큼 이를 위해 '국제사회와의 공조'를 수단으로 활용한다는 기본입장을 정립하였다.

한국정부의 북핵정책 기본 목표는 북한의 NPT 잔류를 확보하고, 특별사찰을 포함한 IAEA 안전조치를 전면적으로 적용하며, 한반도 비핵화 공동선언을 실천한다는 데 모아졌다. 이를 위해서는 IAEA에 의한 임시 및 일반사찰을 정상화하고 핵물질 생산 활동의 중단과 완전한 통제를 실현해야 한다. 따라서 북한이 5MWe 원자로 연료봉 교체 시 IAEA의 입회를 보장하는 동시에 핵재처리를 중단하고 재처리시설의 검증 및 폐기를 확실하게 하며, 중대한 불일치 문제의 해결을 위해 의심장소에 대한 물리적 접근을 허용하고 불일치 해명을 위한 추가정보를 북한이 제공해야 한다는 기본입장을 견지하였다.

2013년 6월부터 시작된 북미 1, 2단계 회담의 결과 1993년 8월 IAEA 사찰이 재개되었으나 북한의 비협조로 교착상태에 빠졌다. 교착상태 타개를 위하여 한국은 당초 북측의 특사교환 요구에 대한 거부입장을 변경하여, 1993년 9월 2일 핵문제의 최우선적 협의와 해결을 전제로 '특사교환'을 북한에 제의하였다. 1993년 10월 2일 북한이 이를 수락하면서 양측은 세 차례(1993.10.5, 15, 25)의 실무접촉을 가졌다. 하지만 남북대화의 조건으로 북한이 '핵전쟁 연습 중지'와 '국제공조체제 포기'에 대한 한국의 사전약속을 하면서, 회의가 공전되었다.

1993년 11월 3일 한국 국방부장관이 국제사회의 북한 제재 시 발생할 수 있는 북한의 도발에 대응하는 것도 한미 연례안보협의회의의 협의대상이라고 발언하자, 북한은 이를 빌미로 예정된 4차 실무대표 접촉을 일방적으로 중단시켰다. 이후 1994년 3월 남북이 특사교환 실무접촉을 가지게 될 때까지 남북접촉은 중단되었고 한국은 한미공조를 통해 북한의 남북대화 복귀를 추진했다. 1994년 2월 북미 간 '4개항 동시조치' 합의 결과에 따라 한국은 남북 특사교환을 위한 실무접촉 재개를 북측에 제의하였고 북한이 이를 수락하여 1994년 3월 3일 실무접촉이 재개되었다. 그러나 1994년 3월 19일 제8차 남북협상테이블에서 북측 수석대표의 '서울 불바다' 발언으로 남북대화가 또 중단되었다.

사용후 연료봉 무단 인출사건과 제네바 북미기본합의 채택

IAEA는 1993년 12월 정기이사회에 북한의 평화적 핵 이용을 확신할 수 없으며, 'IAEA 안전조치의 계속성'이 단절될 위기에 처했다고 보고했다. 1994년 3월 21일 IAEA 특별이사회는 북한에게 안전조치협정의 완전한 이행을 재차 촉구했다. 3월 31일에는 IAEA 사찰의 수락과 남북

대화 재개를 촉구하는 안보리 의장성명이 발표되었다.

1994년 2월 15일 IAEA와 북한 간 7개 신고시설에 대한 사찰 합의가 이루어짐에 따라 1994년 2월 22~25일 북미는 실무접촉을 갖고 북한 핵문제 해결을 위한 '4개 동시조치'에 합의하였다. 4개 동시조치는 첫째, 안전조치의 계속성 유지를 위한 IAEA 사찰을 개시하고, 둘째, 특사 교환을 위한 남북 실무접촉을 재개하며, 셋째, 한미 양국은 '1994년 팀 스피리트 군사훈련'을 중단하고, 넷째, 북미 간 제3단계 접촉을 1994년 3월 21일 제네바에서 개최한다는 내용이었다. '4개 동시조치' 합의에 따라, 1994년 3월 IAEA 사찰단이 방북했지만 북한이 또다시 일부 핵심 시설에 대한 사찰을 완강히 거부하자 사찰을 포기하고 철수하였다.

북한은 1994년 5월 흑연감속로의 사용후 연료봉 교체작업을 일방적으로 강행하여 핵위기를 또 고조시켰다. 5월 31일 IAEA는 북한에게 추후라도 북한의 '과거 핵활동'을 계측할 수 있도록 일부 사용후 연료봉을 선정하여 별도로 보관할 것을 북측에 요구하였다. 유엔도 안보리 의장성명을 통하여 이를 재차 촉구하였다. 물론 북한은 이런 요구를 무시했다.

북한의 일방적인 연료봉 인출사건은 '과거 핵활동'을 은폐하기 위한 시도로 해석되었고, 국제사회는 이를 매우 심각한 도발로 보았다. 따라서 북핵문제가 유엔 안보리로 회부되고 제재가 부과될 것으로 예상되었지만, 중국과 러시아의 비협조로 지연되었다.

1994년 6월 4일 한국정부는 핵통제공동위원회 위원장 명의 대북성명을 통해 북한의 "일방적 연료봉교체 강행을 한반도 비핵화 공동선언을 근본적으로 파괴하는 행위"로 규정하고 북한의 태도 변화를 강력하게 촉구하였다. 북한의 사찰 거부와 사용후 핵연료 무단 인출에 대한 제재로서 IAEA는 6월 10일 북한에 대해 의료 분야를 제외한 모든 원자력 관련 기술지원을 금지하는 제재결의를 채택하였다.

블릭스 IAEA 사무총장은 북한의 5MWe 원자로의 사용후 연료봉에 대한 추후 계측 가능성이 완전히 상실되었다고 유엔 안보리에 보고하였다. 한미일 3국도 유엔 안보리 상임이사국들과 북한 제재 논의에 본격 착수하였다. 북한은 IAEA의 조치에 반발하여 1994년 6월 13일 IAEA 탈퇴를 선언하여 위기를 더욱 고조시켰다.

북한의 IAEA 탈퇴를 전후하여 유엔의 대북 제재가 임박한 상황에서 카터(Jimmy Carter) 전 미국 대통령이 위기관리를 위해 1994년 6월 15~18일간 평양을 방문했다. 김일성 주석은 카터를 통해 남북정상회담과 북미대화를 재개하겠다는 의사를 표명하였다. 미국은 카터의 방북이 극히 사적인 것이며 미국의 특사가 아님을 강조했다. 하지만 당시 미국의 유엔 대북제재 계획이 러시아과 중국의 비협조로 난관에 봉착하자, 카터의 방북을 묵인할 수밖에 없었다.

카터는 평양에 가기 전에 서울에 들러 김영삼 대통령을 비롯한 정부 인사와 협의 절차를 거쳤다. 당시 미국은 유엔에서 대북제재 협의를 시작했고, 북한은 제재 협의에 크게 강하게 반발하던 상황이었다. 6월 16일 김일성과 회담을 가진 카터는 미국 CNN의 생방송을 통해 북미 간 외교관계의 수립을 촉구하며 미국의 대북제재를 철회할 것을 요구하였다. 당초 클린턴 행정부는 카터의 방북을 못마땅해 하고 비협조적이었으나, 북한이 대화에 호응하는 자세를 보이자 다시 대북제재론에서 급선회했다. 미국정부는 북한의 제의를 대화의 기회로 활용하기로 결정하고 군비증강 계획도 유보시켰다.

북한은 김일성-카터회담 이후 영변의 5MWe 원자로 현장에 IAEA 사찰관이 계속 주재할 수 있도록 허용하며 감시장비의 유지를 보장하겠다고 약속했다. 김일성은 카터에게 미국과 3차 회담도 재개할 수 있고 그 자리에서 핵을 둘러싼 모든 문제가 논의될 수 있다고 발언했다.

미국은 1994년 6월 24일 북미대화의 전제조건으로 첫째, 5MWe 원자로의 핵연료 재장전 금지, 둘째, 사용후 연료봉 재처리 금지, 셋째, IAEA 안전조치의 계속성 유지를 제시하였다. 그러나 미국은 전제조건에 '과거 핵활동'에 대한 규명 요구를 포함시키지 않았다. 북한은 미국의 조건을 수용하고, 1994년 7월 8일 제네바에서 미국과 3단계 고위급회담을 열자고 제의했다.

북한은 동시에 7월 25일부터 27일까지 평양에서 남북정상회담을 갖자는 한국의 제안도 수락하였다. 한국은 북미관계가 호전되자, 남북대화도 재개되기를 희망했다. 그런데 제네바회담 개시일인 7월 8일 김일성이 사망하여 남북정상회담이 무산되었다. 곧이어 한국에서 발생한 조문파동으로 남북관계는 도리어 크게 악화되었다.

한편, 김일성의 사망이 북미대화에는 전혀 부정적 영향을 미치지 않았을 뿐 아니라, 오히려 더욱 촉진하는 효과를 낳았다. 북한은 김일성의 장례 이후 북미대화를 재개하기로 합의했다. 미국 측 협상대표단은 제네바에서 김일성의 사망을 조문하고, 강석주 부부장에게 핵계획 동결이 북미회담의 가장 중요한 전제조건임을 상기시켰다. 1994년 8월 5일 제네바 주재 미국 대표부에서 북미 고위급회담이 속개되었다.

미국은 북미회담 재개의 조건으로 북한이 일시 동결을 약속한 핵개발 프로그램을 영구 동결시킬 방안을 모색 중이었고, 경수로 제공은 한 가지 해법이었다. 당시 클린턴 행정부는 북한의 핵개발 포기 유도를 위해서 경수로 제공이 불가피하다는 판단했지만, 이를 실현하는 데는 많은 장애가 있었다. 수십 억 달러로 추정되던 경수로 비용의 조달과 어느 나라의 노형을 제공하는가가 큰 문제였다. 미국과 우방국들이 냉전 시대부터 지켜오던 대공산권 수출통제위원회(COCOM: Coordinating Committee for Multilateral Export Controls)와 같은 적성국 교역금지 규정도 큰 장애요인이었다.

　양국은 협상에서 경수로 공급 및 사용후 핵연료 처리문제에 많은 시간을 소비했다. 북한은 이전부터 '러시아형' 경수로를 원한다고 계속 주장하였고 미국은 북한의 러시아 경수로 요구에 대해 재정지원을 해결할 수 없다는 점을 분명히 하였다. 중국은 사용후 연료봉 처리나 대체에너지 제공에 참가할 의사가 없다고 분명히 하였다. 일본 또한 비용 부담에 소극적이었다. 한국은 '한국형' 경수로가 아니면 지원하지 않겠다는 의사를 분명히 했다. 마침내 북한은 "미국이 경수로 지원을 보장하고 주계약자가 되어 건설할 경우 모델이 어느 것이든 상관치 않겠다"는 입장으로 선회하면서, 사실상 한국형 경수로를 수락했다.

　1994년 8월 12일 북미 합의문이 발표되었다. 북한은 흑연감속로와 관련시설들을 경수로발전소로 전환할 준비가 되어있으며 미국은 2,000MWe 규모의 경수로를 가능한 한 빨리 북한에 제공하기 위한 조치와 전환기간 동안 잠정적인 에너지 제공을 위한 조치를 취할 준비가 되어있다는 것을 천명하였다. 그리고 경수로 제공 및 전환 기간 동안에 에너지 제공에 대한 미국의 보장을 접수하는 즉시 북한은 IAEA의 감시 하에 50MWe 및 200MWe 원자로 건설을 동결하고 재처리를 하지 않으며 방사화학실험실을 폐쇄하기로 합의했다. 또한 양국은 관계 정상화를 위해 상대방의 수도에 외교 대표부를 개설하고 무역 및 투자 장벽을 낮추도록 조치할 준비가 되어 있고, 미국은 북한에 대해 핵무기 불사용 및 불위협에 대한 보장을 제공할 준비가 되어 있고, 북한은 한반도 비핵화 공동선언을 완전히 이행할 준비가 되어 있다고 선언했다. 북한은 NPT에 잔류하고 IAEA 안전조치협정의 이행을 수락할 준비가 되어 있음도 분명히 명기하였다. 또한 양측은 경수로 지원과 사용 후 연료의 보관과 처리, 대체에너지 제공 및 연락사무소 개설을 추진하기 위해 전문가회의를 개최할 것과 9월 23일 제네바에서 고위급회담을 재개할 것에 합의하였다.

그러나 이후 속개된 북미대화는 다시 한 번 북한의 벼랑끝 전술로 곤혹을 치렀다. 북미 간 이미 합의된 연락사무소 개설과 사용후 핵연료 재처리에 관한 전문가회담을 개최하는 것은 별 어려움이 없었다. 하지만 북한은 연락사무소 개설과 남북대화를 연계하는 데 대해 강한 거부감을 표시하였다. 당시 남북관계는 김일성 사망 후 조문 사건으로 악화되었던 데다, 한국전쟁에 대한 구소련 자료의 공개와 한국 국무총리의 김일성 비판으로 긴장이 더욱 고조되었기 때문이었다.

한편 사용후 연료봉처리를 위한 베를린 전문가회의도 순탄치 못했다. 북한은 5MWe, 50MWe, 200MWe 흑연감속로를 포기하는 데 대해 12억 달러의 현찰 보상금과 경수로 구매를 위한 자금 지원을 요구하였다. 또한 대체에너지를 연간 벙커C유 50만 톤으로 하되 이를 현금으로 지급해 줄 것을 요구하였다. 1994년 9월 23일 제네바에서 속개된 제3단계 북미협상에서 북한은 핵연료 재장전을 위협했다. 고도의 긴장 속에서 다시 회담이 급진전되어, 10월 21일 '제네바 북미기본합의(Agreed Framework)'가 채택되고 제1차 북핵위기는 종료되었다.

북한은 제네바합의에서 핵활동을 즉각 동결하고 관련 시설을 해체할 뿐만 아니라 사용후 연료봉을 재처리하지 않고 일단 안전하게 보관한 뒤 제3국으로 이전하는 것에 동의하였다. 그리고 경수로 관련 핵심 부품의 인도 이전에 IAEA의 모든 안전조치 의무를 전면 이행하기로 합의했다. 이에 대해 미국은 합의 후 3개월 후부터 경수로 공급 시까지 전용이 불가능한 중유로 대체에너지를 공급하고, 2,000메가와트(MWe)급 경수로 제공 및 이를 위한 국제콘소시엄 구성에 합의했다. 대북 무역 및 투자 제한의 일부 해제, 양측의 연락사무소 교환설치도 약속하고, 한반도 비핵화 공동선언의 이행 및 남북대화 재개도 합의했다.

3. 6자회담과 6자합의

2002년 제2차 북핵위기 발생과 제네바 북미기본합의의 붕괴

북핵문제는 1994년 10월 제네바 북미기본합의에 따라 북핵시설 동결, 한반도에너지개발기구(KEDO: Korean Peninsula Energy Development Organization)의 중유공급과 경수로 건설 등 합의의 기본적인 틀이 유지됨으로써 해결되는 모습을 보였다. 그런데 제네바합의 이행 과정이 결코 순탄치 않았다. 자금문제로 경수로와 중유 제공이 수시로 지연되었다. 북한도 사찰을 거부하여, 제네바합의를 위협했다. 2001년 1월 출범한 부시 행정부는 2002년 신년 국정연설에서 북한을 '악의 축'으로 지칭하며, 북한의 강한 반발을 샀다. 미국 공화당 의회는 제네바합의를 북한에 대한 '항복문서'라고 비난하며, 경수로와 중유사업에 제동을 걸었다. 제네바합의가 체결된 지 8년이 지난 2002년 10월 북한의 새로운 농축핵개발 의혹이 불거지면서 제2차 북핵위기가 재연되었다.

당초 서로 상대방의 제네바합의 이행 의지를 불신했던 북미 양국은 조지 W. 부시 행정부의 출범을 계기로 급격히 심각한 갈등관계로 되돌아갔다. 양측은 줄곧 제네바합의에 대한 해석에 대해서 큰 시각차를 보였다. 특히 제네바기본합의 제3조의 '핵불사용 원칙'과 관련하여, 북한은 미국이 북한을 '악의 축'으로 지목하고 핵선제공격의 대상으로 삼은 것을 항의했다.

핵사찰 개시 시점과 관련하여, 제4조 "경수로사업의 상당부분이 완료될 때, 그러나 주요 핵심 부품의 인도 이전에 북한은 IAEA가 필요하다고 판단하는 모든 조치를 취하는 것을 포함하여 IAEA 안전조치협정을 완전히 이행한다"는 조항의 해석에도 큰 차이를 보였다. 미국은 핵사찰에 최소한 2~3년이 소요되기 때문에 핵심부품의 인도 이전에 사찰을 완료하기 위해서는 당장 핵사찰을 해야 한다는 입장이었다. 북한은 경수로 건설이 이미 상당기간 지연되었으며, 핵사찰은 단기간에 가능하므로 당장 핵사찰을 받을 필요가 없다고 주장했다.

북한은 부시 행정부의 '적대시 정책'으로 인해 북미관계 개선과 체제 안전 보장을 목표로 하는 제네바합의의 핵심 내용이 거의 사문화되었다고 보았다. 북한은 미국이 경수로 1, 2호기 완공 목표년도로 2003년, 2004년을 약속했지만, 경수로 공사 지연으로 엄청난 전력손실을 보고 있다고 주장했다. 2002년에는 경수로 건설 지연에 대한 북측의 보상 요구와 미국 측의 조기 사찰론이 서로 충돌하면서, '2003년 한반도 위기설'이 부상했다.

2002년 10월, 켈리(James Kelly) 미국 국무부 차관보가 방북했을 때, 북한이 농축우라늄 프로그램의 존재를 인정하자 제네바합의는 점차 붕괴의 길로 접어들었다. 미국은 켈리 차관보의 방북 결과를 2002년 10월 17일 공개하면서, 북한의 새로운 농축 핵개발 프로그램을 검증 가능한 방법으로 즉각 폐기할 것을 요구하는 성명을 발표하였다. 한국정부도 같은 날 북한의 어떤 핵개발도 반대하며 북한에게 남북 및 국제사회와 맺은 합의를 준수할 것을 촉구하는 성명을 발표했다.

2002년 10월 27일 멕시코 로스 카보스에서 개최된 아시아태평양경제협력체(APEC: Asia-Pacific Economic Cooperation) 회의에 참석했던 한미일 정상은 북핵 대응을 위해 3국 정상회담을 개최하고 공동발표문을 채택했다. 동 발표문은 북한의 농축핵활동을 제네바 북미기본합의,

NPT, IAEA 안전조치협정, 한반도 비핵화 공동선언 등 북한이 합의했던 '4개 핵합의'의 중대한 위반으로 규정하고, 북한에게 동 합의를 준수하고 검증 가능한 방법으로 농축핵프로그램을 조속히 폐기할 것을 요구했다.

한편, KEDO 차원에서는 2002년 11월 14일 한국·미국·일본·EU 가 참석한 KEDO 집행이사회를 개최하여 북한의 KEDO 및 KEDO 집행이사국과 관계는 핵개발 프로그램의 완전하고 영구적인 제거에 달려 있다는 요지의 성명을 발표하였다. 특히, KEDO는 이 성명에서 북한이 농축우라늄을 이용한 핵개발 프로그램을 완전 폐기하기 위한 "구체적이고 신뢰할 만한 조치"를 취하지 않는 한 12월 이후부터 중유 공급을 중단할 것이라고 선언했다. 그리고 북핵문제 전개상황을 보아가면서 다른 KEDO 활동도 검토할 예정이라고 밝혔다.

미국이 실제 2002년 12월부터 중유제공을 중단한 데 이어 공해상에서 북한 선박을 나포하는 사건이 발생하였다. 북한은 선박 나포와 KEDO의 중유 제공 중단에 크게 반발했다. 북한은 2002년 12월 12일 외무성대변인 담화에서 제네바기본합의에 따른 핵시설 동결을 해제하고, 전력생산에 필요한 핵시설의 가동과 건설을 즉시 재개한다고 발표했다. 북한은 12월 21일부터 24일까지 제네바기본합의에 의해 동결되어 있던 각종 핵시설들에 대한 봉인과 감시카메라를 제거했다. 또한 12월 27일 방사화학실험실 재가동 및 IAEA 사찰요원 추방을 결정했다고 발표하고, 실제 12월 31일 IAEA 사찰요원을 철수시켰다.

마침내 북한은 2003년 1월 10일 정부성명을 통해 NPT 탈퇴를 공식 선언하였다. 북한은 1993년 6월 북미공동성명에서 "NPT 탈퇴 효력 발생 발생의 일시정지"를 선언했었기 때문에 이번 NPT 탈퇴 선언으로 NPT 탈퇴가 즉각 발효된다고 주장했다.

한국정부는 북한의 핵개발은 각종 국제합의의 위반이자 7,000만 민족의 안전과 세계평화를 위협하는 행위로서 절대 용납될 수 없음을 분명히 하고, 국제사회와 공조를 통한 평화적인 해결을 위해 최선을 다할 것을 다짐했다. 한국정부는 러시아와 중국에도 특사 파견을 통해 북핵문제의 평화적인 해결을 위한 적극적인 협조를 요청하였다. 이와 함께 남북대화 채널을 이용한 직접적인 대북 설득도 병행하였다.

당시 한국정부는 김대중정부 하에서 햇볕정책을 추진하고 있었기 때문에 제네바합의체제를 유지시키는 데 최선을 다했다. 사실 햇볕정책에 따른 남북 교류협력과 1차 남북정상회담이 가능했던 것도 제네바 북미합의로 인해 북핵문제가 해결국면에 있었기 때문이었다. 그런데 부시 행정부가 출현하자 한미정부 사이에서는 대북정책을 둘러싸고 계속 마찰이 있었다. 특히 미 공화당 의회는 제네바합의에 대한 적대감을 감추지 않았다. 농축핵의혹 사건이 터지자 드디어 미 공화당 정부는 이를 이유로 제네바합의체제의 청산에 들어갔다.

한국정부는 대북 햇볕정책이 중단되는 사태를 피하기 위해 '제네바합의 살리기'에 최선을 다했다. 농축핵의혹 사태 이후 다시 국제사회의 의구심이 북한에 집중된 가운데 2002년 10월 19일부터 평양에서 개최되었던 제8차 남북장관급회담에서 한국 측 수석대표인 정세현 통일부 장관은 김영남 북한 최고인민회의 상임위원장과의 단독면담 시 핵문제의 해결을 직접 촉구하는 한편, 공동보도문을 통해 "한반도의 평화와 안전을 보장하기 위하여 공동으로 노력하며, 핵문제를 비롯한 모든 문제를 대화의 방법으로 해결하도록 적극 협력하기로 한다"고 합의하였다. 2003년 1월 21일부터 서울에서 개최된 제9차 남북장관급회담 공동보도문에서도 "남과 북은 핵문제에 대하여 쌍방의 입장을 충분히 교환하였으며, 이 문제를 평화적으로 해결하기 위하여 적극 협력하기로 한다"고 합의함으로써 평화적 해결을 위한 남북 간 협력을 재확인하였다. 평소 북한은 한국과 북핵문제를 남북대화의 의제로 올리는 데 결단코 반대했었지만, 제네바합의를 지속하는 데는 모처럼 의견이 일치했다.

한편, 2003년 1월 27일에서 29일까지 김대중 대통령은 임동원 대통령 외교안보통일특보를 대북 특사로 평양에 파견하여, 대북 설득에 나섰다. 임동원 특보는 김정일 위원장에게 대통령 친서를 전달하고 김영남 북한 최고인민회의 상임위원장 등 북측 고위인사와 연쇄회담하며 북핵문제의 해결을 설득했다. 특히 김정일 위원장에 대한 대통령 친서를 통해 핵문제 해결을 위한 건설적인 방안을 제시하였으며, 이에 대해 김정일 위원장은 "조언에 대해 감사하며 검토 후 적절한 방법으로 답변을 드리겠다"는 반응을 보였다. 이외에도 한국정부는 남북경제협력추진위원회, 철도·도로 실무협의회 등 각종 대화 계기 시 북한에게 핵포기를 지속적으로 설득하는 등 북핵문제 해결을 위한 주도적인 역할을 계속하였다. 그러나 결국 미국은 2003년 12월 KEDO 경수로사업을 일시 중단시킨 데 이어, 2005년 11월 완전 종료시켰다. 이로써 1994년 10월부터 시작되었던 제네바 북미기본합의체제는 완전히 막을 내렸다. 그렇다고 북미대화가 완전히 종료되지는 않고, 6자회담 내에서 이어졌다. 북한과 대화는 이어졌지만, 북핵문제는 이후 계속 악화되어 회복되지 못했다.

미국의 6자회담 추진 배경

남북 간 '한반도 비핵화 공동선언'과 북미 간 '제네바기본합의'가 실패하자, 미국은 새로운 다자대화 틀을 모색했다. 미국은 2003년 초 동북아의 이해관계국이 모두 참가하는 '6자회담'을 새로운 북핵협상 틀로서 제시했다. 미국은 왜 북미 양자회담을 포기하고, 6자회담을 제안했을까. 보통 강대국은 자신의 우월한 국력을 이용하는 데 유리한 양자방식을 선호하고, 약소국은 양자대화의 불리함을 벗어나기 위해 다자방식을 선호하는 것으로 알려져 있다. 그런데 미국은 북한에 대해 그 반대를 선택했다.

부시 행정부는 미북 양자협상 틀 내에서 자신의 우월한 국력을 효과적으로 활용하지 못한다고 판단했다. 북한은 미국이 주도하는 세계질서 밖에 있는 체제 외 국가이며, 또한 북미관계가 사실상 전무했다. 또한 북한의 독특한 주체사상, 반제국주의적 민족주의, 수령유일영도체제, 자립경제체제 등도 외부의 압박에 대해 강한 저항성을 발휘하는 배경이 되었다. 따라서 미국의 월등히 우세한 국력도 북미협상에는 별 영향을 미치지 못했다.

부시 행정부는 북한과 특수 관계에 있는 중국뿐만 아니라, 주변국까지 모두 끌어들여 5 대 1의 대북 포위와 압박구조를 만들고자 하였다. 6자회담을 다자 대북 압박수단으로 이용하고자 하는 의도가 있었던 것이다. 또한 향후 합의가 만들어지고 경제적 보상이 필요할 때, 그 재정 부담을 동북아국가에게 넘기려고 했다.

사실 6자회담은 과거 남북 또는 북미 양자회담에 비해 협상구조가 더 안정적이다고 볼 수 있다. 또한 더욱 효과적인 이행보장 장치를 갖고 있다. 양자 합의는 원래 깨어지기 쉬운 합의 이행구조를 갖는다. 특히 남북, 북미관계와 같이 상호의존성이 매우 낮은 경우, 일방이 약속을 어기더라도 타방은 불평하는 것 이외에 별다른 대응방법이 없기 때문이었다. 반면 6자회담에서 일방이 약속을 어기면 위반국은 다른 5개국의 비난을 동시에 사게 되어 외교적 부담이 매우 크다.

6자회담은 그 포괄성과 다면성으로 인해 북핵문제 해결에 크게 기여할 것으로 기대되었다. 6자회담은 비핵화뿐만 아니라, 북미 및 북일 관계개선, 경제에너지 지원, 동북아 다자안보체제 구축, 한반도 평화체제 구축 등을 병행 추진함으로써 이슈 간 상호관련성을 증진시키고 시너지 효과를 내어, 합의 이행을 촉진하고 보장하는 효과가 있었다. 별도의 평화포럼을 통해서 추진하기로 합의한 한반도 평화체제 구축도 남북 간 군사적 긴장완화에 기여하고 북핵문제 해결을 촉진할 것으로 보였다. 6자회담은 이렇게 복합적이고 중층적인 이행구조로 인해 보다 안정적인 이행이 가능할 것으로 보여 과거와 같이 북핵위기와 핵합의 파기가 반복되는 '북핵협상의 악순환' 함정을 피할 수 있을 것으로 기대되었다.

북한은 미국의 이런 의도를 간파한 듯 초기에 미국의 6자회담 제안을 극력 반대했다. 그러나 한국정부와 관련국의 설득 노력으로 2003년 4월 북경에서 미국, 중국, 북한 등 3국이 참가하는 6자회담 설명회가 열렸다. 마침내 2003년 8월 북경에서 남한, 북한, 미국, 중국, 일본, 러시아 등 6개국이 참가하는 6자회담이 처음으로 중국의 주최로 베이징에서 개최되었다. 그런데 6자회담도 과거 남북대화와 북미협상처럼 순탄치 못했다. 6자회담이 진행되는 동안에 북한이 핵활동을 계속하자 '6자회담 무용론'이 제기되기도 하였다.

한편, 6자회담이 우여곡절을 겪는 가운데 그 필요성에 대한 참여국의 공감대는 점차 확산되었다. 첫째, 6자회담에서 상호 의견교환을 통해 상대의 입장을 명확히 확인할 수 있었다. 남북한과 미국은 물론, 회담에 참여하는 국가들이 각기 북핵문제와 한반도 평화문제에 대하여 의견을 표명하고 상호 이해를 높이는 계기가 되었다. 둘째, 북핵문제의 평화적 해결 원칙에 대한 공감대를 형성하였다. 비록 북핵문제의 해결 방법에 대해 견해차가 컸지만, 평화적·외교적으로 해결하여야 한다는 데에는 참여국들의 공감대가 만들어졌다. 셋째, 북핵문제의 포괄적 해결 가능성을 보여주었다. 북핵문제의 해결은 단지 북한의 핵포기에 한정되는 것이 아니라, 경제에너지 제공, 북한과 양자관계 정상화, 한반도 평화체제 구축, 동북아 안보협력 등과 병행 추진해야 한다는 인식이 점차 확산되었다.

6자합의 채택

6자회담은 차수를 거듭했고, 마침내 2005년 9월 4차 6자회담에서 '9·19 6자공동성명'을 채택했다. 2003년 8월 1차 6자회담을 시작한 지 25개월 만의 성과였다. 9·19공동성명의 핵심 내용은 북한의 핵무기와 모든 핵프로그램 포기, 미국의 대북 불가침 약속과 북미관계 정상화, 직접 관련국들이 구성한 별도 포럼에서 한반도 영구평화체제 협상 진행 등 3개로 구성되었다.

6자회담에서 미국의 최고 목표는 '핵무기와 모든 핵프로그램 폐기'에 대한 북한의 약속을 받아내는 것이었다. 미국은 이 목표가 관철되자 종래 강경한 입장을 바꾸어, "적절한 시기에 경수로 제공 문제에 대하여 논의하는 데 동의"하여 경수로 제공 가능성까지 열어 놓았다. 한편, 북한은 핵을 포기하는 대신 북미관계 및 북일관계 정상화, 에너지 지원, 경제협력, 전력공급 등을 확보하고, 경수로 공급 가능성도 확보하였다. 이 공동성명으로 북핵문제를 완전히 해결하고 한반도의 영구평화체제를 구축하기 위한 기초적인 정치 로드맵이 마련되었다.

9·19공동성명은 동북아와 한반도의 핵심 외교안보문제를 다 포함했고, 또한 동북아국가가 모두 참가하여 이행 보장성도 강화된 합의문이었다. 이 합의는 북한의 반복되는 핵·미사일실험 도발로 결국 붕괴했지만, 그 내용과 구성요소는 향후 한반도문제 해결 위한 지침이 되었다.

사실 6자회담의 진전에도 불구하고, 누구도 북한이 핵을 쉽게 포기할 것으로 믿지는 않았다. 북한은 6자회담이 진행되는 도중에도 사용 후 핵연료 재처리, 핵개발 완료 선언(2005.2.10), 핵실험 방침 선언(2006.10.3) 등 핵도발을 반복하였다. 마침내 2006년 10월 9일 핵실험을 감행하여 '핵개발 완성'을 세계에 알렸다. 북한의 1차 핵실험으로 인한 북핵위기는 역설적으로 소강상태에 빠졌던 6자회담을 촉진시켰다.

그 결과 2007년 2월 제5차 6자회담 3단계 회의에서 '9·19공동성명 이행을 위한 초기조치' 또는 일명 '2·13합의'가 채택되었다. 이로써 9·19공동성명이 액션플랜으로 구체화되었으며, 5개 실무그룹(Working Group)을 설치하여 공동성명을 이행하기 위한 제도적 틀도 만들었다. 그리고 대북 지원 경비는 5개국 간 평등과 형평의 원칙에 따라 분담하기로 합의하였다.

한때 미국이 북한과 거래한 마카오 소재 방코델타아시아(BDA) 은행을 제재하자, 북한이 반발하여 6자회담이 중단되기도 했다. 그럼에도 불구하고, 6자회담이 진전하여, 2007년 7월 영변 핵시설이 '폐쇄(shutdown)'되고, IAEA 검증요원이 영변 핵단지에 복귀하였다. 대북 경제에너지 지원의 일부로 한국정부는 중유 5만 톤을 제공하였다.

2007년 9월 말 개최된 제6차 6자회담 2단계 회담에서 '9·19공동성명 이행을 위한 제2단계 조치' 또는 일명 '10·3합의'가 채택되었다. 10·3합의는 연내 영변 주요 핵시설의 '불능화'와 모든 핵프로그램의 신고조치 완료를 규정하였다. 이에 대한 보상조치로 중유 95만 톤 상당의 경제에너지와 인도적 지원을 제공하기로 했다. 미국은 북측 조치와 병행하여 대북제재를 해제하고, 일본은 북한과 관계정상화를 위해 노력하기로 합의하였다. 2008년 들어 북한이 냉각탑을 폭파시키고, 우여곡절 끝에 '신고'를 완료하였다. 이에 대해 2008년 10월 미국은 북한을 테러지원국 지정에서 해제하는 역사적 조치를 취하였다.

6자회담의 중단

6자회담은 2008년 말 10·3 조치의 마지막 관문인 '핵검증'의 고비를 넘지 못하고 또 중단되고 말았다. 2003년 6자회담 초기에 가졌던 기대와 달리, 북핵문제는 계속 악화되었다. 2006년 10월 9일, 2009년 5월 25일 각각 북핵 실험이 있었으며, 북한의 핵무기용 플루토늄 재고 추정량도 약 10kg에서 약 40kg으로 증가하였다. 당초 기대와 달리 6자회담도 가다 서다를 반복하며, 이전처럼 '북핵협상 악순환' 패턴이 재현되는 경향을 보였다.

2008년 말 핵검증 합의서 채택에 실패한 이후 6자회담이 일시 중단되었다. 2009년 상반기 들어 북한의 장거리로켓 시험발사와 2차 핵실험 이후 6자회담 재개 가능성은 사라졌다. 북한은 2009년 초 출범한 미국 오바마정부가 대화 메시지를 보냈지만 무시했다. 당시 북한은 비상한 국내정세로 인해 핵협상에 관심이 없었다. 2008년 8월 김정일 국방위원장이 뇌졸중으로 쓰러지자, 북한은 핵협상의 문을 닫고 강경일변도로 선회했다. 북한의 수령체제에서는 오직 최고지도자만이 정책적 유연성을 발휘할 수 있는데, 최고지도자가 통치 불능상태에 빠지자 어떤 정책결정도 불가능했다.

2009년 4월 29일 북한 외무성 대변인 성명은 2차 핵실험, 장거리 미사일 발사시험, 경수로 연료공급을 명분으로 한 우라늄 농축 등을 예고하였다. 마침내 북한은 5월 25일 2차 핵실험을 강행하고 "자위적 핵억제력 강화 조치의 일환으로 2차 핵실험이 성과적으로 진행"되었다고 발표하였다. 북한은 핵실험 성공을 대대적으로 선전하고, 내부적으로 '150일 전투'를 개시하였다. 북한의 조선인민군 판문점대표부는 정전협정을 부인하는 성명을 발표했다. 또한 한국정부의 확산방지구상(PSI: Proliferation Security Initiative) 참여결정을 북한에 대한 선전포고로 간주한다고 발표하며, 전쟁위기를 극단적으로 고조시켰다.

사실 6자회담의 중단과 위기는 이전에도 반복되었다. BDA 금융제재, 신고문제, 1차 북핵실험, 장거리 로켓 발사시험 등으로 인해 6자회담이 수차례 중단된 적이 있었다. 그런데 2009년 북한의 6자회담의 거부는 과거 북한의 그것과 달랐다.

첫째, 북한의 거부 강도가 이전과 달랐다. 2009년 4월 5일 북한 장거리 로켓 발사에 대해 유엔 안보리 의장이 4월 13일 비난 성명을 내자 북한이 이에 반발하여 6자회담을 전면 거부하고 나섰다. 4월 14일 북한 외교부는 성명을 통해 "6자회담이 우리의 자주권을 침해하고 우리의 무장해제와 제도 전복만을 노리는 마당으로 변한 이상 이런 회담에 다시는 절대로 참가하지 않을 것"이라고 주장했다. 과거 북한이 종종 6자회담 '불참' 또는 '무기한 불참'을 선언한 적은 있으나, 이처럼 6자회담을 전면 거부한 것은 처음이었다.

둘째, 당시 6자회담의 중단은 김정일 위원장의 건강 이상, 체제위기의 심화 등 내부요인과 밀접하게 관련되어 있다. 특히 2008년 여름 김정일 위원장의 뇌졸중 발병은 대외정책이 강경책으로 전환되는 계기가 되었다. 북한은 체제위기가 심화되는 가운데 선군정치를 강화하면서 과거에 비해 더욱 도발적으로 행동했다.

김정일의 뇌졸중 발병 이후, 김정일과 북한 지도부는 권력승계 구도를 조기에 완성하고 권력통제 구도를 안정화해야 하는 비상시국을 맞이했다. 김정일 위원장은 2012년 권력승계와 강성대국 건설의 목표를 위해 핵보유국이 되는 명확한 목표를 세웠다. 2차 핵실험은 이를 위한 중간 조치로 보였다. 북한은 김정일 위원장의 건강 이상, 경제난, 식량부족 악화 등으로 총체적 국가위기를 다시 맞이하자, 핵개발과 핵실험을 통해 이를 극복하고자 했다. 핵실험을 통해 대내외적 긴장을 고조시켜 이를 권력통제 강화와 안정화에 이용하고, 핵보유국 지위를 선전함으로써 주민의 불만을 무마하고 대리만족을 제공하려고 했다.

6자회담은 2008년 12월 수석대표회의에서 북한이 핵신고서의 검증 문제에 대한 합의를 거부하면서 계속 중단되었다. 북한은 유엔 안보리가 2009년 5월 2차 핵실험에 대해 제재조치를 취하자, 이에 반발하며 '6자회담 전면 거부'를 선언했다. 2010년 초 6자회담 재개를 위한 주변국의 외교적 노력이 구체화되는 가운데 3월 천안함 폭침사건이 발생하여, 회담 재개 가능성이 더욱 사라졌다. 이후 관련국들은 6자회담 재개를 위한 사전여건 조성을 위해 노력하였으나, 북한은 11월 또 다시 연평도 포격 도발을 감행하였다. 연평도 사건 직후 중국정부가 일방적으로 6자회담 수석대표 긴급회의를 제안하였지만 한미일 3국이 거부했다. 2010년 11월 북한의 핵농축시설 공개로 6자회담 개최 필요성이 제기되었으나, 천안함과 연평도 사건의 여파가 지속되면서 열리지 못했다.

북한은 2010년 초 6자회담 복귀 조건으로 안보리 제재해제, 북미평화협정 협상 개시 등을 제기하다가, 2011년 중반기 들어 갑자기 '조건 없는 6자회담 재개'를 강력히 주장하는 '평화공세'를 개시하였다. 조건 없는 6자회담 재개 입장으로 급선회한 배경에는 2차 핵실험 이후 핵무장 기정사실화, 대미 협상력 우위 판단, 권력세습과 강성대국 건설을 위한 물자공급을 위해 유엔 제재해제 필요, 중국의 경제지원 및 남한의 경협확대, 러시아 가스관 연결 등을 위한 제재해제 필요 등이 있었던 것으로 보인다.

한미정부는 북한과 중국정부의 '무조건 6자회담 재개' 요구에 대해 '사전조치'의 선이행을 요구했다. '사전조치'는 6자회담 개최 이후 조속히 실질적인 성과를 거두기 위해 사전에 쟁점 사항을 해소하자는 취지에서 제기된 것이었다. 당시 한미정부가 요구하는 '사전조치'로 북한의 비핵화와 9·19공동성명 이행의지 확인, 핵활동 동결, 핵실험과 미사일 발사시험 중단, IAEA 사찰단 복귀, 우라늄농축 활동 중단 등이 있었다.

표 10.1 6자회담 차수별 주요 성과와 배경(2003~2008년)

6자회담		개최 기간	6자회담 결과	배경 및 관련 사항
1차		2003.8.27~29	대화를 통한 평화적 해결 원칙에 대한 공감대 형성	
2차		2004.2.25~28	상호조율된 조치에 의한 해결 및 실무그룹 구성 합의	2004.4 미국, 북한의 제네바합의 이행 위반을 이유로 북미대화 거부
3차		2004.6.23~26	비핵화를 위한 초기조치 필요성, '말 대 말', '행동 대 행동' 원칙 공감	2005.2 북한, 6자회담 무기 중단과 핵보유 선언 2005.5 북한, 폐연료봉 8,000개 인출 완료 발표
4차	1단계	2005.7.26~8.7	9.19공동성명 채택 : 북핵폐기 및 여타국의 상응조치 합의	2005.9 미국, BDA 금융제재
	2단계	2005.9.13~19		
5차	1단계	2005.11.9~11	9.19공동성명 이행의지 재확인	2006.7 북한, 장거리 미사일 발사 2006.7 UNSC 1695호 채택 2006.10 북한, 1차 핵실험 2006.10 UNSC 1718호 채택
	2단계	2006.12.18~22	9.19공동성명 이행의지 재확인	2006.12 북한, BDA 선 해결 고수
	3단계	2007.2.8~13	2.13 초기조치 합의	

계속

표 10.1 계속

6자회담		개최 기간	6자회담 결과	배경 및 관련 사항
6자	1단계	2007.3.19~22	6자회담, 2·13합의 이행 의지 확인	2007.3 북한, BDA문제로 6자 수석대표회의 불참 2007.7 북한, 중유 5만 톤 도착 확인 후 영변 해시설 가동중단 발표 2007.9 북미, 해시설 연내 불능화, 전면 신고 합의
	2단계	2007.9.27~30	10·3 2단계 이행조치 합의	2008.2 북한, 영변 원자로 냉각탑 폭파 2008.6 북한, 중국에 북핵 신고서 제출
	수석대표회의	2008.7.10~12	북해 신고검증, 6자 의무이행 감시체제 수립 필요	
6자 외교장관 비공식회동		2008.7.23	비해화화 2단계의 마무리 및 3단계로의 진전 필요	2008.10 미국, 대북 테러지원국 지정 해제 발표
6자 수석대표회의		2008.12.8~11	불능화와 대북 경제·에너지 지원의 병렬적 이행 합의 동북아 평화·안보 구조 실무그룹회의 개최 합의	2009.4 북한, 장거리로켓 발사, 6자회담 불참 선언 2009.5 북한, 2차 해실험 2009.6 UNSC, 대북결의 1874호 채택

북한은 '사전조치'를 거부했고, 또 6자회담은 열리지 못했다. 이로써 6자회담은 일시중단이 아니라, 사실상 완전 종료되었다.

4. 김정은-트럼프 북미정상회담 경과와 성과

역사적인 싱가포르 북미정상회담 개최

2017년 한반도는 김정은 위원장의 반복되는 핵실험과 중장거리 미사일 발사시험, 그리고 이에 대한 트럼프 대통령의 '화염과 분노(fire and fury)' 발언으로 대변되는 대응 군사조치 위협으로 최고 수준의 전쟁위기와 핵위기를 겪었다. 위기의 골이 깊었던 만큼 대화국면도 극적이었다. 2018년 2월 평창 동계올림픽에 북한선수단과 고위대표단이 참가한 데 이어, 4월 27일 판문점 남북정상회담이 열리고 판문점선언이 채택되었다. 문재인 대통령과 김정은 국무위원장은 판문점선언에서 "완전한 비핵화를 통해 핵 없는 한반도를 실현한다는 공동의 목표를 확인"했다.

남북정상회담의 성과를 배경으로 마침내 2018년 6월 12일 싱가포르에서 북미정상회담이 열렸다. 싱가포르 북미정상회담은 세기적 이벤트로서 전 세계의 이목을 끌었다. 기대가 높았던 만큼 그 결과에 대해서도 말이 많았다. 북미정상회담 다음 날 6월 13일 아침 국내 주요 일간지의 사설 제목만 보더라도, "김정은과 트럼프, 평화의 행진을 시작하다(『경향신문』 사설)"에서 "어이없고 황당한 미북회담, 이대로 가면 북 핵보유국 된다(『조선일보』 사설)"까지 평가가 크게 엇갈렸다. 과연 북미정상회담의 의의와 특징을 어떻게 평가해야 할까?

첫째, 싱가포르 북미정상회담의 최대 의의는 양국 정상이 역사상 처음으로 회동했다는 데에 있다. 이는 양국이 수립된 이후 첫 정상 회동이며, 최장 적대관계를 유지하고 있는 국가 간 정상회동이라는 특징도 있다. 과거 북미정상회담은 항상 대화를 통한 분쟁해결을 주장하는 민주당의 의제였으나 막상 그 성과는 공화당의 트럼프 행정부가 차지했다. 김정은도 막상 더 강력한 북한 지도자였던 김일성과 김정일이 하고 싶어도 하지 못했던 북미정상회담 개최라는 성과를 거두었다. 그것도 형식상 완벽하게 동등한 위치에서 정상회담을 치렀다.

둘째, 6·12 북미정상회담은 4·27 판문점 남북정상회담과 마찬가지로 정치지도자가 직접 주도하는 '정치 프로세스'라는 점에서 이전 북미대화와 차별화된다. 과거 북미대화는 주로 관료적, 외교적, 핵비확산 기술적 접근이었다. 이는 새로운 정치적 돌파구를 만들 수 없다는 한계가 있었다. 일련의 북한과 정상회담은 전쟁의 선언이 정치인의 몫이듯, 평화의 선언도 정치인만이 할 수 있다는 점을 상기시켰다.

김정은 위원장이 6·12 북미정상회담의 첫 발언에서 "여기까지 오는 길이 그리 쉬운 길은 아니었다. 우리한테는 발목을 잡는 과거가 있고, 또 그릇된 편견과 관행이 때로는 눈과 귀를 가렸다. 우린 모든 것을 이겨내고 이 자리까지 왔다."고 발언했다. 이 발언에 대해 트럼프 대통령이 크게 공감하는 제스처를 보였다. 이는 양측 모두 이번 정상회담을 개최하는 데 정치적 결단이 필요했음을 보여주었다. 한반도 정상회담 프로세스에 참여하는 남·북·미·중의 지도자들은 모두 강한 정치지도자이다. 이들은 과거의 부담과 국내정치의 압박에서 벗어나, 자신의 비전과 정책의지를 시험하며, 새로운 역사를 만들겠다는 의지를 보였다. 문재인 대통령도 북미정상회담 직후 발표한 '북미정상회담 결과에 대한 입장(6.12)'에서 "낡고 익숙한 현실에 안주하지 않고 과감하게 새로운 변화를 선택해준 트럼프 대통령과 김정은 위원장, 두 지도자의 용기와 결단에 높은 찬사를 보냅니다."라고 말해 양 정상의 정치적 결단을 평가했다.

특히 트럼프와 김정은의 경우 각각 국내정치적 이유로 인해 외교적 성과를 거두고자 하는 강한 욕구가 있다. 따라서 '외교의 정치화' 현상이 두드러졌다. 북한은 『노동신문』 4개면에 걸쳐 동 행사의 컬러사진과 공동성명을 실었다. 북한주민들에게 김정은 위원장이 초강대국 미국의 대통령과 같은 위상에서 당당하게 정상회담을 개최했음을 알리고자 했다. 트럼프 대통령도 싱가포르까지 20시간의 비행, 종일 북미정상회담 개최 등 매우 힘든 일정을 보냈음에도 불구하고, 북미정상회담 이후에 약 65분간 기자회견을 갖고 장황하게 자신의 외교적 업적을 설명했다. 평소 언론을 기피하고 적대시하던 트럼프 대통령으로서는 보기 드문 광경이었다.

셋째, 한반도는 흔히 '냉전의 마지막 섬'이라고 불리는데, 6·12 북미정상회담은 이 마지막 냉전체제를 해체하는 역사적인 사건으로 기록될지 모른다. 문재인 대통령도 "6·12 센토사합의는 지구상의 마지막 냉전을 해체한 세계사적 사건으로 기록될 것"으로 평가했다.

'한반도 냉전구조'는 남북 적대관계와 북미 적대관계 등 2개 핵심 적대관계로 구성되어 있다. 한반도 냉전구조의 종식은 남북 및 북미 적대관계의 정치적, 법적 해소로 완료된다. 남북 간 적대구조는 사실 '분단구조'와 연계되어 있어 평화협정이 체결되고 통일이 되어야 완전히 해체된다. 그런데 그 과정에서 좀처럼 극복하기 어려운 정치적, 법적 난관이 있어, 그 완성은 요원해 보인다. 한편, 북미 적대관계 종식은 상대적으로 용이하다. 논쟁적인 평화협정 체결 없이도 북미 양국 간 '북미수교'를 통해서도 일단 적대관계를 종식할 수 있기 때문이다.

넷째, 금세기 최악의 핵확산문제와 전쟁위기를 해결하기 시작했다. 1998년 인도와 파키스탄이 핵실험을 실시한 이후 세계적으로 핵실험이 전면 중단되었는데, 북한은 2006년 핵실험을 실시하여 핵실험 모라토리움과 핵비확산체제에 큰 위협이 되었다. 또한 지난 20년 내 유일한 신규 핵무장국으로 등장했다.

그런데 북한은 남북정상회담에서 '완전한 비핵화'에 합의했다. 그리고 남북 및 북미정상회담 과정에서 돌연 선제적, 주동적으로 비핵화조치를 취했다. 핵실험과 미사일시험발사 중단, 핵실험장 폐쇄, 핵실험 전면중단, 핵실험금지 국제레짐 참가용의, 미사일엔진시험장 폐기 계획, 핵무기와 핵기술 이전 중단 등을 선언하고 실행했다. 만약 북미정상회담을 통해 양국관계가 개선되고 수교과정에 들어서게 되면, 북미 적대관계도 해소될 것이다. 이때 북한의 핵무장 동기도 상당히 해소되어, 완전한 핵포기의 실현성도 증가하게 된다.

첫 북미정상회담의 역사적 의미에도 불구하고, 싱가포르 공동성명의

트럼프 미국 대통령과 김정은 북한 국무위원장의 싱가포르 정상회담 공동성명

도널드 트럼프 미국 대통령과 김정은 조선민주주의인민공화국 위원장은 2018년 6월12일 싱가포르에서 역사적인 첫 정상회담을 개최했다. 트럼프 대통령과 김정은 위원장은 새로운 미북관계 수립 및 한반도에서의 지속적이고 견고한 평화체제 구축과 관련된 이슈에 대해 포괄적이고 심도 있고 진지한 의견을 교환했다. 트럼프 대통령은 북한에 대해 안전 보장을 제공하기로 약속했고, 김 위원장은 한반도의 완전한 비핵화라는 확고한 약속을 재확인했다. 두 정상은 새로운 미북관계의 수립이 한반도와 세계의 평화와 번영에 기여하고 상호신뢰 구축은 한반도 비핵화를 촉진할 수 있다는 점을 확신하면서 다음과 같이 발표한다.

계속

1. 미국과 북한은 평화와 번영을 위한 양국 국민의 희망에 따라 새로운 미북관계를 수립한다.
2. 미국과 북한은 한반도에서 지속적이고 안정적인 평화체제를 구축하기 위한 노력에 동참할 것이다.
3. 북한은 2018년 4월 27일 판문점선언을 재확인하면서 한반도의 완전한 비핵화를 위해 노력한다.
4. 미국과 북한은 이미 확인된 사람들의 즉각적 송환을 포함해 전쟁포로와 전장실종자 송환을 약속한다.

역사상 처음으로 열린 미북정상회담은 양국 사이에 수십 년 된 긴장과 적대를 극복하고 새로운 미래를 본격적으로 열어나가는 데 있어 획기적 사건임을 인정하면서, 트럼프 대통령과 김정은 위원장은 이번 공동성명 조항들을 완전하고 신속하게 이행하기로 약속했다. 미국과 북한은 북미정상회담 결과를 이행하기 위해 마이크 폼페이오 미국 국무장관과 그에 걸맞은 북한 고위급 인사가 주도하는 후속 협상을 가능한 빠른 시일 내에 열기로 약속했다. 도널드 트럼프 미국 대통령과 김정은 북한 국방위원장은 새로운 미북관계 발전과 한반도 및 세계의 평화, 번영, 안전 증진을 위해 협력하기로 약속했다.

합의 내용은 북한 비핵화가 결코 쉽지 않을 것이라는 점을 시사하고 있다. 다음에서 싱가포르 북미공동성명의 성과와 의의를 평가하고자 한다.

첫째, 이번 공동성명을 통해, 북핵에 대한 접근법이 과거 일방적으로 핵폐기를 요구하는 국제법적, 핵비확산 규범적, 관료적 접근법에서 주고받기식의 정치적, 거래적 접근법으로 바뀌었다. 그동안 한미와 국제사회는 북한의 핵개발을 공공연한 국제법 위반과 세계평화 침해행위로 간주했다. 하지만 이번 공동성명에서 양측은 북미관계 개선과 비핵화를 교환하기로 합의했다. 이는 매우 현실적인 접근법이다. 하지만 이 접근 원칙에 대한 합의에도 불구하고, 실행문제는 여전히 미지수로 남아있다.

둘째, 싱가포르공동성명에서 북핵 의제의 상대적 중요성이 하락했다는 우려가 있다. 공동성명에 총 4개 조항이 있는데, 북핵 조항은 (1조) 새로운 북미관계 수립, (2조) 한반도 평화체제 구축에 이어, (3조)에 위치한다. 북미회담에서 최우선 의제가 되어야 하는 북핵문제가 세 번째로 밀려 상대적 중요성이 감소한 셈이다. 또한 북핵 조항을 북미관계 수립과 평화체제 구축 조항 이후에 위치한 것은 이 순서에 따라, 즉 북미관계 수립과 평화체제 구축 이후에야 비핵화를 추진한다는 잘못된 메시지를 북한에 줄 우려가 있다. 공동성명 전문의 "상호 신뢰구축이 한반도 비핵화를 촉진"한다는 구절도 북한에게 북미관계가 개선되고 상호 신뢰가 구축될 때까지 비핵화를 늦추어도 된다는 메시지를 줄 우려가 있다.

셋째, 북핵 조항에서 구체성이 부족하다. 북핵 조항의 내용을 보면, 강력한 비핵화 최종상태와 목표를 표시하는 '완전하고 검증가능하며 불가역적 핵폐기(CVID)' 표현이 빠진 대신, 4·27 판문점선언(2018)에서 표현된 '한반도의 완전한 비핵화'가 채택되었다. 그리고 비핵화 시한, 신고 범위, 검증 방법, 초기 비핵화 실행조치 등이 공동성명에 명기될 것으로 기대되었으나 빠졌다. 다만 공동성명 3조에서 "북한은 2018년 4월 27일에 채택된 판문점선언을 재확인하면서, 한반도의 완전한 비핵화를 향하여 노력할 것을 확약하였다"고 합의하여, 북미공동성명은 남북정상 선언의 북핵합의를 반복하는 데 그쳤다. '비핵화' 개념의 정확한 정의에도 관심이 많았지만, 이도 생략되었다.

넷째, 공동성명은 '리비아식' 비핵화모델을 포기했다. 그렇다면 대안적인 비핵화모델은 무엇일까. 당초 미국 내에서는 '리비아식' 모델에 따라, '일괄타결과 일괄이행'에 대한 요구가 많았다. 그런데 볼턴(John Bolton) 전 국가안보보좌관의 '리비아식' 모델 주장과 이어진 북미 간 설전, 트럼프 대통령의 정상회담 취소와 재추진 등을 통해, 북미 양측은 자신의 비핵화모델을 일방적으로 상대에게 강요하는 것이 불가능하다는 것을 깨달은 것 같다. 그 결과 공동성명도 비핵화 목표를 합의하는 데 그치고, 구체적인 비핵화 방법론은 후속 협상으로 넘겼다.

그런데 북미정상회담을 앞두고 수차례 성 김 미 대사와 최선희 북한 외무성 부상이 판문점과 싱가포르에서 협상을 벌였지만, 북핵문제의 세부사항을 합의하는 데 실패했다. 이 사실은 향후 후속 고위협상에서도 구체적인 비핵화조치에 합의하는 것이 매우 어려울 것이라는 점을 예고했다.

한편, 북한은 자주적이고 선제적인 '주동적 비핵화조치'를 비핵화 방법의 핵심으로 생각하는 것으로 보인다. 이 비핵화모델은 비핵화 시한, 신고, 검증, 구체적 실행조치 등에 대한 명시적 합의를 거부하면서, 대신에 소위 스스로 북미관계 개선에 맞추어 단계적으로 핵폐기를 추진하는 것으로 추정된다. 종래 북한은 핵협상에 치열한 협상과 보상이 있은 후에야 비핵화조치를 실행했다. 전례에 비추어 이번 '선제적' 비핵화조치를 취한 것은 매우 특이하다.

김정은은 남북 및 북미정상회담을 앞두고, 4·20 노동당 전체회의를 개최하여 '선제적' 비핵화조치를 발표하고 실행에 옮겼다. 또한 북미정상회담에서 트럼프 대통령에게 별도로 '미사일 엔진실험장 폐쇄' 조치를 통보했다. 이런 북한의 조치는 남아공이 비밀리에 핵무기를 개발했다가, 비밀리에 스스로 핵무기를 폐기한 사례를 연상시킨다. 그렇다고 북한의 핵폐기조치가 한미가 기대하는 만큼 계속 진행될 가능성은 높지 않다. 초기 단계의 주동적 비핵화조치는 상대적으로 쉽지만, 핵탄두와 핵심 핵물질 시설의 폐기가 원활히 진행될 가능성은 매우 낮기 때문이다.

'노딜'의 하노이 북미정상회담

트럼프 대통령과 김정은 국무위원장은 2019년 2월 27, 28일 양일간 베트남 하노이에서 2차 북미정상회담을 가졌으나, 합의 채택에 실패한 이른바 '노딜'사태가 발생했다. 당시 이런 하노이회담의 결과는 누구도 예상치 못했다. 특히 하노이 북미정상회담의 결과로 북미관계, 비핵화, 평화체제 등 3축이 나란히 진전되어, 이를 바탕으로 남북관계 개선과 경제협력을 촉진하려던 문재인정부에게는 적지 않은 충격이었다. "웃으며 헤어졌다"는 북미 양국의 설명에도 불구하고, 하노이합의 무산의 여파는 오래갔다. 전례를 볼 때, 북한과 회담 결렬은 종종 상대방에 대한 책임전가와 상호비난으로 이어지고, 협상 중단을 초래했었다.

　일부 전문가는 올 것이 왔을 뿐이라고 평가했다. 트럼프 대통령의 새로운 정치적 톱-다운식 접근법은 북미대화의 돌파구를 여는 데 결정적으로 기여했다. 하지만 1인 리더십에 과도하게 의존하는 이런 접근법이 불안정하며, 예측불가하다는 한계도 드러났다.

　하노이 정상회담에서 최대 쟁점은 초기 핵폐기의 범위였다. 미국은 영변 핵단지를 넘어서는 소위 '영변 플러스 알파'의 비핵화를 요구했다. 영변 내 핵분열물질 생산시설 뿐만 아니라 영변 밖의 농축시설도 폐기하기를 바랐다. 폼페이오 국무장관의 추가 설명에 따르면, 미국은 영변 외의 미사일 시설, 핵탄두 무기체제의 해체, 핵목록 신고 등도 필요했다. 그런데 북한은 핵폐기의 범위를 '영변 핵시설 폐기'로 한정하는 한편, 그 대가로 민생 관련 유엔 안보리 제재결의 5개의 철회를 요구했다.

　그런데 미국은 북한의 제재해제 요구를 "기본적으로 전면적인 제재해제"로 평가하고 이를 거부했다. 합의 무산 이후 급조된 기자회견(3.1)에서 리용호 북한 외상은 북측의 비핵화 제안을 다음과 같이 부연 설명했다. "영변지구의 플루토늄과 우라늄을 포함한 모든 핵물질 생산시설을 미국 전문가들의 입회하에 양국 기술자들의 공동 작업으로 영구적으로 완전히 폐기한다. 이는 양국의 현 신뢰 수준의 단계에서 북한이 할 수 있는 가장 큰 보폭의 비핵화조치이다. 둘째, 미국의 우려를 덜기 위해 핵실험과 장거리 로켓 시험발사를 영구적으로 중지한다는 확약을 문서로 제공할 용의가 있다. 셋째, 신뢰조성 단계를 거치면 앞으로 비핵화 과정은 더 빨리 전진할 수 있을 것이다."

하노이 정상회담과 사후 논쟁에서 북미 양국은 비핵화와 제재해제의 단계적 병행조치에 대해 중대한 입장차를 드러냈다. 미국은 북한의 완전한 비핵화를 달성할 때까지 안보리 경제제재를 주요 압박수단으로 계속 활용하겠다는 입장이다. 실제 유엔 안보리의 대북 제재결의는 2016년부터 그 성격이 바뀌는데, 이전에는 북한 핵·미사일 개발에 필요한 전략물자·기술을 주로 통제했었다. 제재에도 불구하고, 핵·미사일 개발과 도발이 반복되자, 유엔 안보리는 김정은 통치자금과 경제 전체를 타깃으로 북한의 외화 수입을 전면 차단하고 석유 수입도 제한하기 시작했다. 그런데 이 제재가 주효했다는 것이 일반적인 평가이다. 따라서 미국과 국제사회는 북한이 완전히 비핵화할 때까지 이 경제제재체제를 유지해야 한다는 입장을 견지하고 있다.

리용호 외상이 기자회견에서 시사했듯이, 북한은 영변 핵시설을 제재해제의 상응조치와 교환하는 데 이용하고, 기타 비핵화조치(핵신고, 핵탄두, 미사일 폐기 등)는 미국으로부터 정치군사적 상응조치를 얻는 데 이용한다는 구상을 갖고 있었다.

전문가들은 대체로 하노이 담판에서 김정은 국무위원장이 패배했다고 판정했다. 북한 실무협상팀의 처형설까지 떠돌았다. 숙고하던 김정은 국무위원장이 마침내 4월 12일 최고인민회의 시정연설에서 2019년 말을 시한부로 3차 북미정상회담 개최 의사와 조건을 밝혔다. 김 위원장은 "조미 사이에 뿌리 깊은 적대감이 존재하고 있는 조건"이므로 "쌍방이 일방적인 요구조건들을 내려놓고 각자의 이해관계에 부합되는 건설적인 해법을 찾아야" 한다고 주장했다. 여기서 김 위원장은 "미국이 올바른 자세를 가지고 우리와 공유할 수 있는 방법론을 찾는 조건"을 제기하여, 결국 미국의 양보를 요구하고 있다.

트럼프 대통령은 김정은 위원장이 시정연설에서 3차 북미정상회담을 제기한 데 대해 즉각 트윗(4.12)으로 호응했다. "나는 우리의 개인적 관계가 아주 좋다는 데 대해 김정은 위원장과 동의한다. 보다 정확히 말하면 우리 관계는 탁월하다. 우리가 서로 어떤 입장에 있는지 충분히 이해하기 때문에 3차 정상회담이 좋다는 데 김 위원장과 동의한다." 북미 정상이 서로 정상회담의 끈을 놓지 않겠다는 의사를 명확히 밝히면서, 북미 양국관계는 파국을 면한 채 차기 회담을 기다렸다.

3차 북미정상회담 전망

2019년 2월 말 하노이 북미정상회담이 합의 없이 끝난 후 북미관계와 북핵국면은 연일 아슬아슬한 긴장의 연속이었다. 미국의 반복되는 핵협상 재개 요구에도 불구하고 북한은 협상을 거부하며, 5월부터 시작하여 10여 차례 단거리 미사일과 대형 방사포의 시험발사로 군사도발을 반복했다. 마침내 10월 5일 스톡홀름에서 북미 실무 핵협상이 열렸지만, 북측은 하루 만에 미국의 입장 불변을 이유로 '협상 결렬'을 선언했다. 과거 북미관계를 돌이켜 보면, 이런 북한의 미사일 발사와 일방적인 협상 중단은 미국의 강경대응을 초래하고, 이에 북한이 다시 반발하면서 북핵위기가 재발되었을 것이다.

하지만 김정은 국무위원장과 트럼프 대통령 간 친서외교와 '번개회동'으로 북미 대화의 끈이 이어졌다. 특히 트럼프 대통령이 반복적으로 북미관계에 개입하면서 그 파탄을 방지했다. 첫째, 트럼프 대통령은 김정은 위원장과 좋은 관계를 유지하고 있다고 반복적으로 확인하여, 미국정부와 국제사회의 대북 강경조치 가능성을 선제적으로 방지했다. 또한 미국과 한국 내에서 대북 강경론이 재부상하는 것을 방지하는 효과도 있었다.

둘째, 트럼프 대통령은 단거리 미사일 발사가 북미 합의를 위반한 것이 아니라며 미국정부와 국제사회의 강경대응을 무마시켰다. 이런 입장은 유엔 안보리의 대북결의에 반하므로, 트럼프 대통령이 아니라면 감히 누구도 우기기 어려웠을 것이다.

셋째, 트럼프 대통령은 2019년 9월 10일 전격적으로 대북 매파인 볼턴 국가안보보좌관을 해고하여, 트윗으로 북미대화를 재개하고 싶다는 신호를 발신했다. 트럼프 대통령은 다음 날 11일 백악관 기자단에게 볼턴 보좌관이 "김정은 국무위원장에게 리비아모델을 따르고, 모든 핵무기를 이전할 것을 요구한 것은 실수"이며 "외교 참상"이었다고 부연 설명했다. 이로써 김정은 위원장에게 더 이상 리비아모델이나 일괄 핵포기를 강요하지 않을 것이며, 자신의 주도로 새로운 북핵 해법에 기반한 북미협상을 추진하겠다는 의사를 분명히 전달한 셈이다.

9월 들어 갑자기 북미 양측이 대화 분위기를 조성하면서 스톡홀름 북미실무회담이 열렸다. 그런데 북한이 미국의 준비부족과 입장 불변을 비판하면서 실무회담이 하루 만에 종료되고 말았다. 북미관계와 북핵협상이 다시 중대한 기로에 섰다.

북미 양측은 어떤 북미관계 일정을 갖고 있는가. 김정은 국무위원장은 2019년 4월 12일 최고인민회의 시정연설에서 '연말'의 정상회담 시한을 제시했었다. 북한에서 김정은의 발언이 갖는 절대적 위상을 감안할 때 이 말을 관철하기 위한 노력이 당분간 이어질 전망이다. 또한 김정은 위원장도 현 경제제재하에서는 자신이 제시한 경제집중 전략노선이 관철될 수 없다는 것을 잘 알고 있을 것이다. 따라서 다시 한 번 경제제재 완화를 위해 북미정상회담과 북핵협상을 시도할 가능성이 열려있다고 본다. 한편, 미국의 정치 일정과 맞물려 그 시기는 예측하기 어렵다.

그동안 트럼프 대통령은 항상 북미정상회담에 긍정적이면서도 서두르지 않는다는 입장이었다. 그런데 민주당의 탄핵 추진, 외교적 성과의 부재 등을 볼 때, 트럼프 대통령의 재선에 그렇게 유리한 환경은 아니다. 따라서 트럼프 대통령은 재선을 위해 모든 카드를 동원할 것으로 보인다. 이때 트럼프 대통령이 북미정상회담을 새로운 외교적 성과물을 창출하는 데 이용하거나, 또는 최소한 사태 악화를 방지하기 위한 방안으로서 활용할 가능성이 있다.

5. 북핵협상 악순환 패턴과 원인

북핵협상 악순환 패턴의 특징

우리는 지난 30년에 걸쳐 북핵위기 발생, 북미협상과 핵합의 타결, 북한의 합의 불이행과 핵합의 붕괴 등이 반복되는 것을 지켜보았다. 매번 핵합의가 깨어질 때마다, 상호 불신은 더욱 깊어지고 그만큼 핵협상을 재개하기도 핵합의를 이행하기도 더욱 어렵게 되었다. 또한 북한도 북핵합의가 깨어질 때마다 그만큼 핵개발을 더욱 가속화 하는 경향을 보였다. 그렇다면 왜 북핵위기가 반복되는가? 왜 북핵위기가 있은 후에야 핵협상이 본격화되고 핵합의가 만들어지는가? 이렇게 만들어진 북핵합의는 왜 이행되지 못한 채 파기되는가?

필자는 이런 문제의식을 갖고 과거 북핵협상을 분석하다가 일정한 패턴을 발견했다. 북핵협상 주기의 전형적인 패턴은 1) 북한의 핵도발, 2) 핵위기 발생과 핵협상 개시, 3) 핵합의 일괄 타결, 4) 핵합의 붕괴 등 4단계로 구성된다.

첫 번째 '북핵협상 악순환' 주기는 1980년대 중반 북한 영변에서 대규모 핵시설이 발견되고 북한이 NPT 가입에 따른 IAEA 안전조치협정 체결을 거부하면서 발생했던 핵도발로 시작되었다. 미국 정보기관이 1985년부터 영변 핵단지를 관찰하기 시작했으며, 1980년대 후반 들어 한국정부에게도 북핵 정보를 제공하기 시작했다. 당시 북한은 소련으로부터 경수로를 도입하기 위해 소련의 요구에 따라 1985년 NPT에 가입했는데, NPT 가입 후 18개월 내 체결해야 하는 IAEA 안전조치협정을 미루면서 '북핵문제'를 촉발시켰다. 이후 미국은 남북대화로 북핵문제를 해결하는 전략을 세우고, 한국을 앞세워 1991년 말 '한반도 비핵화 공동선언'을 채택하는 데 성공하였다. 북한은 '한반도 비핵화 공동선언'에 합의하고, IAEA 안전조치협정을 체결하고 사찰을 받는 데 동의했다. 미국은 이에 대한 보상으로 최초의 북미 고위급대화 개최와 팀스피리트훈련 중지를 약속했다. 이렇게 하여 남북미 간 첫 일괄타결이 만들어졌다. 그러나 1년도 안되어 북한의 남북 상호사찰과 IAEA 사찰 거부로 1차 일괄타결은 붕괴하고 말았다.

두 번째 '북핵협상 악순환' 주기는 북한이 IAEA 특별사찰을 거부하는 핵도발에서 시작되었다. 북한은 국제사회의 특별사찰 압력을 모면하기 위해 1993년 3월 NPT 탈퇴라는 전대미문의 극단적인 '벼랑끝 외교' 조치를 선택했다. 이로써 '제1차 북핵위기'가 발생했다. 역설적으로 '제

표 10.2 북핵협상 악순환 패턴

회수	발단	북핵위기
1	• 북: 1980년대 후반 영변 핵시설 건설 • 미북: 북경 비공식 접촉	• 북: IAEA 안전조치협정 체결의무 지체('88.12) • 남북고위급회담 중단('91)
2	• 북: 미신고시설 사찰 거부 • 한미: 특별사찰 요구	• 북: 준전시 선포, NPT 탈퇴('93.3) • 한미: T/S훈련 재개 발표('92.10)
3	• 북: 사찰 거부 • 한미·IAEA: 안보리 회부	• 북: 폐연료봉 무단 인출('94.5), IAEA 탈퇴, 5MW 재가동 위협 • 미: 영변 폭격설 • IAEA: 대북 기술지원 중지('94.6)
4	• 북: HEU 의혹('02.10), 핵동결 해제선언('02.12) • 미: 중유 중단, '악의 축' 발언('02.1)	• 북: 5MW 원자로 재가동, IAEA 사찰관 축출('02.12), NPT 탈퇴('03.1), 핵보유선언('05.2) • 미: 선제공격설, 경수로 중단('03.12), 제네바합의 파기선언
5	• 북: 6자회담 거부 • 미: 양자회담 거부	• 북: 미사일 발사(06.7), 1차 핵실험('06.10) • 한미·안보리: 제재결의 1718호
6	• 북: 검증의정서와 6자회담 거부 • 미: 6자회담 거부, 오바마 정부의 북핵 후순위	• 북: 은하2호 시험발사('09.4), 2차 핵실험('09.5), 미사일실험, 천안함 폭침('10.3), 연평도 포격('10.11) • 미: UNSC 1874('09.6) 경제제재, 대화 중단, 금융제재
7	• 북: 은하3호 재발사 성공('12.12), 3차 핵실험('13.2), 영변 원자로 재가동('13.4)	• 북: 4차('16.1), 5차('16.9) 핵실험, 6차 수폭실험('17.9), 광명성 4호 로켓 발사('16.2), ICBM 시험발사('17.7, 11) • 미: 안보리 제재결의, 최대압박, 전략무기 시위, 군사공격 위협
8	• 북: 2019 연말 시한 제시, ICBM, 핵실험 재개 위협	• 미: 대북 군사조치 위협(트럼프, '19.12)

일괄타결	합의 붕괴
• 북: 비핵화 공동선언 합의, IAEA 안전조치협정 체결 합의 • 미: 뉴욕 미북 고위대화 개최, T/S훈련 중단	• 북: IAEA 사찰 비협조, 남북 상호사찰 불이행 • IAEA 불일치 발견
• 미북 공동성명('93.6) - 미, 대북 안전보장 대화지속 - 북, 사찰 수용	• 북: IAEA 사찰 거부
• 제네바 미북기본합의('94.10) - 북, 핵동결 폐기약속 - 미, 중유·경수로 제공, 제재해제, 수교 약속	• 경수로 공사 지연 - 북: 사찰 비협조
• 6자공동성명('05.9.19)	• 북: 선 경수로, 후 핵폐기 주장 • 미: BDA 금융제재
• 2·13, 10·3, 6자합의('07)	• 북: 신고, 검증 방안 논란, 6자회담 거부('03)
• 미북 2.29 합의('12.2) - 미: 24만 톤 영양식 제공 - 북: 9·19합의 확인, 6자회담 재개, 일체 핵·미사일활동 중단, 우라늄 활동 IAEA 감시 수용	• 북: 평화적 우주이용 은하3로켓 시험발사('02.4), 실패 • 미: 2.29 합의 파기
• 남북정상회담, 판문점선언('18.4) • 싱가포르 북미정상회담, 공동성명('18.6)	• 하노이 북미정상회담 '노딜' 결렬 ('19.2) • 북: 미사일 발사시험 13회 실시 ('19)
• 3차 북미정상회담(미정)	

1차 북핵위기'를 계기로 미북 핵협상이 개시되었고, 1993년 6월 미북 간 최초의 공동성명이 채택되었다.

위에서 도식적으로 기술한 '북핵협상 악순환 패턴'은 북핵협상 패턴이 일반적인 외교협상과 전혀 다르다는 점을 보여준다. 보통국가 간 외교협상의 경우, 문제가 발생하면 이를 해결하기 위한 협상을 개시하여 원-윈(win-win)의 타협점을 찾아 합의한다. 일단 합의가 채택된 이후에는 이를 충실히 이행한다. 이행과정에 문제점이 생기면 사전에 정해진 절차에 따라 다시 해결책을 모색하는 과정을 거쳐 성실히 합의를 이행한다. 그러나 북핵협상은 위기와 더불어 개시되었고, 설사 합의가 채택되더라도 지금까지 한 번도 순탄히 이행된 사례가 없다. 오히려 북핵사태는 매 북핵협상 주기를 거치면서 현저히 악화되었다.

이런 '북핵협상 악순환 패턴'의 특징을 다음과 같이 정리할 수 있다.

첫째, 고도의 북핵위기 국면이 핵협상과 핵합의를 촉진하는 경향이 있다. 북한은 미국과 국제사회의 비핵화 압력에 대해 '벼랑끝 전술'을 구사하여 IAEA 사찰 거부, NPT 탈퇴, IAEA 사찰관 축출, 재처리시설 재가동, 사용후연료봉 무단 인출, 핵실험, 중장거리미사일 시험발사 등 극단적인 조치로 핵위기를 조성하였다. 그런데 이런 위기국면이 발생한 이후에야 미국은 사후적이며 반응조치로서 북핵협상에 응하는 경향을 보였다.

그렇다고 북핵협상이 바로 본격적으로 열리지는 않았다. 북한의 핵도발에 대해 우선 미국은 안보리 회부와 제재결의, 군사조치 위협 등으로 대응했다. 그런데 핵위기와 긴장이 극도로 고조되어 일촉즉발의 전쟁위기가 발생하는 정도가 되었어야 비로소 미국은 대화에 응하고, 당면한 위기를 해소하려는 의사를 보였다.

예를 들면, 1994년 5월 북한이 임의로 사용후 핵연료봉을 인출하여

전쟁위기가 발생한 이후에야 제네바합의가 타결되었다. 2006년 10월 1차 북핵 실험은 2007년 2·13 6자합의를 촉진시켰다. 2018년 남북정상회담과 북미정상회담도 2017년 하반기에 극단적인 북핵위기와 전쟁위기를 겪은 후에야 개최되었다.

둘째, 북핵위기가 있은 후에야 핵협상이 가동되는 배경에는 북미 간 뿌리 깊은 적대관계와 불신이 있다. 미국정부는 북핵문제의 해결을 위해 대화가 필요하다고 인식하면서도, '불량국가'인 북한과 대화하는 것이 정치적으로 부담스럽기 때문에 적극적으로 협상에 응하지 못했다. 미국은 원래 불량국가와 대화하는 것을 상대방에 대한 인정과 보상으로 간주하는 경향이 있어 좀체 대화에 응하지 않는 경향을 보였다. 이때 북한은 '벼랑끝 외교' 전술을 효과적으로 구사하면서 상대를 협상장으로 끌어들였다. 2018년 6월 첫 북미정상회담이 개최된 것도 워싱턴 정치의 아웃사이더인 트럼프 대통령이 전통적인 미국의 대북접근법을 완전히 무시했기 때문에 가능했다.

셋째, 북핵협상에서 더욱 두드러지는 특징은 핵합의가 조만간 붕괴한다는 점이다. 대부분 북핵합의가 충분한 검토를 거치는 정상적인 교섭과정이 아니라 '위기국면'에서 급하게 만들어졌다. 이때 핵합의는 위기국면을 모면하기 위한 미봉책이 될 가능성이 높다. 위기 국면에서 급조된 핵합의는 지킬 수 없는 약속, 핵심 쟁점의 합의 실패 또는 생략, 애매한 조문 등을 포함했다. 이렇게 충분한 검토도 없이 급조된 핵합의는 결국 조만간 문제점을 드러내고 불이행과 붕괴의 길을 걷게 된다.

이렇게 합의가 이행되지 못하는 붕괴하는 배경에는 당초 이행 의지 없이 상대방을 기만한 경우, 또는 국내적 설득에 실패한 경우도 있다. 합의문이 이행과정에서 국내적 반발로 인해 집행이 지연되거나 요구사항이 추가되기도 한다.

그 사례 중 하나로 북한이 1991년 영변 재처리 시설을 건설하고 재처리 실험을 하면서도 기만적으로 이를 금지한 '한반도 비핵화 공동선언'에 서명한 것을 들 수 있다. 미국도 예외는 아니다. 미국이 1994년 대북 경수로 제공의 어려움을 알고서도 "북한의 조기붕괴로 인해 경수로 제공 약속을 이행할 필요성이 없을 것"이라는 판단하에 제네바 북미기본합의에 서명했다. 또한, 애매한 합의의 사례로는 '한반도 비핵화 공동선언'의 상호사찰 조항이 있다. 당시에 남과 북은 상호 핵사찰 대상시설을 '지정'하는 방안을 협상했지만 실패하고, 결국 '쌍방이 합의하는 시설'에 대해 사찰하기로 합의했다. 당초 우려했던 대로 남북은 수차례 남북핵통제공동위원회를 개최하였으나, 결국 핵사찰 대상을 합의하는 데 실패했다. 이로 인해 한반도 비핵화 공동선언은 급격히 신뢰와 가치를 잃고 말았다.

1994년 '북미기본합의문'도 대북 사찰시기를 구체화하는 데 실패했다. 2002년 들어 사찰문제가 재부상 했을 때, 사찰 시기와 방법에 대한 미북 간 이해가 너무 달랐다. 2005년과 2007년 6자합의에서도 '검증문제'를 분명히 하지 않아, 2008년 후속 협상에서 북한이 검증합의서 채택을 거부하는 구실을 주었다.

국내적 설득에 실패하여 핵합의를 훼손한 사례도 많다. 제네바합의에서 미 민주당 행정부는 경수로와 중유 50만 톤 제공을 약속하였으나, 공화당 의회가 이에 필요한 자금지원을 거부하여 합의 이행이 지연되었다. 9·19 6자합의 직후 북측이 '선 경수로 제공, 후 비핵화 이행'에 합의하였다고 발표했다. 그런데 미국정부는 이와 정반대로 '선 비핵화 완료, 후 경수로 제공 여부 검토' 입장을 발표하였다. 이것도 미국과 북한이 각각 내부의 반발을 고려하여 합의문을 재해석한 사례로 볼 수 있다.

마지막으로, 북핵협상 악순환 패턴을 본다면, 2018년 상반기에 남북 및 북미정상회담을 통해 달성한 일괄타결의 미래가 반드시 밝지만은 않다. 목표와 원칙에만 합의했고 구체적인 이행조항이 없기 때문이다. 또한 싱가포르 공동성명은 북미관계 개선과 비핵화의 상호관계 및 우선순위에 대해 북측의 전통적인 입장을 주로 반영했기 때문에 이를 국내 정치적으로 설득시키기가 어려울 것이기 때문이다. 더욱이 과거 6번이나 핵합의가 붕괴했으며, 한반도를 둘러싼 안보구도가 변하지 않았다는 점을 감안할 때, 싱가포르합의체제도 자칫 붕괴할 가능성은 항상 열려 있다.

한편, 2018년 합의체제는 남북미의 정치지도자들이 직접 개입하며 만든 합의체제이기 때문에 과거 사례보다 지속성이 좀 높을 수도 있다. 과거와 같이 국내정치적 합의 유지 문제를 걱정할 필요가 없기 때문이다. 또한 과거 합의 붕괴의 주요 요인에 국내적 관심 저하가 있었는데, 현재 남북미의 정치지도자가 합의체제를 유지하는 데 높은 이해관계를 갖고 관심도 지속되고 있다. 이는 현 합의체제를 지속하는 데 긍정적인 요소이다.

'북핵협상 악순환 패턴'의 원인 분석

북핵협상의 악순환 패턴은 왜 발생하는가. 이렇게 비정상적인 협상행태와 합의 불이행 현상이 반복되는 배경으로 다음과 같은 요인을 들 수 있다.

첫째, 북미 간 극단적인 불신, 근본적인 이해관계의 충돌, 적대감 등이 파행적인 협상의 배경이 된다. 북한은 미국의 궁극적인 대북정책 목표가 북한의 체제전환과 정권교체라는 의구심을 아직 떨치지 못하고 있다. 한국의 대북정책 목표도 결국 체제변화와 흡수통일이라고 믿고 있다. 미국도 북한이 핵을 포기할 것이라고 생각하지 않고, 핵협상을 제재

완화 및 시간벌기용으로 이용한다는 의심을 갖고 있다.

그런데 북한과 미국은 상호 신뢰수준에 비해 너무 높은 협상목표를 추구한다. 미국은 줄곧 북한의 완전한 비핵화 또는 핵무기와 핵프로그램의 '완전하고 검증가능하며 불가역적인 핵폐기(CVID)'를 북핵외교의 목표로 추구했다. 반면에 북한은 미국의 대북 적대시 정책 중단, 평화협정 체결, 경제제재 해제, 경제지원, 관계 정상화, 유엔사 해체 및 주한미군 철수 등을 요구했다. 또한 미국과 북한은 상대를 믿지 못해 서로 상대방의 선 이행을 요구했다. 그런데 상호신뢰 없이는 서로 상대의 이런 요구를 만족시키기 어렵다.

특히 탈냉전기 들어 복합적 국가위기를 겪고 있는 북한으로서는 좀체 핵옵션을 전면적으로 포기하기 어려울 것이다. 북한 지도부는 핵무장을 안전보장, 체제보장, 그리고 내부통제를 위한 핵심적인 수단으로 보기 때문이다. 동구국가의 체제전환, 그리고 이라크와 리비아의 지도자 처형도 북한에게 핵포기를 하면 안 된다는 반면교사의 교훈을 주었다.

둘째, 북핵해결을 위한 미국 측의 외교적 노력은 선제적이고 전략적인 구상에 따른 것이 아니라 북한의 외교공세에 대한 반응으로 나타나는 경향이 있다. 미국은 북핵문제의 완전하고 신속한 해결을 위한 전략과 로드맵을 갖고 체계적으로 접근하지 못했다. 오히려 북한의 벼랑끝 전술과 위기조장 전술에 말려들어 뒤늦게 위기해소 차원에서 뒤늦게 반응했다. 그 결과 마지못해 타결한 핵합의는 결국 그 내재적 결함으로 인해 합의의 해체와 새로운 핵사태의 반복을 초래한다.

또한 과거 미국의 대북협상팀은 대북협상 자체와 합의 창출에 집착한 나머지, 합의의 실질적 이행 또는 이행 보장장치 마련에 소홀한 경향이 있다. 2018년 싱가포르 북미정상회담도 마찬가지였다.

그렇다고 합의 내용을 좀 더 구체적으로 하고, 합의 이행보장 장치를 강화하려는 노력도 성공하기 어렵다. 이에 대한 북한의 거부감이 높아, 합의 자체가 불가능할 가능성이 높다. 사실 이런 점이 북핵협상과 합의의 내재적인 한계이며, 지금까지 북핵사태가 계속 악화된 배경이기도 하다. 결과적으로 합의문 작성에는 성공하였으나 합의 이행체제를 확보하고 보장하는 데 실패하였다.

셋째, 미국과 한국은 북한체제의 내구성, 그리고 핵개발 의지와 역량을 과소평가했다. 1990년대 초반 미국은 핵비확산의 도덕성과 명분을 과신하고, 북한을 과소평가했다. 북한의 실제 핵개발과 미사일 개발 속도는 항상 미국의 평가를 앞서갔다. 또한 탈냉전기 들어 구공산국가의 붕괴 필연성을 과신한 나머지, 북한의 체제 내구력을 과소평가하는 잘못을 저질렀다. 1990년대 초 유행하였던 '북한 붕괴론'도 이러한 미국의 성급한 판단에 기여하였다. 사실 미국이 북한의 조기 붕괴를 과신한 나머지, 시간을 벌기 위해 제네바합의와 경수로 제공에 동의했다는 주장도 있다.

미국이 2002년 제네바합의를 파기하고, 2005년 6자공동성명을 상당기간 '방치'한 것도 북한의 핵개발 능력과 의지를 과소하였기 때문이었다. 북한의 자발적 핵포기 또는 체제붕괴를 기대하는 '전략적 인내' 정책은 오히려 북한이 핵개발 시간을 버는 데 이용되었다. 만약 북한의 핵능력과 의지를 정확하게 판단하였다면, 북핵문제를 그렇게 방치하지는 않았을 것이다. 아마 추가 핵실험과 장거리 미사일 시험발사도 방지할 수 있었을 것이다.

넷째, 북핵정책의 혼선을 들 수 있다. 대북 접근법을 개념적으로 분류하면, 북한 붕괴론, 방치론, 협상론, 포용론 등 4개가 있다. 첫째, 북한 붕괴론은 적극적으로 체제전환 또는 정권교체를 추구하는 것이다. 한 번도 제대로 시도하지도 성공하지도 못했지만, 여전히 강경 보수진영이 선호하는 옵션이다. 둘째, 붕괴론이 강한 북한의 반발과 도발을 초래할 가능성이 높아, 그런 부작용을 완화시키면서도 북한을 천천히 고사시키는 봉쇄론 또는 무시하는 옵션이 있다. 그런데 북한은 '무시' 옵션을 결코 그대로 받아들이지 않는 문제가 있다. 과거 '전략적 인내' 기간 동안에 전쟁위기는 없었지만, 북한의 핵능력이 가장 고도화되는 데 이용되었다는 점에서 바람직한 옵션이 아니다. 셋째, 협상론은 주고받기식 상호주의를 고수하는 전통적인 외교적 접근법이다. 넷째, 포용론은 북한의 선의를 기대하거나, 민족우선주의 관점에서 북한에게 먼저 호의를 베푸는 접근법이다.

그런데 한국과 미국에서 정권교체 때마다 예외 없이 위의 4개 대북접근법을 오락가락하며, 대북정책의 일관성과 지속성을 상실했다. 또한 국내에서 다양한 접근법이 서로 경쟁하면서 적지 않은 정책혼선을 초래하고, 심지어 정책마비를 초래하기도 했다. 한미는 각각 국내적으로, 그리고 양국 간에 이러한 접근법의 혼선을 해소하는 데 실패함으로써, 대북관계에서 협상 추동력과 집행의 일관성을 상실하였다. 한국 내 남남갈등, 그리고 미국 내 공화당과 민주당의 대치, 강경파와 대화파의 대치 등이 이런 대북정책 혼선을 초래했다.

특히 한국정부의 대북정책이 정권교체 때마다 큰 폭으로 변동한 것이 북핵정책 실패와 핵합의 파기의 주요 배경이 된다. 표 10.3은 노태우정부부터 현 문재인정부에 이르기까지 각 정부의 북핵정책의 특징과 문제점을 제시했다.

다섯째, 북핵해결에 적용할 해법의 부재와 혼선도 북핵합의가 붕괴한 배경이 된다. 사실 그동안 다양한 비핵화 해법과 모델을 북한에 적용하려고 했으나 모두 실패하고 말았다. 안보와 정치환경이 다른 곳에서 만들어진 해법을 한반도에 억지로 적용했거나, 성공요소의 본질을 오해

표 10.3 정부별 북핵정책 특징과 문제점

정부	대북·북핵정책 특징	문제점
노태우 (1988~1992)	• 탈냉전기 북방정책 주도(한·소·한중수교, 1990~1992) • 남북기본합의문, 한반도 비핵화 공동선언 성과(1991)	• 소련해체(1991.12), 독일통일(1990.3) 등 4강 교차승인 추진 중단
김영삼 (1993~1997)	• 북한 NPT 탈퇴(1993.3) 제1차 북핵위기 발생 • 미북기본합의(w94)로 북핵 동결	• 정부 내 혼선, 대북정책 기조 혼선 • 공산권 해체, 김일성 사망(1994.7), 고난의 행군(1995) 등 북한붕괴 기대로 소극적 대북정책
김대중 (1998~2003)	• 제네바합의(1994)로 북핵 사실상 해결 간주; 경수로 사업 보격 추진 • "북핵은 미북 간 문제" • 포용정책 추진과 정상회담 성과 • 북한의 핵협상 카드론(안보위협 해소시 해포기 판단)	• 북핵 협상카드 시각, 해을 미북문제로 간주, 제네바합의로 북핵해결 등 북핵에 대한 안이한 시각 • 비핵화와 북한변화 유도 실패
노무현 (2003~2007)	• 햇볕정책 계승 • 부시 행정부 등장과 대북 강경책 주진; 농축해 의혹으로 제네바합의 파기 • 북, 핵개발과 대화 병행, 6자회담 개시(2003), 9·19 6자성명(2005) • 노 대통령, "북 해개발 주장 일리 있다(2004)", 종전선언 추구, 2차 남북정상회담(2007.10)	• 부시 행정부의 대북 강경책 주진 및 제네바함의 파기 • 북한, 해개발 가속화, NPT 완전 탈퇴 선언, 해커박사-에게 플루토늄 공개(2004.1), 1차 핵 실험(2006.10) • 6자회담과 9·19 합의에도 불구하고, 북핵위기(핵실험, 미사일실험, BDA) 재발 • 한미갈등, 남남갈등 등 대북정책 동력 약화

계속

표 10.3 계속

정부	대북·북핵정책 특징	문제점
이명박 (2008~2012)	• 엄밀체제 통한 북핵해결 기대(북한붕괴, 해포기) • '전략적 인내'로 북핵사태 악화 • 5자회담, 대타협 등 다양한 북핵구상 제시했으나 후속조치 실패	• 남북대화 통한 북핵해결 기대 • 전략적 인내는 북한 내구성, 핵능력/의지 과소평가로 실패 • 김정일 뇌졸중(2008), 사망(11,12)으로 위기의식 고조, 강경화, 해개발 가속화, 해보유국 천명평가(12,5) • 중국의 부상, 북중관계 긴밀화로 대북제재압박 한계
박근혜 (2013~2017)	• 김정은 등장 이후 해·미사일실험 반복으로 제재압박 중심 대북정책 추진 • '의미있는 6자회담' 재개 위한 코리안 포뮬러, 5자회담 모색	• 한국의 통일준비를 북한은 '흡수통일'로 해석하여, 대화 거부 • 북한붕괴에 대한 기대로 북핵해결, 남북대화 무용론 확산 • 장의적 비해화전략을 모색하였으나, 북한의 강경한 해개발 입장과 우리의 유인책·압박책 한계로 효과 제한적
문재인 (2017.5~)	• 평화정착 우선 대북정책 추진 • 남북정상회담, 북미정상회담(2018) 개최로 관계개선과 비해화 여건조성	• 북미협상·남북대화 병행 • 김정은의 일방적 해실험 중단 및 북미정상회담에도 불구, 해물질·해탄두 생산 지속으로 북핵능력 증가

했기 때문이다. 2부에서 토론했듯이, 북핵문제는 다른 어떤 비핵화 사례와도 그 환경과 주체의 성격이 달라 '북한형' 비핵화모델이 필요하다. 그럼에도 불구하고, 필자가 2부에서 주장했듯이, 비핵화 성공과 실패의 핵심 요인을 찾아서, 이를 북한에 적용한다면 비핵화를 성공시킬 가능성이 높아질 것이다. 안보환경, 국내정치(체제안보·정권안보), 지도자 성향 등이 그런 핵무장과 핵포기 결정의 핵심 요인에 해당된다.

북핵외교 실패의 교훈과 개선방안

지난 30년에 걸친 노력에도 불구하고 북한 비핵화에 실패했다는 사실에서 우리의 정세판단과 비핵화 전략에 심각한 오류가 있다는 점을 돌이켜 보지 않을 수 없다. 과거의 실패를 반복하지 않기 위해서 새로운 비핵화전략은 보다 현실에 바탕으로 두고 실현가능한 목표를 내세워야 한다. 다음 교훈의 상당 부분은 위에서 토론했던 북핵협상 악순환을 초래한 원인을 바로잡기 위한 조치이다.

첫째, 과거 한국의 북한 비핵화 전략은 북한의 핵개발 의지와 능력, 북한 정권과 체제 내구성과 저항능력 등을 과소평가하고, 한국의 대북 영향력 행사를 과대평가하는 오류가 있었다. 북한의 자발적 핵포기 또는 체제붕괴를 기대하는 '전략적 인내'도 오히려 북한이 핵개발 시간을 버는 데 이용되었다. 특히 미국정부는 1994년 제네바합의 체결 당시 북한의 붕괴가 임박했다는 판단하에 '시간 벌기' 전략을 구사하며, 합의 체결과 이행에 소홀히 대처하였다.

따라서 새로운 비핵화 전략은 북한 붕괴론을 경계하고, 북한의 핵개발 의지와 역량, 체제 내구성 등을 객관적 현실 그대로 반영해야 한다. 특히 북한붕괴는 항상 발생할 수 있지만, 그 시기를 전혀 통제할 수 없어, 정책대안으로서 가치가 없다는 점을 유념해야 한다.

둘째, 북핵문제는 북한의 생존, 남북 세력경쟁, 이념충돌 등 세력정치와 이념적 요소가 핵심인데도 불구하고, 설득, 경제지원, 신뢰구축, 북핵의 불법성, 비도덕성 비난 등을 통해 해결하려는 과오를 저질렀다. 따라서 새로운 비핵화 전략은 기존 법적·규범적 접근에 더해 '안보 대 안보', '이익 대 이익', '위협감축 대 위협감축(상호위협 감축)'의 교환과 균형을 모색하는 조치가 필요하다.

북한은 높은 핵무장 동기를 갖고 있어 일반적인 비핵화 해법이 작동하지 않는다. 우크라이나, 남아공, 아르헨티나, 브라질 등 다른 성공적인 비핵화 국가는 모두 탈냉전기 들어 정치개방과 경제개혁, 그리고 핵무장 포기를 동시에 추진한 사례이다.

반면, 북한은 탈냉전기 시대 들어 오히려 구 사회주의체제와 세습정권을 고수함에 따라, 세계추세와 격차가 더욱 벌어지고 체제위기가 더욱 증폭된 사례이다. 따라서 북한이 설사 핵포기를 약속하더라도 이는 일시적으로 위기상황을 모면하기 위한 기만책일 가능성이 높다는 점에 주의해야 한다. 북한이 시대에 뒤떨어진 일인독재·주체사상·계획경제·주체경제를 유지하는 한 체제위기는 지속되고, 따라서 내부적으로 핵보유 필요성이 더욱 증대한다는 점에 주목해야 한다. 북한은 종종 체제위기와 경제위기를 모면하기 위하여 핵합의를 수용하지만, 결국 내부적인 핵무장의 필요에 따라 핵합의를 파기하는 과정을 반복하였다.

셋째, 과거 북핵협상이 실패한 결과, 국내외에서 대화무용론 또는 제재무용론이 제기되고 있는데, 이에 대한 신중한 판단이 필요하다. 실제 실패한 것은 대화 또는 제재가 아니라, 협상전략과 제재전략이었다. 국제사회에서 외교 목표를 달성하는 데 필요한 핵심 수단으로서 대화와 제재의 가치는 영원하다. 만약 대화와 제재가 무용하다면, 남은 수단은 전쟁과 방치뿐이다. 이 정책수단들은 더욱 나쁜 결과를 초래할 뿐이므로 우리의 대안이 되기 어렵다. 따라서 대화와 제재를 더욱 효과적으로 사용하는 외교전략이 필요하다.

넷째, 북미 간 극단적인 불신, 근본적인 이해관계의 충돌, 적대감 등이 파행적인 협상의 근저에 있다. 특히 북한과 미국은 각각 상대에 대한 신뢰 수준에 비해 너무 높은 협상목표를 추구한다. 상호 신뢰가 전혀 없는 상태에서 양국은 상대의 요구와 약속을 액면 그대로 수용할 여유가 없다. 특히 안보위기·체제위기·정권위기·경제위기 등 총체적 국가위기를 겪고 있는 북한으로서는 핵옵션을 결코 포기하지 않으려 할 것이다. 북한은 핵무장을 안전보장과 정권보장을 위한 핵심적인 수단으로 보고 있으며, 권력세습 과정에서 이런 경향은 더욱 강화되었다. 동구 국가의 붕괴, 리비아와 이라크의 패망과 정치지도자의 처형도 북한에게 반면교사가 되었다. 또한, 북한은 평소 미국의 궁극적인 대북정책 목표가 체제전환과 정권교체라는 의구심을 갖고 있다. 한국의 대북정책 목표도 결국 체제변화와 흡수통일이라고 믿고 있다. 미국도 북한이 핵을 쉽게 포기할 것으로 생각하지 않는다. 따라서 양측은 합의에도 불구하고, 상대를 불신하여 서로 상대의 선 조치를 요구하며 다시 충돌하는 경향을 보인다.

따라서 초기에는 상호 불신수준에 부합하는 낮은 단계의 비핵화조치에서 시작하여, 단계적으로 상호 신뢰가 상승하는 데 따라 비핵화 수준도 높여야 한다. 검증도 마찬가지다. 초기에는 낮은 단계의 입회·봉인·원격감시 등 검증 방법에서 시작하여 점차 침투적인 검증 방법을 적용할 것을 제기한다.

다섯째, 협상구조의 문제점도 있다. 북핵해결을 위한 미국 측의 외교적 노력은 선제적이고 전략적인 구상에 따른 것이 아니라 북한의 외교

공세에 대한 반응으로 나타나는 경향이 있다. 북핵문제의 완전하고 신속한 해결을 위한 로드맵과 전략을 갖고 체계적으로 접근하지 못하고, 북한의 벼랑끝 전술과 위기조장 전술에 말려들어 뒤늦게 위기해소 차원에서 반응을 보이는 양상이다. 그 결과 마지못해 타결한 핵합의는 결국 그 내재적 결함으로 인해 합의의 해체와 새로운 핵사태의 반복을 초래한다. 따라서 보다 적극적이고, 선제적인 북핵대응 전략이 필요하다. 이를 위해 북한의 '비핵화 로드맵'에 호응하여 미국도 북한에 제공할 '상응조치 로드맵'을 준비해야 한다. 이 때 2개 로드맵을 협상테이블에 올려놓고 통합적 포괄적 로드맵을 만들고, 이를 단계적으로 실행하면 된다.

11장

KEDO 경수로사업의
전말과 교훈

1994년 제네바 북미기본합의에 따른 한반도에너지개발기구(KEDO) 경수로사업은 과연 실패작인가? 이에 대한 평가가 크게 엇갈린다. 우선 대북 경수로사업은 북한의 말뿐인 비핵화 약속에 놀아난 사업이라는 평가가 있다. 북한의 핵개발을 위한 시간벌기에 이용된 셈이다. 다른 한편, 북핵문제를 해결하고 남북관계를 개선할 수 있는 절호의 기회를 당시 미국 조지 W. 부시 행정부의 섣부른 경수로사업 중단 결정에 따라 놓쳤다는 평가도 있다. 비록 북한의 농축핵개발 의혹이 있었지만, 대북협상과 경수로사업을 병행했었다면 오늘과 같은 북한 핵무장 사태와 전쟁위기는 발생하지 않았을 것이라는 시각도 있다. 비록 KEDO 경수로사업은 완전히 끝났지만, 대북 경수로사업은 아직 완전히 끝난 문제가 아니다. 경수로에 대한 북한의 높은 관심을 볼 때, 향후 북핵협상 과정에서 경수로 문제가 또 제기될 가능성이 높기 때문이다.

따라서 이 장은 북한이 왜 그렇게 경수로에 관심이 높은지에 대한 분석에서 시작하여, 경수로 제공을 둘러싼 치열한 북미협상과정, '한국형' 경수로를 둘러싼 북미 및 한미 간 논쟁, 경수로 건설 과정에서 발생한 각종 사고와 논쟁, 경수로 종료 결정을 둘러싼 한미 간 논쟁 등을 재구성하고 설명하고자 한다. 특히 KEDO 경수로사업이 실패한 원인을 분석하여, 향후 북핵협상과 대북 경협 프로젝트를 위한 교훈을 찾고자 한다. 사실 에너지자원 빈국인 북한이 원자력 발전에 보이는 관심은 한국 못지않다. 또한 미래지향적 관점에서 북한이 평화적 원자력 에너지를 개발하는 것은 남북경제공동체와 에너지공동체 발전에서도 필요하다. 평화적 이용을 위한 원자력발전소를 가지려면, 한국과 이란의 경험에서 보듯이 군사용 원자력을 포기할 수밖에 없게 된다는 점도 주목해야 한다.

1. 북한의 경수로 요청과 대북 경수로 제공 결정

북한의 경수로 원자력발전소에 대한 오랜 관심

북한은 1970년대 들어 흑연감속로를 본격적으로 개발하면서도 경수로에 대한 관심을 잃지 않았다. 1983년 IAEA 총회에 참석한 북한대표가 북한 경제의 급속한 팽창과 전기 수요의 급증으로 원자력발전을 도입하기로 결정하고 연구와 인력양성에 노력을 집중하고 있다고 발언하기도 하였다. 마침내 북한은 외교적 노력 끝에 1985년 12월 소련과 '원자력발전소 건설에 대한 경제기술 협력협정'을 체결하고, 440MW급 경수로 원전 4기를 공급받기로 합의했다. 그런데 소련과 경협사업으로 추진한 경수로 프로젝트는 초기 부지조사만 마친 채 1991년 소련의 붕괴로 중단되고 말았다.

북한은 1990년대에도 대외적으로 경수로에 대한 관심을 지속적으로 표명하였다. 북한은 IAEA의 임시사찰 실시를 계기로 1992년 5월 방북한 블릭스(Hans Blix) IAEA 사무총장에게도 경수로와 관련 기술을 제공한다면 흑연감속로를 경수로체계로 전환할 용의가 있다고 밝혔다. 그런데 IAEA는 사찰 기구로서 흑연감속로 폐기와 경수로 제공 등에 대하여 북한과 협상할 위치에 있지 않았기 때문에 논의가 진전되지 않았다. 동년 7월 22일 블릭스 총장이 미 하원 외무위원회에 참석하여 북핵 실태를 증언하는 자리에서 북한의 경수로 기술에 대한 높은 관심을 언급하며 북한이 경수로 도입을 위해 방사화학실험실을 포함한 핵시설을 포기할지도 모른다고 미국 측 반응을 떠보았다. 당시 미국의 반응이 어떠했는지에 대해서는 잘 알려져 있지 않다. 아마 당시 북한이 불법적인 핵활동을 포기하는 대가로 경수로를 공급하자는 계산법은 얼토당토않은 말로 치부되었을 것이다.

이후 북한은 수차례 비공식 경로로 미국정부에 경수로 제공을 요청하였다. 북한은 서방국가들이 경수로 관련 기술과 저농축 우라늄을 제공하면 흑연감속로체제를 경수로체제로 전환하고 방사화학실험실을 폐쇄하는 등 미국의 우려를 근원적으로 제거할 것이라는 메시지를 미국에 전달한 것으로 알려졌다. 북한은 남한과 접촉에서도 경수로에 관심을 보였다. 김달현 당시 정무원 부총리는 1992년 7월 서울을 방문하였을 때 경수로의 도입에 관심을 표시했다. 그러나 당시 한미정부 모두 북한의 요구가 실현성이 없다고 보아 주의를 기울이지 않은 것으로 보인다.

사실 당시 북한의 경수로 공급 요구는 자신의 제반 여건을 볼 때 결코 합리적인 요구로 보기 어렵다. 전력난 해소가 주목적이라면, 화력발전소 건설이 가장 손쉽고 단기간에 성취할 수 있는 대안이 되었을 것이다. 그러나 북한이 화력발전소가 아닌 원자력 발전소를 원하는 이유에 대하여 전문가들은 다음과 같이 복합적인 정치경제적 이유가 있다고 분석했다.

첫째, 북미합의의 결과, IAEA의 전면안전조치가 실시된다면 점차 북한 핵능력의 실체가 드러나게 될 것이므로 핵모호성에 의거한 핵카드가 상실될까 우려하여 반대급부로 북한이 오랫동안 염원하던 경수로를 요구한 것이라는 의견이다. 경수로는 자체개발한 흑연감속로 연관시설이 폐기되어도 북한의 원자력 사업의 인력을 흡수 유지할 수 있으며 군부의 반발도 무마할 수 있다는 것이다.

둘째, 미국이 북한에 경수로를 지원하려면 각종 대북규제를 해제해야 하는데 이 과정에서 북미 간 원자력협력협정을 체결하고 북미관계를 개선하며 궁극적으로 북미수교를 실현할 수 있다는 것이다.

셋째, 경수로 수용으로 국제사회에 북한이 핵개발 의사가 없음을 과시하는 선전효과를 노렸다는 것이다.

넷째, 경수로 도입 요구는 북한이 핵개발을 완성하기 위한 시간 벌기 전략의 일환이라는 것이다. 즉 경수로 건설은 최대 약 10년이라는 장기간에 걸친 사업이므로 북한은 당시 이미 추출한 것으로 추정되는 플루토늄을 이용하여 핵폭탄을 만들기에 충분한 시간을 벌 수 있다는 계산에 입각하였다는 것이다.

결국 북한의 경수로 요구는 위에 말한 어느 한 목표를 노리기보다는 다양한 용도를 복합적으로 고려한 결과라는 분석이 우세하였다.

1993년 북미협상에서 북한의 경수로 제공 공식 요청

북미 간 핵협상에서 경수로 문제가 공식적으로 처음 거론된 것은 1993년 7월 14일부터 제네바에서 열린 제2단계 북미회담 석상에서였다. 이 책의 앞에서 토론했듯이, 북한은 1985년 12월 핵비확산조약(NPT)

에 가입하였으나 NPT의 핵사찰 의무를 거부하다가 1992년 1월에야 IAEA 안전조치협정에 서명하고, 그해 5월부터 영변 핵시설에 대한 임시사찰을 수용하였다. IAEA는 임시사찰의 결과, 신고내용과 불일치가 발견되자 이례적으로 미신고시설 2곳에 대한 특별사찰을 요구하였다. 이에 대해 북한은 문제시설이 군사시설이라는 이유로 사찰을 거부하고, 마침내 1993년 3월 12일 NPT 탈퇴를 선언했다. 북한의 NPT 탈퇴 문제를 다루기 위하여 1993년 6월 2월 제1단계 북미 핵협상이 열렸다. 북한은 이 협상에서 NPT 탈퇴 효력의 발생을 일시적으로 정지하기로 선언했다.

북측 대표 강석주 외교부 부부장은 2단계 북미회담에서 '관대하고 대범한 제안'을 공개하겠다고 말문을 열었다. "조선민주주의인민공화국은 국제사회가 공화국의 에너지 수요를 충족시키기 위한 경수로를 제공한다면 국내 흑연감속로를 대체함으로써 핵개발 프로그램 전체를 수정할 용의"가 있다고 제안했다. 또한 강석주 부부장은 미국이 팀스피리트훈련을 중단하고 북한과 관계를 정상화한다면, 국제원자력기구와 협조하고 핵안전협정을 준수하겠다는 방안도 제기하였다.

북한의 갑작스런 경수로 제안에 대한 미국 측의 일차적 반응은 무시와 당황에 가까웠다고 전해진다. 당시 협상에 참가했던 미 외교관 퀴노네스(Carlos Kenneth Quiñones)는 그의 회고록 『2평 빵집에서 결정된 한반도 운명: 북폭이냐 협상이냐』(2000)에서 이러한 인상을 다음과 같이 밝혔다. "강석주가 제정신일까. 도대체 어떻게 이런 것을 생각할 수 있었을까. 핵비확산조약(NPT) 준수는 거부하면서 어떻게 미국에게 수십억 달러의 경수로를, 그것도 한 개도 아닌 두 개씩이나 요구할 수 있단 말인가."

북한이 2단계 북미협상에서 공식적으로 경수로를 요구하자 그 의도에 대하여 많은 논란이 일었다. 우선 북한의 제안을 불순한 의도로 보아 일고의 가치도 없다는 입장과 북한 비핵화를 위해 경수로를 수용하자는 입장으로 갈렸다.

경수로 반대론자들은 북한이 핵능력과 핵카드를 유지하기 위해 일부러 미국이 수용할 수 없는 제안을 했다고 주장하였다. 이들은 북한이 미국의 경수로 제공 반대를 핑계로 흑연감속로를 계속 운영하고 핵개발을 지속할 것이라고 평가했다. 또한 일각에서는 설사 미국이 경수로를 제공하더라도 건설기간이 10년 이상 걸릴 것이므로 북한이 핵개발을 위한 '시간 벌기용'으로 이용할 것이라고 지적하였다.

한편, 경수로 수용론자들은 핵확산 위험성이 높은 흑연감속로를 폐기시키기 위하여 핵확산 위험성이 낮은(proliferation-resistant) 경수로를 제공하는 것이 가능하다는 입장이었다. 심지어 북한이 경수로 교환 해법을 제시하면서 핵개발 의도가 없다는 입장을 과시하는 효과를 노렸다고 하더라도 이것을 역이용할 필요가 있다고 주장하였다. 북한은 과거 자신들이 흑연감속로 건설을 추진한 것은 독자적으로 건설이 가능했기 때문이지, 핵무기 개발을 위한 것은 아니라는 입장을 밝힌 적이 있었다. 수용론자들은 북한의 경수로 요구 속에서 "흑연감속로를 포기할 수도 있다"는 단초를 발견하고 이것을 적극적으로 활용할 것을 주장하였다.

참고로, 북한 영변의 원자로는 '흑연감속로'이다. 이는 단순한 구식 원자로 노형으로 북한이 낮은 수준의 기술을 이용하고, 천연우라늄과 흑연 등 내부에서 생산되는 자재로 건설할 수 있다. 흑연감속로가 전기생산에는 비효율적이지만 핵무기용 플루토늄을 생산하는 데는 효율적이어서 일명 '플루토늄 생산로'로 불린다. 북한은 과거 한 때 전기생산용으로 경수로를 원했지만 고비용과 북한의 핵확산 이력으로 공급처를 찾는 데 어려움을 겪었다.

미국정부는 격렬한 내부 논쟁 끝에 필요하다면 경수로 제공을 통하여 핵문제를 해결할 수도 있다는 입장으로 정리했다. 북한이 핵을 완전히 포기하고 핵투명성을 보장한다면 경수로를 제공하고 관계개선도 가능하다고 보았다. 마침내 경수로 교환에 대한 원칙적 입장을 정했으나 구체적 교환조건에 대한 합의에 이르는 길에는 많은 장애물이 기다리고 있었다.

1993년 7월 북미 핵협상도 다른 이전 북미협상과 마찬가지로 전투적으로 진행되었다. 북측은 미국과 IAEA가 대북 특별사찰을 고집한다면 북한 군부가 핵무기 개발을 추진할 것이라고 협박했다. 한편, 한미정부는 경수로 제안에서 북한의 핵포기 의사를 발견하고, 협상을 원만하게 마무리하기 위해 노력하였다. 그런데 경수로 건설을 위한 각종 법적·경제적·외교적 부담과 장애물을 감안할 때 수용여부를 쉽게 판단할 수 없었다. 따라서 미국은 북미협상을 지속하기 위해 경수로 제안 불씨를 살리면서도 미국으로서는 어떠한 외교적·경제적·법적 부담도 지지 않는 방안을 찾는 데 몰두했다. 그 결과 1993년 7월 19일 다음과 같은 공동언론발표문을 작성하고 제2단계 북미 핵협상을 종료하였다.

"미국과 조선민주주의인민공화국은 후자가 현존 흑연감속로와 그와 관련된 핵시설들을 경수로로 교체하려는 것이 바람직하다는 것을 인정한다. 미국은 핵문제의 최종적 해결의 일환으로, 또 경수로 설비와 관련된 문제가 해결될 수 있다는 것을 전제로 경수로 도입을 지지하며, 이를 위한 방도를 공화국과 함께 모색할 용의를 표명한다. 양측은 경수로 도입과 관련된 기술적 문제들을 포함하여 핵문제 해결과 관련된 현안문제들을 토의하고 양측의 전반적 관계개선의 기초를 마련하기 위하여 2개월 안에 차기회담을 진행하기로 합의하였다."

한국의 경수로 원전사업 참여 결정과 '한국형' 경수로 제공을 둘러싼 논쟁

1993년 7월 제2단계 북미협상에서 북한이 경수로를 요구했다는 소식을 전해들은 한국정부도 수용 여부에 대한 찬반 논쟁에 휩싸였다. 반대론 자들은 북한이 결코 핵능력을 포기하지 않을 것이며, 더욱이 낙후된 북한의 기술과 경제 발전 정도를 감안할 때 경수로는 북한 형편에 적합하지 않다고 지적하였다. 미국이 수용할 수 없는 지나친 요구를 함으로써 협상을 공전시키려는 의도라는 분석도 있었다. 오랜 논란 끝에 한국정부는 핵문제 해결 차원을 넘어서 한반도의 안정과 평화, 그리고 남북협력과 민족공동체 발전을 위하여 경수로사업을 수용하기로 일단 의견을 모았다. 나아가 경수로사업을 통해 북핵문제를 해결하고 남북관계도 발전시키겠다는 의지를 보였다.

이러한 방침은 1993년 8·15 광복절 경축사에서 처음으로 천명되었다. 경축사에서 김영삼 대통령은 북한이 핵투명성을 보장하고 성실하게 남북대화에 응한다면 "핵에너지를 비롯한 자원의 공동개발과 평화적 이용을 위한 협력에 적극 나설 것"이라고 천명하였다. 한국정부는 경수로 사업을 통해 남북 간 신뢰를 구축하여 남북관계를 적대관계에서 화해협력관계로 전환시킨다는 목표를 제시하였다.

한국정부는 1994년 7월까지 최종적으로 경수로사업 참여 결정을 내렸다. 한국은 '한국형' 원자력발전소를 제공하는 조건으로 한국의 참여에 상응하는 재정적 지원을 할 용의가 있으며, 이를 위해 한미일 3국 컨소시움을 구성할 것을 미국 측에 제안했다. 한편, 미국은 경수로 제공으로 핵문제를 해결하기로 입장을 정하였으나 경수로 노형 선택에 대해서는 열린 입장을 고수하여, '한국형'을 고집하는 한국과 마찰이 있었다.

당시 미국정부는 미국회사가 주계약자가 되고 한국과 일본기업이 하청계약자로 참여하는 방안을 선호했다.

한국의 경수로사업 참여가 점차 기정사실화되면서 한국정부는 1994년 8월 광복절 경축사에서 '조건부' 경수로 참여 방침을 재천명하였다. "북한이 핵투명성을 보장한다면 경수로 등 평화적 원자력에너지 개발에 우리의 자본과 기술을 지원할 용의가 있으며, 이것은 '민족발전 공동계획'의 첫 사업이 될 것"이라고 선언하였다. 한국정부는 이어 경수로사업 참여를 과시하기 위하여 관계 부처로 구성된 '북한 경수로 지원 대책위원회'를 가동하였다. 한편, 한국정부는 경수로 건설 참여의 전제조건으로 대북 '특별사찰'을 강력히 요구하였다. 그런데 한국정부의 '특별사찰' 요구는 1994년 10월 제네바 북미기본합의 체결에 이르는 수개월 동안 북미 및 한미 간 극심한 갈등을 초래했다.

1994년 10월 들어 북미 간 합의 타결이 임박해지자, 한국정부는 10월 14일 소위 '북핵문제 해결 5원칙'을 제시하고 다시 경수로 제공과 그 조건을 명확히 하였다. 5원칙의 내용은 첫째, 북의 핵개발 동결 및 중지, 둘째, 전쟁재발 방지 및 대화로 북핵문제 해결, 셋째, 남북당사자 원칙에 따른 남북대화 재개, 넷째, 과거·현재·미래의 핵투명성 보장 등 4개 조건을 전제로 다섯째, 한국형 경수로 제공을 제공하는 것이었다. 다소 표현의 차이는 있었지만 이러한 원칙은 제네바 북미기본합의에 대체로 반영되었다.

뒤이어 한국정부는 1994년 11월 8일 제17차 통일관계장관회의에서 대북 경수로 지원사업을 '민족발전 공동계획'의 첫 사업으로 규정하고 '경수로사업지원기획단'을 설치할 것을 의결했다. 동년 11월 29일 국무회의는 경수로사업지원단을 통일관계장관회의 산하에 설치하기 위한 통일관계장관회의규정 개정령을 의결하였고, 12월 12일 동 개정령을 시행하기 시작했다.

그런데 미국은 왜 '한국형' 경수로에 소극적이었을까? 첫째, 무엇보다도 한국형에 대한 북한의 강한 거부감 때문이다. 북한은 한국형에 대한 강한 거부 의사를 이미 수차례에 걸쳐 분명히 밝혔기 때문에 한국형으로는 핵합의가 불가능할 것으로 걱정하였다. 둘째, 한국형 제공으로 인해 한국이 경수로사업에서 주도적인 역할을 할 경우, 경수로사업이 한국의 국내정치에 휘둘리거나 남북 간 마찰로 북핵합의가 깨어지는 상황이 발생할 것을 우려했다. 셋째, 한국형은 미국의 '원천기술'을 이용하였으므로 미국의 수출통제정책에 따라 대북 이전이 불가능할 것을 우려했다. 따라서 초기에는 '러시아형' 원전 공급을 심각하게 고려했었다.

제네바 북미기본합의에 즈음하여, 한국정부는 경수로 건설에 필요한 재정의 상당부분을 부담할 수밖에 없다고 판단하였다. 정부의 홍보에 힘입어, 경수로 제공에 대해서는 국민여론도 상당히 수긍하는 분위기였다. 여전히 대부분 언론은 미국이 '과거 핵투명성' 확보에 소극적이라고 비판하면서, 한국정부에게 '특별사찰'을 관철시킬 것을 강하게 요구했다.

한국정부는 점차 경수로사업 참여에 대하여 적극적으로 변했다. 미국의 요청으로 사업 참여가 불가피하였을 뿐 아니라, 남북관계에 있어 경수로사업 참여로 인한 긍정적인 효과를 인식하였기 때문이었다. 특히 경수로사업을 추진하는 과정에서 10년 이상 남북교류를 유지할 수 있게 된다는 점에 주목했다. 민족통일연구원은 1994년 6월 한 정책보고서를 통해 대북 경수로사업을 북핵문제를 해소하는 데 도움이 되고, 남북 간 경제협력과 신뢰구축을 진작시킬 수 있는 사업으로 긍정적으로 평가하였다. 사실 한국정부가 끝까지 한국형 경수로를 고집한 것은 북핵문제 해결과 남북교류협력을 통한 남북관계 개선을 노렸기 때문이다. 그리고 한국형에 한해서 국민들이 재정지원을 허용할 것이라는 판단도 있었다.

심지어 경수로 지원의 막대한 재정적 비용은 통일비용의 일부라는 논리도 있었다. 국내 원자력계도 한국형 원전 공급을 사실상 원전의 해외수출로 보아 매우 적극적이었다. 실제 후일 아랍에미리트(UAE) 원전수출을 직접 진두지휘했던 변준연 한국전력 부사장은 한전의 대북 경수로사업 참여와 자신의 동 경수로사업 참여 경험이 UAE 원전수주에 결정적인 도움이 되었다고 회고했다. 한전은 수출경험이 별로 없는 국내기업인데 KEDO 경수로사업을 통해 이미 원전 수출을 한 셈이었고, 이 과정에서 축적된 인력과 자료가 UAE사업에도 활용되었다.

한편, 다수 전문가들은 한국형 경수로를 공급하게 되면, 북한이 한국의 정치경제적 우위를 인정하는 것이고, 대남 의존도를 높이는 결과를 초래할 것이기 때문에 결단코 반대할 것이라고 전망하였다. 경수로 건설과정뿐만 아니라, 완공 이후에도 보수 유지와 원자력안전을 위해 한국의 인원과 물자가 지속적으로 유입되고, 이러한 교류 확대가 북한사회에 영향을 미칠 수 있다는 분석도 있었다. 한국형 경수로가 건설되고, 운영될 경우 계속하여 한국의 기술에 의존할 수밖에 없기 때문이었다.

결론적으로 한국이 고려했던 경수로사업 참여 동기와 기대효과를 다음과 같이 요약할 수 있다. 첫째, 경수로 제공은 북한의 핵개발 프로그램을 제거하는 수단이다. 둘째, 경수로사업은 북한과 교류협력을 확대하고, 남북관계를 개선하는 수단이다. 특히 남북 간 군사안보문제를 다자적·경제적인 방법으로 해결하는 모델을 제시한다. 셋째, 경수로사업은 남북대화와 신뢰구축을 위한 수단이다. 넷째, 경수로사업은 북한을 보는 창구이며 희귀한 북한정보에 대한 정보획득원이다.

제네바 북미기본합의와 경수로 공급 결정

대북 경수로 제공에 대해, 한미정부는 대체로 긍정적으로 추진하기로 의견을 모았으나, 북한의 사찰 수용과 핵투명성 문제로 북미협상이 계속 공전했다. 북한은 북미협상을 진행하면서도 미국과 IAEA의 사찰 요구를 완강히 거부했다. 1994년 2월 북미 합의의 후속조치로 남북 간 특사교환을 위한 실무협의가 진행되던 중 3월 19일 북한대표의 '서울 불바다' 발언으로 남북대화가 중단되는 사태도 발생했다. 핵의혹 해소를 위한 국제적 압력이 높아지는 가운데 북한은 1994년 5월 플루토늄 추출량 규명에 있어 가장 중요한 증거가 되는 5MW 흑연감속로의 사용후 연료봉을 무단 추출했다. 이때 미국은 대북 군사적 조치 계획을 검토하면서, 한반도 전쟁위기가 최고조에 달했다.

6월 3일 블릭스 사무총장이 북한의 무단 폐연료봉 추출로 '추후 계측 가능성'이 상실되었다고 유엔 안보리에 보고했다. 한국정부도 안보리의 대북제재가 불가피하다고 판단하고 미국과 유엔제재 결의안을 본격적으로 협의하였다. 북한은 유엔의 대북 제재결의를 선전포고로 간주할 것이라고 반발하였다. 또 한반도는 전쟁설에 말려들었다.

일촉즉발의 위기상황이 닥치자 관련국들은 최악의 상황을 준비하는 한편, 누구도 원치 않는 파국을 막기 위해 대화와 타협을 다시 적극 모색하기 시작했다. 북핵위기 타개를 목적으로 1994년 6월 15~18일간 방북한 카터 전 미국대통령은 김일성 주석과 두 차례 면담하였다. 김일성은 이 자리에서 3단계 북미회담이 개최되면, 사용후 연료봉 재처리 유보, 핵안전조치의 계속성 유지, 경수로 도입 시 흑연감속로 포기, 남북정상회담 개최 등을 제안하였다. 한미정부가 김일성의 제안을 수용하기로 결정함에 따라 위기국면은 해소되고 다시 협상국면이 시작되었다. 여기서 다시 북핵협상은 고도의 위기가 있어야 상호 대화와 합의의 동력이 만들어지고, 또한 최고위급대화만이 극적인 타개책을 만들 수 있다는 점을 확인할 수 있다. 안타깝지만 이런 악순환이 구조화된 한반도 지정학의 현실이다. 그런 현실의 배경에는 남북분단과 그로 인한 남북 및 북미 간 최악의 안보경쟁이 있다. 한반도 평화체제와 동북아 평화체제 구축만이 분단구조를 변화시키고, 북핵문제의 완전한 해결을 위한 정치적 기반을 제공할 텐데 아직 요원한 민족적 숙제로 남아있다.

한국정부는 곧바로 남북정상회담을 위한 준비에 착수하고, 북한과 정상회담 개최를 위한 실무회담도 열었으나 7월 8일 김일성의 사망으로 중단되었다. 이후 남북관계는 한국군의 비상경계령과 조문파동으로 다시 급랭했다.

미국은 북한과 1994년 7월 8일 제네바에서 3단계 1차 회담을 개최했다. 미국은 북한에게 NPT 잔류, IAEA 안전조치 준수, 흑연감속로 포기, 한반도 비핵화 공동선언 이행, 남북대화 개최 등을 북한에 요구하였다. 또한 미국은 북미관계 개선, 경제제재 완화, 대북 핵불사용보장(NSA) 제공, 경수로 지원 협의 용의 등을 유인책으로 제시했다. 북한은 2,000MW 규모의 '러시아형' 경수로 도입을 전제로 한 경수로사업에 대한 미국의 보장을 요구했다. 동시에 경수로사업에 진전에 따른 핵시설의 동결 및 해체 방안을 제시하였다. 이 회담은 회담 첫날 김일성의 사망 소식이 전해지면서 일시 중단되었다.

북한과 미국은 1990년 8월 5일부터 제네바에서 3단계 2차 회담을 속개하고, 제네바합의의 골격이 될 흑연감속로와 경수로의 교환 해법에 대하여 합의했다. 미국은 2,000MW 규모의 경수로를 제공하고 건설기간 동안 대체에너지 제공을 주선하기로 합의했다. 북한은 경수로와 대체에너지 제공에 대한 미국 측 보장을 접수하는 즉시 50MW, 200MW

원자로의 건설 동결, 방사화학실험실 폐쇄 및 IAEA의 감시 수용에 합의하였다.

한편, 미국은 북한에게 미 대통령의 대북 경수로 지원 보장서한을 제공하는 것이 불가피하다고 판단하고, 한국과 일본정부에 경수로 건설 참여 약속을 문서화해줄 것을 요청하였다. 미국정부는 당초부터 경수로 제공의 재정을 제공할 용의가 없었다. 그런데 미국정부가 제네바합의에서 경수로 제공을 약속하게 되면, 그 재정 부담을 지게 되고 이때 미 의회의 동의가 필요하게 된다. 미국은 이를 회피하기 위하여 미리 한국과 일본정부의 재정 보증을 요구했다. 미국과 북한은 9월 23일 제네바에서 3단계 회담을 속개하고, 마침내 10월 21일 기본합의문(Agreed Framework, 일명 제네바합의)에 합의했다. 기본합의문의 경수로 관련 조항은 다음과 같다.

1조. 미국과 북한은 북한의 흑연감속 원자로와 관련시설을 경수로 원자로발전소로 대체하기 위해 협력한다.
1) 미국 대통령의 1994년 10월 20일자 보장서한에 의거하여, 미국은 2003년을 목표시한으로 총 발전용량 약 2,000MWe의 경수로를 북한에 제공하기 위한 조치를 주선할 책임을 진다.
· 미국은 북한에 제공할 경수로의 재원조달 및 공급을 담당할 국제컨소시움을 미국의 주도하에 구성한다.
· 미국은 동 컨소시움을 대표하여 경수로사업을 위한 북한과의 주접촉선 역할을 수행한다.
· 미국은 국제컨소시움을 대표하여 본 합의문 서명 후 6개월 내 북한에 경수로 제공을 위한 공급협정을 체결할 수 있도록 최선의 노력을 경주한다. 계약관련 협의는 본 합의문 서명 후 가능한 조속한 시일 내 개시한다.

제네바합의 이후 경수로사업을 위한 실무적인 준비가 진행되었다. 수개월의 준비기간을 거쳐 한미일 3국은 1995년 3월 9일 북한에 제공할 경수로 원자력발전소의 공급과 재원조달, 대체에너지 공급을 담당할 국제컨소시엄으로 '한반도에너지개발기구(KEDO: Korean Peninsula Energy Development Organization)'를 설립했다. 이로써 경수로 건설을 위한 제도적 장치가 가동되기 시작했다. 그러나 경수로 착공을 위해서는 아직도 경수로 노형을 선정해야 하는 큰 고비가 남아있었다.

쿠알라룸푸르합의와 한국형 경수로 결정

제네바합의에 따르면 6개월 이내에 경수로공급협정을 체결하기로 되어 있었다. 그러나 경수로공급협정은 당초 예정보다 8개월이나 지연되어 1995년 12월 15일에 체결되었다. 남북미 3자 간 경수로 노형, 주계약자, 경수로 공급조건 등을 둘러싸고 회담이 결렬되는 등 심각한 충돌이 있었기 때문이다. 1994년 11월부터 다음 해 4월까지 미국과 북한은 5차(1차는 북경, 2~5차는 베를린)에 걸쳐 경수로 실무협상을 열었다. 미국은 정치적·재정적·기술적 이유로 '한국표준형원전'이 유일한 대안이며 이를 위하여 한국의 '중심적 역할'이 불가피하다고 주장하였다.

북한은 '한국표준형원전'을 완강히 거부하고, 1985년에 추진했다가 실패했던 '러시아형' 원전을 요구하였다. 미국도 1994년 중반까지는 러시아형 경수로를 긍정적으로 검토했었다. 만약 러시아형 경수로가 선정되면, 한국은 KEDO 사업에 재정만 제공하고, 건설과 제작에서 배제될 것이므로 절대 수용할 수 없었다. 러시아형 경수로사업에 대한 국민 동의가 불가능하다고 보았다. 러시아형의 안전성에 대한 우려가 제기되고, 한반도 문제에 대한 러시아의 발언권 강화를 가져올 수 있다는 점도 부담이 되었다.

한편 제네바합의를 거치면서 미국은 한국의 재정지원과 한국형 경수로만이 유일한 대안이라고 인식하게 되었다. 한국정부와 학계가 정치적·기술적·재정적·안전상 이유로 한국형 외에 대안이 없다고 끈질기게 미국을 설득한 결과이다. 크리스토퍼(Warren Christopher) 미 국무장관은 1995년 1월 미 의회 청문회에서 한국형으로 이미 결정되었으며 한국형을 전제로 한국이 경수로 건설에 '중심적 역할'을 할 것이라고 증언하여 '한국형' 논쟁에 종지부를 찍었다.

미국이 한국형 제공을 선언하자 북한이 또 강하게 반발했다. 북한은 현실적으로 '한국형'만이 가능하다는 것을 알고서도, "한국형 외에는 모두 괜찮다"는 식으로 입장을 굽히지 않았다. 북한은 미국기업이 주도하여 주계약자가 되어야 하고, 핵연료 제조공장과 송전망 개선도 공급조건에 포함되어야 한다고 주장하였다. 북한은 점차 한국의 보조적인 역할과 한국기업의 참여도 수용하였다. 하지만 '한국표준형' 경수로와 한국기업이 주계약자가 되는 한국의 '중심적 역할'은 완강히 거부하였다. 1995년 4월 베를린에서 열린 전문가회의에서 북측 대표는 한국형 경수로를 '독 묻은 당근', '트로이의 목마'로 지칭하며 극단적인 거부감을 표출하였다.

그 후에도 결국 수차례 협상이 결렬되고 제네바합의 파기 직전까지 간 후에야 마침내 1995년 6월 13일 쿠알라룸푸르에서 '사실상' 한국형 경수로를 수용하는 합의문이 만들어졌다. 마침내 양측은 "KEDO가 선정하는 경수로 노형은 미국의 원설계와 기술로부터 개발되어 현재 생산 중인 개량형으로 한다"고 합의했다. 관련 문안은 다음과 같다.

I. 한반도에너지개발기구(KEDO)는 미국 주도하에 미북기본합의
문에 의거하여 북한에 제공될 경수로사업의 재원 조달 및 공급을
담당한다. 합의문에 명기된 바에 따라 미국은 경수로사업에 있어
서 북한과 주접촉선 역할을 수행한다.

II. 경수로사업은 각각 2개의 냉각재 유로를 가진 약 1,000메가와트
발전용량의 가압경수로 2기로 구성된다. KEDO가 선정하는 경
수로의 노형은 미국의 원설계와 기술로부터 개발된 개량형으로
현재 생산중인 노형으로 한다.

III. KEDO는 경수로사업을 수행할 주계약자를 선정한다. 경수로사
업의 전반적 이행에 대하여 KEDO의 감리업무를 보좌할 프로그
램 코디네이터의 역할을 미국기업이 담당하며 KEDO는 프로그
램 코디네이터를 선정한다.

한국정부는 합의문에 '한국형'이 명문화되기를 기대하였으나, '사실
상' 한국형 채택에 만족해야만 했다. 미국은 '한국형'이 합의문에 명문
화될 가능성이 매우 희박하다고 판단하여 한국이 서술상의 표현을 수용
하도록 설득하였다. 결국 한국이 미국의 "한국형 제공 보장 약속"을 받
아들임으로써 한국형 경수로를 둘러싼 외교전이 종료되었다.

미국은 한국을 달래고 안심시키기 위하여 클린턴 대통령 명의의 한국
형 경수로 보장서한을 김영삼 대통령에게 전달하였다. 이 서한은 북한
에 제공될 원자로모델은 한국표준형 원전이 되고, KEDO와 주계약자간
체결될 상업계약에 명기되는 참조발전소는 울진 3, 4호기가 될 것이며,
한국기업은 주계약자로서 경수로사업의 모든 분야를 전적으로 책임지
고 수행해 나가게 될 것이라고 명기했다. 또한 6월 13일 KEDO 한미일
3개 집행이사국 이사들이 서울에 모여 '대북지원 경수로형은 한국형이

될 것이며, 주계약자로 한국전력을 지정'하는 성명서를 발표하였다.

북측은 쿠알라룸푸르합의 직후 기자회견을 통해 사실상 한국형을 수용하는 것을 정당화하는 '북한식' 설명을 제공했다.

"한국형은 세상에 존재하지도 않으며 남조선에 경수로가 있다면 그것은 미국 설계에 의한 것이므로, 우리는 미국을 납득시켜 이번 회담에서 경수로 노형을 미국 설계와 기술의 계량형으로 명기하기로 합의하였다. 우리는 설계와 기술이 누구의 것인가 하는 것이 중요하지 그것이 어디서 만들어지는가 하는 데 대해선 개의치 않으며, 우리가 노형을 확정한 이상 주계약자는 무역하는 실무적인 문제로서 미국이 KEDO를 통해서 하는 것이기 때문에 내버려 두자는 입장이다. KEDO의 활동과 관련된 문제는 상대방의 집안 일로 간주하고 개의치 않는다. 이것은 우리가 선택권을 행사하여 경수로 노형을 결정한 결과이며 우리의 시종일관한 요구에 부합하는 것이다."

제네바합의에 이어 한국형 경수로가 결정되자 한반도 비핵화 공동선언부터 시작되어 북한의 NPT 탈퇴, 1994년 5월 전쟁위기 등으로 이어진 소위 제1차 북핵위기가 일단락되었다. 2002년 10월 제2차 북핵위기가 벌어질 때까지 북핵문제는 경수로 건설이라는 실무적인 사업문제로 격하되고 한반도에는 다시 평화가 돌아왔다. 제네바 북미기본합의와 경수로사업을 배경으로 하여 처음으로 남북 교류협력시대가 열렸다. 돌이켜 보면 남북대화와 교류협력이 상시화된 '8년의 긴 평화시대'였다.

2. KEDO 경수로사업의 경과와 종료*

KEDO 경수로사업 준비

KEDO 경수로사업은 1994년 10월 21일 체결된 제네바 북미기본합의(Agreed Framework)에 따라, 북한에 경수로 원자력발전소를 제공하는 프로젝트이다. 한국은 제네바합의의 후속 조치를 위해 1995년 1월 '경수로사업지원기획단'을 설치하고 내부 준비를 서둘렀다. 경수로사업 참여국 간 역할 분담과 재정 부담에 대한 논란을 거쳐, 미국이 책임지고, 한국은 '중심적 역할,' 일본은 '적절한 역할'을 담당하기로 합의했다. 여기서 한국의 '중심적 역할'이란 경수로 노형을 '한국표준형 원자로'로 하고, 주계약자를 한국 기업(한국전력)이 담당하며, 한국이 실제 사업에 참여하는 만큼 재정을 부담한다는 말이었다.

경수로사업에서 역할과 재정 분담 문제가 정리되자, 1995년 3월 한미일 3국은 국제기구로서 '한반도에너지개발기구(KEDO)'를 설립했다. 1995년 12월 3국의 위임을 받은 KEDO는 북한과 '경수로 공급협정'을 체결했다.

KEDO는 북한과 협상을 통해 특권면제와 영사보호, 통행, 통신, 부지, 서비스 등 경수로 건설공사 착수에 필요한 후속의정서와 각종 세부 절차를 마련했다. 경수로사업을 위한 제도가 정비되자 KEDO는 1997년 8월 함경남도 신포시에 위치한 금호지구의 경수로 건설부지에서 착공식을 갖고, 부지준비공사에 착수하였다. 부지조성공사는 한전을 중심으로 합동시공단이 주도했고, 여기에 남북한 근로자 470여명이 참여했

---

* 이 부분은 필자가 편찬자로 참여한 『경수로사업백서(경수로사업지원기획단, 2007)』의 관련 내용을 상당부분 전재하고 일부 수정보완한 것이다.

다. 원전 부지 정지뿐만 아니라, 도로, 통신 등 기반시설과 근로자들의 숙박·편의시설을 건설하는 공사는 2001년 8월 31일 완료되었다.

부지조성공사에도 불구하고, 경수로사업비 협상이 아직 끝나지 않아 경수로 본공사는 계속 지연되었다. 이에 대한 북한의 항의도 많았다. 마침내 1998년 11월 KEDO 집행이사국들은 2년에 걸친 협상 끝에 총 경수로사업비를 46억 달러로 책정하고, 재원분담을 결정했다. 한국정부는 실제공사비의 70%를 원화로, 일본은 미화 10억 달러 상당을 엔화로 기여하기로 했다. 미국은 중유제공 비용과 기타 소요재원을 조달하는 데 노력하고, KEDO 집행이사국들의 기여분이 부족할 때 그 부족분 조달에 있어 주도적인 역할을 수행하기로 하였다. 후속조치로 한국과 일본은 각각 KEDO와 '차관공여협정'을 체결했다. 마침내 본격적인 경수로 본공사 착수에 필요한 사전작업이 마무리되었다.

경수로 본공사 착공과 추진 경과

경수로사업은 KEDO를 발주자로, 한국전력을 수주자로 한 일괄 도급계약(Turn-Key Contract) 방식으로 진행되었다. KEDO와 한국전력은 3년에 걸친 현장조사 끝에 1999년 12월 100만kW 한국표준형 경수로 2기를 시공하는 주계약을 체결했고, 2000년 2월 주계약이 발효했다. 북한이 2001년 9월 1일 건설허가증을 발급했고, 2001년 9월 3일 본 공사의 최초 주요 공정인 본관 기초굴착공사가 시작되었다.

1994년 10월 제네바 북미기본합의에서 북한에 경수로를 제공하기로 합의한 이후, 6년만에 경수로 본공사 계약이 체결되었고, 7년째에 본공사가 시작되었다. 제네바합의만 체결되면 곧바로 경수로 공사가 시작되고, 2003년까지 경수로가 완성될 것으로 기대했던 북한은 계속 강하게 불만을 제기했다.

본공사 계약이 체결된 이후 경수로 건설공사는 정해진 공정에 따라 착착 진행되었다. 원자로 1호기 공사는 2002년 8월 최초 콘크리트 타설 이후 원자로건물 외벽공사 및 보조건물 기초공사를 진행하였으며, 2호기도 기초굴착공사와 원자로 건물 최초 콘크리트 타설을 진행하였다. 공사현장의 부지 정지, 진입도로, 취·배수방파제, 물양장(부지해안에 설치한 부두시설), 용수 및 전력공급설비 등 기반시설 공사와 함께 생활부지 내 근로자 숙소, 식당, 체육, 종교시설 등 각종 후생복지 시설도 마련해 나갔다. KEDO와 북한은 훈련의정서와 품질보장 및 보증의정서를 체결하고 발효시켜 2002년 10월 경수로공급협정을 이행하는 데 필요한 13개 의정서 중 8개 의정서가 완성되었다. 남북간 객화선·바지선 운항, 통신망 운용(16회선), 직항공로 개설·운용 등도 합의했다.

건설공사가 한창이던 2003년 3월 부지 현장에서는 KEDO 대표 6명, 한국측 인원 705명, 북측 근로자 75명, 우즈베키스탄 근로자 576명 등 총 1,400여명이 일했다. 현장공사와 함께 2000년 11월 체결된 훈련의정서에 따라 발전소 운영요원 123명에 대한 18주 기본교육을 금호 경수로 건설현장에서 실시했다. 북한 원자력안전 규제요원 25명을 한국으로 초청하여 국내 원자력 관련 기관에서 원자력 안전교육을 실시했다. 북한 고위정책자 과정 19명도 한국 측 원자력 관련시설을 둘러보았다. 2003년 11월 경수로사업이 중단될 때 경수로사업은 34.54%의 종합 공정률을 보였다.

KEDO 경수로사업의 중단과 종료

2002년 10월 미국이 북한의 농축핵개발 의혹을 제기하면서 KEDO 경수로사업은 갑자기 큰 위기를 맞았다. 10월 17일 켈리(James Kelly) 미국 특사가 방북하여 농축우라늄 핵개발 의혹을 제기하며 즉각 폐기해야 한다고 요구하자, 강석주 제1부상은 "HEU 계획을 갖고 있는 것이 왜 나쁜가? 미국이 우리를 선제공격하겠다고 위협하는데 우리는 HEU 계획을 추진할 권리가 있고 그보다 더 강력한 것도 가지게 되어 있다"고 반발한 것으로 알려졌다. 미국정부는 켈리 특사 방북 시 북한이 핵농축을 시인했다고 발표했다. 북한은 10월 25일 외무성 대변인 성명에서 미국이 자신을 핵선제공격 대상에 포함시켰기 때문에 "우리가 자주권과 생존권을 지키기 위해 핵무기는 물론 그보다 더한 것도 가지게 되어있다고 특사에게 말해주었다"고 주장했다.

KEDO는 미국의 요청에 따라 2002년 11월 14일 집행이사회를 개최하여 북한이 농축우라늄을 이용한 핵무기 개발 프로그램을 폐기하기 위한 '구체적이고 신뢰할 만한 조치'를 취하지 않는 한 대북 중유공급을 중단한다고 결정하였다. 북한은 이에 반발하여 핵시설 봉인장치를 해제하고, 12월 31일 IAEA 사찰관을 축출했다. 2003년 1월10일 NPT 탈퇴를 선언하고, 흑연감속로를 재가동했다. 제네바합의는 핵심사항인 핵동결이 해제되고 경수로 공사가 중단되자 더 이상 가치를 상실하고 사실상 효력을 멈추었다. 한국정부는 남북관계를 고려하고 또한 북미기본합의를 유지하기 위하여 제2차 북핵사태에도 불구하고 경수로사업의 완전한 중단을 반대했다. 그러나 미국의 경수로 종료 입장은 완강했다.

그 이후 경수로사업은 2003년 11월 말까지 '속도조절(slow down)' 기간을 거쳐 동년 12월 1일부터 2년 동안 '일시중단(suspension)' 되었다. 사업 중단기간 동안에는 모든 공정을 중단한 채 보존관리 조치만 취했다.

한편, 6자회담이 교착상태에서 벗어나지 못하자, 한국정부는 2005

년 7월 북한이 핵폐기에 합의하면 경수로 공사를 종료하는 대신 한국이 독자적으로 2백만kW의 전력을 직접 송전방식으로 제공하는 이른바 '대북 중대제안'을 제시했다. 이로써 한국 노무현정부는 마침내 KEDO 사업 중단을 받아들였다.

2006월 1월 8일 공사인원들이 경수로 건설현장에서 완전히 철수했고, 2006년 5월 31일 뉴욕에서 열린 KEDO 집행이사회는 사업의 종료를 공식 선언하였다. 동년 12월 12일 KEDO는 한전과 한전이 청산비용을 부담하는 대신 기자재를 인수하는 '일괄 청산방안'을 포함하는 '사업 종료 이행협약'을 체결했다. 마침내 경수로사업은 법적으로 완전 종료되었다. KEDO 경수로사업은 1995년 12월 KEDO-북한 간 경수로 공급협정을 체결한 지 11년 만에, 그리고 1997년 8월 경수로 착공식 후 9년 만에 종료되었다.

약 10년에 걸쳐 KEDO 경수로사업에 총 약 16억 달러가 투입되었다. 한국이 11억 5,000만 달러, 일본이 약 4억 달러, EU가 1,800만 달러를 부담하였다. 미국은 3억 7,000만 달러 상당의 중유를 북한에 제공했다.

한국정부는 경수로를 포기하였으나, 2015년 9·19 6자공동성명에서 "적절한 시기에 경수로를 북한에 제공하는 문제를 논의"하기로 합의함에 따라 경수로 문제가 다시 쟁점으로 등장했다.

3. KEDO 경수로사업의 실패 원인과 교훈

KEDO 경수로사업은 2002년 10월 북한의 고농축 핵개발 의혹사건으로 시작된 제2차 북핵위기로 인해 결국 2003년 말에 완전히 중단되었다. 그런데 경수로사업의 중단에 대한 책임을 전적으로 제2차 북핵위기로만 돌릴 수 없다. 경수로사업의 진척을 가로막는 중대 장애물들이 해결되지 않은 채 남아 있었기 때문이다. 아래에서 경수로사업 성공의 조건이자, 실패의 원인으로 북한의 합의서 이행문제, 경수로 참여국의 지지 확보, 북한의 경수로 수용 준비와 역량, 북한의 핵비확산 규범 준수 등 4가지 장애요인을 제기하고 토론했다.

그런데 더 큰 문제는 이들 장애물이 북한 정치경제체제의 구조적 문제와 연결되어 있어 해결이 쉽지 않다는 데 있다. 경수로를 완전 종료하던 2003년 당시에도 북한은 이러한 조건을 충족시킬 의사도 역량도 갖추지 못했다. 만약 이런 문제들이 해결되지 않는다면, 앞으로 경수로사업이 다시 추진된다고 하더라도 KEDO 경수로사업의 운명과 같이 매우 불투명할 전망이다. 만약 북한의 정치경제체제에 변화가 없다면, 심지어 다른 대형 남북경협 프로젝트도 유사한 딜레마에 빠질 가능성이 높다.

북한의 계약과 합의 불이행

KEDO 경수로사업이 지연된 배경에는 무수히 많은 북한의 계약과 합의 위반이 있었다. 예를 들면, 북측은 KEDO와 노무서비스 제공에 관한 합의에서 월 100달러의 임금수준으로 KEDO가 원하는 인원수만큼 노무자를 공급하기로 합의했지만, 지키지 않았다. 이때 단순한 약속 위반으로 끝나지 않고, 대체 노무인력을 확보하는 과정에서 많은 시간이 지체되었고 추가 비용도 발생했다. 또 부지준비공사 단계에서 현장 인근 해안의 해양조사가 필요하였으나, 북한은 탐사기능을 갖춘 한국의 해양조사선이 북한수역으로 진입하는 것을 거부했다. 결국 해양조사선의 북한 수역 진입항로 협상에만 수개월이 소요되었다.

경수로 설계에 필요한 북한의 각종 경제·환경·전력 관련 통계수치를 확보하는 것도 북한의 사전합의에도 불구하고 거의 불가능하였다. 북한이 알지 못하는 경우도 있었고, 심지어 각종 통계가 '비밀'이라 얻을 수 없는 경우도 있었다. 공사를 원활히 추진하기 위하여 체결된 각종 통행·통신의정서도 제대로 지켜진 것이 많지 않다. 통신의정서에 따라 금호 경수로 현장과 서울 한전본부 간에 독자적 위성통신을 사용하기로 합의하였으나, 북한은 끝내 거부하였다. 북한의 통신망으로는 수천 페이지에 달하는 도면을 처리할 수 없기 때문에 위성통신을 사용할 수밖에 없는 기술적 필요성을 설명했지만, 북한은 끝까지 '통신주권'이란 명분으로 허용하지 않았다. 이러한 북한의 조치 하나하나가 엄청난 추가 비용과 공기 연장을 초래했고, 북한에 대한 국제사회의 인식에도 부정적인 영향을 끼쳤다.

북한의 경수로 수용역량 미비

북한의 경수로 수용능력에 대한 의문이 있었다. 예들 들면, 안전 관점에서 단위 발전소의 발전량이 전력망으로 연결되어 있는 전체 발전량의 10%를 넘지 않아야 유사시 전력망과 발전소의 안정성이 유지된다고 한다. 그러나 북한의 경우 현 상태라면 경수로 1기의 발전량(100만kw)이 전체 발전량의 20%에 달할 것으로 추정되어 전력망의 안정성을 보장할 수 없다. 따라서 북한은 경수로 완공 이전에 자체적으로 발전소를 건설하여 전력생산량을 늘리고, 기간 전력망을 확충해야 한다. 그런데 당시 북한의 경제사정을 감안할 때 독자적으로 이런 기술 요건을 충족시키는 것이 불가능했다. 국제금융기관의 지원이 절실했지만, 국제금융기관의 지원을 받는 데 기본요건인 국가경제에 대한 통계의 투명성을 북한이 만족시킬 의사와 능력도 없었다.

심지어 경수로를 안전하게 가동하고 유사 시 안전하게 운영정지 할 수 있도록 안정적으로 별도 외부 전력이 제공되어야 하는데, 북한은 그런 역량도 재원도 없었다. 따라서 원자력 발전소의 안전한 가동을 위해 KEDO가 별도의 발전소를 지어야 하는 필요성도 제기되었다.

또한 KEDO 경수로사업에 참여한 많은 하청 공급업자들은 공급의 전제조건으로 북한이 원전 사고 시에 대비한 보상과 보험체제를 사전에 구축할 것을 요구했다. 그런데 북한의 낮은 국가신용도로는 핵사고 시 보상체제 구축에 필요한 국제보험을 살 수 없었다. 일부 핵심 하청업자가 KEDO 사업 참여를 포기하는 사태도 발생하였다. 이 경우 새로운 공급업자를 찾고 설계를 변경하는 과정에서 공기가 늘어나고 추가 비용도 발생했다. 특정 경수로 부품을 구매할 수 없다면, 심지어 경수로가 완공되지 못하는 사태가 발생할 가능성도 있었다.

그런데 이런 문제점들은 북한에 대한 국제사회의 인식 또는 국가신용도와도 관련되어 단시간 내 해답을 찾을 수 없다는 데 더 큰 문제가 있었다. 결국 경수로 건설과 같이 국제정치적 성격을 갖는 초대형사업의 진전과 완성은 북한의 국가신용도, 개혁개방 수준, 경제역량을 크게 벗어날 수 없는 한계를 안고 있었다.

경수로사업에 호의적인 정치적 환경 유지 실패

모든 대북 사업은 북한과 정치외교 관계의 틀 속에서 진행되는 정치적 사업이다. 특히 정부가 참여하는 대형 사업은 더욱 그렇다. 북한 또는 다른 관련국의 상호 정치적 입장이 변화한다면 대북 사업의 생존 여부가 직격탄을 맞게 된다. 특히 KEDO 경수로사업의 운명은 정치외교적 환경에 직접 영향을 받았다.

북한 잠수함 동해안 침투사건(1996.9), 대포동 미사일 발사사건 (1998. 8) 등이 발생하였을 때, 한국과 일본이 각각 경수로사업에 대한 지지를 유보하여 경수로사업이 중단위기에 처한 적이 있었다. 다행히 북한이 침투사건에 대하여 사과하고 미사일 추가 발사를 중지함으로써 다행히 중단사태는 넘겼다. 하지만 이 사건은 경수로사업의 진행이 북한과 KEDO 회원국 간 양자관계에 따라 좌우될 수 있다는 점을 잘 보여주었다.

북핵문제와 경수로 문제에 최대 이해관계국인 미국의 태도는 경수로 사업에 결정적인 영향을 미친다. 미국이 북한의 경수로 요청을 받아들여 사업이 시작되었고, 미국이 이에 대한 마음을 바꾸자 경수로사업도 종료되었다. 사실 미 행정부는 제네바합의 채택 당시부터 경수로사업 추진과 북미관계 개선에 대한 의지가 약했다. 클린턴 행정부는 공화당 의회의 반발로 인하여 KEDO 사업에 소극적으로 대응했다. 심지어 당시 갈루치 차관보 등 제네바합의 협상팀은 경수로 제공에 대하여 "북한의 조기 붕괴를 가정하고 동의했다"고 공공연하게 발언할 정도였다.

공화당 부시 행정부는 집권 후 곧바로 북미기본합의문에 대한 재검토에 들어갔다. 부시 행정부는 2001년 6월 미북 간 협상 3대 의제의 하나로서 '기본합의문 이행의 개선'을 제시하여 이에 대한 불만을 공식화 하였다. 마침내 부시 행정부는 북한의 농축 핵개발 의혹을 계기로 제네바 기본합의를 폐기했다.

북미 간 상호 불신은 뿌리 깊고 구조적이어서 '약속은 지켜져야 한다' 는 합의의 기본 원칙도 소용없었다. 부시 행정부가 대북 강경 발언을 쏟아내자 북한은 미국의 제네바합의 준수 의지를 의심했다. 부시 행정부의 '악의 축', 정권교체, 선제공격 등 발언은 북한이 기본합의의 이행보다는 체제유지를 위해 핵역량을 강화하는 방향으로 선회하는 계기가 되었다.

북한의 핵비확산 의무 불이행

한미가 KEDO 경수로사업에 동의한 가장 큰 이유는 북한의 핵비확산 의무 이행이었다. 그런데 북한은 사찰을 거부했고, 이는 제네바합의체제를 뿌리부터 흔들었다. 제네바합의에도 불구하고, 영변 핵시설의 사찰 시기와 범위는 계속 쟁점으로 남았다. 사실 IAEA는 제네바합의 이후 10회 이상 북측과 사찰에 대한 실무협상을 가졌으나 북한은 비협조적인 자세로 일관하였다. 이러한 현실을 감안할 때 IAEA의 요구에도 불구하고 이후에도 만족할 만한 사찰활동이 진행될 가능성은 결코 높지 않았다.

사찰시기와 관련하여, 제네바합의 4조 3항은 "경수로사업의 상당부분(significant portion)이 완료될 때, 그러나 핵심 원자력부품(key nuclear components)의 인도 이전에 …… 북한은 안전조치를 완전히 이행할 것"으로 규정하였다. 이 조항의 해석에 대해, 북한은 "상당부분이 완료될 때"를 중시하여, 경수로 건물이 대부분 완성되고 터빈·제너레이터 등 중요한 비(非)원자력 부품이 대부분 인도된 이후에야 IAEA 사찰을 받기 시작할 것이라고 주장했다.

한편 IAEA와 미국은 '핵심 원자력부품의 인도'가 2005년으로 예정되어 있고, 사찰 완료에 3~4년이 소요되는 점을 감안하여 즉각 사찰을 개시해야 한다는 입장이었다. 추후 사찰의 미완으로 경수로사업이 중단되는 사태를 미리 막기 위해서 사찰이 즉각 시작되어야 하는 현실적 필요를 강조했으나, 북한을 설득하는 데 실패하였다.

사찰 대상과 관련, 북한이 1993년 제1차 북핵위기 때와 마찬가지로 미신고시설인 폐기물 저장시설에 대한 IAEA의 사찰요구를 거부할 가능성이 높았다. 북한은 문제 시설을 군사시설이라고 주장하고 이에 대한 사찰을 '주권 침해'라고 주장할 것으로 예상되었다.

국내 및 한미 간 대북정책의 혼선

북핵문제는 국제적 성격과 동시에 한반도적 성격을 동시에 지닌 사안이었다. 한국정부는 한미공조를 축으로 북핵문제의 해결을 추구하는데, 이 과정에서 상충하는 대북인식에 기반한 다양한 해법들이 정책의 일관성을 저해함으로써 그 효과를 약화시켰다. 특히 부시 행정부가 등장한 이후 한미 양국은 일관된 메시지를 북한에 전달하는 데 실패하였다. 물론 우방국 간에도 북한에 대한 다양한 이해관계의 경중이 다를 수 있으며 이로 인한 공조의 불완전성 또한 예상 가능한 것이다. 이러한 시각의 차이는 관련국 각자의 대북전략, 특히 이의 기본이 되는 대북인식과 이해의 문제에서 기인한다. 이는 결국 북한의 핵개발 의도와 능력에 대한 판단 및 효과적인 대북정책의 선택 문제라 할 수 있다.

북핵문제를 둘러싼 국내외적 논쟁은 북한 문제를 보는 다양한 시각과 대북정책노선을 그대로 반영하고 있다. 보통 북한을 보는 시각은 강경 대 유화, 보수 대 진보 등 이분법으로 나뉜다. 그런데 대북정책노선을 보다 세분화한다면 붕괴론, 방치론, 협상론, 포용론 등 4개 노선이 서로 경쟁하고 있다. 이들 시각은 서로 상충하는 북한관, 제네바합의에 대한 평가, 북핵 해법을 제시하고 있다. 이들 4개 정책노선은 대체로 다음과 같이 정리될 수 있다.

첫째, 북한 '붕괴론'은 '악의 축' 국가인 북한이 결코 핵무장을 포기하지 않을 것으로 본다. 제네바합의는 북한의 시간 벌기용이므로 당장 파기하고 대북 군사적 조치를 강구하고 정권교체를 추진해야 한다고 주장한다. 미 공화계 중에서도 대북 강경파의 입장이다.

둘째, '방치론'의 시각은 북한을 '불량국가'로 보되, 군사적 조치의 위험성을 감안하여 봉쇄와 제재를 북핵해결책으로 제시한다. 이 시각은 북한이 결국 붕괴할 것으로 전망하고 시간 벌기용으로서 제네바합의와 경수로사업의 가치를 인정한다. 미국 공화당의 전통적인 입장이다.

셋째, '협상론'은 북한을 정상국가로 간주하고, 실용주의적 관점에서 협상을 통한 핵문제 해결을 주장한다. 북한을 기본적으로 불신하되, 제네바합의에서 나타나는 단계적인 상호조치를 통하여 핵문제를 해결할 것을 주장한다. 제네바합의 당시 한미 외교당국의 입장이다.

넷째, '포용론'은 북한의 입장을 동족의 입장에서 동정적으로 이해한다. 북한이 안전보장과 경제지원을 받게 된다면 핵을 포기할 것으로 낙관한다.

제네바협상 당시 한국과 미국정부 내에서는 '방치론'과 '협상론'이 크게 경쟁하였고, '붕괴론'과 '포용론'도 있었으나 그 발언권은 오늘날과 달리 미미하였다. '방치론'과 '협상론'은 각기 서로 다른 속셈을 가졌으나 겉으로는 제네바합의를 지지한 결과 제네바합의가 타결된 것이라는 의견이 있다. 그런데 이렇게 서로 다른 속마음은 결국 경수로사업이 지연되고 중단되는 배경이 되었다.

미국은 내부의 붕괴론자와 방치론자의 반발을 극복하지 못하고 제네바합의의 이행과 경수로 제공에 내내 소극적이고 방치하는 자세를 보였다. 미국은 제네바합의라는 약속에도 불구하고 이행에서 시종 미온적 자세를 견지하였고 일관성도 부족하였다. 이는 북한으로 하여금 미국의 경수로 지원 의지를 불신하도록 만들었고 제네바합의 붕괴로 가는 악순환의 고리가 되었다.

북한 또한 중유를 받으면서도 제네바합의에 따른 의무의 이행에는 비협조적인 자세로 일관하였다. 결국 한국은 한국형 경수로 제공의 관철에는 성공하였으나, 미국과 북한이 경수로사업의 완공을 위해 서로 협조하도록 만드는 데 실패하고 말았다.

만약 한미공조가 잘 유지되었다면 미국의 경수로 제공에 대한 거부감에도 불구하고 미국을 설득하여 경수로사업을 지속할 수 있었을 가능성이 높았을 것이다. 그러나 실제 대미 설득에 실패하였다는 것은 한미 간 정책공조에 문제점이 있었다는 반증이라 하겠다. 앞으로 한미 간 합의 사항을 일관되게 추진하기 위해서는 한미공조체제를 더욱 굳건히 하고, 미국의 행정부 교체에 따른 정책전환의 가능성에도 대비해야 한다.

위에서 보았듯이 KEDO 경수로사업은 북한의 합의 불이행, KEDO 이사국의 지지 축소와 철회, 북한의 경수로 수용준비 부족, 핵비확산 의무 불이행 등으로 그 진행이 원만하지 못하였다. 심지어 2차 북핵사태가 발생하지 않았다고 하더라도, 이런 장애요인으로 인해 경수로사업이 중단될 수밖에 없을 것이라는 전망도 있었다.

결국 KEDO 경수로사업과 같이 정치적 성격을 지닌 대규모 경협 프로젝트가 성공하기 위해서는 이를 위한 정치적, 제도적 기반이 우선적으로 마련되어야 한다. 그리고 장기간에 걸쳐 추진될 대형 사업의 경우, 사업 도중에 동 사업에 대한 정치적 지지가 철회되어 사업이 중단될 가능성이 있다는 점도 주의해야 한다. 따라서 정치성 프로젝트는 국가 간 신뢰 수준에 부합하는 범위 내에서 추진되어야 한다. 그렇지 않을 경우 언제라도 사업 도중에 중단될 가능성이 높기 때문이다.

현실적으로 북한과 합의는 한반도 비핵화 공동선언, 제네바 북미기본합의, 6자공동성명과 같이 애매모호하거나 불완전한 '봉합성' 합의일 수밖에 없다. 북미 간 극단적인 상호불신과 입장차를 협상만으로 해소할 수는 없기 때문이다. 처음부터 모든 불일치점을 해소한 합의를 만드는 것이 불가능하여, 따라서 합의의 사후관리를 위한 고위 정치대화가 반드시 지속되어야 한다.

4. KEDO 경수로사업의 성과와 의의

첫째, 무엇보다 경수로사업은 한반도의 평화와 안정 유지에 기여했다. 제네바합의(1994.10)부터 2차 북핵사태(2002.10) 발생에 이르는 경수로사업기간을 통하여 북핵위기가 해소되고 한반도의 평화와 안정이 유지되었다. 경수로사업 때문에 반드시 평화가 유지된 것은 아니나, 경수로사업이 상대방의 행동에 대한 제약요건으로 작용하여 '경수로 평화'가 가능하였던 것으로 보인다.

경수로사업 기간 동안에도 북한의 잠수함의 동해안 침투사건, 서해안 해상충돌, 동해안 미사일발사 사건 등이 있었다. 그러나 금호 경수로 부지에 수백 명의 한국인 근로자와 미국, 일본인 등 KEDO 대표들도 근무하고 있는 상황에서 이들의 안전을 우려하지 않아도 되었고, 또한 경수로사업의 지속을 위하여 서로가 강경한 행동을 자제하는 배경이 되었다는 평가도 있다.

둘째, 경수로사업은 대형 남북경협 프로젝트의 모델이 되었다. 북한은 경수로사업을 통하여 남북경협의 가능성을 알게 되어 금강산관광사업과 개성공단사업에 본격적으로 나서는 배경이 되었다. 북한은 경수로사업을 통해 남한주민과 대량접촉을 통제하고 관리할 수 있다는 자신감을 얻게 되었다. 실제 남한주민과의 대량접촉에도 불구하고 부작용이 우려할 정도 크게 발생하지 않았다는 판단도 남북경협사업에 나서는 배경이 되었다. 실제 경수로사업을 위해 만들어졌던 각종 의정서들이 금강산관광사업과 개성공단사업을 위한 관리규정 작성에 많이 원용되었다. 만약 경수로사업이 없었다면 금강산관광사업과 개성공단사업을 추진하는 데 현재 소요된 시간보다 훨씬 많은 시간이 소요되고 그 성사여부도 불투명하였을지도 모른다.

셋째, 경수로사업은 대량 남북대화 및 남북접촉시대를 열었다. 1990년대 들어 북핵사태로 인하여 남북대화와 접촉이 극도로 제한되었으나, 경수로사업을 통해 남북 접촉과 교류가 대폭 확대되었다. 이러한 과정 속에서 남북은 1994년 김일성 사망으로 중단된 남북정상회담의 재개를 타진하게 되었고, 마침내 2000년 6월 남북정상회담도 성사되었다. 특히 가장 중요한 현안인 북핵문제가 제네바합의로 사실상 해결됨에 따라 심각한 에너지난, 식량난을 겪던 북한은 경수로사업 과정을 통해 한국이 대북 지원에 진지한 것을 발견했다. 이 과정에서 북한이 한국에 에너지 지원을 요청하면서, 남북정상회담의 재추진에 호의적으로 대응하였을 가능성이 있다.

1990년대 초 남북 고위급대화와 핵통제공동위를 위한 대화 이후 남북대화가 거의 단절되었으나, 경수로사업을 추진하면서 남북 간 대량접촉시대가 열렸다. KEDO는 원래 미국과 북측인사 간 공식대화를 원칙으로 하였으나, 실제 운영에 있어서는 경수로사업의 실제 주체인 한국측이 주가 되어 북측인사들과 모든 기술적 문제를 해결해야 했기 때문에 수시 남북대화가 불가피하였다. 금호부지에서도 북측과 상시 접촉체제가 유지되었다.

넷째, 경수로사업을 통해 처음으로 북한의 내부 실정을 광범위하게 관찰하게 되었다. 경수로사업 이전에는 북한방문자도 매우 제한되었고 이에 따라 북한에 대한 정보가 매우 제한적이었다. 경수로사업 이후 매주 수십 명 내지 수백 명의 남측 인사들이 평양뿐만 아니라 북한 내지를 여행하면서 북한의 경제생활, 전기생산, 운송체제, 산업가동실태, 농산물상태, 주민생활 등에 대한 정보를 대량으로 습득하게 된다. 특히 많은 정부인사들이 경수로 부지를 방문하면서 북한실상에 대한 정보가 다량 축적됨에 따라, 북한에 대한 적극적인 정책을 추진하는 배경이 되었다.

다섯째, 경수로사업은 북한 변화와 개혁개방의 촉진제가 되었다. 북한은 KEDO 사업을 하면서 사실상 처음으로 한국 및 서방 측 인사, 기업들과 대거 접촉을 하게 되었다. 경수로사업의 촉진을 위해 많은 시행착오를 거쳐 조금씩 자본주의적 계약방식, 노동방식, 사업방식을 익혔다. 사실 경수로사업이 원활히 추진되기 위해서는 북한도 이에 상응하는 개방적인 조치를 취할 수밖에 없었다. 그 결과, 통행, 통신, 통관, 부지접근 등에 있어 적지 않은 개방조치가 추진되었다. 또한 북한은 KEDO 인사들을 상대로 외화획득을 위한 가게를 개설하고 각종 서비스를 제공하면서 자본주의적 상행위 방식도 익혔다. 그러한 행동은 결국 금강산관광과 평양관광 등으로 발전하였다.

마지막으로, KEDO 경수로사업은 동북아 다자주의와 대북사업을 위한 국제컨소시움의 실험장이었다. KEDO에 한국, 미국, 일본, EU가 이사국으로 참여하고, 그 외에도 많은 나라가 회원국으로 참여하였다. KEDO는 대북 사업을 위한 최초의 다자주의기구였으며, 기존의 양자적 방식을 초월한 다자주의 실험은 이후 6자회담을 가능케 하는 배경이 되었다.

5. 북한의 '원자력 평화적 이용 권리' 논쟁과 경수로사업 재개 가능성

9·19 6자공동성명과 북한의 '원자력 평화적 이용 권리'에 대한 논쟁

2005년 9월 4차 6자회담에서 공동성명 채택을 바로 눈앞에 두고 '원자력의 평화적 이용 권리'에 대하여 북한과 미국의 입장이 충돌하여 회담이 결렬될 뻔 했다. 다행히 미국이 종래의 강경한 입장에서 양보하여, 북한의 평화적 핵 이용권을 인정하고, 적절한 시기에 경수로 공급문제를 논의한다는 절충안을 수용하여 합의가 성립하였다. 그렇다면 왜 미국은 북한에 '원자력의 평화적 이용 권리'를 거부하려고 했나?

핵확산금지조약(NPT) 4조는 모든 회원국에게 '원자력의 평화적 이용에 대한 불가양의 권리'를 보장하고 있다. 4조는 나아가 원자력의 평화적 이용과 이를 위한 국제협력을 장려하기까지 한다. NPT의 역사를 보면, 원자력의 평화적 이용 권리는 비핵보유국들이 자발적으로 핵무기를 포기하는 대가로 핵보유국으로부터 얻어낸 절대적이며 양도할 수 없는 권리로 알려져 있다.

그렇다면 미국의 입장은 NPT의 기본정신에 반하는 것이 아닌가? 결론부터 말하면, 북한의 핵 이용권을 일시적으로 제한하는 것은 타당하다. 평화적 핵 이용권도 NPT 2조와 3조에 따른 비확산과 안전조치 의무 범위 내에서 허용되기 때문이다. 따라서 핵비확산 의무를 위반하는 국가에 대해서는 평화적 핵 이용권을 일부 제한할 수 있다. 평화적 핵 이용권의 남용에서 발생하는 핵확산 위험이 실제적인 국제안보위협으로 등장함에 따라 이에 대한 일정 부분 규제는 불가피하다. 핵확산을 하는 불량국가와 핵비확산을 잘 지키는 모범국가에 대하여 똑같은 기준의 평화적 이용권을 인정할 수 없다.

2005년 9월 19일 열린 4차 6자회담에서 마지막 순간까지 공동성명의 채택 여부를 판가름한 것은 북한의 경수로 제공 요구와 원자력의 평화적 이용권리 인정문제였다. 9·19공동성명이 채택되었지만, 이 문제가 충분히 해결되지 못한 채 봉합되었다. 이러한 논쟁의 핵심에 북미 간 상반되는 입장이 있다. 사실 2001년 들어선 미국 공화당정부는 줄곧 대북 경수로 제공에 매우 부정적이었다. 2002년 10월 북한의 농축핵개발

의혹이 제기되었을 때, 미국정부가 주도하여 대북 보복조치로 KEDO 경수로사업을 중단시킬 정도였다. 6자회담 내내 북한 또한 경수로와 원자력의 평화적 이용권리에 대한 요구를 조금도 굽히지 않았다. 그런데 이 문제에 대한 북미 간 이견에도 불구하고, 어렵게 만들어진 공동성명 초안의 채택이 무산되는 것을 누구도 원하지 않았기 때문에 양측은 절충안에 동의했다. 9·19 6자공동성명 1항은 원자력의 평화적 이용과 경수로 문제에 대하여 다음과 같이 규정하고 있다.

> "조선민주주의인민공화국은 핵에너지의 평화적 이용에 관한 권리를 가지고 있다고 밝혔다. 여타 당사국들은 이에 대한 존중을 표명하였고, 적절한 시기에 조선민주주의인민공화국에 관한 경수로 제공문제에 대해 논의하는 데 동의하였다."

여기서 명확히 합의한 부문은 6자가 '적절한 시기'에 대북 경수로 제공문제에 대하여 '논의'하기로 한 것이다. 합의문을 엄격하게 해석할 때 '적절한 시기'가 어떤 특정시점이 될지 단언할 수 없으며, '논의'하기로 한 부분을 놓고서 경수로를 '제공'하기로 합의한 것으로 보아서도 안 된다. 합의문은 모든 협상 내용을 다 포함하는 것이 아니라, 합의되고 또한 문안으로 남길 수 있는 부분만을 담고 있다. 따라서 미합의 부분이나 문서화하기 곤란한 부분은 많은 장외 논란을 야기할 수밖에 없다. 공동성명의 경우, 경수로 부분이 특히 그런 논쟁을 야기했다. 이 논쟁을 시작한 국가는 공동성명 채택 다음날 9월 20일 외무성대변인 담화를 발표한 북한으로 알려져 있다.

그런데 실제 이 논쟁은 9월 19일 공동성명 합의문을 채택하는 6자회담에서 힐(Christopher Hill) 미국대표가 한 마무리 발언에서 시작되었다. 힐 대표는 이 자리에서 경수로 공급문제에 대한 미국의 입장을 상세히 밝혔다. 따라서 9월 20일 북한 외무성대변인 담화는 이에 대한 반박 성명으로 보인다. 당시 미 대표의 발언 내용은 잘 알려지지 않았지만, 힐 차관보는 10월 6일 6자회담 결과를 설명하는 미 하원 청문회에서 이 상황과 미국정부의 경수로정책을 다음과 같이 소상하게 설명하였다.

"(6자회담에서) 북한의 향후 민수용 핵이용 권리에 대해 많은 논의들이 있었다. 공동성명에서 북한은 핵에너지를 평화적으로 이용할 권리가 있다고 주장하였다. 다른 참가국들은 이러한 주장에 주목하고, 적절한 시점에 북한에 경수로를 제공하는 문제에 대해 논의하기로 합의하였다. 미국은 대북 경수로 제공을 논의할 적절한 시점이 언제인가에 대해 매우 분명하게 입장을 밝혔다. 미국은 북한이 조속히 핵무기와 핵프로그램을 제거하고 이것이 IAEA 등 신뢰할 만한 국제기구를 통해 모든 참가국들이 만족할 정도로 검증되었을 때, 그리고 북한이 NPT와 IAEA 안전조치를 완전히 준수하고 이에 대한 협력과 투명성을 지속적으로 보여주며 핵기술 확산을 중단했을 때에만 경수로 제공 논의를 지지할 것이다. 한국과 일본, 러시아 그리고 중국 대표단은 이 문제에 대해서 입장을 밝혔다. 각국은 북한과 어떤 에너지 협력도 NPT와 IAEA 안전조치에 대한 권리와 의무를 엄격히 준수하면서 이루어질 것이라고 하였다. 북한의 에너지 수요는 다른 수단을 통해서 공급될 수 있다고 이해하고 그 어떤 국가도 북한에게 경수로를 제공할 의사를 밝히지 않았다. 9월 20일 북한 외무성의 주장은 공동성명과 다른 참가국의 성명과도 모순되는 것이다. 나는 참가국 중 어떤 나라도 북한에게 경수로를 제공할 의사를 밝히지 않았음을 다시 밝혀 둔다. 나는 베이징에서 종결성명을 발표하면서 미국은 올해 말까지 KEDO와 경수로 건설을 폐기해야 한다는 결정에 지지한다고 밝혔다. 우리는 KEDO가 그 목적을 다하였으며, 이제 비핵화를 달성하기 위해 새롭고 보다 안전한 해결책이 필요하다고 본다."

힐 차관보의 증언에 따르면 '적절한 시점'은 북한이 핵무기와 핵프로그램을 제거하고, IAEA가 이를 검증하며, NPT와 IAEA 안전조치를 준수하고 이에 대한 협력과 투명성을 지속적으로 보여주고 핵기술 확산을 중단하였을 때이다. 그리고 이러한 조건하에서만 경수로 제공에 대한 '논의'가 가능하다고 한다. 그런데 힐 차관보는 다른 나라의 대북 에너지 협력에 대하여 "NPT와 IAEA 안전조치에 대한 권리와 의무를 엄격 준수하면서 이루어질 것"이라고 하여, 핵비확산의무 준수를 모든 에너지협력의 전제조건으로 내세우고 있다.

한편, 북한은 6자회담 공동성명을 채택하는 회의장에서는 미국의 '강경' 발언에 대하여 별다른 반박 발언을 하지 않았다고 한다. 그러나 다음날 외무성 대변인 담화에서 종래 입장을 되풀이하면서 미국 측과 상반되는 경수로정책을 내어놓았다. 외무성대변인 담화 중 관련 내용은 다음과 같다.

"우리는 이번 공동성명에 천명된 대로 미국이 우리에게 신뢰조성의 기초로 되는 경수로를 제공하는 즉시 NPT에 복귀하며 IAEA와 담보협정을 체결하고 이행할 것이다. 이미 누차 밝힌 바와 같이 조미관계가 정상화되어 신뢰가 조성되고 우리가 미국의 핵위협을 더 이상 느끼지 않게 되면 우리에게는 단 1개의 핵무기도 필요 없게 될 것이다. 따라서 기본에 기본은 미국이 우리의 평화적 핵활동을 실질적으로 인정하는 증거로 되는 경수로를 하루빨리 제공하는 것이다. 신뢰조성의 물리적 담보인 경수로 제공이 없이는 우리가 이미 보유하고 있는 핵억제력을 포기하는 문제에 대해 꿈도 꾸지 말라는 것이 지심 깊이 뿌리박힌 천연바위처럼 굳어진 우리의 정정당당하고 일관한 입장이다."

북한은 "선 경수로 제공과 신뢰조성, 후 NPT 복귀와 IAEA 안전조치협정 체결, 후 핵폐기" 방식을 제기하여, "선 핵폐기, 선 NPT 복귀와 IAEA 안전조치협정 체결, 후 경수로 제공 논의"를 주장하는 미국과 정반대의 비핵화 로드맵을 제시하고 있다. 북한은 또한 핵폐기의 조건으로 '북미관계 정상화와 미국의 대북 핵위협 제거'를 들어, '선 핵폐기, 후 북미관계 개선'의 미국 입장과 충돌하고 있다. 결국 북한의 입장에 따르면, 핵포기는 미국의 대북 안전보장, 관계정상화, 위협 제거, 경수로 제공, 신뢰조성 등 조치가 완료된 후 최종단계에 가서야 가능하다.

이렇게 북미 간 입장이 상충하고 있으나 협상의 여지가 없는 것은 아니었다. 북한과 미국이 각각 5차 6자회담에서 유리한 협상입지를 차지하기 위하여 자신이 요구할 목표치를 제시한 것으로 볼 수 있다. 북한과 미국 모두 강한 협상자세와 협상력을 유지하고 있는 것으로 알려져 있지만, 1차 북핵협상에서 보았듯이 양측은 필요할 때 '윈-윈 전략'을 찾아내곤 하였다. 공동성명 채택 당시에도 북한과 미국은 각각 중대한 양보를 하였다. 경수로를 예로 든다면, 미국은 '경수로 절대불가' 입장에서 양보하였고, 북한도 '즉각 경수로 제공'에서 후퇴하였다. 그 타협안이 바로 '적절한 시점'에 경수로 제공을 '논의'하는 것이었다.

북한은 내부의 에너지자원 부족으로 일찍이 원자력을 개발하는 데 많은 국가적 노력을 기울였다. 그런데 탈냉전으로 경제위기·체제위기·안보위기가 가중되면서 이중용도의 핵개발 프로그램을 급속하게 무기용으로 전환했다. 제네바합의와 6자공동성명은 이러한 북한의 사정을 감안하여, 북한에게 안전보장과 에너지를 제공하는 대신에 핵무기능력을 제거하는 것을 목표로 삼고 있다.

여기서 우리는 대북 비확산정책의 목표에 대한 정확한 정의가 필요하다. 핵무기능력의 제거인가, 아니면 평화적 핵 이용을 포함한 일체 핵활동의 제거인가? 후자는 미국이 선호하나, 매우 비용이 많이 들고, NPT체제와도 반드시 일치하지 않는다. 반면에 전자는 적절한 비용으로 달성 가능하며, NPT체제와 양립가능하다. 필자는 대북 비확산정책 목표는 실현가능성이 높고 비확산 효과도 높은 전자가 되어야 한다고 보았다. 후자를 선택한다면, 비확산 효과는 완벽한 반면, 북한의 반발로 실현성이 낮고, 대북 보상이 증대하여 비용이 많이 드는 단점이 있다.

그런데 KEDO 사례를 본다면, 미래의 경수로사업도 결코 쉽지 않을 전망이다. KEDO 경수로사업은 북한의 합의 불이행, 비확산의무 불이행, 경수로 수용준비 부족, 경수로사업 참여국의 정치적 지지 감소 등 장애물로 인하여 공사가 수년 이상 지연되었고 완공될 가능성도 낮았다. 이러한 관점에서 본다면 북한이 국제사회에서 정상적인 일원으로 인정받고 적절한 국가신용도를 갖춘 '보통국가'가 되기 전까지 경수로 제공은 미완의 사업으로 남아있을 가능성이 높다.

12장

북핵 시나리오와 한반도 비핵 · 평화체제 구축전략

2017년 들어 한반도에서 우리가 그토록 두려워하고 방지하려던 악몽의 시나리오가 바로 우리 눈앞에서 전개되었다. 북한의 핵무장이 현실화되었고, 북한의 핵위협과 미국의 선제공격 주장이 맞서면서 한반도 전쟁위기가 최고조에 달했다. 그런 긴박한 상황에서 역사적 우연(偶然)이 개입했다. 한국에서 대북 강경책을 취했던 박근혜 대통령이 탄핵으로 물러나고, 한반도 평화정착과 남북관계 개선을 최우선시하는 진보정부의 문재인 대통령이 등장했다. 미국에서는 미국 외교정책의 전통과 관행을 깡그리 무시하고 초불량국가로 낙인찍힌 북한의 김정은 국무위원장과 정상회담도 마다하지 않는 트럼프 대통령이 등장했다. 김정은 국무위원장은 2017년 하반기에 수소폭탄 실험과 장거리미사일 시험발사에 성공했지만, 오히려 핵강대국 미국과 중국으로부터 동시에 강한 견제를 받는 소위 '공격의 정점(culminating point of attack)' 딜레마에 빠졌다. 우연히 만들어진 문재인-트럼프-김정은의 삼각관계를 배경으로 북핵위기는 대화국면으로 급전환했다. 하지만 한반도 분단, 남북 및 북미 간 적대관계, 북한 핵무장 등 한반도 대치와 북핵문제의 구조적 요인은 아직 변하지 않았다.

따라서 이 장은 북핵문제를 해결하기 위해 우선 북핵문제의 '불편한 현실'을 직시할 것을 주장했다. 지난 30년간 북핵외교는 실패했고, 그 사이에 북한 핵무장은 이미 현실화되었다. 북한이 핵무장한 이상, 결코 시간은 우리 편이 아니다. 북핵능력은 계속 증가하고, 이때 비핵화 비용도 증가할 것이다. 북한은 더 이상 1990년대의 체제위기와 정권위기 속에서 붕괴가 임박한 나라가 아니다. 미중 전략경쟁의 영향도 새로운 변수로 등장했다. 따라서 이 장은 한반도의 '뉴노멀'에 부합하는 보다 현실적인 비핵화 해법을 모색하고자 한다. 비핵화 방안으로 제시되었던 제재압박을 통한 전략적 인내, 군사적 억제력 강화를 통한 공포의 균형, 북핵 인정과 동거, 정권교체를 통한 비핵화, 군사조치로 핵시설 제거, 평화체제 구축 등 각종 옵션의 장단점과 실현성을 비교하고 토론했다. 마지막으로 비핵화와 평화정착을 단계적으로 병행하는 비핵화 로드맵을 제시한다.

1. 북핵문제 해결의 긴급성과 중대성

'북핵 디스카운트'

북한 핵무장은 우리에게 실존적이며 적대적인 안보위협이다. 그럼에도 불구하고 북핵위기가 장기화되면서 종종 북한 핵무장이 만성적이며 일상적인 안보사건으로 취급되는 경향이 있어, 이를 경계해야 하다. 왜 북핵문제 해결이 긴급하며 엄중한지 재확인하자.

첫째, 북한이 핵무장으로 남북 간 군사력 균형에서 우위를 점하게 되면, 빈번한 군사도발로 한국을 강압하거나, 군사적 긴장 고조와 충돌로 한반도 불안정을 의도적으로 조장할 것이다. 만약 북한 핵무장이 기정사실화 되면, 주한미군도 북한의 직접적 핵위협에서 벗어나기 위해, 혹은 북핵의 위협 밖에서 대북 군사옵션을 행사할 수 있도록 철수할 가능성도 있다.

둘째, 한국의 대북정책 전반이 북핵의 인질이 되어, 관계개선, 경협, 인도지원, 이산가족상봉, 군사적 긴장완화 등 많은 현안의 해결이 중단되는 결과를 초래한다. 또한 북핵문제는 통일로 가는 길에 최대 장애물이 된다.

셋째, 북한의 핵무장과 핵위협은 한국의 국가리스크를 악화시켜 경제통상의 거래비용을 증가시킨다. 특히 경제경쟁이 심화되는 환경에서 한국의 경쟁력을 하락시킨다. 북핵에 대응하기 위해 국내에서 핵무장 주장이 강하게 제기될 것이다. 이런 핵무장 주장은 미국 및 국제사회와 갈등을 초래하고 국가신용도를 하락시키게 된다.

넷째, 한국의 외교안보역량과 자본이 대거 북핵문제에 집중되는 왜곡이 발생한다. 그 결과 경제적 생존과 번영을 위해 필요한 통상외교, 자원외교, 에너지외교, 국제안보외교, 영사외교 등에 대한 투입이 제한된다. 또한 북핵문제로 인해 주변국의 한반도 개입을 증대시키는 부정적인 결과도 초래한다.

종합하면, 한국은 이미 정치·경제·사회·안보 전 분야가 이미 '분단 디스카운트'를 지불하고 있는데, 이에 더해 앞으로 '북핵 디스카운트'까지 치러야 할 것이다. 한국의 안보불안은 급증하고, 국가경쟁력은 더욱 하락하게 된다.

필자는 북핵연구를 하면서, 항상 북핵문제를 조기에 해결할 것과 북핵해결을 위한 비용투입을 아끼지 말 것을 주장해 왔다. 필자가 북핵문제를 연구하면서 발견한 다음과 같은 법칙과 추세는 이를 뒷받침하는 근거가 된다.

첫째, 북핵능력 배증의 법칙이 있다. 북한은 이미 독자적인 핵물질과 핵무기와 핵시설 생산능력을 확보하고 있으며, 약 8년마다 핵물질과 핵무기 수량이 배로 증가하는 경향을 보인다.

둘째, 비핵화 비용 증가의 법칙이 있다. 북핵 핵능력이 매년 증가하는 데 맞추어, 북한은 언제나 더 높은 정치외교경제적 보상을 요구한다. 따라서 비핵화 합의를 앞당길수록 비용이 덜 든다. 또한 우리는 비핵화를 위해 치를 어떤 경제적 비용도 전쟁비용보다 싸다는 점을 염두에 두어야 한다.

셋째, 핵위기 인식 체감의 법칙이 있다. 사람들은 북한의 핵도발 직후 북핵에 대한 경각심과 위기의식이 급증하지만, 곧 점차 감소하여 북핵위기가 일상화되는 경향을 보인다. 따라서 우리는 결코 북핵에 익숙해져서 비핵화 목표를 잊어서는 안 된다. 우리는 완전한 비핵화까지 절대로 경계를 늦추어서는 안 된다.

북한의 '2차 핵타격'능력 확보 가능성

북한은 2012년부터 핵무장을 법제화하고 국가노선으로 채택하면서, 이에 맞추어 핵과 미사일 개발을 진척시켜 왔다. 2012년 북한 개정헌법은 서문에서 "(김정일은) 우리 조국을 불패의 정치사상 강국, 핵보유국, 무적의 군사강국으로 전변"시켰다고 선언하였고, 2013년 3월에는 노동당 중앙위원회 전원회의에서 "경제건설과 핵무력건설을 병진시킬 데 대한 새로운 전략노선"을 최고수준의 국가노선으로 채택했다. 또한 북한은 2013년 '핵보유국법'도 제정하여 핵무장을 불가역적인 정책으로 기정사실화하고, 또한 자칭 '핵보유국'임을 대외적으로 선포했다. 김정은체제는 2016년 5월 7차 당대회에서 병진노선을 재확인했다.

앞으로 북한은 핵무기 개발과 핵무장력 증강을 더욱 가속화할 것으로 전망하는데, 그런 전망의 배경은 다음과 같다. 우선 북한은 핵교리의 대원칙으로서 '핵억제'와 '핵보복'으로 제시하고 있는데, 아직 북한이 공언한 핵교리와 이를 실현하기 위한 핵태세 간에는 큰 격차가 있다. 북한이 선언하듯이 핵억제와 핵보복 전략을 실현하려고 하면, 상대의 1차 핵타격을 흡수한 후 2차 핵타격을 가하는 데 필요한 핵능력을 구비해야 한다. 이를 위해서 충분한 수량의 핵무기와 핵무기 방호체제와 다양한 운반체계를 구비해야 하는데, 현재 북한의 핵개발 동향을 볼 때, 미국의 1차 공격에서 생존할 수 있는 핵능력을 갖추었다고 보기 어렵다.

따라서 북한은 현재와 같이 초기 핵무장 단계에서 안보가 더욱 취약해지는 과도기를 최대한 줄이기 위해 최선을 다할 전망이다. 이를 위해 핵물질 추가 생산, 핵무기 생산 증가, 핵탄두의 경량화와 소형화, 탄도미사일 성능 개선, 잠수함발사미사일 발사기술 개발 및 미사일발사 잠수함 개발 등을 가속화할 것으로 전망한다.

또한, 북한은 현재 한국과 미국에 대해 '핵선제공격'을 위협함으로써 오히려 한미동맹의 선제공격을 유인하는 위험에 빠져있다. 이때 북한이 한국과 미국의 선제공격 가능성을 억제하기 위해서는 조기에 핵억제 능력을 구비해야 한다. 따라서 북한은 핵보복을 위한 '2차 핵타격'능력을 조기에 구축하는 데 국력을 집중할 전망이다. 또한 과도기적 안보 취약기를 보완하기 위해, 남북 간 사소한 군사적 충돌 가능성에 대해서도 핵무기로 대응하겠다고 위협하는 매우 공세적인 핵교리, 소위 '비대칭적

확전' 핵교리를 선택할 것으로 보인다.

북한 김정은체제의 핵무장 증강과 핵위협 고조는 한미동맹과 미일동맹의 군비증강 및 한미일 삼자 안보협력을 촉진하며, 다시 이는 중국의 한반도 개입과 군비증강을 유도한다. 결국 북한의 핵무장은 역내 미중 및 중일 간 세력경쟁을 더욱 첨예화시키고, 남북 간 군사적 긴장을 고조시키는 악순환이 예상된다.

전 세계적으로 세계화의 부작용이 증가하고 국제협력의 분위기가 쇠퇴하고 국가들이 각자도생을 모색하는 가운데, 동북아에서도 세력균형의 상대적 변동, 경제성장의 둔화, 민족주의 강화, 정치적 우경화 등 정치경제적 변동이 발생하여, 역내 세력경쟁과 군사적 긴장구도를 더욱 악화시키는 방향으로 상호작용하고 있다. 이런 중장기적 추세를 볼 때 한반도는 상당기간 군사적 충돌 가능성을 동반하는 안보위기와 더불어 미중 간 세력경쟁에 시달릴 것으로 전망된다.

한반도 전쟁위기에 대한 현실주의 이론의 경고

국제정치이론 중에서 현실주의적 세력정치이론은 한반도와 동북아에서 전쟁 가능성을 크게 제기하고 있다. 현실주의 국제정치이론의 시조로 불리는 투키디데스는 일찍이 2400년 전에 펠로폰네소스전쟁을 분석하면서, 동 전쟁을 불가피하게 만든 근본적인 원인으로 "아테네 세력의 부상과 이에 대한 스파르타의 공포"를 들었다. 그는 또한 강국인 아테네와 약국인 밀로스 간의 대화를 통해 강국과 약국의 평화로운 공존 가능성에 대해 "강자는 그들이 할 수 있는 것을 할 뿐이며, 약자는 당연히 당해야 하는 고통을 겪을 뿐이다"는 발언으로서 그 가능성을 부정하였다. 후세 현실주의자들은 이 명제를 수용하면서 세력균형과 세력전이이론을 각각 발전시켰다.

국제사회의 무정부상태에서 급부상한 국가는 패권국 지위를 확보하기 위해 패권전쟁에 나서고, 기타 국가들은 연대하여 그 패권국의 등장을 저지하기 위한 반패권전쟁에 나선다. 또한, 기존 지배국은 부상하는 도전국을 저지하기 위해 예방전쟁에 나서고, 도전국은 지배국의 예방전쟁을 사전에 저지하기 위한 선제전쟁에 나선다. 국제정치학자들이 실제 지난 500년간 국가 간 세력균형과 패권질서의 변동 사례를 분석한 결과, 소수의 평화적 세력전이 사례를 제외하고는 거의 예외 없이 대전쟁을 수반한 것을 알게 되었다.

그렇다면 한반도와 동북아에서 어떤 전쟁의 가능성이 있는가? 첫째, 중국의 급부상과 이로 인한 동북아에서 미국 중심 질서에 대한 중국의 도전 가능성, 그리고 이에 대한 미국의 공포는 역내 강대국 충돌 가능성을 열어 놓았다. 이 때 동북아에서 도전국인 중국의 반미, 반패권질서 전쟁이 있을 수 있고, 또한 미국의 역내 패권질서를 유지하기 위한 예방전쟁의 가능성이 있다. 미중 간 안보경쟁은 남중국해와 한반도에서 각각 독점적 '영향권' 유지 경쟁으로 나타나고, 군사충돌로 비화할 가능성도 있다. 반면 중국의 부상에도 불구하고 여전히 미국의 압도적인 우월적 지위로 인해, 중국의 도전이 장기간 실현되지 못할 것이라는 분석도 있다.

둘째, 역사적 사례를 보면, 강대국 간 직접 충돌보다는 상대 진영의 약소국을 상대로 전쟁을 시작하는 사례가 많다. 미국과 중국이 한국과 북한에 대해 각각 확장억제를 제공하는 경우를 상정한다면, 미국이 북한에 무력을 행사하거나, 중국이 한국에 무력을 행사하는 경우가 있다. 현재로서는 가능성이 낮은 시나리오지만, 미중 간 경쟁이 격화될 경우 그 가능성을 무시할 수 없을 것이다.

셋째, 남북 간의 세력전이로 인한 전쟁 가능성이다. 1970년대 들어 남북 간 경제력이 급속히 역전되면서 한국의 국력 우위가 고착되었고, 탈냉전기 들어 국력 차는 더욱 벌어졌다. 북한은 탈냉전기의 세계경제에 적응하는 데 실패하였고, 만성적인 경제위기와 식량위기로 인한 체제위기까지 겪게 되었다. 세력전이이론에 따르면, 1970년대 북한은 한국의 급부상에 따른 공포 때문에 이를 저지하기 위한 예방전쟁 또는 선제전쟁에 나서야 했다. 당시 북한의 전쟁기도가 좌절되었다면, 이는 냉전체제와 한미동맹의 억제효과 때문으로 볼 수 있다.

또한 세력전이와 세력균형이론의 분석에 따르면, 탈냉전기 들어 한국이 압도적인 국력의 우위를 확보하게 되면서 그 우월한 힘을 이용하여 북한의 안보위협을 제거하려고 한다고 한다. 한편, 열세의 북한은 대남 세력균형을 회복하고 한미동맹의 '침공' 가능성에 대비하기 위해 핵무장에 의존하게 된다. 나아가 만약 핵무장한 북한이 스스로 군사력의 우위에 있다고 생각한다면, 그 역량을 한국에 투사할 것이라는 예측도 가능하다.

현 국제사회에는 핵비확산 규범이 정착되었고, 유엔 안보리가 직접 이를 관리하고 있기 때문에 상기 분석과 예측은 한반도와 동북아의 현실과 동떨어진 면이 있다. 그렇지만 안보는 항상 미리 예측할 수 없는 최악의 상황도 대비해야 하는 만큼 이런 전쟁의 경고에 주목하지 않으면 안 된다. 저명한 국제정치학자인 미어샤이머 시카고대 교수도 2018년 3월 국내 강연에서 한반도에서 전쟁 가능성, 북한 핵무장의 지속, 미중 충돌의 불가피성 등을 예언했다.

실제 안보전문가들이 현 한반도정세를 한국전쟁 이후 최대의 전쟁위기로 평가하고 있다. 심지어 브레넌(John Owen Brennan) 전 미 CIA 국장은 한 인터뷰(2017.10)에서 북미 충돌 가능성을 20~25%로 판단하였다. 문재인 대통령이 2017년 8·15 경축사에서 "한반도에서 또다시 전쟁은 안 되며, 한반도에서의 군사행동은 대한민국만이 결정할 수 있고, 누구도 대한민국의 동의 없이 군사행동을 결정할 수 없다"고 전쟁반대 입장을 강조한 것도 이런 높은 전쟁 위험성에 대한 반증이다.

2018년 들어 북한의 급작스런 태도 변화와 남북 및 북미정상회담의 개최로 한반도의 긴장이 크게 완화되었다. 사실 냉전기 이후 한반도 역사를 돌이켜 보면 과연 이것이 긴 평화의 시작점이 될지, 또는 갈등의 일시적인 휴지기인지 알기 어렵다. 이럴 경우는, "최선을 지향하되, 최악을 준비하라"는 조언을 따르는 지혜가 필요하다.

2. 북핵협상과 평화정착을 위한 새로운 기회요인

대북 전략에서 기회요인의 중요성

탈냉전기 들어 북핵사태가 지속적으로 악화되고 남북 간 군사적 대치와 긴장이 고조되었다는 추세의 연장선상에서 볼 때, 문재인정부의 비핵평화체제 구상은 비현실적이며 달성 불가능한 정책과제로 보아야 마땅하다. 사실 2017년 말까지 이런 비관적 분석과 평가가 절대다수였고, 2018년 남북 및 북미정상회담이 개최되었지만 여전히 비관적 전망이 팽배하다.

전문가들의 비관적 분석에도 불구하고, 한국정부와 국민들은 반드시 비핵평화를 달성해야하는 절체절명의 숙제를 풀어야 한다. 특히 전쟁위기와 핵위협이 만연한 가운데 비핵평화의 필요성은 더욱 부각된다. 그렇다면 이 목표를 어떻게 달성할 것인가? 전략론은 목표를 달성하기 위한 방법론으로 나를 알고 적을 알며, 기회요인을 최대한 활용하고, 위협요인을 제거할 것을 주문하고 있다. 우리는 평소 위협요인을 잘 알고 있으며, 이에 대한 대응방안도 강구하고 있다.

그런데 위협요인에 대한 대처는 보통 사태의 악화를 방지하는 소극적인 기능을 한다. 위에서 토론했듯이, 위협요인으로 김정은 정권의 경제건설과 핵무장 병진노선 추진, 미중 간 세력경쟁과 충돌 가능성, 중국에게 북한의 전략적 가치 증가, 핵협상 무용론 확산, 남남갈등 등이 있다. 그런데 이 위협요인에 아무리 잘 대처하더라도 한국의 비핵화와 평화정착 목표를 달성하지는 못한다.

그렇다면 상황의 개선과 목표달성을 위해 이용할 수 있는 기회요인은 무엇인가? 사실 그동안 정책서클에서 이런 기회요인에 대한 토론은 별로 없었다. 필자는 가능한 기회요인을 찾고 활용방안을 제시한다.

트럼프 대통령의 대북접근 활용

트럼프 대통령의 북핵해결 집중 방침과 동 행정부의 다음과 같은 정책기조는 북핵해결을 위한 새로운 동력과 기회를 창출하고 있다. 첫째, 미트럼프 행정부는 대북 '전략적 인내' 정책을 실패로 규정하고, 북핵문제를 최우선 안보과제로 간주하며 해결에 집중하고 있다. 북핵문제가 미국 대통령 의제로서 이렇게 집중적인 관심을 받은 적이 없었다. 사실 트럼프 대통령이 왜 북핵문제에 집중하는지 논란이 분분했다. 미국에게 가장 긴급하고 엄중한 안보 현안이라는 분석, 오바마 전임 대통령과 경쟁심리에서 오바마 대통령도 해결하지 못한 문제를 해결하는 데 대한 개인적 성취감, 노벨 평화상에 대한 욕심, 세계 핵비확산 레짐을 구하기 위해 노력 등 다양한 의견이 있었다.

또한 트럼프 행정부는 최대의 압박과 대화를 통한 비핵화 성과 도출 모색, 미중 협력체제 구축, 체제붕괴, 정권교체, 통일 가속화, 38선 이북 진출 불추구 등을 추구했다. 이런 접근법도 새로운 북핵해결의 동력을 창출하는 데 도움이 된다.

둘째, 트럼프 대통령이 북핵문제 해결을 위해 중국을 강하게 동원하고 있다. 북핵해결의 관건이었던 중국의 대북 경제제재를 압박하기 위해 트럼프 대통령은 심지어 대중 무역적자 문제까지 양보하면서, 중국의 협조를 구했다. 과거 미국 행정부가 항상 중국의 역할이 중요하다고 말하면서도, 모두 말뿐인 요청에 그쳤다면 트럼프 대통령의 중국접근법은 북핵해결에 매우 효과적이다.

셋째, 트럼프 대통령은 전임 대통령과 달리 외교격식과 전통적인 대북정책을 무시한 채 김정은 국무위원장과 정상회담에 대해 열린 입장을 반복하여 천명하고 있다. 이는 북핵해결을 위한 목적 지향적이며 실용적인 입장이며 북핵해결의 새로운 기회를 제공한다. 실제 2018년 6·12 북미정상회담을 개최하면서, 북미관계 개선과 북핵해결의 새로운 동력을 만들었다.

넷째, 트럼프 행정부가 다른 대북현안을 제쳐놓고 북핵해결에 집중하면서, 북핵문제에 집중한 미북대화가 가능해졌다. 전통적인 미국 공화당과 민주당 정부 모두 북한의 인권, 민주주의, 체제를 비판하는 규범적·도덕적 접근을 추진했다. 따라서 북한은 항상 미국의 정권교체와 체제붕괴 의도를 의심했고, 설사 대화가 열리더라도 높은 불신으로 인해 항상 겉도는 경향을 보였다.

다섯째, 한미 정상이 높은 수준의 대북정책 공조를 과시했다. 문재인 대통령과 트럼프 대통령은 2017년 6월 30일 첫 정상회담과 공동성명에서 북핵문제 접근원칙에 합의했다. 북핵해결을 최우선적으로 추진하고, 완전하고 검증가능하며 불가역적인 한반도 비핵화의 공동목표를 평화적인 방식으로 달성하며, 제재와 대화를 활용한 단계적·포괄적 접근으로 북핵문제를 근원적으로 해결할 것을 추구했으며, 올바른 여건하에서 북한과 대화를 추구하는 등 양국 공동의 대북정책을 긴밀히 조율하며, 대북 적대시정책·정권교체·체제붕괴·공격·통일가속화 불추구 등에 합의했다.

한편, 트럼프정부와 문재인정부가 북핵정책 기조를 공유하고 있음에도 불구하고, 미국의 보수정부와 한국의 진보정부 간에는 기본적인 철학과 방법론의 차이점이 있다. 따라서 이런 차이점이 불거지지 않도록 지속적인 대화와 관리가 필요하다. 특히 트럼프 대통령의 예측불가한 협상법, 충동적 성격 등으로 인해 북핵문제에 대한 집중성과 현 정책기조의 지속성을 보장하기 어려운 것도 현실이다. 이런 현실을 감안할 때 현 '기회의 창'을 최대한 활용해야 한다.

북한의 핵·미사일 개발 성공의 역설과 병진노선의 한계 봉착

2017년 북한의 핵무장과 핵위협 수준이 과도하여 미국과 중국의 국가안보에 직접적인 위협요소로 등장했다. 그 결과, 미중 간 북한 비핵화를 위한 새로운 협력체제가 구축되면서, 북핵해결을 위한 새로운 동력이 만들어졌다.

미국의 입장에서 종래 북핵문제는 세계평화를 위한 국제비확산문제 또는 동맹국 보호를 위한 지역안보문제였다. 그런데 북한이 수소폭탄과 대륙간탄도미사일 능력을 갖게 되면서 미 국가안보에 대한 직접적인 군사위협이 되었다. 미국은 세계평화가 아니라, '국가안보' 차원에서 강도 높은 비핵화정책을 추구해야 하는 안보과제를 갖게 되었다.

중국의 입장에서도 수소폭탄과 중장거리미사일로 무장한 북한은 더이상 중국이 감당하기 어려워졌다. 핵무장한 북한은 중국의 영향력에서 벗어날 뿐 아니라, 중국의 역내 유일 '핵보유국(nuclear weapon state)' 지위에 도전한다. 핵무장한 북한의 모험적 행동으로 한반도 전쟁 가능성이 증가하며, 이때 중국도 한반도에서 미중전쟁에 말려들 가능성이 높다. 심지어 지역핵전쟁이 발발할 가능성이 높아, 사태가 더 악화되기 전에 북핵에 개입하고 통제해야 한다.

특히 북한의 6차 수소폭탄 실험과 화성 12·14 중장거리탄도미사일 시험발사는 미중의 정치안보 국익을 직접 침해했다. 이 사건은 이른바 클라우제비츠의 '공격의 정점(culminating point of attack)'을 넘어서는 도발이 되었다. 북한의 성공적인 ICBM과 수소폭탄 실험은 미중의 공동대응을 촉발했다. 그 결과, 이 사건은 북한에게 북핵 개발의 효용보다 비용이 더 커지는 변곡점이 되었다. 미중의 공동대응 강화는 한미 모두에게 북핵해결의 호기가 된 것이다.

김정은 위원장은 2003년에 선대의 주체사상, 선군정치에 버금가는 자신의 국가전략으로 '경제건설과 핵무력건설의 병진노선'을 천명했다. 김정은은 병진노선을 "사회주의 강성대국을 건설하기 위한 가장 혁명적이며 인민적인 노선"으로 규정했다. 그리고 병진노선을 추진하는 명분으로 "핵무력을 강화 발전시켜 나라의 방위력을 철벽으로 다지면서 (재래식무기에 투입할 비용을 아껴) 경제건설에 더 큰 힘을 쏟기" 위한 것이라고 정당화하여, 핵무장의 안보적·경제적 이유를 강조했다.

그런데 다음과 같은 이유로 2017년 들어 김정은이 기대하는 병진노선의 경제적·안보적 성과가 크게 위협 받게 되었다. 첫째, 2017년 북한의 소위 '수소폭탄' 실험과 중장거리탄도미사일 시험발사가 미국과 중국의 안보 국익을 직접 위협하여 양국의 강한 반발과 대북 협조체제를 촉발했다. 특히 중국이 대북제재를 크게 강화하면서, 북한의 경화획득과 원유도입이 감소되어 김정은의 국정운영이 타격 받을 가능성이 높다.

둘째, 북한이 주창하듯이 핵보복억지를 위한 핵태세를 유지하기 위해서는 핵무기 생산 증대, 미사일 개발, 핵지휘통제체제 수립, 핵무기 성능 유지, 핵무기 방호 등을 위해 계속 막대한 인적·물적·재정적 자원을 투입을 확대해야 한다. 이때 경제발전의 여력 확보를 위한 핵무장 효과가 발생하지 않을 수 있다.

셋째, 북한의 핵능력이 증가하는 데 대응하여 한미가 군사적 방어·억지·보복능력을 계속 증강함에 따라, 핵무장의 안보적 효과가 제한적이다. 미국이 예방공격을 심각하게 검토하면서, 북한은 핵무장 진전에도 불구하고 오히려 마이너스 안보효과가 발생하고 있다.

이때 북한은 강화되는 국제제재와 병진노선의 한계에 직면하여, 대북 제재압박체제 완화, 한미공조 훼손, 경제난과 식량난 완화 등을 목표로 대화공세에 나설 가능성이 높다. 2018년 들어 이런 전망이 현실로 되었다. 사실 북한은 항상 도발과 대화의 양면전술을 사용했다. 따라서 2018년 들어 북한이 대화국면으로 전환했다고 해서 이를 과도하게 긍정적으로 볼 필요는 없다.

북한은 2016년 7월 6일 정부대변인 성명을 통해 핵무장이 '필수불가결의 전략적 선택'이라고 주장하면서도, 한반도 비핵화를 위한 5개 조건을 제시하여 대화가능성을 시사했다. 이 5개 조건은 남한 내 미국 핵무기 공개, 남한 내 미국 핵무기와 기지 철폐 및 검증 수용, 미국 핵무기 한반도와 인근지역 반입 금지 보장, 대북 핵무기 사용 및 사용위협 금지 약속, 주한미군 철수 선포 등을 포함한다. 동 제안은 김정은의 재가에 따른 정책제안이므로 향후 북한이 필요 시 이를 반복 제안할 가능성이 있다.

당시 한미정부는 이 제안을 제재 훼손을 위한 기만책으로 일축했다.

하지만 일부 전문가들은 북한이 협상 의사와 의제를 제시한 것으로 해석하며 향후 핵협상 가능성을 긍정적으로 보았다. 특히 이들은 북한이 오랜만에 '비핵화'를 언급하고, '주한미군 철수' 주장을 '주한미군 철수 선포'로 완화하였으며, 기타 4개 핵 관련 조건도 이미 '한반도 비핵화 공동선언'과 다른 북핵합의에서 합의하였다는 점을 긍정적으로 평가했다.

3. 북핵정책 옵션과 한국의 선택

북핵정책 옵션과 문재인정부의 선택

북핵위기 국면에서 우리는 항상 미래의 불확실성을 두려워한다. 우리가 가본 적이 없는 미지의 세계이기 때문이다. 앞으로 북핵문제가 더욱 악화되고 전쟁 가능성이 더욱 높아질지, 북한 비핵화와 평화정착의 미래가 열릴지 알 수 없다. 북한 핵무장이 기정사실화되어 북핵과 동거해야 할지, 또는 북한을 강제적으로 제거하기 위한 군사조치가 있을지도 모른다.

그래서 우리는 항상 미래를 기획하고, 최선의 미래를 만들기 위해 노력해야 한다. 그렇게 준비하는 것이 준비하지 않을 때보다 좋은 결과를 거둘 가능성이 높기 때문이다. 물론 미래를 만드는 것은 나만 잘한다고 되는 일이 아니다. 미래는 항상 상대와 주변 환경이 같이 상호작용 하며 만들어지기 때문이다. 게다가 상상하지 못한 우연한 사건이 발생하여 역사의 방향을 바꾸기도 한다. 클라우제비츠는 일찍이 『전쟁론』에서 전쟁의 향방에 대해 이성, 열정, 우연(reason, passion, chance)의 삼위일체가 작동한 결과라고 설파했다.

미래의 불예측성과 불가지성을 감안할 때, 미래기획의 중요성은 오히려 더욱 부각된다. 우리가 잘 알지 못하는 북핵과 한반도의 미래를 예측하고 대처하는 방안으로 여기서는 '시나리오'를 활용하고자 한다. 도표 12.1은 우리가 상상할 수 있는 다양한 북핵 국면과 이를 위한 정책옵션을 담고 있다. 우리가 효과적이며, 체계적으로 우리에게 닥칠 다양한 미래를 상정하는 데 이 도표 12.1이 도움이 된다.

일반적인 시나리오 기법이 그렇듯이 도표 12.1과 시나리오는 북핵 국면의 현실을 정확히 대표할 수는 없다. 다만 합리적인 추정을 통해, 미래를 예측하고 준비하는 데 도움이 되는 개념 틀을 제공할 뿐이다. 현실에는 클라우제비츠가 주장하듯이 수많은 감정적, 우연적 변수가 개입되고, 결과는 항상 의도와 다르게 나타난다. 이에 대처하고 극복하는 것은 책상에 앉은 기획자가 아니라, 현장에 있는 실행자의 몫이다.

2017년 5월 갑작스럽게 출범한 문재인정부가 직면한 한반도 환경은 고도의 북핵위협과 전쟁위험이었다. 이런 상황에서 문재인정부는 북핵위기와 전쟁위기의 재발을 방지하기 위한 '평화정착'을 최고 대북정책 목표로 제시하고, 이를 달성하기 위한 방안으로서 '한반도 평화체제 구축'을 제안했다.

사실 북핵위기와 전쟁위기의 상황에서 한국과 미국은 다양한 정책옵션을 갖는다. 그렇다면 왜 문재인정부는 평화체제 구축 옵션을 선택했을까. 아래에는 국내에서 논쟁 중인 다양한 북핵정책 옵션을 제시하고, 이를 비교 평가하였다.

도표 12.1의 가로축은 북한의 핵무장-핵폐기 축이며, 세로축은 한미의 대북 대치·봉쇄-연계·수교 축이다. 가로와 세로 축의 조합에 따라 (A)~(E) 정책옵션과 시나리오를 상정할 수 있다. 여기서 (A)는 2017년 당시의 북핵위기 국면이다. 이때 북한은 핵무장을 가속화하고, 미국과

도표 12.1 북핵 시나리오와 정책옵션

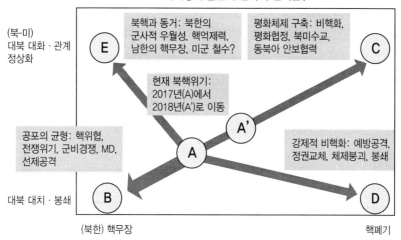

북핵정책 옵션과 한국의 선택은?

(북-미)
대북 대화·관계
정상화

E 북핵과 동거: 북한의 군사적 우월성, 핵억제력, 남한의 핵무장, 미군 철수?

평화체제 구축: 비핵화, 평화협정, 북미수교, 동북아 안보협력 C

현재 북핵위기: 2017년(A)에서 2018년(A')로 이동

A'

공포의 균형: 핵위협, 전쟁위기, 군비경쟁, MD, 선제공격

A

강제적 비핵화: 예방공격, 정권교체, 체제붕괴, 봉쇄

대북 대치·봉쇄

B

D

(북한) 핵무장

핵폐기

국제사회는 이에 대해 강한 제재압박으로 서로 대치하고 있다.

(A)와 같이 북미 간 대치구도가 지속되면, 결국 수년 내 북한의 핵무장이 더욱 증강되고, 한미의 군사적 대응조치도 강화되어, (B)의 '공포의 균형' 시나리오가 발생할 가능성이 높다. 이 시나리오는 북한의 증강된 핵무장과 한미동맹의 강화된 확장억제가 서로 대치하고 충돌한다. 이런 상황에서 군비경쟁, 선제공격, 우발전쟁 등 전쟁위험이 매우 높아질 것이다. 한반도 전쟁 발발 시 동북아대전으로 확전될 가능성도 높다. (B) 시나리오는 (A) 국면이 통제되지 않고 대치가 악화된다면 자동적으로 발생할 전망이며, 그 가능성이 매우 높다.

(B) 시나리오를 피하는 방법으로 (D), (E), (C) 시나리오와 옵션이 있다.

(D)는 '강제적 비핵화' 정책옵션이다. 구체적으로 예방공격, 체제붕괴, 정권교체 등 방안이 있다. 이 정책옵션은 보수진영과 안보진영이 선호하는 정책옵션인데, 지난 수십 년간 단골 메뉴였다. 하지만 북한의 반

발로 인한 전쟁 위험성이 높아 매우 위험하다. 반면에 북한의 체제 내구성과 저항성을 감안할 때 실현성은 낮다. 따라서 많이 논의되었지만, 전면적으로 실행된 적은 없다.

(E)는 북한의 핵무장 현실을 인정하여 '북핵과 동거'하는 시나리오인데, 한국과 미국정부가 절대 거부할 것이므로 가능성이 낮다. 일부 전문가는 미국이 북핵을 인정하고 한반도에서 철수할 것을 주장하는데, 이때 북한은 핵우위를 이용하여 한국을 강압할 가능성이 높고, 이때 한국은 자체 핵무장할 가능성이 매우 높아진다. 미국과 중국이 한국과 북한을 각각 분할 관리하는 방안도 이와 유사한데, 실현성은 매우 낮다.

마지막으로 한반도 비핵평화체제를 구축하는 (C) 정책옵션이 있다. 이는 진보진영과 남북대화론자가 선호하는 정책옵션이다. 사실 이는 한국의 국익(북한 비핵화, 남북관계개선, 전쟁방지, 평화정착 등)에 전적으로 부합하여, 최선의 한반도 시나리오이자 정책옵션이다. 그런데 이를 달성하기 위해서는 북한의 핵포기, 평화협정 체결, 북미수교, 북일수교, 동북아 안보협력 등이 포괄적으로 달성되어야 한다. 무엇보다 북한과 주변국의 전적인 협조가 필수적이다. 이 정책옵션의 단점은 실현성이 낮다는 점이다. 무엇보다 북한의 비핵화 수사에도 불구하고 실제 핵포기할 가능성이 매우 낮기 때문이다. 북한뿐만 아니라 한국, 미국, 일본도 북한과 관계개선에 적극 나서야 하는데 그 전망도 의문시된다.

그렇다면 우리에게 가장 바람직한 시나리오는 무엇인가. 이 북핵 정책옵션에 대한 도표 12.1을 보면, 한국과 주변국의 선택은 명료해 보인다. 공포의 균형(B), 강제적 비핵화(D), 북핵 동거(E) 시나리오 모두 북핵위협과 전쟁위기의 증가를 동반하여, 한국뿐만 아니라 주변국 모두에게 좋은 선택이 아니다. 최근 북한의 핵무장 완성이 임박하자, 미국은 이를 저지하기 위해 군사옵션까지 준비하고 있다. 매우 제한적인 대북 군사타격을 동반하는 '코피작전(bloody nose operation)'이라고 하더라도, 전쟁의 불확실성 속성으로 인해 한반도 전쟁과 동북아 전쟁으로 확전될 가능성이 높아 주의해야 한다.

지난 30년 북핵협상 역사를 돌이켜 보면 북핵위기는 계속 악화되어 왔다. 북한의 핵무장 완성과 핵억제력 확보가 임계점에 거의 도달했다는 점을 감안할 때 우리에게 남은 시간이 별로 없다. 이런 인식이 문재인정부와 트럼프 행정부가 기존 '전략적 인내' 북핵정책을 버리고, 보다 적극적인 북핵협상을 추진하는 배경이 되었다.

4. 한반도 비핵평화체제 로드맵 제안

한반도 평화체제 구축전략

2017년 5월 출범한 문재인정부는 당시 한반도정세를 "북한 핵무장 완성이 최종단계에 진입하는 엄중한 상황"으로 규정했다. 따라서 "한반도의 시대적 소명은 두말 할 것 없이 평화"이며, "평화는 당면한 우리의 생존 전략"이라고 선언(2017년 8·15 경축사)하며 평화정착의 중요성을 강조하였다.

실제 북한이 핵·미사일 개발과 핵물질 생산을 지속하면, 수년 내 어떤 군사공격도 거부할 수 있는 핵보복억제력을 갖게 된다. 이때 북한은 스스로 난공불락의 핵보복억제력을 갖추었다고 판단하고, 한국과 주변국에 대해 군사·외교적 강압과 모험적 군사행동을 자행할 가능성이 높다. 이런 사태의 발생을 방지하기 위해 문재인정부는 군사적으로 대북 방어·억제·보복능력을 강화하는 한편, 외교적으로는 북핵문제의 평화적 해결과 평화체제 구축을 강력히 추진한다는 구상을 제시했다.

우선 대북 군사적 대응조치에 대해서는 서울 한미정상회담(2017.11.7)과 트럼프 대통령의 한국국회 연설(2017.11.8)에서 확인했듯이 "북한 핵미사일 위협에 대해 '힘의 우위'를 통해 단호히 대응"하기로 합의하였다. 문재인정부는 이를 위해 '전시작전통제권 조기 환수'를 추진하고, 독자적 방위력을 갖추기 위해 적의 공격징후에 대해 선제공격을 위한 킬 체인, 한국형 미사일방어체제(KAMD: Korea Air and Missile Defense), 한국형 대량응징보복(KMPR: Korea Massive Punishment & Retaliation) 등 소위 '한국형 3축체제'를 조속히 구축하고자 한다.

다음 비핵화외교를 위해 한국정부는 북핵문제의 '평화적 해결' 원칙에 따라, 한반도 전쟁 반대, 제재와 대화의 병행추진, 핵동결 우선 추진, 한반도 평화체제 구축 등 정책구상을 제시하였다.

문재인정부는 5대 국정목표의 하나로 '평화와 번영의 한반도'를 제시하고, 이를 달성하기 위한 3대 국정전략 중 하나로 '남북 간 화해협력과 한반도 비핵화'를 제시했다. 대통령 직속 국정기획자문위원회는 2017년 5월 발표한 "문재인정부 국정운영 5개년 계획"에서 동 국정전략을 달성하기 위한 국정과제로서 '북핵문제의 평화적 해결 및 평화체제 구축(국정과제 95)'을 제시했다.

동 국정과제는 "국제사회와 공조, 대화-제재 등 모든 수단을 통해 북한을 대화로 이끌고, 북한 비핵화와 평화체제 구축의 포괄적 추진으로 북핵문제를 해결하여 한반도에 항구적 평화 정착을 추진"한다는 전략구상을 제시했다. 참고로, 동 구상에 따라 한반도 항구평화 구축 순서를 도식화하면, 제재·압박→대화 견인→비핵화·평화체제 구축 포괄 추진→북핵해결→한반도 항구평화 정착(→한반도 평화통일 기반 마련) 등 순서로 진행된다.

문재인정부는 평화정착을 목표로 '한반도 평화체제 구축'을 주요 국정과제로 선정하고, 외교부에 그 이행을 맡겼다. 외교부는 '북핵문제의 평화적 해결 및 평화체제 구축' 국정과제를 담당하고, 과제목표로 완전한 북핵폐기를 목표로 북한이 비핵화 길로 나오도록 다각적 노력, 북한 비핵화와 한반도 평화체제 구축으로 평화로운 한반도 구현 등을 제시했다.

동 과제의 주요 내용을 보면, 첫째, 2017년 중 '평화체제 로드맵'을 마련하고, 비핵화 진전에 따라 평화체제 협상을 추진하며, 북핵 완전해결 단계에서 협정 체결 및 평화체제의 안정적 관리를 추구한다.

둘째, 2020년에 완전한 북핵폐기 합의 도출을 목표로 동결에서 완전한 핵폐기로 이어지는 포괄적 비핵화 협상 방안 마련, 비핵화 초기 조치 확보, 포괄적 비핵화 협상 재개 등을 추진한다.

셋째, 남북 간 비핵화 여건조성을 위해 대북제재 상황을 감안하면서, 남북대화·교류협력 등을 통해 남북관계 차원에서 북한 비핵화를 견인한다.

넷째, 남북 간 정치·군사적 신뢰구축을 위해 북한 비핵화 추진과 함께 남북대화를 통해 초보적 신뢰구축 조치부터 단계적으로 추진한다.

문재인정부는 북핵해결을 위한 방법론으로 제재와 대화의 병행추진을 제시했다. 이는 2009년부터 9년간 한미정부가 채택했던 '전략적 인내' 정책에서 큰 방향 선회를 의미한다. 사실 그동안 한미정부가 대북 제재압박정책을 추진하면서, 그 목표가 불분명하였다. 심지어 '북한붕괴'가 목표라는 해석도 있었다.

하지만 2017년에 새로 출범한 한미정부는 대북 제재압박의 목표가 '북한붕괴'가 아니라, 비핵화의 진전과 북핵협상 재개에 있음을 명확히 했다. 문재인 대통령은 2017년 8·15 경축사에서 "강도 높은 제재와 압박의 목적은 북한을 대화로 이끌어내기 위한 것이지 군사적 긴장을 높이기 위한 것이 아님"을 강조하였다. 최근 한미정부가 공동으로 대북 적대시 정책, 군사공격, 정권교체, 체제붕괴, 통일가속화, 미군의 북한진출 등을 반대하는 소위 '4 No' 정책기조를 반복하는 것도 대화의 장애요인을 제거하고자 하는 강한 의지를 보이는 것으로 해석된다.

문재인 대통령은 2017년 7월 6일 독일방문 중 쾨르버재단 초청 연설에서 일명 '베를린 구상'으로 불리는 한반도 평화 구상을 제시했다. 이 평화구상은 평소 문재인 대통령의 한반도 평화 철학을 잘 반영하고 있다. 또한 그의 임기 동안 이를 실현하려 노력할 것으로 예상되어, 동 발언의 핵심 내용과 특징을 소개한다.

첫째, 최우선 대북정책은 '핵과 전쟁위협이 없는 한반도'를 만들기 위한 '평화정착' 정책이다. 한반도 평화체제 구축에서 최대 도전요소는 북핵문제이므로, 완전하고 검증가능하며 불가역적인(CVID) 한반도 비핵화를 추진하여 평화체제를 완성토록 한다.

둘째, 평화체제 구축에서 한국이 주도적인 역할을 수행하며, 한미 협조도 긴요하다. 한국과 미국은 북핵문제 해결에서 대북 제재는 외교적 수단이며, 평화적 해결 원칙에 합의하였고, 한반도 위기 타개를 위한 남북관계 개선 중요성에 인식을 공유했다. 미국은 북한에 대해 적대시정책을 갖고 있지 않다고 천명했고, 트럼프 대통령도 한반도 평화통일 환경 조성에서 한국의 주도적 역할 및 남북대화 재개구상을 지지했다.

셋째, 북핵문제의 근원적인 해결 방법론으로 '단계적, 포괄적 접근'을 제기한다. 포괄적 접근이란, 북핵의 완전한 폐기와 평화체제 구축, 북한의 안보·경제적 우려 해소, 북미관계 및 북일관계 개선 등 한반도와 동북아의 현안 해결 등의 포괄적 해결을 추구하는 것이다. 불안한 정전체제를 극복하기 위해 평화의 제도화가 필요하며, 이를 위해 남북합의를 법제화('남북기본협정')하고, 항구적 평화구조 정착을 위해 "종전과 함께 관련국이 참여하는 한반도 평화협정을 체결"하고, "북핵문제와 평화체제에 대한 포괄적인 접근으로 완전한 비핵화와 함께 평화협정 체결"을 추진토록 한다. 그리고 남북은 우발적 충돌 방지를 위한 군사관리체계를 구축토록 한다.

넷째, 비핵화를 촉진하기 위해 '북한체제의 안전을 보장'하는 비핵화를 추구한다. 남과 북은 '6·15 공동선언'과 '10·4 정상선언'에 따라 상호 인정하고 존중해야 한다. 한국은 북한 붕괴, 흡수통일, 인위적 통일을 추구하지 않을 것이며('3 No'), 통일은 일방이 흡수하거나, 일방적인 통일을 추구하지 않고 쌍방이 공존공영 하면서 민족공동체를 회복해 나가는 과정이 되어야 한다.

마지막으로 다섯째, 평화정착의 토대로서 남북이 협력하는 '한반도 신 경제지도'를 추진한다. 남북 경제벨트 연결 및 경제공동체 구성, 남북 철도연결, 남북러 가스관 연결 등을 추진한다.

문재인정부의 평화체제 구축 구상은 노무현 참여정부(2003~2008년)의 평화체제 구상을 대부분 계승하고 있다. 노무현정부의 경우에도 2003년 취임 당시 북핵문제가 우리의 '최대 안보위협'이자 동북아의 불안정 요소로 등장했다. 따라서 노무현정부는 북핵문제 해결과 한반도 평화정착을 핵심 외교안보 목표로 제시하고, 북핵문제의 평화적·근원적·포괄적 해결, 한국의 주도적 역할, 남북 간 신뢰구축과 군비통제, 정전체제의 평화체제 전환 등을 정책기조로 채택했다. 그리고 한반도 평화체제를 구축하기 위한 로드맵과 '점진적·단계적 접근' 원칙도 제시했다. 평화체제 로드맵의 첫 단계에서 "북핵문제의 평화적 해결과정을 평화체제 기반 구축의 일환"으로 보아 우선 북핵해결과 평화증진을 가속화한다. 둘째 단계에서 남북협력 심화로 평화체제의 토대를 마련하고, 셋째 단계에서 최종적으로 평화협정 체결과 평화체제 구축 실현 등을 제시한다.

노무현정부는 평화체제 추진 원칙으로서 평화체제로의 완전한 전환 이전까지 현 정전협정 준수, 남북 당사자 원칙에 따라 평화협정 체결은 남북이 중심이 되고, 국제사회가 이를 지지·보장, 남북협력 강화와 남북정상회담 정례화로 평화체제의 토대 구축, 평화체제에 대한 국제사회의 이해와 협력 분위기 조성 등을 제시했다. 이 평화체제 구상의 개요와 원칙은 문재인정부에게 계승되었다.

한반도 비핵평화체제 로드맵

한국정부는 2017년까지 '평화체제 로드맵'을 작성한다고 계획했다. 하지만 한반도정세의 유동성이 매우 높고, 전략기획의 보안을 위해 발표하지 않았다. 따라서 아래에서는 필자가 직접 작성한 '비핵평화체제 로드맵'과 추진전략을 제시하였다. 이에 앞서 간략히 비핵평화체제를 추진하는 원칙이자 접근법으로는 포괄적·호혜적·단계적·동시병행 원칙을 제시한다.

우선 포괄성 원칙에 따라, 한반도 평화체제와 관련한 당사국 및 관련국의 모든 우려와 관심사항을 일단 협상 테이블에 올려놓고 일괄타결을 추구한다. 특히 남북 및 북미정상회담은 종래 관료적 절차로써 해결하기 어려운 문제까지 정치적 타결을 가능케 할 것이므로, 비핵화와 평화체제의 핵심 의제를 일괄타결 할 수 있는 좋은 기회이다.

둘째, 호혜성 원칙에 따라, 일방의 요구를 타방에 강요하는 방식이 아니라 상호적이고 호혜적인 합의를 추구하는바, 이때 비로소 합의 이행이 보장될 것이다.

셋째, 단계성 원칙에 따라, 긴급하고 타결 가능한 사안부터 합의·이행하도록 한다. 북미 및 남북 간 최악의 불신관계로 인해 단계적, 호혜적 접근이 불가피하다.

넷째, 동시병행 원칙은 불신관계 속에서 상호 등가의 조치를 교환하기 위해 필요하다. 특히 긴급하고 타결 가능한 사안부터 합의·이행토록 하며, 상호 등가의 조치를 병행하여 교환토록 한다. 참고로, 볼턴 전 미 국가안보보좌관은 북한의 시간벌기와 기만을 우려하여, 북핵협상의 일괄타결과 즉각적인 일괄이행을 강력히 주장했다. 이는 이상적이지만 현실성이 떨어진다.

아래에서는 비핵평화체제 구축을 위한 로드맵을 제시한다. 이는 비핵화의 단계와 교환조치를 제시하고 있어, 북핵협상을 위한 전략로드맵 또는 체크리스트로 활용할 수 있다. 필자는 한반도 비핵평화체제 구축을 위해 '비핵화' 진전을 핵심 축으로 하여, '핵동결'과 '핵폐기' 등 2단계에 걸친 단계적인 접근을 제안한다. '북핵동결' 단계를 다시 세분화하여 현재 북한의 자발적인 핵실험 중단을 핵동결의 입구로 하고, 실제 핵물질 생산 중단과 핵물질 생산시설 폐쇄를 핵동결의 완성으로 간주한다.

구체적으로 '북핵동결'을 완료하는 비핵화조치로 핵분열물질 생산 중단('미래핵' 중단)과 감시, 대륙간탄도미사일(ICBM) 불능화와 생산 중단, 핵·미사일 시험 동결 지속, 북미수교회담 개시 등이 있다. 여기서 특히 'ICBM 폐기와 생산 중단'은 트럼프 대통령과 미국 내 안보전문가의 북한 ICBM에 대한 강한 거부감을 감안할 때, 미북관계에서 상징성이 매우 높은 비핵화조치가 될 것이다.

필자는 한반도 비핵평화체제 구축의 성공을 위해서, 평화체제의 다양한 요소 중에서 독립변수와 종속변수를 구분하고, 특히 독립변수에 주목할 것을 강조하고자 한다. 그동안 국내에서 평화체제 구축의 핵심 전략으로 '평화협정 체결(독립변수)을 통한 비핵화 진전(종속변수)'을 추진하자는 주장이 많았다. 그런데 종전선언과 평화협정은 필연적으로 한미동맹, 주한미군, 유엔사 등 복잡한 군사문제와 얽혀있어 남남갈등과 한미갈등을 초래할 가능성이 높다. 특히 국내외 안보진영의 강한 반발을 초래할 가능성이 높다. 사실 1차 북미정상회담을 계기로 문재인정부가 평화체제 구축 조치 중에서도 가장 낮은 단계인 '종전선언'을 추진했지만, 국내외의 반발로 결국 성사시키지 못했다.

따라서 새로운 평화체제 구축전략은 비핵화와 평화협정 체결을 종속변수로 두고, 이를 추동하는 독립변수로 북미관계 정상화, 남북관계 정상화, 북일관계 정상화, 경제에너지 지원, 동북아안보협력 등을 적극 활용해야 한다. 이는 평화협정을 매개로 하는 평화체제 구축이 난관에 봉착한 만큼, 이에 대한 간접적 접근법으로 양자관계 개선을 우선적으로 추진하자는 주장이다. 법적으로 본다면 평화체제의 완성은 평화협정의 체결로 달성된다. 하지만 이 방법이 어렵기 때문에 양자관계의 정상화를 통해 '사실상 평화체제'를 구축하는 방법이 현실적이다. 양자관계 개선으로 충분히 분위기가 좋아졌을 때 최종적으로 평화체제를 확인하는 조치로 평화협정을 체결해도 될 것이다.

미중 세력경쟁 심화가 한반도 평화체제 구축에 미칠 부정적인 영향을 감안할 때, 동북아 안보협력의 진전도 한반도 평화체제 구축에 중요하다.

위에서 토론한 비핵평화체제 구상에 따라, 표 12.1에서는 2단계 비핵화 진전에 따른 ▲평화협정, ▲북미관계, ▲남북관계와 군비통제, ▲한미동맹, ▲동북아 안보협력, ▲경제에너지지원 등에서 필요한 단계적 병행 조치를 제시하였다. 한국정부가 '비핵평화체제 로드맵' 초안을 만들면, 우선 미중의 동의를 얻어야 한다. 그리고 로드맵에 기반하여, 북한과 단계적이고 호혜적인 북핵협상을 진행할 것을 제안한다.

하노이 북미정상회담에서 미국이 북한에게 '비핵화 로드맵'을 요구했고, 북한은 이에 응하지 않은 것으로 알려져 있다. 만약 미국이 북한의 비핵화 로드맵을 진정으로 원한다면, 미국도 북한에게 '상응조치 로드맵'을 제공할 필요가 있다. 북한과 미국이 각각 자신이 할 수 있는 로드맵을 제시할 때, 비로소 의미 있는 비핵화 실무협상도 가능할 것으로 본다.

미국이 북한에게 제공할 '상응조치 로드맵'을 만들 때, 여기서 제시된 '한반도 비핵평화체제 로드맵'은 좋은 참고가 될 것이다. 북미 간 깊은 불신을 감안할 때, 미국이 '상응조치 로드맵'을 제공하더라도 북한이 이를 신뢰할 가능성은 낮다. 만약 미국이 '상응조치 로드맵'을 만들되, 한국, 중국, 일본, 러시아가 이에 동의하고 보증한다면, 그 로드맵의 신뢰성과 실현성이 크게 제고될 것이다. 이때 북한도 미국 단독 로드맵보다는 주변국이 보증한 로드맵을 신뢰할 가능성이 높다.

3차 북미정상회담을 위한 북핵 쟁점과 해법

향후 열릴 3차 북미정상회담에서 하노이회담의 '노딜' 사태를 반복하지 않으려면 북미 모두의 새로운 계산법과 충분한 실무협상 시간이 필요하다. 그렇다면 10월 초 스톡홀름 실무협상의 결렬에도 불구하고, 향후 재개될 핵협상의 예상 쟁점은 무엇이며, 어떻게 해결해야 하나?

첫째, 하노이 정상회담에서 미국이 북한에게 초기 비핵화조치(영변 플러스 알파), 비핵화 정의(최종상태), 비핵화 로드맵 등 3개 사항을 요구했는데, 이 요구는 아직 유효하다. 다만 북한이 협상테이블에 나오고, 또한 3개 요구사항을 수용토록 견인하기 위해서는 앞에서 토론했듯이 미국도 '상응조치 로드맵'을 제시할 필요가 있다. 이 상응조치 구상의 용도는 북한이 거부하지 못할 정도의 강력한 유인책을 단계적으로 명료히 제시함으로써 북한의 계산법을 바꾸려는 데 있다. 북한의 선택을 압

표 12.1 한반도 비핵평화체제 구축 로드맵

	I. 준비단계 (기실행)	II. 핵활동 전면중단 (3차 북미정상회담)
비핵화 조치	핵·미사일 시험중단 군사도발 중단	미국 3개 요구 1)모든 핵물질생산시설 (영변+알파) 폐기(?), 2)비핵화 정의, 3) 비핵화 로드맵 핵무기 생산중단, 핵무기 위험·위협 감소
북미관계	북미정상회담 개최 한미연합훈련 중지	제재 일부 유예 상응조치 로드맵 제시 북미수교협상 개시 선언 상호연락사무소 개설 인도지원 제공
CTR		대북 설명(NTI, Stimson) CTR 준비: 제재 면제/완화, 내부역량 구비
평화체제		평화선언/종전선언
남북관계/ 군비통제	남북정상회담 개최 남북 군사합의서 상호연락사무소	남북기본협정 체결 인도지원 확대 남북군사회담, 군비통제 남북경협 및 개발지원 로드맵 제시
동북아 평화체제		6자 외무장관회담 개최 북일수교협상 개시 선언 동북아평화협력플랫폼 가동 역내안보협력 로드맵 제시
경제· 에너지 지원		인도지원 제공 남북러, 남북중 물류·에너지 협의 대북 경협 로드맵 제시 중국 BRI, 북한 연결

Ⅲ. 핵시설 폐기 (트럼프 임기 내)	Ⅳ. 핵무기 폐기 (비핵평화체제 완성)
ICBM 폐기+검증 핵시설 폐기+검증	FFVD 완성(핵무기·핵물질·핵시설· 핵지식.발사체) 비핵국으로 NPT 복귀, IAEA 전면안전조치 수용 평화적 핵이용 허용
제재 일부완화 북미수교협상 북일수교협상	북미수교 제재해제 유엔사 조정, 주한미군 규모·임무 조정
핵폐기·핵안보 지원 확대 경수로 공급 협의	영변 핵시설 폐기 평양·개성 국제과학기술센터(ISTC) 설치 중장거리미사일 폐기
평화협정 협상	평화협정 체결
남북경협 재개 (금강산) 남북FTA협상 개시	남북경제공동체 남북 FTA 가동
북일수교협상 동북아 다자안보회의 가동 동북아비핵지대 검토 동북아안보대화	동북아지역안보협력체 가동 북일수교 동북아비핵지대 협의
북한, AIIB, ADB, 세계은행 가입 추진 동북아 에너지.수송망 연결 경수로 공급협상	북한의 국제금융기구 가입, 개발지원 제공 북미원자력협력, 경수로 제공

박하기 위해, 북한이 핵합의를 거부할 때 치르게 될 불이익도 명료하게 제시되어야 한다.

　구체적으로, 상응조치 구상은 비핵화조치에 상응하여, 초기 정치와 교경제적 상응조치, 상응조치 완성의 최종단계(정의), 단계적 상응조치 로드맵 등을 포함한다. 현 단계에서 미국과 북한의 로드맵이 구체적이고 완벽할 필요는 없다. 양국의 상호 깊은 불신을 감안할 때 그런 로드맵을 만드는 것은 사실 불가능하다. 다만 싱가포르 공동성명에서 합의한 목표와 핵심적인 중단 단계를 포함한 '개념적 로드맵'이면 충분하다고 본다.

　둘째, 차기 북미정상회담에서 가장 주목받을 성과물은 북한의 '초기 비핵화조치'가 될 것이다. 따라서 초기 비핵화조치가 사전 실무회담에서도 주 의제가 될 전망이다. 이에 대한 합의를 위해서는 지난번 하노이 정상회담에서 북한의 '영변 핵시설 포기' 입장과 미국의 '영변 플러스 외부 핵시설 포기' 주장 사이에서 접점을 찾아야 한다.

　필자는 북한의 '핵분열물질 생산 중단'을 차기 북미정상회담의 최소 목표이자 핵심 목표로 제기한다. 그리고 핵무기 생산 중단, 미국의 주 관심사항인 ICBM 불능화와 폐기, 중장거리미사일 이동발사차량 폐쇄 등도 가능하면 포함토록 한다. 사실 김정은 위원장이 이미 시정연설(2019. 4.12)에서 '핵무기 생산 중단'을 선언했다. 경우에 따라서는 핵물질 생산활동 동결과 생산시설 폐쇄는 북한이 이미 자발적으로 선언한 것을 재확인 하는 작업이 될 수도 있다.

　셋째, 비핵화조치를 확인하는 검증문제가 있다. 과연 어떤 검증 방안을 북한에 적용할 것인가? 우리는 북핵 검증을 말할 때, NPT 회원국에 대한 IAEA의 전면안전조치용 핵사찰을 연상시키는 경향이 있다. IAEA의 전면적이고 침투적인 사찰을 북한에 적용하는 것이 가장 이상적이지만, 북한은 일관되게 이를 거부했고, 국제사회도 이를 강요할 방법을 찾지 못한 게 현실이다.

따라서 필자는 핵검증에 대한 북한의 강한 거부감과 북미 간 깊은 불신관계를 감안하여, 비핵화 진전 및 북미대화 진전에 맞추어 검증을 단계적으로 강화시켜 나갈 것을 제안한다. 초기 비핵화 단계에서는 합의된 비핵화조치의 신고 범위에 한정하여 관찰·봉인·차단·원격감시 등 초보적이거나 간접적인 검증 방법을 적용하는 것이 현실적이다. 비핵화와 북미관계의 진전에 따라 검증 방식도 점차 강화되고, 미래 어느 시점에 북한이 NPT에 가입하게 되면 전면적인 사찰을 적용하게 된다.

넷째, 비핵화에 대한 보상으로서 어떤 상응조치를 주로 제공하느냐가 큰 쟁점이 될 것이다. 하노이 북미정상회담에서 북한은 일부 비핵화조치의 대가로 민수경제 부분에 대한 안보리 제재결의의 일괄적 철회를 강력히 요구했지만, 미국은 이를 거절했다. 당시 미국은 북한의 제재해제 요구가 과도하며, 경제제재는 가장 효과적인 대북 레버리지이므로 완전한 비핵화까지 지속해야 한다는 입장이었다. 북한은 제재해제 요구가 거절당하자, 리영호 북한외상이 야간 긴급기자회견에서 말했듯이 앞으로 구차하게 제재해제 요구를 하지 않을 것이며, 대신 안전보장을 상응조치로 요구할 것이라고 주장하기 시작했다.

그런데 필자는 비핵화에 대한 보상으로 적정 수준의 안전보장과 경제지원을 병행하는 것이 불가피하다고 본다. 그 이유로 첫째, 북한이 안전보장의 구체적인 내용으로 요구하는 북미관계 정상화, 대북 안전보장에 대한 미 의회의 보증, 주한미군 철수와 일체 연합훈련 중단, 한국군의 군비증강 중단 등을 요구하고 있지만, 이들은 현재로서 실현 불가능하거나 한미가 수용하기 어렵다. 둘째, 북한은 김정은 위원장이 경제발전에 집중하고 있고, 또한 핵무기와 중국의 보호 때문에 안전보장이 담보되었다고 보기 때문에 제재해제와 경제협력을 계속 요구할 것으로 보인다. 셋째, 북한이 비록 안전보장 요구에 집중한다고 했지만, 북한은 미국의 어떤 안전보장 약속도 믿지 않는 경향이 있다. 따라서 비핵화의 상응조치로 안전보장과 경제지원을 혼합하여 제공하는 것이 불가피하다. 특히 북미수교가 매우 강력한 정치안보적 상응조치가 될 것이므로, 초기 '핵물질 생산 동결'의 대가로 '북미수교 개시'를 제안한다.

한반도 비핵평화를 위한 정치적 기반 조성 및 동북아 평화체제 구축

2018년 이후 모처럼 한반도 비핵화와 평화정착을 위한 정치적 빅딜을 추구할 수 있는 정치적 여건이 조성되었다는 점에 주목하여, 다음과 같이 비핵화의 진전과 양자관계 개선을 병행하는 정치적 해법을 강조하고자 한다. 그동안 수많은 비핵화 노력이 모두 실패했다. 필자는 그 이유가 한국의 제재압박이 적었기 때문이 아니라, 북한 핵무장의 동기, 즉 핵무장이 필요한 안보적·정치적 동기를 해소하는 데 실패했기 때문이라고 본다. 다음과 같은 정치안보적 조치는 역내에서 적대관계를 해소하고, 평화체제를 구축함으로써 핵무장 필요성을 제거하는 기반을 조성하는 효과가 있을 것이다.

첫째, 한미정부가 각각 천명한 '3 No'와 '4 No' 선언을 반복적으로 재확인하고, 대북정책 원칙으로 정착시킨다. 여기서 '3 No'는 북한 붕괴, 흡수통일, 인위적 통일을 반대하는 것이며, '4 No'는 정권교체, 체제붕괴, 통일 가속화, 미군의 이북 진출 등을 반대하는 것이다. 문재인정부는 공약했던 '통일국민협약'에 이 원칙을 포함토록 하고, 미국은 의회결의에 이를 포함하고 지지토록 한다.

둘째, 남북 간 '남북기본협정'을 체결하여, 1991년 남북기본합의의 내용을 업데이트 하고, 판문점선언과 평양선언을 법제화 한다. 남북기본협정은 상당기간 한반도 현상유지와 평화정착을 최우선적으로 추진하여, 동서독 기본조약처럼 남북관계를 안정화시키는 효과가 있다.

셋째, 조속히 북미수교협상을 개시한다. 이것은 싱가포르 북미공동성명 1조의 '새로운 북미관계' 수립 약속을 실현하는 것이다. 북미수교협상은 북한이 요구하는 미국의 적대시정책 포기와 불가침을 확약하는 효과가 있다. 또한 북일수교협상을 시작하여, 납치자 문제를 해결하고 한반도 냉전구조 해체에 일본의 참여와 긍정적인 역할을 촉진한다.

넷째, 역내 강대국 세력경쟁을 완화시키기 위해 동북아 공동안보체제를 구축하기 위한 다자안보대화를 추진하고, 한반도와 동북아비핵지대도 모색한다. 한반도와 동북아 정세가 상호작용하는 만큼 동북아 안보대화를 조기에 가동토록 한다.

결론

지난 30년간 한반도에서 전쟁위기와 핵위기를 초래했던 북핵문제는 아직 진행형이다. 2017년에 한국은 한국전쟁 이후 최악의 북핵위기와 전쟁위기를 겪었고, 2018년에는 남북정상회담과 북미정상회담이 개최되어 비핵화와 평화에 대한 기대감이 최고조에 달했다. 이는 남북관계 개선과 평화정착에 올인하는 문재인 대통령, 제재완화와 경제발전에 집중하는 김정은 국무위원장, 협상의 대가를 자처하며 북미관계의 새로운 역사를 만들려는 도널드 트럼프 미국 대통령 등 3인의 보기 드문 조합으로 인해 가능했다. 하지만 남북 분단과 북미 적대관계의 골은 깊고도 넓다. 지난 30년간 북핵합의와 북핵위기가 7번이나 반복되었지만, 아직 그 악순환의 늪에서 빠져 나오지 못하고 있다.

2018년 남북 및 북미정상회담으로 재가동되기 시작한 한반도 비핵평화 프로세스가 단기간 내 완전한 비핵화와 평화체제 구축의 성과를 낼 것으로 기대하는 사람은 아무도 없을 것이다. 그렇다면 이번 정상회담 결과의 성패 여부를 떠나, 중장기적으로 비핵화와 평화정착을 달성하기 위한 한국의 비핵평화 전략은 무엇이 되어야 하는가?

필자는 정부 안팎에서 지난 27년간 직간접적으로 북핵정책의 수립과 연구에 참여하면서 수많은 좌절을 겪었다. 한국과 미국의 대응책은 현실적이지도, 전략적이지도 못했다. 우리는 수시로 북한의 체제 내구성, 그리고 핵개발 의지와 역량을 과소평가했다. 우리에게 가용한 수단과 방법을 넘어서는 목표를 추구했다.

북한은 왜 핵무장하며, 핵무장을 위해 얼마나 많은 비용을 들일 준비가 되어있을까? 한반도가 강대국에 포위되어 지정학적으로 세계에서 가장 열악한 안보환경에 놓여 있다는 것은 잘 알려진 사실이다. 더욱이 한반도가 분단되어, 남북한은 서로 '먹고 먹히는' 무한 안보경쟁에 빠졌고 생존을 위해 끊임없이 군사력을 증강하고 투쟁해야 했다. 이때 일견 핵무장은 당연히 검토해야할 합리적 안보 옵션이었다. 북한 지도부는 일찍이 핵무기의 위력과 필요성을 인식하고 있었다. 김일성은 미국이 1945년 핵무기 단 두 발로 일본을 패퇴시켰고, 1950년 말 이후 중공군의 한국전 개입 저지와 한국전 조기 종전을 위해 핵무기 사용을 검토했다는 점을 잘 알고 있었다. 또한 주한미군이 배치한 전술핵무기와 한미군사훈련에 동원되는 전략자산을 자신에 대한 큰 군사위협으로 간주했다.

1990년대 북한은 자신의 위축되는 재래식 군사력으로는 한반도 적화통일은 고사하고, 한미동맹을 억제하거나, 한국의 흡수통일을 거부하는 것조차도 힘들다고 보았을 것이다. 북한은 이후 한국에서 반복적으로 제기되는 '흡수통일론'과 '북한붕괴론'을 보면서, 핵무장 결정의 정당성을 재확인하였을 것이다. 김정은은 2017년 신년사에 수소폭탄과 ICBM 개발성과를 과시하면서, 핵무장을 함으로써 "조국과 민족의 운명을 수호하고 사회주의강국 건설 위업을 승리적으로 전진시켜나갈 수 있는 위력한 군사적 담보가 마련"되었다고 언급하며, 핵무장 결정의 정당성을 강조했다.

우리는 북한에게 '결정적 양보'를 요구하고, 이것이 가능하다고 믿으려는 유혹에 곧잘 빠진다. 현 북미 적대관계와 북한의 강한 저항력을 감안할 때, 제재압박을 더욱 강화하며 북한이 결정적으로 양보하기를 기대하는 방법은 항상 그 결과가 좋지 않았다. 예외 없이 더 큰 핵도발과 전쟁위기를 초래했다. 따라서 제재압박을 유지하는 가운데 타협가능한 단계적 접근법을 추진하는 것이 현실적이고 효과적인 비핵화 해법이 될 것이다. 지난 북핵협상 30년 역사를 돌이켜 보면, 북한이 소위 '굴복'에 해당되는 '결정적인 양보'를 한 적이 없다. 만약 그런 행태를 보였으면 이는 '시간벌기'를 위한 기만적 협상전술에 불과했다. 북한은 항상 이익과 세력관계에 부합하는 만큼 합의하고 이행했다는 점을 기억해야 한다.

2018년 들어 문재인 대통령, 트럼프 대통령, 김정은 국무위원장 등 3인의 우연한 조합이 만들어지면서 한반도 비핵화와 평화정착을 위한 새로운 역사적 기회가 열렸다. 판문점선언과 싱가포르공동성명에서 남북미 정치지도자가 처음으로 '완전한 비핵화를 통한 핵 없는 한반도'를 만든다는 목표에 합의했다. 이렇게 정치지도자가 직접 비핵화 목표를 확인한 것은 매우 고무적이다.

하지만 누구도 실제 비핵화가 일사천리로 진행될 것으로 기대하기는 어렵다. 이미 30년 지속된 북핵협상 역사를 돌이켜 볼 때, 쉽지 않은 주문이다. 우선 북한은 이미 사실상 핵무장하고 핵억제력을 확보했는데 그렇게 어렵게 획득한 핵능력을 쉽게 포기할지 의문이다. 필자의 분석에 따르면, 북한은 과거에 7번이나 핵합의를 깨고, 핵위기를 재발시켰다. 이런 북핵협상의 악순환 구조와 패턴을 본다면, 안타깝지만 새로운 핵협상 국면이 8번째 악순환 주기가 될 가능성이 항상 열려있다.

이런 악조건에도 불구하고, 북한 핵무장으로 인한 전쟁위기 증가, 동북아 핵확산 가능성, NPT체제 붕괴 위험 등을 감안할 때 북한 비핵화의 중요성과 긴박성은 더욱 증가했다. 따라서 차기 북미정상회담의 조기 개최와 북핵활동의 완전한 동결이 긴요하다. 매우 불확실하고 유동적인 지역 정세와 국내 정세를 볼 때 이 '기회의 창'이 언제 닫힐지 모르기 때문에 더욱 그렇다.

필자는 적극적인 북핵협상을 통한 조기 핵합의의 필요성을 강조한다. 북한 비핵화를 위해서 불가피하게 정치경제적 보상을 제공해야 하는데, 언제나 오늘보다 내일 더 많은 비용이 들기 때문이다. 북한 핵능력은 8년마다 2배로 증가하는 경향이 있다. 북한은 자신의 핵능력이 늘어나는 만큼 비핵화 보상액을 더 많이 요구하고, 또한 제재압박으로 인해 누적된 고통과 핵무장 투자로 인한 기회비용을 보상받으려 한다. 오늘 북핵합의의 기회를 놓치면, 또 내일 핵합의의 기회가 올 것이다. 하지만 그동안 우리는 또 전쟁위기와 북핵위기를 겪고, 더 많은 비핵화 비용을 지불하게 될까 두렵다.

부록

한반도 비핵화에 관한 남북공동선언 (1992.1.20)

남과 북은 한반도를 비핵화함으로써 핵전쟁위험을 제거하고 우리나라의 평화와 평화통일에 유리한 조건과 환경을 조성하며 아시아와 세계의 평화와 안전에 이바지하기 위하여 다음과 같이 선언한다.

1. 남과 북은 핵무기의 시험·제조·생산·접수·보유·저장·배비·사용을 하지 아니한다.
2. 남과 북은 핵에너지를 오직 평화적 목적에만 이용한다.
3. 남과 북은 핵재처리시설과 우라늄 농축시설을 보유하지 아니한다.
4. 남과 북은 한반도의 비핵화를 검증하기 위하여 상대측이 선정하고 쌍방이 합의하는 대상들에 대하여 남북 핵통제공동위원회가 규정하는 절차와 방법으로 사찰을 실시한다.
5. 남과 북은 이 공동선언의 이행을 위하여 공동선언이 발효된 후 1개월 안에 남북 핵통제공동위원회를 구성, 운영한다.
6. 이 공동선언은 남과 북이 각기 발효에 필요한 절차를 거쳐 그 본문을 교환한 날부터 효력을 발생한다.

1992년 1월 20일

남북고위급회담 남측 대표단 수석대표 대한민국 국무총리 정원식
북남고위급회담 북측 대표단 단장 조선민주주의인민공화국 정무원
　총리 연형묵

제네바 북미기본합의 (1994.10.21)

미합중국(이하 미국으로 호칭) 대표단과 조선민주주의인민공화국(이하 북한으로 호칭) 대표단은 1994. 9. 23부터 10. 21까지 제네바에서 한반도 핵문제의 전반적 해결을 위한 협상을 가졌다.

양측은 비핵화된 한반도의 평화와 안전을 확보하기 위해서는 1994. 8. 12 미국과 북한 간의 합의 발표문에 포함된 목표의 달성과 1993. 6. 11 미국과 북한 간 공동발표문 상의 원칙과 준수가 중요함을 재확인하였다.

양측은 핵문제 해결을 위해 다음과 같은 조치들을 취하기로 결정하였다.

1. 양측은 북한의 흑연감속 원자로 및 관련시설을 경수로 원자로발전소로 대체하기 위해 협력한다.
   1) 미국 대통령의 1994. 10. 20자 보장서한에 의거하여 미국은 2003년을 목표시한으로 총발전용량 약 2,000MWe의 경수로를 북한에 제공하기 위한 조치를 주선할 책임을 진다.
      − 미국은 북한에 제공할 경수로의 재정조달 및 공급을 담당할 국제컨소시엄을 미국의 주도하에 구성한다. 미국은 동 국제컨소시엄을 대표하여 경수로사업을 위한 북한과의 주 접촉선 역할을 수행한다.
      − 미국은 국제컨소시엄을 대표하여 본 합의문 서명 후 6개월 내에 북한과 경수로 제공을 위한 공급 계약을 체결할 수 있도록 최선의 노력을 경주한다. 계약 관련 협의는 본 합의문 서명 후 가능한 조속한 시일 내 개시한다.
      − 필요한 경우 미국과 북한은 핵에너지의 평화적 이용 분야에 있어서의 협력을 위한 양자협정을 체결한다.
   2) 1994. 10. 20자 대체에너지 제공 관련 미국의 보장서한에 의거 미국은 국제컨소시엄을 대표하여 북한의 흑연감속원자로 동결에 따라 상실될 에너지를 첫 번째 경수로 완공 시까지 보전하기

위한 조치를 주선한다.
- 대체에너지는 난방과 전력생산을 위해 중유로 공급된다.
- 중유의 공급은 본 합의문 서명 후 3개월 내 개시되고 양측 간 합의된 공급일정에 따라 연간 50만 톤 규모까지 공급된다.

3) 경수로 및 대체에너지 제공에 대한 보장서한 접수 즉시 북한은 흑연감속원자로 및 관련 시설을 동결하고 궁극적으로 이를 해체한다.
- 북한의 흑연감속원자로 및 관련 시설의 동결은 본 합의문서 후 1개월 내 완전 이행된다. 동 1개월 동안 및 전체 동결기간 중 IAEA가 이러한 동결 상태를 감시하는 것이 허용되며, 이를 위해 북한은 IAEA에 대해 전적인 협력을 제공한다.
- 북한의 흑연감속원자로 및 관련 시설의 해체는 경수로사업이 완료될 때 완료 된다.
- 미국과 북한은 5MWe 실험용 원자로에서 추출된 사용 후 연료봉을 경수로 건설기간 동안 안전하게 보관하고 북한 내에서 재처리하지 않는 안전한 방법으로 동 연료가 처리될 수 있는 방안을 강구하기 위해 상호 협력한다.

4) 본 합의 후 가능한 조속한 시일 내에 미국과 북한의 전문가들은 두 종류의 전문가 협의를 가진다.
- 한쪽의 협의에서 전문가들은 대체에너지와 흑연감속원자로의 경수로로의 대체와 관련된 문제를 협의한다.
- 다른 한쪽의 협의에서 전문가들은 사용 후 연료 보관 및 궁극적 처리를 위한 구체적 조치를 협의한다.

2. 양측은 정치적, 경제적 관계의 완전 정상화를 추구한다.
1) 합의 후 3개월 내 양측은 통신 및 금융거래에 대한 제한을 포함한 무역 및 투자 제한을 완화시켜 나아간다.
2) 양측은 전문가급 협의를 통해 영사 및 여타 기술적 문제가 해결

된 후에 쌍방의 수도에 연락사무소를 개설한다.

   3) 미국과 북한은 상호 관심사항에 대한 진전이 이루어짐에 따라 양국관계를 대사급으로까지 격상시켜 나아간다.

3. 양측은 핵이 없는 한반도의 평화와 안전을 위해 함께 노력한다.

   1) 미국은 북한에 대한 핵무기를 불위협 또는 불사용에 관한 공식 보장을 제공한다.

   2) 북한은 한반도 비핵화 공동선언을 이행하기 위한 조치를 일관성 있게 취한다.

   3) 본 합의문이 대화를 촉진하는 분위기를 조성해 나아가는 데 도움을 줄 것이기 때문에 북한은 남북대화에 착수한다.

4. 양측은 국제적 핵비확산 체제 강화를 위해 함께 노력한다.

   1) 북한은 핵비확산조약(NPT) 당사국으로 잔류하며 동 조약상의 안전조치협정 이행을 허용한다.

   2) 경수로 제공을 위한 계약 체결 즉시 동결 대상이 아닌 시설에 대하여 북한과 IAEA 간 안전조치협정에 따라 임시 및 일반사찰이 재개된다. 경수로 공급계약 체결 시까지 안전조치의 연속성을 위해 IAEA가 요청하는 사찰은 동결 대상이 아닌 시설에서 계속된다.

   3) 경수로사업의 상당 부분이 완료될 때, 그러나 주요 핵심 부품의 인도 이전에 북 한은 북한 내 모든 핵물질에 관한 최초보고서의 정확성과 완전성을 검증하는 것과 관련하여 IAEA와의 협의를 거쳐 IAEA가 필요하다고 판단하는 모든 조치를 취하는 것을 포함하여 IAEA 안전조치협정(INFCIRC/403)을 완전히 이행한다.

조선민주주의 인민공화국 수석대표 조선민주주의인민공화국 외교부
   제1부부장 강석주
미합중국 수석대표 미합중국 본부대사 로버트 갈루치

9·19공동성명 (2005.9.19, 베이징)

제4차 6자회담이 베이징에서 중화인민공화국, 조선민주주의인민공화국, 일본, 대한민국, 러시아연방, 미합중국이 참석한 가운데 2005년 7월 26일부터 8월 7일까지 그리고 9월 13일부터 19일까지 개최되었다.

우다웨이 중화인민공화국 외교부 부부장, 김계관 조선민주주의인민공화국 외무성 부상, 사사에 겐이치로 일본 외무성 아시아대양주 국장, 송민순 대한민국 외교통상부 차관보, 알렉세예프 러시아 외무부 차관, 그리고 크리스토퍼 힐 미합중국 국무부 동아태 차관보가 각 대표단의 수석대표로 동 회담에 참석하였다. 우다웨이 부부장은 동 회담의 의장을 맡았다.

한반도와 동북아시아 전반의 평화와 안정이라는 대의를 위해, 6자는 상호 존중과 평등의 정신하에, 지난 3회에 걸친 회담에서 이루어진 공동의 이해를 기반으로, 한반도의 비핵화에 대해 진지하면서도 실질적인 회담을 가졌으며, 이러한 맥락에서 다음과 같이 합의하였다.

1. 6자는 6자회담의 목표가 한반도의 검증가능한 비핵화를 평화적인 방법으로 달성하는 것임을 만장일치로 재확인하였다.

   조선민주주의인민공화국은 모든 핵무기와 현존하는 핵계획을 포기할 것과, 조속한 시일 내에 핵확산금지조약(NPT)과 국제원자력기구(IAEA)의 안전조치에 복귀할 것을 공약하였다.

   미합중국은 한반도에 핵무기를 갖고 있지 않으며, 핵무기 또는 재래식무기로 조선민주주의인민공화국을 공격 또는 침공할 의사가 없다는 것을 확인하였다.

   대한민국은 자국 영토 내에 핵무기가 존재하지 않는다는 것을 확인하면서, 1992년도 「한반도의 비핵화에 관한 남북공동선언」에 따라, 핵무기를 접수 또는 배비하지 않겠다는 공약을 재확인하였다.

1992년도 「한반도의 비핵화에 관한 남북공동선언」은 준수, 이행되어야 한다.

조선민주주의인민공화국은 핵에너지의 평화적 이용에 관한 권리를 가지고 있다고 밝혔다. 여타 당사국들은 이에 대한 존중을 표명하였고, 적절한 시기에 조선민주주의인민공화국에 대한 경수로 제공 문제에 대해 논의하는 데 동의하였다.

2. 6자는 상호 관계에 있어 국제연합헌장의 목적과 원칙 및 국제관계에서 인정된 규범을 준수할 것을 약속하였다.

조선민주주의인민공화국과 미합중국은 상호 주권을 존중하고, 평화적으로 공존하며, 각자의 정책에 따라 관계정상화를 위한 조치를 취할 것을 약속하였다.

조선민주주의인민공화국과 일본은 평양선언에 따라, 불행했던 과거와 현안사항의 해결을 기초로 하여 관계 정상화를 위한 조치를 취할 것을 약속하였다.

3. 6자는 에너지, 교역 및 투자 분야에서의 경제협력을 양자 및 다자적으로 증진시킬 것을 약속하였다.

중화인민공화국, 일본, 대한민국, 러시아연방 및 미합중국은 조선민주주의인민공화국에 대해 에너지 지원을 제공할 용의를 표명하였다.

대한민국은 조선민주주의인민공화국에 대한 2백만 킬로와트의 전력공급에 관한 2005.7.12자 제안을 재확인하였다.

4. 6자는 동북아시아의 항구적인 평화와 안정을 위해 공동 노력할 것을 공약하였다. 직접 관련 당사국들은 적절한 별도 포럼에서 한반도의 항구적 평화체제에 관한 협상을 가질 것이다. 6자는 동북아시아에서의 안보협력 증진을 위한 방안과 수단을 모색하기로 합의하였다.

5. 6자는 '공약 대 공약', '행동 대 행동' 원칙에 입각하여 단계적 방식으로 상기 합의의 이행을 위해 상호조율된 조치를 취할 것을 합의

하였다.

6. 6자는 제5차 6자회담을 11월초 북경에서 협의를 통해 결정되는 일자에 개최하기로 합의하였다.

9·19공동성명 이행을 위한 초기조치 (2·13합의, 2007)

Ⅰ. 참가국들은 2005년 9월 19일 공동성명의 이행을 위해 초기 단계에서 각국이 취해야 할 조치에 관하여 진지하게 생산적인 협의를 하였다. 참가국들은 한반도 비핵화를 조기에 평화적으로 달성하기 위한 공동의 목표와 의지를 재확인하였으며 공동성명상의 공약을 성실히 이행할 것이라는 점을 재확인하였다. 참가국들은 '행동 대 행동' 원칙에 따라 단계적으로 공동성명을 이행하기 위해 상호 조율된 조치를 취하기로 합의했다.

Ⅱ. 참가국들은 초기단계에 다음과 같은 조치를 병렬적으로 취하기로 합의했다.

1. 조선민주주의인민공화국은 궁극적인 포기를 목적으로 재처리 시설을 포함한 영변 핵시설을 폐쇄·봉인하고 IAEA와의 합의에 따라 모든 필요한 감시 및 검증 활동을 수행하기 위해 IAEA 요원을 복귀토록 초청한다.

2. 조선민주주의인민공화국은 9·19공동성명에 따라 포기하도록 돼 있는 사용후 연료봉으로부터 추출된 플루토늄을 포함, 성명에 명기된 모든 핵프로그램의 목록을 여타 참가국들과 협의한다.

3. 조선민주주의인민공화국과 미국은 양자간 현안을 해결하고 전면적 외교관계로 나아가기 위한 양자대화를 개시한다. 미국은 조선민주주의인민공화국을 테러지원국 지정으로부터 해제하기 위한 과정을 개시하고, 조선민주주의인민공화국에 대한 대적성국 교역법 적용을 종료시키기 이한 과정을 진전시켜 나간다.

4. 조선민주주의인민공화국과 일본은 불행한 과거와 미결 관심사안의 해결을 기반으로 평양선언에 따라 양국 관계 정상화를 취해 나가는 것을 목표로 양자대화를 개시한다.

5. 참가국은 9·19공동성명의 1조와 3조를 상기하면서 조선민주주의
   인민공화국에 대한 경제·에너지·인도적 지원에 협력하기로 합의
   했다. 이와 관련, 참가국들은 초기단계에서 조선민주주의인민공화
   국에 대한 긴급 에너지 지원을 제공하기로 합의했다. 중유 5만 톤
   상당의 긴급 에너지 지원의 최초 운송은 60일 이내에 개시된다.

참가국들은 상기 초기조치들이 향후 60일 이내에 이행되며 이러한 목
표를 향하여 상호 조율된 조치를 취한다는 데 합의했다.

Ⅲ. 참가국들은 초기조치를 이행하고 공동성명의 완전한 이행을 목표로
   다음과 같은 실무그룹(Working Group)을 설치하는 데 합의했다.
   1. 한반도 비핵화
   2. 미북관계 정상화
   3. 일북관계 정상화
   4. 경제 및 에너지 협력
   5. 동북아 평화·안보 체제

실무그룹들은 각자의 분야에서 9·19공동성명의 이행을 위한 구체적
계획을 협의하고 수립한다. 실무그룹들은 각각의 작업 진전에 관해 6자
회담 수석대표회의에 보고한다. 원칙적으로 한 실무그룹의 진전은 다른
실무그룹의 진전에 영향을 주지 않는다. 5개 실무그룹에서 만들어진 계
획은 상호조율된 방식으로 전체적으로 이행될 것이다.

참가국들은 모든 실무그룹 회의를 향후 30일 이내에 개최하는 데 합
의했다.

Ⅳ. 초기조치 기간 및 조선민주주의인민공화국의 모든 핵프로그램에 대
   한 완전한 신고와 흑연감속로 및 재처리시설을 포함하는 모든 현존

하는 핵시설의 불능화를 포함하는 다음 단계 기간 중, 조선민주주의
인민공화국에 최초 선적분인 중유 5만 톤 상당의 지원을 포함한 중유
100만 톤 상당의 경제. 에너지. 인도적 지원이 제공된다.

상기 지원에 대한 세부사항은 경제 및 에너지 협력 실무그룹의 협의
와 적절한 평가를 통해 결정된다.

Ⅴ. 초기조치가 이행되는 대로 6자는 9·19공동성명의 이행을 확인하고
동북아 안보협력 증진방안 모색을 위한 장관급회담을 신속하게 개최
한다.

Ⅵ. 참가국들은 상호신뢰를 증진시키기 위한 긍정적인 조치를 취하고 동
북아에서의 지속적인 평화와 안정을 위한 공동노력을 할 것을 재확
인하였다. 직접 관련 당사국들은 적절한 별도 포럼에서 한반도의 항
구적 평화체제에 관한 협상을 갖는다.

Ⅶ. 참가국들은 실무그룹의 보고를 청취하고 다음 단계 행동에 관한 협
의를 위해 제6차 6자회담을 2007년 3월 19일에 개최하기로 합의하
였다.

"대북 지원 부담의 분담에 관한 합의의사록"

중국, 미국, 러시아, 한국은 각국 정부의 결정에 따라 Ⅱ조 5항 및 Ⅳ조
에 규정된 조선민주주의인민공화국에 대한 지원 부담을 평등과 형평의
원칙에 기초하여 분담할 것에 합의하고, 일본이 자국의 우려사항이 다
뤄지는 대로 동일한 원칙에 따라 참여하기를 기대하며 또 이 과정에서
국제사회의 참여를 환영한다.

9·19공동성명 이행을 위한 제2단계 조치 (10·3합의, 2007)

제6차 6자회담 2단계 회의가 베이징에서 중국, 조선민주주의인민공화국, 일본, 대한민국, 러시아연방, 미국이 참석한 가운데 2007년 9월27일부터 30일까지 개최되었다.

우다웨이 중국 외교부 부부장, 김계관 조선민주주의인민공화국 외무성 부상, 사사에 겐이치로 일본 외무성 아시아대양주국장, 천영우 대한민국 외교통상부 한반도평화교섭본부장, 알렉산더 로슈코프 러시아 외무부 차관, 그리고 크리스토퍼 힐 미국 국무부 동아태 차관보가 각 대표단의 수석대표로 동 회담에 참석했다.

우다웨이 부부장은 동 회담의 의장을 맡았다.

참가국들은 5개 실무그룹의 보고를 청취, 승인하였으며 2·13합의 상의 초기조치 이행을 확인하였고 실무그룹회의에서 도달한 컨센서스에 따라 6자회담 과정을 진전시켜나가기로 합의하였으며 또한 평화적인 방법에 의한 한반도의 검증가능한 비핵화를 목표로 하는 9·19공동성명의 이행을 위한 제2단계 조치에 관한 합의에 도달하였다.

Ⅰ. 한반도 비핵화

   ① 조선민주주의인민공화국은 9·19공동성명과 2·13합의에 따라 포기하기로 되어있는 모든 현존하는 핵시설을 불능화하기로 합의하였다.

    영변의 5MW 실험용 원자로, 재처리시설(방사화학실험실) 및 핵연료봉 제조시설의 불능화는 2007년 12월 31일까지 완료될 것이다.

    전문가 그룹이 권고하는 구체 조치들은 모든 참가국들에 수용 가능하고, 과학적이고, 안전하고, 검증가능하며, 또한 국제적 기준에 부합돼야 한다는 원칙들에 따라 수석대표들에 의해 채택될 것이다. 여타 참가국들의 요청에 따라 미국은 불능화 활동을 주도하고 이러한 활동을 위한 초기 자금을 제공할 것이다. 첫 번째 조치로서 미국은 불능화를 준비하기 위해 향후 2주내에 조선민주주의인민공화국을 방문할 전문가 그룹을 이끌 것이다.

② 조선민주주의인민공화국은 2·13합의에 따라 모든 자국의 핵프로그램에 대해 완전하고 정확한 신고를 2007년 12월 31일까지 하기로 합의하였다.

③ 조선민주주의인민공화국은 이어 핵물질, 기술 또는 노하우를 이전하지 않는다는 공약을 재확인했다.

Ⅱ. 관련국 간 관계 정상화

① 조선민주주의인민공화국과 미국은 양자관계를 개선하고 전면적 외교관계로 나아간다는 공약을 유지한다. 양측은 양자간 교류를 증대하고 상호 신뢰를 증진할 것이다. 조선민주주의인민공화국을 테러지원국 명단에서 삭제하기 위한 과정을 개시하고 또 조선민주주의인민공화국에 대한 대적성국 교역법 적용을 종료시키기 위한 과정을 진전시켜나간다는 공약을 상기하면서 미국은 조미관계 정상화실무그룹 회의를 통해 도달한 컨센서스에 기초해 조선민주주의인민공화국의 조치들과 병렬적으로 조선민주주의인민공화국에 대한 공약을 완수할 것이다.

② 조선민주주의인민공화국과 일본은 불행한 과거 및 미결 관심사안의 해결을 기반으로, 평양 선언에 따라 양국 관계를 신속하게 정상화하기 위해 진지한 노력을 할 것이다. 조선민주주의인민공화국과 일본은 양측간의 집중적인 협의를 통해 이런 목적 달성을 위한 구체적인 조치를 취해 나갈 것을 공약하였다.

Ⅲ. 조선민주주의인민공화국에 대한 경제·에너지 지원

2·13합의에 따라, 중유 100만t 상당의 경제·에너지·인도적 지원(이

미 전달된 10만t 중유 포함)이 조선민주주의인민공화국에 제공될 것이다. 구체 사항은 경제 및 에너지협력 실무그룹에서의 논의를 통해 최종 결정될 것이다.

Ⅳ. 6자 외교장관회담

참가국들은 적절한 시기에 베이징에서 6자 외교장관 회담이 개최될 것임을 재확인하였다.

참가국들은 외교장관회담 이전에 동 회담의 의제를 협의하기 위해 수석대표 회의를 개최하기로 합의했다.

한반도의 평화와 번영, 통일을 위한 판문점선언 (2018.4.27)

대한민국 문재인 대통령과 조선민주주의인민공화국 김정은 국무위원장은 평화와 번영, 통일을 염원하는 온 겨레의 한결같은 지향을 담아 한반도에서 역사적인 전환이 일어나고 있는 뜻 깊은 시기에 2018년 4월 27일 판문점 「평화의 집」에서 남북정상회담을 진행하였다.

　양 정상은 한반도에 더 이상 전쟁은 없을 것이며 새로운 평화의 시대가 열리었음을 8천만 우리 겨레와 전 세계에 엄숙히 천명하였다.

　양 정상은 냉전의 산물인 오랜 분단과 대결을 하루 빨리 종식시키고 민족적 화해와 평화번영의 새로운 시대를 과감하게 열어나가며 남북관계를 보다 적극적으로 개선하고 발전시켜 나가야 한다는 확고한 의지를 담아 역사의 땅 판문점에서 다음과 같이 선언하였다.

1. 남과 북은 남북관계의 전면적이며 획기적인 개선과 발전을 이룩함으로써 끊어진 민족의 혈맥을 잇고 공동번영과 자주통일의 미래를 앞당겨나갈 것이다.

   남북관계를 개선하고 발전시키는 것은 온 겨레의 한결같은 소망이며 더 이상 미룰 수 없는 시대의 절박한 요구이다.

   ① 남과 북은 우리 민족의 운명은 우리 스스로 결정한다는 민족자주의 원칙을 확인하였으며 이미 채택된 남북 선언들과 모든 합의들을 철저히 이행함으로써 관계개선과 발전의 전환적 국면을 열어나가기로 하였다.

   ② 남과 북은 고위급회담을 비롯한 각 분야의 대화와 협상을 빠른 시일안에 개최하여 정상회담에서 합의된 문제들을 실천하기 위한 적극적인 대책을 세워나가기로 하였다.

   ③ 남과 북은 당국간 협의를 긴밀히 하고 민간교류와 협력을 원만히 보장하기 위하여 쌍방 당국자가 상주하는 남북공동연락사무

소를 개성지역에 설치하기로 하였다.

④ 남과 북은 민족적 화해와 단합의 분위기를 고조시켜 나가기 위하여 각계각층의 다방면적인 협력과 교류, 왕래와 접촉을 활성화하기로 하였다. 안으로는 6·15를 비롯하여 남과 북에 다같이 의의가 있는 날들을 계기로 당국과 국회, 정당, 지방자치단체, 민간단체 등 각계각층이 참가하는 민족공동행사를 적극 추진하여 화해와 협력의 분위기를 고조시키며, 밖으로는 2018년 아시아경기대회를 비롯한 국제경기들에 공동으로 진출하여 민족의 슬기와 재능, 단합된 모습을 전 세계에 과시하기로 하였다.

⑤ 남과 북은 민족 분단으로 발생된 인도적 문제를 시급히 해결하기 위하여 노력하며, 남북적십자회담을 개최하여 이산가족·친척 상봉을 비롯한 제반 문제들을 협의 해결해나가기로 하였다. 당면하여 오는 8·15를 계기로 이산가족·친척 상봉을 진행하기로 하였다.

⑥ 남과 북은 민족경제의 균형적 발전과 공동번영을 이룩하기 위하여 10·4선언에서 합의된 사업들을 적극 추진해나가며, 1차적으로 동해선 및 경의선 철도와 도로들을 연결하고 현대화하여 활용하기 위한 실천적 대책들을 취해 나가기로 하였다.

2. 남과 북은 한반도에서 첨예한 군사적 긴장상태를 완화하고 전쟁 위험을 실질적으로 해소하기 위하여 공동으로 노력해나갈 것이다.
한반도의 군사적 긴장상태를 완화하고 전쟁위험을 해소하는 것은 민족의 운명과 관련되는 매우 중대한 문제이며 우리 겨레의 평화롭고 안정된 삶을 보장하기 위한 관건적인 문제이다.

① 남과 북은 지상과 해상, 공중을 비롯한 모든 공간에서 군사적 긴장과 충돌의 근원으로 되는 상대방에 대한 일체의 적대행위를 전면 중지하기로 하였다.

당면하여 5월 1일부터 군사분계선 일대에서 확성기 방송과 전
단살포를 비롯한 모든 적대행위들을 중지하고 그 수단을 철폐
하며, 앞으로 비무장지대를 실질적인 평화지대로 만들어 나가
기로 하였다.

② 남과 북은 서해 북방한계선 일대를 평화수역으로 만들어 우발
적인 군사적 충돌을 방지하고 안전한 어로활동을 보장하기 위
한 실제적인 대책을 세워나가기로 하였다.

③ 남과 북은 상호 협력과 교류, 왕래와 접촉이 활성화되는 데 따
른 여러 가지 군사적 보장대책을 취하기로 하였다.

남과 북은 쌍방 사이에 제기되는 군사적 문제를 지체없이 협의
해결하기 위하여 국방부장관회담을 비롯한 군사당국자회담을
자주 개최하며 5월중에 먼저 장성급 군사회담을 열기로 하였다.

3. 남과 북은 한반도의 항구적이며 공고한 평화체제 구축을 위하여 적
극 협력해 나갈 것이다. 한반도에서 비정상적인 현재의 정전상태를
종식시키고 확고한 평화체제를 수립하는 것은 더 이상 미룰 수 없
는 역사적 과제이다.

① 남과 북은 그 어떤 형태의 무력도 서로 사용하지 않을 데 대한
불가침 합의를 재확인하고 엄격히 준수해 나가기로 하였다.

② 남과 북은 군사적 긴장이 해소되고 서로의 군사적 신뢰가 실질
적으로 구축되는 데 따라 단계적으로 군축을 실현해 나가기로
하였다.

③ 남과 북은 정전협정체결 65년이 되는 올해에 종전을 선언하고
정전협정을 평화협정으로 전환하며 항구적이고 공고한 평화체
제 구축을 위한 남북미 3자 또는 남북미중 4자회담 개최를 적극
추진해 나가기로 하였다.

④ 남과 북은 완전한 비핵화를 통해 핵 없는 한반도를 실현한다는

공동의 목표를 확인하였다.

남과 북은 북측이 취하고 있는 주동적인 조치들이 한반도 비핵화를 위해 대단히 의의 있고 중대한 조치라는 데 인식을 같이하고 앞으로 각기 자기의 책임과 역할을 다하기로 하였다.

남과 북은 한반도 비핵화를 위한 국제사회의 지지와 협력을 위해 적극 노력해나가기로 하였다.

양 정상은 정기적인 회담과 직통전화를 통하여 민족의 중대사를 수시로 진지하게 논의하고 신뢰를 굳건히 하며, 남북관계의 지속적인 발전과 한반도의 평화와 번영, 통일을 향한 좋은 흐름을 더욱 확대해 나가기 위하여 함께 노력하기로 하였다.

당면하여 문재인 대통령은 올해 가을 평양을 방문하기로 하였다.

2018년 4월 27일 판문점

대한민국 대통령 문재인
조선민주주의인민공화국 국무위원회 위원장 김정은

도널드 트럼프 미합중국 대통령과 김정은 조선민주주의인민공화국 국무위원장의 싱가포르 정상회담 공동성명 (2018.6.12)

트럼프 대통령과 김정은 위원장은 미국과 조선민주주의인민공화국의 새로운 관계 수립과 한반도의 지속적이고 견고한 평화체제 구축과 관련한 사안들을 주제로 포괄적이고 심층적이며 진지한 방식으로 의견을 교환했다. 트럼프 대통령은 조선민주주의인민공화국의 안전보장을 제공하기로 약속했고, 김정은 위원장은 한반도의 완전한 비핵화를 향한 흔들리지 않는 확고한 약속을 재확인했다.

새로운 북미관계를 수립하는 것이 한반도와 세계의 평화, 번영에 이바지할 것이라는 점을 확신하고, 상호신뢰를 구축하는 것이 한반도 비핵화를 증진할 수 있다고 인정하면서 트럼프 대통령과 김 위원장은 다음과 같은 합의사항을 선언한다.

1. 미국과 조선민주주의인민공화국은 평화와 번영을 위한 양국 국민의 바람에 맞춰 미국과 조선민주주의인민공화국의 새로운 관계를 수립하기로 약속한다.
2. 양국은 한반도의 지속적이고 안정적인 평화체제를 구축하기 위해 함께 노력한다.
3. 2018년 4월 27일 판문점 선언을 재확인하며, 조선민주주의인민공화국은 한반도의 완전한 비핵화를 향해 노력할 것을 약속한다.
4. 미국과 조선민주주의인민공화국은 신원이 이미 확인된 전쟁포로, 전쟁 실종자들의 유해를 즉각 송환하는 것을 포함해 전쟁포로, 전쟁실종자들의 유해 수습을 약속한다.

역사상 처음으로 이뤄진 북미정상회담이 거대한 중요성을 지닌 획기적인 사건이라는 점을 확인하고, 북미 간 수십 년의 긴장과 적대행위를 극복하면서 새로운 미래를 열어나가기 위해 트럼프 대통령과 김 위원장은 공동성명에 적시된 사항들을 완전하고 신속하게 이행할 것을 약속한다. 미국과 조선민주주의인민공화국은 북미정상회담의 결과를 이행하기 위해 마이크 폼페이오 미국 국무장관, 관련한 조선민주주의인민공화국 고위급 관리가 주도하는 후속 협상을 가능한 한 가장 이른 시일에 개최하기로 약속한다.

도널드 트럼프 미합중국 대통령과 김정은 조선민주주의인민공화국 국무위원장은 북미관계의 발전, 한반도와 세계의 평화, 번영, 안전을 위해 협력할 것을 약속했다.

2018년 6월 12일 싱가포르 센토사 섬에서

참고문헌

경수로사업지원기획단.『KEDO 경수로사업 지원 백서』. 서울: 경수로사업지원기획단, 2007.

김계동.『북한의 외교정책과 대외관계: 협상과 도전의 전략적 선택』. 서울: 명인문화사, 2012.

김석우, 전봉근, 강정민. "핵활동 기술정보 수집·분석체계 구축: 북한판 CTR 프로그램 분석 연구." 한국원자력통제기술연구원 보고서, 2010.

돈 오버도퍼, 로버트 칼린 지음. 이종길, 양은미(역).『두 개의 한국(*The Two Koreas*)』. 서울: 길산, 2014.

박기덕, 이상현 공편.『북핵문제와 한반도 평화체제』. 세종연구소, 2008.

박병인, 이수훈. "글로벌 핵비확산 레짐과 구소련 3국 핵포기 촉진 요인 연구."『유라시아 연구』10권 3호 (2013. 9). pp. 61-76.

박종철, 손기웅, 구본학, 김영호, 전봉근.『한반도 평화와 북한 비핵화, 협력적 위협 감축(CTR)의 적용방안』. 통일연구원, 2011.

박영호. "한국의 북한 핵개발에 대한 인식과 대응: 3차 핵실험 이후"『통일과 평화』5집 1호 (2013).

송민순.『빙하는 움직인다』. 서울: 창비, 2016.

송우근. "북핵시설 해체와 우리의 역할: 6자회담과 CTR 응용방향을 중심으로." 외교안보연구원 글로벌리더십 발표문. 2008. 11.

전봉근. "북핵협상 20년의 평가와 교훈." 함택영, 전봉근(편).『핵의 국제정치』, 『한국과 국제정치』, 제27권 제1호 (2011. 3). pp. 183-212.

_____. "김정은 시대 북한의 군사와 핵." 윤영관 편저.『북한의 오늘(개정판)』. 서울: 늘품플러스, 2018.

_____. "북핵 해법 논쟁과 한반도 비핵평화공존체제." 국립외교원 외교안보연구소 주요국제문제분석. 2018. 4.

_____. "북한 핵 교리의 특징 평가와 시사점." 국립외교원 외교안보연구소 주요국제문제분석. 2016. 7.

_____. "'로잔' 이란핵 잠정합의와 외교안보적 함의." 국립외교원 외교안보연구소 주요국제문제분석. 2015. 4.

조성렬.『한반도 평화체제: 한반도 비핵화와 북한체제의 전망』. 서울: 푸른나무,

2007.

조엘 위트, 로버트 갈루치 지음. 김태현 옮김. 『북핵위기의 전말(Going Critical: The First North Korean Nuclear Crisis』 모음북스, 2004.

앤드류 플러터 지음. 고봉준 옮김. 『핵무기의 정치』. 서울: 명인문화사, 2016.

오충석. "대북CTR 적용가능성과 한국의 역할." 평화협력원 CTR 연구모임 발표문, 2009년 11월 24일.

이동휘. "협력적 위협감축(CTR)조치 동향: 한반도 적용 가능성 대두를 계기로." 외교안보연구원 주요국제문제분석. 2005. 12.

이종석. 『칼날 위의 평화: 노무현 시대 통일외교안보 비망록』. 서울: 개마고원, 2014.

인남식. "이란 핵협상 타결의 함의와 전망." 국립외교원 외교안보연구소 주요국제 문제분석. 2015. 7.

한반도포럼. 『남북관계 3.0: 한반도 평화협력프로세스』. 한반도포럼, 2013.

한용섭. 『한반도 평화와 군비통제(전정판)』. 서울: 박영사, 2015.

한용섭. 『북한 핵의 운명』. 서울: 박영사, 2018.

함택영, 전봉근(편). 『핵의 국제정치』. 한국과 국제정치 특집호 (경남대 극동문제 연구소), 제27권 제1호 (2011. 3).

Cirincione, Joseph, Jon B. Wolfsthal, Miriam Rajkumar. *Deadly Arsenals: Nuclear, Biological, and Chemical Threats (second edition)*. Carnegie Endowment for International Peace, 2005.

Mearsheimer, John J. "The case for a Ukrainian nuclear deterrent" *Foreign Affairs* (Summer 1993).

Narang, Vipin. *Nuclear Strategy in the Modern Era: Regional Powers and International Conflict*. Princeton U.P, 2014.

Reiss, Mitchell. *Bridled Ambition: Why Countries Constrain Their Nuclear Capabilities*. Woodrow Wilson Center Press, 1995.

Sagan, Scott D. 'Why Do States Build Nuclear Weapons?' *International Security* Vol. 21 No. 3 (Winter 1996/97), pp. 54-86.

Sagan, Scott D. and Kenneth N. Waltz. *The Spread of Nuclear Weapons: A Debate Renewed*. W.W. Norton, 2002.

Soligen, Etel. "The Political Economy of Nuclear Restraint." *International Security*. Vol.19 No.2 (1994), pp. 126-169.

Wit, Joel S. Jon Wolfstahl, Choong-suk Oh. "The Six Party Talks and Beyond: Cooperative Threat Reduction and North Korea." Center for Strategic and International Studies, 2005.

찾아보기

저자소개

전봉근 (jun2030@mofa.go.kr)

서울대학교 외교학과 졸업
서울대학교 외교학 석사
미 오레곤주립대학교 정치학 박사

현 국립외교원 교수(외교안보연구소 안보통일연구부)
　　한국핵정책학회 부회장
　　남북정상회담 준비위원회 전문가 자문단
　　한국원자력통제기술원 이사

대통령비서실 국제안보비서관
KEDO 뉴욕본부 전문위원
통일부 장관정책보좌관
국립외교원 외교안보연구소장 직무대리 역임

주요 논저
『미중 경쟁 시대 한국의 중간국 외교전략 모색』(국립외교원 정책연구시리즈, 2019)
『중소 중추국 외교전략과 한국 외교』(국립외교원 정책연구시리즈, 2018)
"북한 핵 교리의 특징 평가와 시사점" (국립외교원 주요국제문제분석, 2016)
"북핵위기의 데자뷰와 북핵협상 악순환 차단 전략" (국립외교원 주요국제문제분석, 2020)
"미중 경쟁 시대 정체성 기반 국익과 신 외교원칙 모색" (국립외교원 주요국제문제분석, 2019) 외 다수

명인문화사 정치학 관련 서적

정치학 분야

정치학의 이해
Roskin 외 지음 / 김계동 옮김

정치학개론: 권력과 선택, 15판
Shively 지음 / 김계동, 민병오, 윤진표, 이유진
최동주 옮김

비교정부와 정치, 제10판
Hague, Harrop, McCormick 지음 / 김계동,
김 욱, 민병오, 윤진표, 이유진 옮김

정치학방법론
Burnham 외 지음 / 김계동 외 옮김

정치이론 Heywood 지음 / 권만학 옮김

정치 이데올로기: 이론과 실제
Baradat 지음 / 권만학 옮김

민주주의국가이론
Dryzek, Dunleavy 지음 / 김욱 옮김

신자유주의
Cahill, Martijn Konings 지음 / 최영미 옮김

정치사회학
Clemens 지음 / 박기덕 옮김

복지국가: 이론, 사례, 정책 정진화 지음

포커스그룹: 응용조사 실행방법
Krueger, Casey 지음 / 민병오, 조대현 옮김

문화로 읽는 세계
Gannon, Pillai 지음 / 남경희, 변하나 옮김

**거버넌스의 정치학: 한국정치의 새로운
패러다임 모색** 김의영 지음

한국현대사의 재조명 한국전쟁학회 편

성공하는 리더십의 조건
Keohane지음 / 심양섭, 이면우 옮김

여성, 권력과 정치
Stevens 지음 / 김영신 옮김

국제관계 분야

국제관계와 세계정치
Heywood 지음 / 김계동 옮김

국제정치경제
Balaam, Dillman 지음 / 민병오 외 옮김

**국제기구의 이해: 글로벌 거버넌스의
정치와 과정, 제3판**
Karns, Mingst, Stiles 지음 / 김계동, 김현욱,
민병오, 이상현, 이유진, 황규득 옮김

현대외교정책론, 제3판
김계동, 김태효, 유진석 외 지음

외교: 원리와 실제
Berridge 지음 / 심양섭 옮김

세계화와 글로벌 이슈, 제6판
Snarr 외 지음 / 김계동, 민병오, 박영호,
차재권, 최영미 옮김

**세계화의 논쟁: 국제관계 접근에서의 찬성과
반대논리, 제2판**
Haas, Hird 엮음 / 이상현 옮김

현대 한미관계의 이해
김계동, 김준형, 박태균 외 지음

글로벌 환경정치와 정책
Chasek, Downie, Brown 지음 / 이유진 옮김

핵무기의 정치
Futter 지음 / 고봉준 옮김

비정부기구(NGO)의 이해
Lewis, Kanji 지음 / 최은봉 옮김

한국의 중견국 외교
손열, 김상배, 이승주 외 지음

자본주의   Coates 지음 / 심양섭 옮김

지역정치 분야

동아시아 국제관계
McDougall 지음 / 박기덕 옮김

동북아 정치: 변화와 지속
Lim 지음 / 김계동 옮김

일본정치론
이가라시 아키오 지음 / 김두승 옮김

현대 중국의 이해, 제3판
Brown 지음 / 김흥규 옮김

현대 미국의 이해
Duncan, Goddard 지음 / 민병오 옮김

현대 러시아의 이해
Bacan 지음 / 김진영 외 옮김

현대 일본의 이해
McCargo 지음 / 이승주, 한의석 옮김

현대 유럽의 이해
Outhwaite 지음 / 김계동 옮김

현대 동남아의 이해   윤진표 지음

현대동아시아의 이해
Kaup 편 / 민병오, 김영신, 이상율, 차재권 옮김

미국정치와 정부
Bowles, McMahon 지음 / 김욱 옮김

미국외교정책: 강대국의 패러독스
Hook 지음 / 이상현 옮김

세계질서의 미래
Acharya 지음 / 마상윤 옮김

알자지라 효과
Seib 지음 / 서정민 옮김

일대일로의 국제정치   이승주 편

중일관계
Pugliese & Insisa 지음 / 최은봉 옮김

북한, 남북한 관계 분야

북한의 외교정책과 대외관계: 협상과 도전의 전략적 선택   김계동 지음

북한의 체제와 정책: 김정은시대의 변화와 지속   체제통합연구회 편

북한의 통치체제: 지배구조와 사회통제
안희창 지음

남북한 체제통합론: 이론 · 역사 · 경험 · 정책
김계동 지음

한국전쟁, 불가피한 선택이었나
김계동 지음

한반도 분단, 누구의 책임인가?
김계동 지음

한류, 통일의 바람   강동완, 박정란 지음

안보, 정보 분야

국제안보의 이해: 이론과 실제
Hough, Malik, Moran, Pilbeam 지음 /
고봉준, 김지용 옮김

전쟁과 평화
Barash, Webel 지음 / 송승종, 유재현 옮김

국제안보: 쟁점과 해결
Morgan 지음 / 민병오 옮김

전쟁: 목적과 수단
Codevilla 외 지음 / 김양명 옮김

국가정보: 비밀에서 정책까지
Lowenthal 지음 / 김계동 옮김

국가정보의 이해: 소리없는 전쟁
Shulsky, Schmitt 지음 / 신유섭 옮김

테러리즘: 개념과 쟁점
Martin 지음 / 김계동 외 옮김